Simone de
Beauvoir

西蒙娜·德·波伏瓦

一名知识女性的造就

The
Making
of
an Intellectual
Woman

[美] 托里尔·莫伊 ◎ 著

杨晓琼 ◎ 译

上海人民出版社

Toril Moi

献给盖尔·阿尔内

目 录

中文版序言

《西蒙娜·德·波伏瓦：一名知识女性的造就》讲述了一个出生于1908年巴黎一个相当保守的天主教家庭的女孩，如何成为世界著名的知识分子、女性主义哲学家先驱、伟大的小说家，以及法国20世纪最重要的一位回忆录作家。我非常高兴这本书要出中文版了。

*

我第一次知道西蒙娜·德·波伏瓦是15岁的时候，当时我还是挪威乡村小镇上的一名高中生。那一年，在法国出版二十多年后，《第二性》在挪威出版了（缩写本）。当时新女性运动正如火如荼，该书及其作者都引起了广泛的关注。作为一个正寻求生活理念的年轻女孩，我狼吞虎咽地读完了波伏瓦了不起的关于妇女受压迫的论述。《第二性》让我明白了为什么我认识的几乎所有女性都是家庭主妇和母亲，为什么几乎没有女性进入政府部门，为什么所有工作场所的领导者似乎都是男性。

我还发现，西蒙娜·德·波伏瓦本人得以逃脱了为女性准备的寻常命运。波伏瓦既是哲学家，又是小说家。她有一位著名的伴侣让-保罗·萨特，但他们的关系并非传统意义上的结合。他们拒绝结婚，不愿生育子女。我想像她是一位才华横溢、魅力万千的法国女性，常在巴黎的咖啡馆里写作极富智性的著作。

对我来说，"西蒙娜·德·波伏瓦"这个名字不仅象征着自由，更象征着世界。在15岁阅读《第二性》时，我强烈地、近乎炙热地意识到，如果我想取得点什么成就，就必须采取行动：学法语，远行挪威之外，成为知识分子，为自己的行动承担责任，并承接自由带来的喜悦与重负。

早在那个时候，我就开始好奇，波伏瓦本人是如何在那一时空下做到这一切的，我想，彼时彼地相比我所处的当下更不鼓励女性的抱负。我花了二十多年的时间，才觉得是时候了，自己能够尝试回答这个问题了。这本书是我尝试理解波伏瓦所处的环境和她的计划的结果。

＊

我在1993年写完了《西蒙娜·德·波伏瓦：一名知识女性的造就》。2008年再版时，我借机讨论了波伏瓦在1993年之后发表的若干文本，尤其是她的学生日记以及写给美国情人纳尔逊·阿尔格伦的书信。2020年，波伏瓦的另一部重要作品问世，也就是短篇小说《形影不离》（*The Inseparables*），它于2020年在法国第一次出版。这个讲述两个天主教女学生友谊的故事，创作于1954年，当时波伏瓦已完成其杰出的政治小说《名士风流》，并因此获得龚古尔奖。

波伏瓦在她的回忆录中提到她创作《形影不离》是因为她希望以文学形式呈现好友扎扎［真实姓名为伊丽莎白·拉库万（Elisabeth Lacoin），在回忆录中化名伊丽莎白·马比勒（Elisabeth Mabille）］的悲剧故事。她还告诉我们，她给萨特看《形影不离》的手稿时，他不为所动。于是她搁置了这部手稿。几年后，她将扎扎的故事收录于《一个规矩女孩的回忆》（1958）。这次她一定觉得找到了合适的形式，因为她生前从未出版过其原版。

扎扎死于1929年，年仅21岁。她去世时，西蒙娜正以优异的成绩完成学业，遇到萨特，离开父母的家，开始了作为独立的知识女性的新生活。《一个规矩女孩的回忆》以波伏瓦对扎扎命运的极度愤怒与悲伤收尾："我们曾共同抗争那等在我们前头的令人憎恶的命运，而我在很长一段时间里都觉得，她的死是我为自己的自由付出的代价。"

《形影不离》讲述了20世纪20年代巴黎天主教资产阶级社会中，一段两个少女之间的友谊。我们今天读这个故事，距当时已经一百年，会断定希尔维（以西蒙娜为原型的角色）爱上了安德蕾（以扎扎为原型的角色）。但人物自己并不知道这一点。

故事当中的安德蕾/扎扎和现实生活中一样，遇到了一个年轻男子，坠入爱河，并想要结婚。令人难以理解的是，她的父母反对这门婚事，却没有告诉女儿原因。在现实生活中，扎扎的恋人是未来的哲学家莫里斯·梅洛-庞蒂，即回忆录中的"让·普拉代勒"。后来，有消息传出，扎扎的父母雇了一名私家侦探，该侦探查出梅洛-庞蒂是私生子，是其母亲婚外情的结果。对天主教保守派而言，这超出了他们的承受限度。他们的女儿不能嫁给一段罪恶关系的产物。但1929年时，扎扎和西蒙娜都不知道这些。（波伏瓦在《一个规矩女孩的回忆》出版后才得知真相。）在难以理解的不应允与沉默之中，安德蕾/扎扎绝望、生病并去世。真实的扎扎躺在病床上时，她不住呼唤着"莫里斯、西蒙娜、我的小提琴和香槟"！

《形影不离》突出了两个女性之间的友谊。就像《一个规矩女孩的回忆》中年幼的西蒙娜一样，希尔维觉得自己被父母，尤其是被母亲误解。她认为，她的朋友是唯一真正理解她的人，看得到她真实的样子。对于安德蕾来说，希尔维是唯一一个支持她的个人计划的人，希尔维理解追求智识和艺术生活意味着什么。

然而，与此同时，波伏瓦的存在主义观念也显而易见。即使是最深厚的友谊也无法克服我们内在的孤独，我们仍会发现，每个人都必须在生活中找到自己的意义。《形影不离》中有一个重要的场景表明，虽然这两个女孩关系密切，人人都说她们形影不离，但在自己的重要经历和情感上，她们却对彼此保密。

16世纪的作家米歇尔·德·蒙田（Michel de Montaigne）在谈论

友谊时曾感到疑惑，为何他和艾蒂安·德·拉博埃西（Etienne de la Boétie）（同样地英年早逝）能有幸成为这样好的朋友。他的简单回答在波伏瓦关于扎扎的短篇小说中可找到回响："因为是他，因为是我。"一段美好的友谊，可能与一段美好的爱情同样神奇，同样珍贵。

*

要理解波伏瓦本人走向自由的道路，我们需要回到《第二性》（1949），波伏瓦在书中指出，在父权制下，女性是他者。由于女性所成长的社会试图将她们塑造成父权制意识形态的顺从工具，她们在走向自由的道路上面临着比男性更大的障碍。波伏瓦著名的论断——"一个人并非生来就是女人，而是成为女人"——意味着世界不断引着我们接受自己是男性这个"一"（One）的"他者"（Other），我们是在这样的世界中成为女性的。

但波伏瓦并不认为女性只是父权制的受害者。她认为，所有人类，无论是女性还是男性，都是自由的主体。为了过上本真的生活，即使社会阻挡我们，我们也需要努力重新获得自由。《第二性》第二卷的题词是："半是受害者，半是同谋，和所有人一样。"

波伏瓦绝不认为所有女性都是天生的女性主义者。相反，她指出，其他女性，尤其是年轻女孩的母亲，常常成为对女儿实施性别主义限制的主要执行者。例如，在《形影不离》中，扎扎的母亲竭尽所能地阻止扎扎过上她向往的智识和艺术生活。在《一个规矩女孩的回忆》中，我们看到西蒙娜的母亲控制着女儿的每一个琐碎行动，例如在将信件交给她之前先打开并阅读——或者干脆不交给她。隐私——即弗吉尼亚·伍尔夫所说的"属于自己的房间"这样的奢侈——是处在西蒙娜和扎扎这样的环境中的女孩得不到的。

尽管《第二性》的大部分内容都充满了波伏瓦对女性在男性主导的社会中遭受压迫的分析，但这并非一部沮丧压抑的著作。因为波伏瓦有明确的目标：创造一个女性不再被视为"他者"的社会，一个男女都能相互承认彼此为自由主体的社会。在这样的世界里，男女将能够以真正的相互性（reciprocity）彼此协作。

《第二性》之所以至今仍是一部强有力的女性主义文本，正是因为波伏瓦对自由与相互性的坚定决心，以及她对我们能够构建一个女性不再被视为"他者"的世界充满信心。在这样的世界里，男女之间不再被敌意、对立和压迫的绳索所束缚，而是被团结的纽带所联结。这就是为什么我15岁时爱上了《第二性》，也是我至今仍爱着西蒙娜·德·波伏瓦的这部杰作的原因。

托里尔·莫伊

2025.6

致谢

本书是一个旧项目：从某种意义上说，我一直想研究西蒙娜·德·波伏瓦。自 1988 年春天开始认真投入写作这本书以来，与许多人的交谈和他们给的建议都让我获益良多。我首先要感谢卑尔根大学梅尔策基金会和挪威人文科学研究理事会（NAVF）两次为我提供前往巴黎的旅费资助。1988 年 4 月至 6 月和 1991 年 3 月至 7 月期间，巴黎人类科学院（MSH）任命我为助理研究主任。我感谢克莱门斯·埃莱尔先生（Clemens Heller）的邀请，并感谢埃利娜·阿尔马西女士（Elina Almasy）在巴黎人类科学院给予我的宝贵支持。为了让巴黎之行有足够的资金，我还获得了挪威非虚构作家协会（Norsk Faglitterær Forfatterforening）提供的旅费资助。卑尔根大学图书馆在最初的参考文献书目上给我提供了帮助。我还要感谢加利马尔档案馆的利利亚纳·潘女士（Liliane Phan）以及巴黎玛格丽特·杜兰图书馆和国家图书馆耐心的工作人员。我还得到了耶鲁大学斯特林纪念图书馆和杜克大学珀金斯图书馆的许多帮助。

在我写作手稿期间，一些单独的章节得到了极其详尽的批评性建议，这些建议来自西蒙·布莱克本（Simon Blackburn），佩妮·布梅勒哈（Penny Boumelha），马尔科姆·鲍伊（Malcolm Bowie），彼得·布鲁克（Peter Brooks），黛安·奇肖尔姆（Dianne Chisholm），伊丽莎白·法莱兹（Elizabeth Fallaize），斯坦利·费什（Stanley Fish），阿比盖尔·所罗门·戈多（Abigail Solomon Godeau），拉克尔·克里斯蒂娜·格拉纳斯（Rakel Christina Granaas），朱莉亚·赫尔（Julia Hell），达纳·波兰（Dana Polan），西亚恩·雷诺兹（Siân Reynolds），戴维·罗多维克（David Rodowick），莫妮克·德·圣马丁（Monique de Saint Martin），雷吉娜·施瓦兹（Regina Schwartz），马丁·斯通（Martin Stone），维格迪斯·松格·默勒（Vigdis Songe-Møller），谢尔·索莱姆（Kjell Soleim），詹妮弗·威克（Jennifer Wicke）和简·温斯顿（Jane Winston）。莫里斯·德·冈迪拉克先生（Maurice de Gandillac）慷慨解答了我关于20世纪20年代的高等师范学校（Ecole Normale Supérieure）的问题。数年间，萨拉·贝克威思（Sarah Beckwith）、特里·伊格尔顿（Terry Eagleton）、黛安娜·奈特（Diana Knight）和盖尔·阿尔内·莫伊（Geir Arne Moi）最终零零碎碎地读完了这本书的大部分内容：我感谢他们的批判意识、积极的鼓励和极大的耐心。1993年春天，萨拉·达尼乌斯（Sara Danius）、斯特凡·荣松（Stefan Jonsson）和埃娃·隆格伦-约特林（Eva Lundgren-Gothlin）花了很多时间和精力对我的整部手稿提出了详细的意见。他们的细致反馈让我避免了许多错误。纳塔莉·杜瓦尔（Nathalie Duval）不仅阅读了完整的手稿，还提供了大量参考书目和有关法国的最新信息：深深地感谢她的支持。

我在杜克大学的各位研究助理多年来帮助我组织教学，让我少跑了许多趟图书馆：为此我要感谢芭芭拉·威尔（Barbara Will），德博拉·查伊（Deborah Chay），简·温斯顿，费斯·史密斯（Faith Smith）和杰克·默尼根（Jack Murnighan）。卑尔根大学、耶鲁大学和杜克大学的学生在不同时期听我讲过关于西蒙娜·德·波伏瓦的观点：相比独自酝酿，他们让我的思考变得更为清晰。我在许多地方讲授过有关波伏瓦的内容，此处不一一列举。在我自己的工作方面，我在 1989 年国际妇女节访问了蒙特利尔康考迪亚大学并发表了关于波伏瓦的演讲，那一次经历让我尤受启发。1990 年 5 月，我在墨尔本大学奥蒙德学院（Ormond College）举办了关于波伏瓦的研讨会，那让我相信，世界上仍有许多男男女女关心西蒙娜·德·波伏瓦以及知识女性的处境。我要特别感谢詹娜·米德（Jenna Mead）、玛丽昂·坎贝尔（Marion Campbell）和黑兹尔·罗利（Hazel Rowley），是她们让我在墨尔本过得如此轻松便利。1990 年至 1992 年间，弗吉尼亚大学联邦中心的拉尔夫·科恩（Ralph Cohen）邀请我做了场数多到不寻常的关于波伏瓦的讲座和研讨会。利比·科恩（Libby Cohen）的热情给了我恰逢其时的鼓励。

　　一些人给我提供了另一些方面的支持。米谢勒·勒德夫（Michèle Le Doeuff）作为一个极好的例子证明了女性主义哲学在法国依然保持着活力。她把我介绍给了埃莱娜·德·波伏瓦女士（Hélène de Beauvoir）。我非常感谢波伏瓦女士的热情招待，也感谢她与我分享她姐姐未公开发表的信件。多亏了米谢勒·勒德夫，我还见到了西蒙·马蒂内女士（Simone Martinet, 婚前姓氏为 Keim），她于 20 世纪 30 年代就读于乌尔姆路的高等师范学校。马蒂内女士毫不吝啬自己的时间和精力，与我讨论了她在巴黎高师期间的种种经历。尚塔尔·杜瓦尔女士（Chantal Duval）和克莱尔·巴赞小姐（Claire Bazin）在最后一刻给我提供了至为关键的书。1992 年 5 月，黛安娜·埃尔梅尔（Diane Elmeer）和朱利安·D. 纽曼（Julian D. Newman）借给我他们在海边的房子供我写作，让我得以从日常生活无尽的压力中逃脱：第七章的完成要感谢他们。虽然这个项目看起来永远也完不成，但是我的英国出版商菲利普·卡彭特（Philip Carpenter）始终如一地提供着支持。

　　我要特别感谢两个人，他们不约而同地以认真的态度支持我的项目并鼓励我在论述西蒙娜·德·波伏瓦时找到属于自己的声音。多年来，朱莉娅·克里斯蒂娃（Julia Kristeva）一直支持着我的工作。她慷慨地为我的完稿提供了极具启发性的评论，加深了我对西蒙娜·

ix

德·波伏瓦黑暗一面的理解。她本身就是一位独立且给人启发的知识女性，为此我也要感谢她。皮埃尔·布迪厄（Pierre Bourdieu）阅读了第一、第二、第五章的初稿：他迅速、细致且详尽的回复对我帮助巨大。关于我在巴黎研究期间该去哪里、去见谁，他提供了建议，如果没有他的建议，我远远不会有那么多的收获。

书中有几个章节此前曾发表过。第一章的一个较早版本的一段短节选和第二章的一段长节选，以标题"西蒙娜·德·波伏瓦：一名知识女性的造就"（Simone de Beauvoir：The Making of an Intellectual Woman）在《耶鲁批评杂志》［*The Yale Journal of Criticism* 4.1（Fall 1990）：1—23］上发表过。第三章的一个早期版本曾以"政治与知识女性：对西蒙娜·德·波伏瓦的评判中的陈词滥调"（Politics and the Intellectual Woman：Clichés in the Reception of Simone de Beauvoir）为标题在我的《女性理论与波伏瓦》［*Feminist Theory and Simone de Beauvoir*，The Bucknell Lectures，ed. Michael Payne（Oxford：Blackwell，1990）：21—60］一书中出现。第四章的一个缩略版本曾以"女宾：一出存在主义情节剧"（*L'Invitée*：An Existentialist Melodrama）为题发表于《短评》［*Paragraph* 14.2（July 1991）：151—169］。第六章的节选曾以"《第二性》中的模糊与异化"（Ambiguity and Alienation in *The Second Sex*）为题出现在《界限》［*boundary* 2 19.2（Summer 1992）：96—112］上。第七章曾稍作删减，以"西蒙娜·德·波伏瓦的乌托邦：《第二性》中的政治"（Simone de Beauvoir's Utopia：Politics in *The Second Sex*）为题发表于《南大西洋季刊》［*South Atlantic Quarterly* 92.2（Spring 1993）：311—361］。在第七章和第八章中，我使用了我为西蒙娜·德·波伏瓦的《岁月的力量》［*The Prime of Life*，（New York：Paragon House，1992）］所写的导读，以及为《境遇的力量》［*Force of Circumstance*（New York：Paragon House，1992）］的第一卷和第二卷所写的导读当中的材料。感谢出版方允许我使用此处列出的这些材料。

我也感谢下列各位允许我使用西蒙娜·德·波伏瓦作品的摘录：

出版《女宾》[*She Came to Stay*，由伊冯娜·莫伊塞（Yvonne Moysc）与罗杰·森豪斯（Roger Senhousc）翻译]的哈珀柯林斯出版社（HarperCollins Publishers Ltd，Fontana）；出版《第二性》[*The Second Sex*，由 H.M. 帕什利（H.M. Parshley）翻译]的兰登书屋（Random House Inc）的兰登世纪有限公司 [Random Century Ltd（Jonathan Cape）] 与 the Estate of Simone de Beauvoir；以及企鹅图书（Penguin Books Ltd）。企鹅图书出版了由詹姆斯·柯克普（James Kirkup）翻译的《一个规矩女孩的回忆》（*Memoirs of a Dutiful Daughter*，Penguin，1963），该书法语原版 *Memoirs d'unejeunefille rangee* 于 1958 年在法国首次出版，于 1959 年由安德烈·多伊奇（Andre Deutsch）和魏登菲尔德与尼科尔森出版社（Weidenfeld & Nicolson）首次出版英译版（copyright © Librairic Gallimard，1958，translation copyright © The World Publishing Company，1959）；由帕特里克·奥布莱恩（Patrick O'Brian）翻译的《清算已毕》（*All Said and Done*，Penguin，1977），该书法语原版 *Tout compte fait* 于 1972 年在法国首次出版，于 1974 年由安德烈·多伊奇、魏登菲尔德与尼科尔森出版社和 G.P. 普特南之子出版社（G.P. Putnam's Sons）首次出版英译版（copyright © Librairie Gallimard，1972，translation copyright © Andre Deutsch，Weidenfeld & Nicolson，G.P. Putnam's Sons，1974）；由彼得·格林（Peter Green）翻译的《岁月的力量》（*The Prime of Life*，Penguin，1965），该书法语原版 *La Force de l'âge* 于 1960 年在法国首次出版，于 1962 年由安德烈·多伊奇和魏登菲尔德与尼科尔森出版社首次出版英译版（copyright © Librairie Gallimard，1960，translation copyright © The World Publishing Company，1962）；由帕特里克·奥布莱恩翻译的《安详辞世》（*A Very Easy Death*，Penguin，1969），该书法语原版 *Une mort tres douce* 于 1960 年在法国首次出版，于 1966 年由安德烈·多伊奇和魏登菲尔德与尼科尔森出版社首次出版英译版（copyright

最后，我要感谢我的父母，我因这本书而没能如他们所愿多去几次挪威，但他们对它有信心。这本书献给盖尔·阿尔内·莫伊。他的耐心、毅力和勇气都堪称典范：没人能拥有比他更好的弟弟。

托里尔·莫伊

略语表

以下是书中频繁引用的波伏瓦和萨特的著作的缩写，在文中出现 时将以括号表示，页码跟在缩写之后。所引版本将在"参考文献"中列出。在引用波伏瓦的文本和萨特的《存在与虚无》时，我通常先引用已出版的英语译本，之后引用法语原著。为了节省篇幅，在此类双重引用的情况下，我不再使用缩写"p."。TA 代表"译文有改动"。因此，（PL345；FA388；TA）指的是"《岁月的力量》英文版 *The Prime of Life* 第 345 页；法语原著 *La Force de l'âge* 第 388 页；译文有改动"。引用其他法语文本时，要么引的是法语原著，我自己进行了翻译；要么引的是已出版的译本。在此类情况下，参考文献最终只列出相关的文献。

AF   *Adieux：A Farewell to Sartre*《告别的仪式》

AMM   *All Men are Mortal*《人都是要死的》

ASD   *All Said and Done*《清算已毕》

BN   *Being and Nothingness*《存在与虚无》

BO   *The Blood of Others*《他人的血》

CA   *La Cérémonie des adieux*《告别的仪式》

DPS   *Diary of a Philosophy Student*《一名哲学学生的日记》

xii

今日的西蒙娜·德·波伏瓦：2008 年版导言

1987 年，当我准备开始写作《西蒙娜·德·波伏瓦：一名知识女性的造就》时，对西蒙娜·德·波伏瓦感兴趣的学术圈的女性主义者相对较少。大部分谈论她的书要么充满敌意到不可置信的地步，要么对她毫无批判，甚至崇拜不已（见本书第三章），[1]几乎没有一本是由 20 世纪七八十年代的女性主义理论的开创性作品启发而来的。[2]此外，由于大多数文学批评家认为，作者已经去世，而我的项目不仅是一本只研究一位作者的书，还是一本对该作者的生活投入大量关注的书，就显得十分过时。

我着手写作关于波伏瓦的书，是因为我被波伏瓦的生活和作品强烈吸引，因为我对知识女性的处境感兴趣。我试图理解西蒙娜·德·波伏瓦是如何成为西蒙娜·德·波伏瓦，成为 20 世纪最重要的女性主义思想家和代表性的知识女性的。若要如此，就必须了解她所处的特定历史和社会环境，同等认真地对待她的文学作家、自传作家，以及哲学写作者的身份。据我所知，《西蒙娜·德·波伏瓦：一名知识女性的造就》目前仍是唯一一本以如此广度去谈论她的生活与写作的书。此外，也没有任何其他的书曾对她所受的教育和成为知识分子的过程提供如此多的信息与分析。

在我写作这本书的过程中，出现了一些迹象，表明世人对波伏瓦的态度即将发生变化——如果说不是对这个作家的哲学概念的话。1989 年，米谢勒·勒德夫（Michèle Le Dœuff）的《书房与纺车》［*L'Étude et le rouet*，英译为 *Hipparchia's Choice*（《希帕嘉的选择》）〕在巴黎出版，对波伏瓦与哲学和女性主义的关系做了令人振奋的讨论。1991 年，埃娃·隆格伦-约特林（Eva Lundgren-Gothlin）对《第二性》的哲学和政治基础所做的奠基性研究《性与存在》（*Kön och existens*，英译为 *Sex and Existence*）在哥德堡出现。她们开创性的研究是我的作品的由始至终的同行者，也是今天任何对波伏瓦感兴趣的人不可或缺的读物。[3] 我自己的这本书出版于 1993 年圣诞节前，它所收到的正面评价，也表明大家对于西蒙娜·德·波伏瓦的生活和作品的态度正在进入一个新阶段。[4]

过去十五年，大家对于波伏瓦的兴趣急剧增长，尤其是在女性哲学和政治思想领域内。[5] 1988 年，伊丽莎白·法莱兹（Elizabeth Fallaize）的《西蒙娜·德·波伏瓦的小说》掀起了一波新的波伏瓦研究浪潮，文学评论家面对这一波新浪潮多少手脚有些慢了，但现在有许多新的关于波伏瓦的虚构作品和回忆录出版了。[6]

项目

波伏瓦的智识创造性的关键，在于她毫不动摇地相信，"哲学与生活是分不开的"（*L'Existentialisme et la sagesse des nations*，12），这一观点是本书的基础。这是我为何要让她的文本与对她生活的叙述并置交织，为何要把她的小说、回忆录、个人书写（信件与日记）与她的哲学放在一起研究，就像不同文本彼此之间时时发生着对话。

为了把握波伏瓦自己对其生活的描述的意涵，有必要将她放在一个更大的背景之下，即法国女性教育的历史之下。我受到皮埃尔·布迪厄（Pierre Bourdieu）的法国文化社会学的启发，着眼于分析和解释波伏瓦在法国思想界的地位，以及为何这种地位极有可能使她在法国文学和知识正典中处于低级的（"被支配的"）地位。

1993 年时，我对将这本书称为传记颇有犹豫，并非因为我与传记作家理念有悖，而是因为我从未试图像大多数传记作者一样，去叙述波伏瓦从生到死的人生故事。此外，1990 年戴尔德丽·贝尔（Deirdre Bair）的波伏瓦完整传记出版之后，也有读者在寻求更加"正好"的传记，我担心如果用这个词来描述我这本书，那些读者会感觉被误导。

结果许多读者并不这么想。在《反思传记》（*Reflections on Biography*）中，葆拉·巴克沙伊德尔（Paula Backscheider）为将《西蒙娜·德·波伏瓦：一名知识女性的造就》称作传记（或者说一种新传记）提出了令人信服的理由：

> 托里尔·莫伊坚称她不是在为波伏瓦作传，但如今有一类新传记，包含意识形态，思考打量作者的一部分生平或著作，或者结合知识分子传记与文化研究。几乎在每一页，莫伊都论及波伏瓦的生活和工作对 20 世纪，特别是对知识女性的意义。……她在一章又一章的文字中，用当代最成熟的理论工具研究了波伏瓦与她的生活，其结果是，我们从中获得的对波伏瓦生活的了解，至少与从贝尔书中了解到的一样详细，与此同时，关于文学、知识和社会环境以及它如何影响知识女性，我们也有了很多的认识。（p.43）

巴克沙伊德尔所见十分准确，我试图从不同的角度，通常也用不同的方法，去打量波伏瓦写作或生活的不同方面，从而使其意义与共振从中显现。本书第一部分涉及波伏瓦的背景和教育，以及她在法国文化生活中的地位。第一章是对《一个规矩女孩的回忆》（*Memoirs of a Dutiful Daughter*）* 和《岁月的力量》（*The Prime of Life*）** 开头部

3

---

* 此为上海译文出版社 2023 年版本的书名，译者罗国林。——译者注（本书脚注均为译者注，以下不赘）

** 此为上海译文出版社 2023 年版本的书名，译者黄荭、罗国林。

分的细读。第二章涉及历史和社会学，第三章详细讨论关于波伏瓦作品的接受的研究。

第二部分是对她的第一部小说《女宾》（*L'Invitée*，英语译为 *She Came to Stay*）和波伏瓦的主要哲学论著《第二性》的分析。在第四章中，我从文学和精神分析两重角度阅读了《女宾》。关于《第二性》的两章也承担了不同的作用。在第六章中，我表明，波伏瓦阐述的是一种完全原创的关于性别主义社会中女性主体性的理论，该理论认为女性比男性更内在分裂，更异化。

在第七章中，我详细解释了《第二性》的女性主义政治部分，并呈现了波伏瓦的观点：在一个给予她们充分自由、公正和平等的社会中，女性将产生深刻的改变。1949 年，她认为这样一个时代即将开启。在她看来，女性正站在一个新的、自由的、创造性的生活方式的门槛前，她欣然采纳了年轻的阿蒂尔·兰波（Arthur Rimbaud）对女性的创造性未来的狂热信念：

> 自由的女人正在出生；她赢得自己的所有权时，也许兰波的预言将会实现："将有诗人！当女人无尽的束缚被打破时，当她为自己而活并通过自己而活时，……她也将成为诗人！女人将发现未知！"（SS723；DSb641）[7]

第三部分，我回归到个人生活，回归到波伏瓦的回忆录和信件，并追问为何波伏瓦认为每个在爱中的女人"都将认为自己是安徒生的小美人鱼"（SS664；DSb561—562；TA）。这一章和简短的后记都将用于讨论亲密关系、爱、抑郁、焦虑和衰老。

如今重读这本书，我震动于它对寻常的生命经验竟有如此持续的兴趣，这种兴趣也是波伏瓦的存在主义所具有的特点。第五章最为显著地体现了这一点，"自由与调情"，它读来就像一部日常生活的民族志：细致入微地分析了当一个男人"抓住"一个女人的手时，当一个女人"接受"一个男人伸出的手时，各自会发生什么。这一章也致力于揭示萨特的《存在与虚无》与波伏瓦的《女宾》之间的异同，两者都出版于1943年。

萨特对波伏瓦的影响对许多波伏瓦学者来说依然是棘手的问题。事实是，对波伏瓦的著作怀有敌意的读者坚持认为波伏瓦不过只是萨特的弟子，但是这样荒谬的迷思应当被扫除也是事实。此外，就波伏瓦的情况来说，性别主义的批评家们所散布的这种她被他所影响的说法尤其荒谬，因为它认为女人不过只是男人思想的一个空容器。（通常我们在文学史上或哲学史上所说的影响从不只是这么简单，也没有那么贬低被影响的人。）然而，一些为波伏瓦辩护的人则矫枉过正，花了太多的精力来否认荒谬的影响之说，最终肯定了与之完全相反的说法，把萨特当成了波伏瓦思想的空容器。[8]

理智的波伏瓦和萨特的读者不难承认一个显而易见的事实，即当两个才智出众的哲学家在他们的一生中几乎每一天都在讨论他们的想法和写作时，他们没从对方身上学到一丁点儿东西才叫人感到不可思议。波伏瓦必定会借由跟萨特讨论来深化和明确她对她的问题的理解，正如萨特借由与她讨论来阐述他的思想一样。

写这本书时，我想避免毫无结果的关于影响的讨论。我还希望走出一条清晰的、介于妖魔化西蒙娜·德·波伏瓦与理想化西蒙娜·德·波伏瓦之间的道路。这并不意味着我想在赞美和批评上有所保留。我的计划是呈现波伏瓦是如何成为知识女性的，以及理解她究竟成为何种知识女性。若不尝试勘定她在这个世界所处的特定社会、历史、政治和个人地位的优势与局限，在我看来是不完整的。历史学家和传记作家想知道——也理应想知道——波伏瓦在这个世界上的特定轨迹和地位是如何影响她的思想，影响她对自己和世界的理解的，无论是好是坏。

此次再版，我没有改动原文，只做了一些小的文字编辑。不过，有几点需要更新。在第二章，关于波伏瓦的教育，我写道，波伏瓦的

"资格证书"（diploma）论文是关于莱布尼茨的（见本书第96页）。我还应该做一些补充：她还为一个叫拉波特的教授写了一篇关于休谟和康德的特别论文［一篇专题论文（*dissertation*）］（参见 MDD304；MJF426），因为这表明，波伏瓦毕生痴迷于作为一种存在体验和哲学问题的怀疑论，这是有其严肃的哲学基础的。

5　　本书原版导言中包含一些有关 20 世纪 90 年代初高等教育当中女性的状况的信息。（见下文第 32—34 页）。在我看来，改掉这些数字是不对的，因为这些数字透露了这本书写作当时的状况。所以我决定不改，在此做一些更新：1993 年，美国全职教授中女性仅占 11.6%；2006 年，这一数字为 24%（*AAUP Faculty Gender Equity Indicators 2006*，p.10）。在挪威，20 世纪 90 年代初的数字约为 9%；2005 年为 17%（kvinner i forsking，p.12）。虽然这是一个明显的进步，但还不足以让人过分地庆祝。

这本书出版后，我依然在研究西蒙娜·德·波伏瓦，最为深入的是两篇新的大论文，它们先发表于《女人是什么？》（*What Is a Woman?*），然后单独出版，书名为《性、性别与身体》（*Sex，Gender and the Body*）。在这些文章中，我将波伏瓦对性、性别和身体的看法，以及她对个人与哲学之间关系的理解与当前的理论辩论联系起来。我还就波伏瓦与知识分子的政治承诺［《心口如一》（*Meaning What We Say*）］，以及《第二性》存在严重缺陷的英译本写了文章［《在我们等待期间》（*While We Wait*）］。9 这篇罗列 H.M.帕什利（H.M. Parshley）版译文的主要问题的文章大概很快会过时，因为两位新译者康斯坦丝·博尔德（Constance Borde）和希拉·马洛瓦尼·希瓦利埃（Sheila Malovany-Chevalier）正在为波伏瓦的代表作做新版翻译（见 A Second Sex：Interview with Constance Borde and Sheila Malovany-Chevalier）。

我将不在本书中讨论近年学术界对波伏瓦作品的评论。我将转向本书出版后出现的三本主要书信集和日记：波伏瓦 1926 年和 1927 年的学生日记；1937 年至 1940 年她与年轻情人雅克-洛朗·博斯特

（Jacques-Laurent Bost）的通信；1947 年至 1964 年她写给纳尔逊·阿尔格伦（Nelson Algren）的信件（其中 1947 年至 1952 年的信件最为有趣）。如果在我写这本书时有这些资料，我肯定会用。那么，它们包含了哪些新信息？它们会为本书的分析增添什么内容？[10]

过一种哲学的生活：一名哲学学生的日记

波伏瓦的《一名哲学学生的日记》收录了她于 1926 年和 1927 年写下的日记，2006 年，其英文版作为玛格丽特·A. 西蒙斯（Margaret A. Simons）主编的伊利诺伊大学出版社的波伏瓦丛书的第二本出版。［该丛书的第一本《哲学写作》（*Philosophical Writings*）于 2004 年出版，除其他早期作品外，还收录了波伏瓦 1944 年发表的第一篇哲学论文《皮洛士与齐纳斯》（*Pyrrhus et Cinéas*）］。接下来还有五本：波伏瓦的战时日记，三本关于哲学、文学和女性主义的论文，以及最终最令人兴奋的一本，即学生日记的第二辑，收录了她写于 1928 年至 1930 年的内容。

写于 1926 年和 1927 年的日记是一份引人入胜的记录，在这一时期，西蒙娜·德·波伏瓦第一次意识到自己作为知识分子的身份，并开始结识莫里斯·梅洛-庞蒂（Maurice Merleau-Ponty）、西蒙娜·韦伊（Simone Weil）和莫里斯·德·冈迪亚克（Maurice de Gandillac）（但还没有认识让-保罗·萨特）等其他才智出众的人。虽然这本日记没有改变本书对波伏瓦所受教育的分析（见下文第二章），但我发现它极好地唤起了我们对波伏瓦当时的生活经历，以及一个早已消失的文化和文学环境的想象。这本日记为我们呈现了一种崭新的西蒙娜·德·波伏瓦在知识分子生涯初期的形象。[11]

1926 年夏，波伏瓦 18 岁，过得极不开心。求学第一年，她非常失望。那年春天，她疯狂地爱上她的表兄雅克·尚皮涅勒（Jacques Champigneulles），她提起勇气在离开巴黎去乡下之前给他写了信，整

6

个夏天，她都在无望地盼着他的回信。此外，她几乎没什么时间独处：时时都有家人和出入的友人在身旁，让她有应付不完的社交义务，几乎不剩什么阅读和写作的时间。

像其他青少年一样，年轻的西蒙娜·德·波伏瓦感到疏离和不被理解："我感觉内心有那么多想说的话！但是我不敢说。"（DPS82）"他们什么都不明白，真叫人受不了。"（DPS86）她认为自己是家族当中唯一的文明人，感觉自己遭遇围困，被野蛮人包围："你们全都是野蛮人，即便你们可能是对的，但你们不是我！"（DPS271）

她感到可以信任的唯有自己、她的作品、她的追求和她的内心世界："变得沉迷于内心世界，严肃地对待它，为它牺牲一切。永远不要让我的经历……毁掉我内在的美。"（DPS257）她对纯粹理想主义式的信念和"内心生活"的重要性的坚持在这本日记中至关重要。因此，认识到这一点很关键：这并没有让她从与萨特的相遇中幸存。在《岁月的力量》中，波伏瓦写道，萨特和他在巴黎高师的朋友对"内心生活"（la vie intérieure）的态度犹为轻蔑。萨特丝毫不认为"内心生活"是一个人最珍贵、最真实的部分，他认为它是自我欺骗的温床。萨特与其友人决心避免贩卖任何美丽心灵，他们强迫自己和其他人把一切都告诉彼此，以使最微小的思想和欲望都变得公开且可分享，而不是使其成为仅属于自己的秘密或独一无二的东西。显然，这里有着萨特和波伏瓦跟彼此维持开放关系的根源（见下文第334—340页）。

然而，在1926年和1927年，内心生活成了波伏瓦唯一可以抓紧的救命稻草。它因为对雅克的热情而丰富。这个年轻人多次在法律考试中不及格。波伏瓦当然不是因为他内在的优秀品质而爱上他的，只不过因为他是她当时唯一被允许见的年轻男子，因为她太孤独了，他的一点点关心都像是天赐的恩惠。波伏瓦对自身的诚实正直有着强烈的追求，这使得她在解读别人时出了名地差劲，她把他的失败与回避当作艺术个性的标志。

第一年（1925/1926）的学生生活并没有真正在智识上启发她。尽管失望，波伏瓦还是发疯般地学习。第一年，她以漂亮的成绩通过了文学、数学和拉丁语考试。此外，她还从零开始学希腊语。[12]

18岁时，这位才华横溢、充满热情的年轻女士过着极其朴素的生活。她几乎没有个人自由。她的母亲仍然会检查她的信件，把她认为不合适或不健康的信件统统扔掉。朋友来访时，母亲在旁监督，她不允许女儿夜间外出，除非有妥当的陪伴。波伏瓦如此用功的一个原因，肯定是专注学习是她能够独处的一个宝贵的借口。她让自己置身于大学图书馆或父亲书房的书堆中，为自己竖起一道保护屏障，以抵御母亲无休无止的干涉。在这本日记的第一页，落款是1926年8月6日，波伏瓦尖刻地写道："任何人读了这本日记，无论是谁，我都永远不会原谅他。这么做卑鄙而丑陋。"[13]为了加强防护，她的字迹变得像她的朋友和情人在她后来的人生中总是抱怨的那样潦草难辨。

波伏瓦害怕母亲侵入性的监视，这也许解释了为何她的日记主题异常朴素。波伏瓦专注于反省和自我分析，她的日记中充满了心理学和哲学分析，以及关于阅读和未来工作计划的笔记。关于政治和文化事件，抑或关于她的其他家人，我们一字一句都读不到。只有一次，她允许自己表达了自己对母亲行为的感受："我必须先喊出我的愤怒！去看扎扎本是一件必要而美丽的事！不久前，当我们和亨丽埃特（波伏瓦的妹妹埃莱娜）聊得正开心时，她进来了，不肯让我们独处！"（DPS192）

从文化角度看，这本日记是一份珍贵的文献。我惊呆了，在近300页的日记中，我读到了一位年轻女性内心最深处的想法，却没有一处提到她的身体，没有对她的衣服或体重的评论，也没有其他人对她容貌的看法。尽管波伏瓦可能尤其朴素禁欲，但她对于她所处的阶层和环境绝非没有代表性。这本日记为我们勾勒出了一个几乎难以想象的世界，因为在我们生活的社会中，青少年在隆胸，而年老的女性则因为自己的体重和皱纹困扰不已。

波伏瓦没有在镜子前自我凝视，而是把时间花在阅读和思考上。

雅克同她交谈，但并不立刻批评和责备她，并且借书给她，以此赢得了她的心。"文学占据了我生命中曾经被宗教占据的位置：它完全吸收了我，改变了我的生活，"波伏瓦在《一个规矩女孩的回忆》中这样写道。（MJF187；MDD259）

雅克最喜欢的小说是阿兰-傅尼埃（Alain-Fournier）的《大莫纳》（法语：*Le Grand Meaulnes*，英译有：*The Lost Domain*，以及 *The Wanderer* 和 *The End of Youth*）。这部关于爱情、荣誉、纯洁和牺牲的梦幻般的伤感小说写于 1913 年，令年轻的西蒙娜着迷。"我经常在莫纳这片令人着迷的土地上徘徊，为什么我不能留在那里？"面对自己断然毫无迷人之处的环境，她愤怒地呼喊。（DPS293）

读到奥古斯丁·莫纳令人心碎地离去，波伏瓦哭了。事实上，那些年她常常哭：经常是因为受挫或失望，但也出于纯粹的活在世上的喜悦。她将自己全身心地投入每一种心绪、感受和思考中，她的情绪强度令人震惊。对我来说，我发现我在第八章中所讨论的消沉与欣喜之间的摇动，竟在她少女时期就已经出现了，这一点引人深思。这种强烈的情绪似乎只是波伏瓦在这世上活着的一种方式，她总是会以这种绝对的方式去体验爱、消沉、成功与失败。

除了《大莫纳》，她还如饥似渴地读了阿兰-傅尼埃［亨利·富尼耶（Henri Fournier）的笔名］和友人雅克·里维埃（Jacques Rivière）之间的通信录的第一卷，她深深认同这两位 19 岁的文学青年的思想与追求——刚刚开启学生生活，对本真与真理充满梦想。

托拜厄斯·希尔（Tobias Hill）指出《大莫纳》是典型的小说首作：极其严肃，"在情绪上不平衡，在强烈的情感与过度抽离的冷静之间反复转向"。波伏瓦的日记也同样具有严肃且情绪上不平衡的特点。她哭泣；她狂喜；她宣布永远爱雅克，紧接着又是冷静的自我批评。她的生活是那么的缺少乐趣和轻松，当她遇到迷人的年轻人莫里斯·梅洛-庞蒂时，她立刻被他对生活的乐观态度所吸引，同时这又让她不安，以至于她开始担心他"对不可修复、不可替代之物没有感情"

（DPS301）。

令人惊讶的是，年轻的西蒙娜·德·波伏瓦几乎完全没有意识到文学和哲学的现代性。在她成长的这个阶段，她是一个十足的唯心主义者：她对康德产生了浓厚的兴趣，同时为显然属于二流的德国唯心主义哲学家鲁道夫·奥伊肯（Rudolf Eucken，1908年经过激烈角逐获得诺贝尔文学奖）着迷。在智识和情感上，她似乎正处于19世纪唯心主义者向往崇高、纯洁、真理和美的黄昏时期，这是她在阿图尔·叔本华（Arthur Schopenhauer）、弗里德里希·尼采（Friedrich Nietzsche）、安德烈·纪德（André Gide）、奥斯卡·王尔德（Oscar Wilde）和亨利·柏格森（Henri Bergson）的作品中发现的，但更多是在莫里斯·巴雷斯（Maurice Barrès）、保罗·克洛岱尔（Paul Claudel）和阿兰-傅尼埃的作品中读到的。[14]

凡此种种唯心主义思想使她生出一种对美好生活的热望，活在一种彻底但不安宁、时时要自我审视的真诚当中，怀抱一种牺牲与受难的崇高意识。波伏瓦对她称之为"生命"的完全抽象的实体有着毫不妥协的要求，但仍是一个脱离肉身的灵魂。她是一个受到严格监视的处女，没有进行性实验的机会，她活得热情而强烈，但纯粹只是以一种理想化的模式。

她试图化孤独为力量，时不时生出一种高傲："我太过聪明，要求太高，也太过富有了，没有任何一个人能够完全地照顾我。没有人能彻底了解我或爱我。我只有我自己。"（DPS256）在唯心主义的受难与牺牲观念的熏陶下，她对爱的理解几乎完全是受虐狂式的："我爱那些能让我受到最多折磨的人和事物。这种敏感的提纯，这种思想的优雅，这些微妙的复杂性，就是我所爱的。"（DPS242）异性恋是一种自我牺牲的观念在她的小说中回归（最可怕的例子是《名士风流》中的波尔＊），但在《第二性》中也出现了，她在其中宣称："但凡恋爱

＊　书名与人名对应上海译文出版社2022年的版本，译者许钧。

的女人，都认为自己是安徒生笔下的小美人鱼，出于爱情把自己的鱼尾换成女人的腿，行走在针和炙热的煤上。"（SS664；DSb561—562；TA）*

然而，爱是受苦的主题是与强烈的自我肯定并存的："我愿意为我所爱的人做出一切牺牲，但我不想只通过他而存在。"（DPS77）"唯一的问题是，我不能为他放弃任何自我；我渴望他了解我，而不是他爱我。"（DPS122）

1926到1927年学年初，波伏瓦终于摆脱了天主教世界，开始在索邦大学学习哲学。随着她结识富有魅力的新朋友（其中最主要的就是梅洛-庞蒂），雅克显得不再那么重要了："我已经明白，除他之外，其他人也有着无限广阔的内心。我完全不用再为了成为自己而需要他，他反而会打扰我。……我不可能在爱情中沉睡，我拒绝任何奴役，"她在1927年7月的日记中提到（DPS276）。

这本日记毫无疑问表明，即便波伏瓦从未遇到萨特，她也会成为一名作家。她梦想将自己完全投入一种她所信仰的工作当中（见DPS241）。最重要的是，它表明波伏瓦在开始知识分子生活之初就已经将哲学作为一种生活方式来理解。她活出自己的思想，并思考自己的感受。她对系统或学术的哲学不感兴趣。"现在，除了那些我竭尽全力阐述的观点，我不再对任何事有一丁点兴趣，"她在1926年10月这样写道（DPS126）。几周后，她宣称："我在我的感受中加入理性，在我的思想中加入随性。"（DPS139）在反思自己与梅洛-庞蒂之间的差异时，她评论道："那些他用头脑去经历的问题，我用双臂与双脚去经历。他可曾了解过连续数月终日垂泪的滋味？"（DPS293）

1927年5月，想到她对雅克的爱，她写道：

> 我常常在想，如果J知道关于我对他的爱，我追问的是一和多、限定的形式和绝对的形式、观念和存在的问题，他会怎么说。

---

* 译文引用上海译文出版社2014年的版本，译者郑克鲁。

他大概不会明白，因为很少有人能明白什么是感受思想。……但有一个更深的问题，我又一次奇妙地发现自己在思考与去年相同的问题，那就是这个无法传达的自我。（DPS251—252）

这一时期波伏瓦自身的生命经验——她感受到的疏离，她的孤独，她对雅克的疏远——与她对怀疑论观点的痴迷有着几乎完美的对称性，她相信自我、我们的思想、感受、自发的反应是无法传达给他人的，每个人类根本上对他者来说都是不可知的。（DPS249）

1927 年 7 月，波伏瓦试图总结自己日记中的关注点，她总结道："主题几乎总是我开始生活时感受到的自我与他者的对立。"（DPS279）玛格丽特·西蒙斯（Margaret Simons）在为这本书撰写的序言中正确地指出，事实上，从波伏瓦的第一部小说《女宾》（1943）开始，自我与他者之间的关系就是她写作中的一个重要主题。

然而西蒙斯更进了一步。她声称关于自我与他者的对立的句子是她自己"最重要的发现"（DPS2），并坚持将其视为波伏瓦在哲学上从根本上独立于萨特的确凿证据（见 DPS43）。[15]我认为这让人难以信服。一个 19 岁的年轻人记下这样一行字很难证明她有一套具体而丰富的哲学思想。把波伏瓦在这一时期的整个生活，她的孤独以及她的智识热情，当作某种根本上的感性的证据或许更说得通，即使没有萨特，她也必定能找到有趣的方式去开发这种感性，但这种感性在她与萨特的生活中碰巧得到了热切而敏锐的鼓励。

我认为这份日记作为理解波伏瓦后期作品的资料并不是最好的。但这份日记作为文化文献，以及了解 20 世纪 20 年代末法国智识和文化生活的信息源，具有巨大的价值。由于书中包含大量关于波伏瓦阅读的文学和哲学的资料，它不仅有助于我们了解她作为知识分子的成长历程，也有助于我们了解她那一代人，尤其是她那一代天主教女性的成长历程。

在阅读小说时，波伏瓦对男性作者与角色的认同，至少不亚于对

11

女性作者与角色的认同。通过阅读，她摆脱了孤独和孤立。她曾宣称自己对他人的思想抱持怀疑，但这恰恰随着她任由自己为持不同政治与宗教信仰的作家所写的各种小说和文章倾倒而开始瓦解。这无疑解释了为何她会在阅读小说中找到如此多的慰藉和灵感，也解释了为何她会渴望成为一名作家。

因此，这本日记揭示了波伏瓦智识和情感生活的最深层基础。即将出版的第二卷将包括 1928—1930 年的日记。1929 年春天，波伏瓦在准备参加教师资格考试（agrégation）期间遇到了萨特；秋天刚开始的时候，她终于从家里搬出来；同年 11 月底，她挚爱的朋友扎扎〔伊丽莎白·拉库万（Elisabeth Lacoin），在回忆录中被称为伊丽莎白·马比勒（Elisabeth Mabille）〕突然悲惨去世，其所处的环境使波伏瓦终生憎恨资产阶级天主教。[16]如果第二卷同样真诚，保持着同样深度的感受和思想，那么其出版将是一件重要的事。

等待第二卷出版时，留在我心里的是第一卷的年轻女性的形象，在试图摧毁她的、要求顺从的力量面前，她竭力保持一种内心自由的感觉。出于纯粹的自我防御，她不断提醒自己："我不能在意别人怎么想、怎么做。……我就是我自己。"（DPS255）

隐秘情事：与雅克·洛朗·博斯特的通信

在本书第五章中，我提到波伏瓦承认《女宾》中的"引诱章节"准确地描述了波伏瓦自己与稍年轻一些的雅克·洛朗·博斯特（Jacques-Laurent Bost）的关系的开始。这段关系始于 1938 年 7 月，当时她 30 岁，他 22 岁（见下文第 210—212 页）。[17]在第八章中，我写道，她当时的信件和日记都表明她"对博斯特的爱是认真的"（本书第354 页）。我之所以这样说，是以波伏瓦的《给萨特的信》（1990 年以法语出版）和她的《战时日记》（亦出版于 1990 年）为依据的。[18]而波伏瓦自己与博斯特的通信到 2004 年才公开。

总体而言,《往来书信:1937—1940》(*Correspondance croisée 1937—1940*)这一卷厚厚的书信集证实了我对波伏瓦与博斯特关系的理解。他们之间的性关系一直持续到1947年,那一年波伏瓦爱上了纳尔逊·阿尔格伦,但是波伏瓦和博斯特在之后的人生中仍然是亲密的朋友。波伏瓦的养女,也是这本书信集的编者西尔维·勒邦·德·波伏瓦(Sylvie Le Bon de Beauvoir)在序言中写道,波伏瓦一直称赞博斯特是"她所认识的男人中最没有性别偏见的"。[19]

12

由于波伏瓦和博斯特一致认为,为避免伤害博斯特的女友(后来的妻子)奥尔加·科萨凯维奇(Olga Kosakiewicz)的感情,他们之间的关系必须保密,因此博斯特在波伏瓦生命中有多重要并没有在她的回忆录中体现,这些回忆录是在奥尔加尚在世时出版的。从这些书信来看,博斯特和波伏瓦的关系牢固、充满爱意并且简单。他们乐于跟彼此相见,享受性爱和谈话,对自己的感情始终保持坦诚,无论是他们对彼此的感情,还是他们对其他人的感情。

然而,波伏瓦与博斯特之间的通信却没有波伏瓦写给萨特和阿尔格伦的信那么引人入胜。1938年11月,博斯特被征召入伍;直到1940年2月,他仍在军队中;这份公开在此的900多页的书信,对这一相对较短的时期内博斯特与波伏瓦的日常生活,提供了近乎疯狂的详细描述。[20]这段通信结束的原因是,1940年5月,博斯特陷入战争的混乱之中,波伏瓦在战时所写的其他信在这个时候遗失了。然而,波伏瓦给萨特的信和她的《战时日志》已经很好地记录了波伏瓦这一时期的生活。

鉴于博斯特几乎所有的信都是在军营里写的,他的信往往沉闷单调,这并非因为他是个差劲的写作者,而是因为二战前夕法国军队中的生活单调、乏味,且常常荒诞不经。战后,坚决拒绝出任军官的博斯特将自己的士兵生活写成了一部比较成功的小说,名为"最后的交易"(*Le Dernier des métiers*)。西尔维·勒邦·德·波伏瓦写道,波伏瓦对博斯特在这一时期的生活当中遭受的不公平深深地感到震惊。仅仅因为他是一个男人，他就不得不在军队中受苦，而她，仅仅因为是一个女人，就可以在巴黎过着相对自由和舒适的生活。难怪她要将《第二性》献给她最无私的爱人和朋友。

美国情人：给纳尔逊·阿尔格伦的信

任何对西蒙娜·德·波伏瓦的爱情生活感兴趣的人，都应该读一读她写给纳尔逊·阿尔格伦的信，这本书信集的法文版出版于1997年，英文版出版于1998年。[21] 由于阿尔格伦很晚才进入她的生活，波伏瓦的信中充满了对她巴黎生活的解释，这些解释异常地详细。她还跟他讲了自己过去与男人的恋爱经历（但没有提女人），并大致解释了她与萨特的关系是如何运作的。

13　　波伏瓦于1947年1月25日到达纽约。这是她第一次造访美国，每一分钟都令她激动。这趟旅途对她来说太迷人了，于是，为了写引人入胜的游记《美国日复一日》（*America Day by Day*），她把《第二性》的写作搁置了长达一年，这本书于1948年在巴黎出版，1953年在美国出版。[22]

2月21日，她在芝加哥见到了纳尔逊·阿尔格伦。23日，她乘火车去加利福尼亚，一直到4月之前都没有回芝加哥，当时她在那儿待了3天。阿尔格伦于是随她来到纽约，跟她一起度过她旅途的最后两周。5月17日，波伏瓦离开美国。9月，她飞回芝加哥，从9月11日至24日，她在那里度过了两周。这对恋人直到次年5月才再次见面。

1948年，从5月初到7月初，他们一起在中美洲和美国旅行了2个月。1949年，阿尔格伦于5月初抵达巴黎，一直待到9月中旬。1950年夏天，波伏瓦与阿尔格伦在芝加哥和密歇根湖边度过了近3个月。这次旅行从一开始就是一场灾难，标志着他们恋情的结束。因此，本质上说，波伏瓦与阿尔格伦的关系从1947年持续到1949年，在此期间，他们在一起的时间约有7个月。这期间还发生了另一件事，萨特与一个居住在纽约的法国女人多洛雷斯·瓦内蒂（Dolorès Vanetti）陷入热恋，波伏瓦因此深受影响（另见本书第八章）。

然而，在 1950 年那个灾难般的夏天之后，阿尔格伦和波伏瓦仍旧保持着通信。虽然他们不再是情人，虽然他在最后的那个夏天对她很不好，但波伏瓦仍想继续做阿尔格伦的朋友。1951 年，她在芝加哥与他一起度过了两周时间。这是一次相对平静和友好的到访，直到阿尔格伦在最后一刻戏剧性地说他仍然爱着波伏瓦，这让波伏瓦心烦意乱。

1953 年，阿尔格伦与第一任妻子阿曼达再婚，到了 1955 年却再次离婚。1952 年，波伏瓦遇到了比她小 17 岁的年轻的电影人克劳德·朗兹曼（Claude Lanzmann）［他后来执导了《浩劫》（Shoah）］。他们在一起生活了 6 年，一直到 1958 年，这一年波伏瓦 50 岁了，她对法国的政治局势感到特别沮丧。阿尔及利亚战争已经持续了 2 年，一场政变结束了第四共和国，让夏尔·戴高乐成为第五共和国总统（见下文第 360—362 页）。

波伏瓦和阿尔格伦一直到 1960 年才再次见面，阿尔格伦在欧洲待了 6 个月。波伏瓦后来一直给阿尔格伦写信，直到 1964 年。那年，她的回忆录第三卷《境遇的力量》在美国出版。波伏瓦在这一卷中写了她与阿尔格伦之间的故事。阿尔格伦怒不可遏，认为波伏瓦侵犯了他的隐私，拒绝再与波伏瓦联系。而波伏瓦却非常珍惜她与阿尔格伦的回忆。在她下葬时，手上还戴着他的戒指。

阿尔格伦对波伏瓦的怒气可能不仅仅是因为她出版了回忆录。他们在 1947 年相遇时，各自的事业都处于上升期。波伏瓦开始获得认可，出版了三部小说、一部戏剧和两本哲学随笔集。阿尔格伦则已经写出《永不到来的早晨》（Never Come Morning，1942），并正在创作他最成功的小说《金臂人》（The Man with the Golden Arm），该书于 1949 年获得首届美国国家图书奖。

两人分手后，波伏瓦继续写出了她最优秀、最成功的一些作品。长篇小说《名士风流》用虚构的方式写出了她与阿尔格伦的关系，于

1954 年获得龚古尔奖。1958 年，她出版了自传的第一卷《一个规矩女孩的回忆》，同样获得巨大成功。跟着是 20 世纪 60 年代初出版的另外两卷广受好评的回忆录：《岁月的力量》和《境遇的力量》。

相较之下，自 20 世纪 50 年代初，阿尔格伦就一直在抱怨自己的事业在走下坡路。1956 年，他出版《漫步荒野》（*A Walk on the Wild Side*），但算不上十分成功。此后，他再没有写出大部头的作品。1964 年时，他对波伏瓦的愤怒，部分可能是因为他觉得，当波伏瓦通过写他而在全世界声名鹊起时，他却逐渐变得湮没无闻。[23]

波伏瓦写给阿尔格伦的精彩的信对她在 20 世纪 40 年代末和 50 年代初的生活的描述比我在第八章中描述的更加轻松愉快一些，我以为这一时期充满了抑郁与危机，原因主要是萨特与多洛雷斯·瓦内蒂的关系。与我的分析相比，信中的欢乐要多得多，在极度抑郁中停留的时刻则少得多。这并不是说这些信否认了绝望的时刻；应该说，它们给人的印象是，她的绝望比我所以为的更容易承受。下面就是一个例子，这是她写给阿尔格伦的第一批信中的一封，日期是 1947 年 7 月 3 日，写于一场猛烈的雷雨之后：

> 我自己也不十分安静；暴风雨搅得我心神不宁，我喝了很多酒，而且，亲爱的，我一旦喝太多，就会变得完全不理智；当其他朋友离开时，我自己就成了风暴，可怜的萨特对我非常厌烦，因为我用一种很疯的方式谈生、谈死，谈论一切。醉的时候，一切对我来说似乎都变得非常悲惨、可怜、可怕——重要得要命，却又毫不重要，因为死亡就是终点；我该用头撞墙。但我没有撞，而是在深夜宁静的乡间小路上自言自语、大声咆哮，我决定一段时间内不再喝酒了。
>
> 你看，对我来说，生活从来都不是一件容易的事，尽管我总是很快乐——也许是因为我太渴望快乐了。我太喜欢活着了，我痛恨我有一天会死去。然后，我又非常贪婪；我想从生活中获得

一切，我想同时成为一个女人和一个男人，拥有许多朋友，也拥有孤独，想做很多工作、写好书，又想旅行，让自己好好享受，想同时做个自私和无私的人……你看，我很难得到我想要的一切。当我没能得到时，我就气得发疯……

波伏瓦对阿尔格伦十分坦诚：她不否认自己喝酒、哭泣、在深夜胡言乱语。她也不否认自己情绪低落，服用各种药物来舒缓情绪和入睡。不过，当她向阿尔格伦讲述这一切时，似乎没有我在本书中参考的资料（主要是她出版的回忆录，以及回忆录中的一些日记摘录）中所写的那么痛苦。

如果说这些信给人的印象要欢乐得多，那是因为波伏瓦不仅仅是描述了自己的感受和行为，而且表达了自己对这些的理解。我讨论她愤怒与绝望的时刻时，将这些与她的"精神分裂症"，与她对人类存在的有限性的愤怒拒斥联系起来。（见下文第343—347页）这些信中没有任何内容与这一说法相矛盾。然而波伏瓦强调的重点有所不同。例如在我刚刚引用的那封信中，她用她对生活、对经验、工作、爱情、性和快乐的巨大渴望来解释她的愤怒和抑郁。从这个角度看，她显得既有反思、有思想、成熟睿智，又热情、热烈、充满活力。从这一意义上说，《给阿尔格伦的信》对我自己解读波伏瓦的情绪起到了积极的纠正作用。

但与此同时，波伏瓦故意隐瞒了这一时期她生活中最艰难的一些方面。她乐于解释过去自己与萨特的关系，却很少提及萨特当下的所作所为。黑兹尔·罗利（Hazel Rowley）指出，波伏瓦从不告诉阿尔格伦萨特与瓦内蒂的关系，当然也从不告诉他她对此的感受（见 *Tête-à-tête*，p.185）。鉴于阿尔格伦对爱情和婚姻的态度相对传统，把萨特视作情敌，她觉得无法向他透露太多关于萨特的事情也不足为奇，至于她对萨特在此期间对待她的态度感到痛苦，就更不会提了。

1951年12月，他们的恋情结束后，波伏瓦暗示，在他们的关系持续期间，她对他隐瞒了许多痛苦：

> 这里冷而多雨。我的内心也相当寒冷。你坚持说我的爱让你蒙受损失：主要是其他的恋情。但我赢得的不多，你知道的！虽然我从未想过谈论这件事，但我可以告诉你，这段恋情并没有改善我和萨特的关系。我一认识你，与博斯特之间轻松愉快的、包含感情与性的关系就破裂了，事实上，这些年来我从未看过任何男人，也不想再看任何男人。所以，我的爱情生活永远结束了，在你还有热烈的心和鲜活的身体时，想到这个不会那么愉快。我不抱怨。我只是希望你也能稍稍看一眼我所在的故事的这一面。我不抱怨，因为即便现在世界永远冰冷，也是值得的（*Transatlantic*，p.448）。

性、谎言与存在主义

16　　近年来，波伏瓦和萨特的爱情生活的方式再次成为公众讨论的主题，首先是关于写给阿尔格伦的信，然后是关于黑兹尔·罗利近年出版的传记《低声耳语：西蒙娜·德·波伏瓦与让-保罗·萨特》（*Tête-à-tête：Simone de Beauvoir and Jean-Paul Sartre*）。问题始终在于萨特和波伏瓦的约定，即在与他人发展关系的同时对彼此做出终身承诺的约定，在道德上是否可接受，尤其是当我们考虑这一约定对于他们的其他情人的代价时。

　　通常，我们会听到两种不同的反对萨特和波伏瓦的观点。第一种是，他们的生活方式不道德，因为它丝毫不促进——或者不如说故意破坏了——现行的西方顺序式单偶制标准，更遑论其他传统家庭价值。第二种是，他们的爱情生活方式与他们自身的存在主义伦理相悖。批评家们为了支持第二种论点，通常会指出，萨特与波伏瓦没有对他们所有的情人和盘托出他们爱情生活的真相，当他们与比他们年轻、相对没有权力且弱势的人相恋时，那些年轻的伴侣最后往往受到很严重的伤害。[在本书中，我也以一定的篇幅讨论了这个问题，尤其是比昂卡·朗布兰（Bianca Lamblin，婚前姓氏为 Bienenfeld）的情况，20 世纪 30 年代末，她既是萨特的情人，也是波伏瓦的情人，见下文第 347—355 页。]

关于波伏瓦自己对性自由与性道德的观点，给阿尔格伦的信提供了许多新信息。在一封写于 1947 年 12 月 9 日星期二的信中，波伏瓦向阿尔格伦解释了她对自由和忠诚的看法：

> 总体来说，你应当感到自己是自由的，只要你不背叛我们的爱，只有你真的有意背叛时，才会是背叛。……我很清楚你可以跟女人上床，甚至可能是非常漂亮的女人，甚至可以在瓦班西亚的巢里[24]，这丝毫不会破坏你我之间的任何东西；如果我在信中表达了另外的意思，那我很羞愧。我在那么远的地方，如果你愿意，你没有理由不跟女人上床。我那么相信你的爱了，不会觉得这有什么要紧。的确，我那么爱你，在身体和性上面也是，不会感到一点点嫉妒。我想我大概得是个非常冷血的人，才能想象你亲吻一个女孩，跟她上床，而不感到心痛。但这种动物性直觉并不那么重要。（随后她将阿尔格伦没有跟他遇到的漂亮女孩上床解释成送给她的礼物。）这是一份*礼物*，你看到了吗？一份慷慨的、充满爱意的、美丽的爱的礼物。但是你*不能*这么做。[25]……你不亏欠我任何东西，这就是为什么这份礼物如此珍贵；别让它变成一种规律。关于这件事，我只想再说一句，虽然我知道我几乎不用说：永远告诉我真相。还有一句：我爱你。（*Transatlantic*，pp.116—117）

对一个刚刚热恋上的男人写下这样的话——并且是真心的——需要有力量的思想和灵魂。如果阿尔格伦在肉体上保持忠诚是给她的礼物，那么波伏瓦给他的就是自由这份绝好的礼物。对她来说，性爱应

17

当是随性、慷慨的；它绝不应沦为一种义务体系。传统的异性恋婚姻与她所珍视的自由与随性相冲突："我真的认为婚姻是一种腐朽的制度，当你爱上一个男人时，不要用结婚毁掉一切。"（*Transatlantic*，p.128）

波伏瓦和萨特在亲密关系中的实验始于 20 世纪 30 年代初（见我在第八章中对他们的"约定"的讨论）。当时，许多法国青年男女公开反对婚姻制度，他们视其为一种资产阶级的协议，在这种协议之下，妻子始终处于从属地位，而丈夫只要不给妻子难堪，就可以搞外遇。对于此，萨特和波伏瓦选择了在终身的主要亲密关系之下，给男女双方自由。波伏瓦在 1948 年 8 月 8 日写给阿尔格伦的一封信中披露了异常多的信息，如信中所解释的，性不是萨特真正的问题。她首先向阿尔格伦讲述了她与萨特在 1929 年的会面：

> 我们很快就变得非常在意彼此。我当时 22 岁，他 25 岁，我热切地把我的生命和我自己献给了他。他是我的初恋情人，以前甚至没人吻过我。我们在一起度过了很长时间，我告诉过你我有多么在意他，但这只是深厚的友谊，而不是爱情；爱情算不上很成功。主要是因为他对性生活不感兴趣。他在任何地方都是一个热情活跃的人，但在床上却不是。虽然我没有经验，但我也很快就感觉到了；渐渐地，继续做情人似乎也没有什么用处，甚至不合适了。大约八年或十年后，因为这条路走不通，我们放弃了。（*Transatlantic*，p.208）

1938 年 7 月，波伏瓦继续说，她成了博斯特的情人。她还解释说，由于种种复杂的原因，博斯特在战争期间与奥尔加结婚了。"然而，"波伏瓦写道，"我们仍然是亲密的朋友，还睡在一起"：

> 这是一段愉快的关系，没有激情，但也没有嫉妒，没有谎言，充满了友谊与温情。所以我对我的生活感到很满意；在我的生活

中，即使没有爱情，有深厚的友谊似乎也足够了。我想我现在已经过了谈恋爱的年纪，但我可以这样一直到死，一边工作，一边喜欢喜欢我的人。然后，这一切就这么发生了。（她是指她遇到了阿尔格伦。）除了萨特和博斯特，我有过三次只跟男人过一晚的经历——都是我认识且喜欢的男人，虽然没有发展成真正恋情的可能。我回芝加哥的时候，我以为我们会是类似这样的关系：我喜欢你；我们可以一起愉快地度过几天。这就是我为什么要说你把我套住了。爱情是我没想到的；我不相信我会陷入爱情，而你让我爱上了你！然后回到芝加哥，且越来越爱你。所以我得告诉博斯特，我解释过，这让人有点难过，但我们仍是非常亲密的朋友。……

纳尔逊，所有这一切都是为了告诉你，我了解真正的、完整的爱情，当它来临时，心、灵魂与肉体会在你的双臂中融为一体。去年没有漂亮男孩；今年也不会有。我想再也不会有另一个男人了。（*Transatlantic*，pp.208—209）

我认为波伏瓦的意思是，因为她那么深地爱着阿尔格伦，在身体上爱着他，所以她无法让自己与其他人发生性关系，甚至是博斯特也没办法。这就是她认为在阿尔格伦之后再不会有第二个男人的原因。传记作家一致认为，这些信件证实了波伏瓦与阿尔格伦的性生活是她有过的最好的性生活。（这可能部分是因为她来到纽约后才获得了可靠的避孕措施，即子宫帽。在法国，一直到二战结束，所有形式的节育和堕胎都是非法的。）

她对与阿尔格伦的性爱的享受让她变得脆弱，而阿尔格伦也知道这一点，因为他以一种对她伤害最大的方式结束了这段关系，那就是拒绝性爱。在波伏瓦虚构的《名士风流》一书中，法国女人安妮到访时，迎接她的是美国情人刘易斯的"他不再爱她了"。然后，在她逗留的整整两个月时间里，他拒绝碰她。波伏瓦拒绝了婚姻，但这并没有让她免于情感上的痛苦。也没有防止她将痛苦加诸他人。但在通常的异性恋协议中——顺序单偶制、通奸和离婚，通常还涉及孩子——我也看不到明显的优越性。它造成的痛苦更少吗？它比波伏瓦的行为更"道德"吗？

如果认为伦理上更优越的选择是终身的异性恋单偶制，那么至少应该承认，首先，萨特和波伏瓦都不相信这一理想；其次，即使是相信这一理想的人，也会发现很难达到他们自己的高标准。如果批评家们能够放下他们在道德上的高姿态，至少试着去理解萨特和波伏瓦拒绝单偶制异性婚姻的理由，他们的批评将会更有说服力。

也许有人会说，波伏瓦对阿尔格伦和博斯特，比对她的一些女性恋人更好。至少，她从未对这两个男人中的任何一个，在关于她生活中的其他男人的事情上撒谎。（关于她的同性恋情，波伏瓦跟博斯特说过，但没有告诉阿尔格伦。）但我们应当如何看待奥尔加·科萨凯维奇的情况呢？波伏瓦和博斯特（以及完全清楚他们关系的萨特）从未告诉奥尔加他们在做爱。他们的判断是，如果他们说了，她将陷入彻底的痛苦之中。尽管他们经常为对她撒谎而感到负疚，但他们依然认为奥尔加无法应对这样的信息。

博斯特和波伏瓦没有告诉奥尔加他们之间的关系，是否违背了存在主义伦理？首要的，存在主义伦理——如果真有这种东西的话——在1938年还没有出现。但即使存在主义伦理已经出现，我认为也不能指责波伏瓦和博斯特选择不告诉奥尔加时没有践行他们所宣扬的东西。

存在主义没有绝对的伦理准则，只有对自由和随之而来的责任的普遍承诺。萨特在讨论自欺（bad faith）问题时，并没有下结论说一个人必须永远说真话。相反，他写道，一个认为自己永远真诚的人，显然是自欺。[26]

按照存在主义哲学的观点，人总是在情境中做出选择，这首先意味着一个人无法事先知道自己的选择会带来的所有后果。这就是为什么选择会让人产生焦虑，并希望避免选择，比如假装自己别无选择。对于存在主义者来说，对绝对道德准则不可动摇的信仰——比如一个人对于自己性生活必须永远说真话并且说出全部真相——恰恰是逃避自由和选择的一种方式。

博斯特和波伏瓦对自己选择不告诉奥尔加真相承担了全部责任。他们用自己的行动证明了这一点：就博斯特而言，他一直与奥尔加保持着婚姻关系，直到她于1984年去世；就波伏瓦而言，她经常与奥尔加见面，将她视为一生的朋友。

无论博斯特和波伏瓦如何为自己的沉默负责，他们都剥夺了奥尔加自己选择如何回应的机会。她会更愿意知道真相吗？也许这样她就会离开丈夫，切断与朋友的联系。这样对她更好吗？对他们来说呢？

也有一种可能是，奥尔加确实知道真相，但宁愿不说出来。或者她选择了逃避发现真相？波伏瓦写给博斯特的一封信中的一段吸引人的文字给我这样一种印象。在信中，波伏瓦妹妹的好朋友热热（Gégé）告诉奥尔加，有人告诉她，她在咖啡馆里看到博斯特和一位年长的女士在一起，举止显示出他们关系亲密。与博斯特同龄的奥尔加立刻认为这是在说她自己，并觉得非常有趣！（见 *Correspondance croisée*，p.141）

显然，萨特和波伏瓦对异性恋单偶制的挑战仍有其启发性。萨特和波伏瓦为两个成年人寻找一种不同的、限制较少的、更具创造性的方式来保持对彼此的承诺，他们逐渐认识到，不同床但共享生活是可能的，一个人对另一个人的存在性承诺（existential commitment）的问题远远超出了与谁上床的问题。

特别是在20世纪五六十年代，波伏瓦对单偶制和核心家庭的否定对女性产生了巨大的政治影响。（萨特与女性的各种安排就不那么具有革命性了，因为男人，尤其是成名的男人，总是有情妇的。）我们似乎生活在这样一个时代，大多数评论家拒绝理解她的性协定是复杂的历史和政治形势的一部分，而这一形势的核心就是女性的性自由问题。我的观点并不是说波伏瓦总是"行事合宜"（谁能做到呢？）而是说，如果我们根据我们那个幻灭时代的陈腐的道德与陈词滥调来评判她的选择，我们根本无法理解她的性生活中的关键。

20

波伏瓦与阿尔格伦在一起时，也试图构建一种替代传统婚姻的方式，找到一种办法可以将她对阿尔格伦的爱与她在巴黎的思想、职业和个人承诺结合起来。最终，他们的关系以失败告终，因为阿尔格伦不想和她一起参与这项计划。事实上，他考虑的是传统婚姻。1947 年 7 月，阿尔格伦在信中说，他希望她的下一次来访是永久性的。（后来他透露，他的意思是她下次来芝加哥时，他会向她求婚）。7 月 23 日，波伏瓦立即回信说，她不可能搬到芝加哥和他永远在一起：

> ……我想到你和我。我们借由回忆与希望，借由距离与书信相爱：我们能成功地将这份爱变成一份幸福的、活生生的人类的爱吗？我们必须成功。我相信我们可以成功，但这不会那么容易。阿尔格伦，我爱你。但是如果我不把自己的生命献给你，我还配得到你的爱吗？我试过向你解释，我不能把自己的生命献给你。（这是对于希望她永远留下的愿望的回应。）你能明白吗？你不会怨恨吗？你永远不会怨恨吗？你会永远相信我给你的真的是爱吗？也许我不该问这些问题，如此刺耳的表达让我心痛。但我又无法逃避，只能把这些问题抛给自己。我不是要对你撒谎，对你隐瞒什么。我想，两个月以来，我一直心神不宁，因为这个问题一直在我的心里，我的心为此作痛：在没有准备好付出一切的情况下付出自己的一部分，这样做对吗？我可以爱他，告诉他我爱他，却不打算在他提出要求时付出我的一生吗？他永远不会恨我吗？纳尔逊，我的爱人，我还是不说比较容易。既然你从来没有说过，那就更容易了，但你那么好地说出来了，我们不能撒谎，也不能对彼此沉默。我讨厌我们之间有任何不愉快，欺骗，怨恨。好吧，既然已经写了，那就这样吧。如果你不想回信，就不要回信，我们见面时再谈。（*Transatlantic*，p.51）

显然，波伏瓦对她自己的性选择感到焦虑。没有人能比此处的她更认真地思考这个问题的伦理。她对阿尔格伦的激情让她直面自己最深切的需求之间的矛盾：一方面是她爱慕的男人的性爱，另一方面是日常生活、朋友和使她能够工作的习惯。她清楚地看到了这一矛盾，并找到勇气选择了工作和自由，同时又不放弃对爱情的希望，这已经值得巨大的赞赏。

21

注释

1. 凡未进一步指出书名的章节均指本书中的章节。未进一步指出书名的页码也是指本书页码。

2. 第一本研究波伏瓦的女性主义英文著作是伊莱恩·马克斯 1973 年的开创性研究。但正如我在第三章中所述，马克斯对于波伏瓦的著作是高度批判性的文本细读。1989 年，简·希思出版了一本关于波伏瓦的短论著，这是第一本从后结构主义角度对波伏瓦进行论述的著作。

3. 2006 年 12 月，49 岁的埃娃·约特林英年早逝，世界失去了一位出色的波伏瓦研究者。2007 年，普林斯顿大学出版社在美国重新出版了《希帕嘉的选择》。

4. 这本书已经被翻译为挪威语（由我自己翻译）、法语、瑞典语、德语和日语。

5. 除已经提到过的勒德夫和隆格伦－约特林的著作，我还想到有贝尔戈分（Bergoffen），海纳玛（Heinämaa），西蒙斯（*Beauvoir and The Second Sex*）和温特格斯（Vintges）的著作。特别有代表性的是西蒙斯主编的最新哲学论文集《西蒙娜·德·波伏瓦的哲学》（*The Philosophy of Simone de Beauvoir*）。然而，在所有关于波伏瓦的哲学新著中，最出色的是鲍尔（Bauer）精彩的《西蒙娜·德·波伏瓦、哲学与女性主义》（*Simone de Beauvoir，Philosophy，and Feminism*），该书出色地论述了波伏瓦对于作为一个女人存在于世界上的意义这一问题的革命性思考，以及她与笛卡儿、黑格尔和萨特之间在哲学上的关系。在政治思想领域，克鲁克（Kruks）涵盖广泛的研究给我留下了特别深刻的印象［见《情境与人类存在》（*Situation and Human Existence*）和《追寻经验》（*Retrieving Experience*）］。马索（Marso）和莫伊纳（Moynagh）编辑了一本关于波伏瓦和政治理论的论文集。

6. 1998 年，法莱兹自己编辑了一本关于波伏瓦作品的论文集，其中包括关于虚构作品的论文，即《西蒙娜·德·波伏瓦：批评读本》（*Simone de Beauvoir：A Critical Reader*）。在写我关于波伏瓦的书时，我单独就短篇小说《被毁掉的女人》（"La Femme rompue"）写了一篇文章，后来收录在《女人是什么》（*What Is a Woman?*）一书中（见 Moi，"Intentions and Effects"）。蒂德（Tidd）对波伏瓦的回忆录做了开创性的研究，还出版了一本新的论文集，讨论波伏瓦已出版的所有小说（见 Holland and Renée，*ed.*，*Simone de Beauvoir's Fiction*）。

　　哲学家们也开始关注波伏瓦的虚构作品。奥尔韦克（Holveck）开始从哲学角度解读波伏瓦的文学文本。最近还出版了关于《名士风流》的哲学论文集（见 Scholz and Mussett，*ed.*，*The Contradictions of Freedom*）。

　　英格丽德·加尔斯特（Ingrid Galster）收集和编辑的《第二性》在法国出版时的评论和其他文献对研究该书反响的学者很有帮助（见 Galster，ed.，*Le Deuxième Sexe*）。另见加尔斯特的当代学者评论《第二性》各章节的论文集（见 Galster，ed.，*Simone de Beauvoir*）。沙普龙（Chaperon）对 1945 年至 1970 年法国妇女状况的研究是社会和历史信息的绝佳来源，对于有兴趣了解波伏瓦的第一批读者以及波伏瓦本人的状况的人尤为重要。

7. 请参阅"略语表"以了解对此的解释，以及其他对波伏瓦文本的引用的说明。

8. 在这方面，凯特（Kate）和爱德华·富尔布鲁克（Edward Fullbrook）的观点最缺乏说服力，他们认为《女宾》最终证明波伏瓦影响了萨特，而不是萨特影响了波伏瓦。

9. 路易斯·冯·弗洛托（Luise von Flotow）对波伏瓦小说以及《第二性》中性场面的翻译进行了讨论，加深了我们对波伏瓦在英语中的表现形式的理解。

10. 也有新的传记出版，其中引人注目的有黑兹尔·罗利（Hazel Rowley）关于萨特和波伏瓦爱情生活的颇具争议的描述《低声耳语》（*Tête-à-Tête*）。也可参看罗利对萨特与一位巴西女性的关系的报道，《波伏瓦、巴西和克里斯蒂娜 T》（*Beauvoir，Brazil and "Christina T"*）。

11. 这一讨论基于我在《图书论坛》杂志（*Bookforum*）上发表的关于日记的评论（"Portrait of the Artist as a Young Woman"），但有大量删改和补写。感谢埃里克·班克斯（Eric Banks）鼓励我撰写这篇评论，感谢《图书论坛》杂志允许我再次使用该文。

12. 她大学第一年主要是在天主教学院和讷伊圣玛丽学院度过的，后者是一所专门为天主教女孩提供高等教育的学校，关于她大学第一年的情况，详见第二章。

13. 我引用的是詹姆斯·柯卡普（James Kirkup）翻译的《一个规矩女孩的回忆》中的这几句话的译文（MDD188；MJF260）："If anyone reads these pages, no matter who it may be, I shall never forgive that person. It would be a cheap and ugly thing

to do." 克劳（Klaw）的翻译是：如果有人读了这几页日记，任何人，我都不会原谅他。这样他就是做了一件坏而丑陋的事。"[...] if someone, anyone, reads these pages, I will never forgive him. He will thus be doing a bad and ugly deed."（DPS 53）

14. 我在《亨利克·易卜生与现代主义的诞生》（*Henrik Ibsen and the Birth of Modernism*）一书中讨论了理想主义美学以及早期的诺贝尔奖。

15. 西蒙斯在她为 1999 年巴黎《第二性》五十周年纪念会议撰写的论文中也提出了同样的观点（见 "Sartre est-il vraiment à l'origine de la philosophie du Deuxième sexe?"）。

16. 想要了解扎扎的思想，请参阅她的动人的书信集（Lacoin）。

17. 贝尔在她所写的传记中说波伏瓦与博斯特的关系始于 1937 年，而且奥尔加知道此事（见 Bair, *Simone de Beauvoir：A Biography*, p.208）。如果我们根据通信中的信息来判断，这两种说法都不正确。

18. 很遗憾，昆廷·霍尔（Quentin Hoare）的《给萨特的信》的英译本略去的内容很多。

19. 这是我的翻译，原文：le moins machiste de tous les hommes qu'elle avait connus（*Beauvoir and Bost*, p.12）。

20. 这本书的开头是波伏瓦写给博斯特的几封信，这些信是她在 1937 年夏天与萨特一起去希腊旅行时写的。她与博斯特的性关系始于 1938 年 7 月 14 日。在阿尔卑斯山徒步旅行结束后，她与萨特一起前往摩洛哥旅行。因此，这本书收录了 1938 年夏季和初秋的几封信，但书信往来直到 1938 年 11 月才真正开始。

21. 英文版实际上是原版，因为波伏瓦是用她那可爱的、不完美的英语写信给阿尔格伦的。我将引用美国版的内容，书名是"越洋情书"（*A Transatlantic Love Affair*）。英国版叫"心爱的芝加哥男人"（*Beloved Chicago Man*）。

22. 卡罗尔·科斯曼（Carol Cosman）出色的《美国日复一日》的新译本于 1999 年在美国出版。

23. 关于阿尔格伦的更多信息，见 Drew, *Nelson Algren：A Life on the Wild Side*。

24. 这是波伏瓦对阿尔格伦位于芝加哥瓦班西亚大道的公寓的浪漫称呼。

25. 即"你不必这样做"（you didn't have to do it）。

26. "于是，真诚的本质结构与自欺的本质结构没有区别，因为真诚的人被确立为是其所是是为了不是其所是。这就说明了这个被所有人承认的真理，人们可能由于真诚的存在而变为自欺的。"（Sartre, *Being and Nothingness*, p.109）*

---

* 本段译文引用自《存在与虚无》，生活·读书·新知三联书店，2007 年版，译者陈宣良等，校者杜小真。

导言

一名代表性的知识女性

西蒙娜·德·波伏瓦是 20 世纪知识女性的代表。无论她们之间
有何不同，前几代伟大的知识女性——斯塔尔夫人（Madame de
Staël）*、乔治·桑（George Sand）、乔治·艾略特（George Eliot）、
弗吉尼亚·伍尔夫（Virginia Woolf）——有一个共同点：她们都被排
除在当时的主要教育机构之外。西蒙娜·德·波伏瓦则属于第一代接
受与男性同等教育的欧洲女性。进入以前全是男性的高等学府后，她
在大学和以后的职业生涯中都不得不与男性竞争。在这些方面，她的
知识分子生涯相比她杰出的姐姐们的轨迹，显示出了意义重大的改变。
西蒙娜·德·波伏瓦是她所处时代的女性先驱，她是法国第九位通过
著名的哲学教师资格考试的女性，也是该学科有史以来、包括所有性
别的最年轻的通过者（agrégée）。在知识分子被视为社会重要成员的
国家和时代，西蒙娜·德·波伏瓦获得了作为知识分子全面发展的独

---

* 斯达尔夫人，原名安娜·路易思·日尔曼妮·奈凯尔（Anne-Louise-Germaine
  Necker），法国浪漫主义女作家，文学批评家。她的文学理论思想，有力地推动了
  浪漫主义运动的发展。著作有《法国大革命》《论文学》等。

特机会，因此，她成了一名比那个时代的任何其他女性都纯粹的知识分子。正是由于这种独特的地位，她的经历变得更加紧张和尖锐：在她的文字中，知识女性在父权制世界中所经历的冲突和矛盾异常清晰地显现出来。[1]

波伏瓦出生于 1908 年，属于 20 世纪二三十年代成年的一代知识女性，也就是汉娜·阿伦特（Hannah Arendt，1906—1975）、阿尔瓦·米达尔（Alva Myrdal，1902—1984）、奥瑟·格鲁达·斯卡尔（Åse Gruda Skard，1906—1985）、玛丽·麦卡锡（Mary McCarthy，1912—1989）和玛格丽特·米德（Margaret Mead，1901—1978）——在此仅列举几位——这一代人。至少从教育和知识分子生涯的层面来看，这些女性认为，她们在一个平等的制度中得到了平等的对待。总的来说，她们往往没有意识到自己女性身份的社会意义。波伏瓦在谈到 23 岁的自己时写道："我没有把自己当成一个'女人'：我就是我。"（PL62；FA73）与 20 世纪初的真正先驱〔本书中的代表人物是列昂蒂内·赞塔（Léontine Zanta）〕相比，这一代女性中的一些人更为幸运，她们能够从事引人瞩目的职业，尽管这些职业往往略显另类。她们的确是皮埃尔·布迪厄所说的西方教育体系中的奇迹（miraculées）——奇迹般的例外。然而，当她们步入中年时，经历的重压促使她们中的许多人开始思考在一个男性主导的社会中生为女性意味着什么。[2]直到 1946 年（如果我们相信她的回忆录的话），波伏瓦才意识到，成为一名受过教育的女性与成为一名受过教育的男性终究不是一回事。她以一种罕见的道德感和政治上的诚实面对了这一认识的后果：就在她意识到自己是一名知识女性的那一刻，她开始了《第二性》的写作。

当然，西蒙娜·德·波伏瓦和她那一代其他知识女性的境遇与 20世纪 90 年代受过教育的女性并不相似：她们仍是相对的先驱，仍是少数精英的一部分。虽然她们自己不必冲破男性知识分子特权的壁垒，但她们往往是第一批被允许进入此前清一色是男性的机构的少数女性。在随后的几十年里，女性在高等教育中的处境没有发生太大变化。直到 20 世纪 60 年代，大学和学院的女生人数才出现大规模增长。经过 20 世纪 60 年代和 70 年代女性运动的斗争，女性接受各种程度、各种类型教育的机会才终于得到保障：今天，西方女性认为接受教育并从事自己选择的职业是她们理所当然的权利。

然而矛盾的是，正是这一事实导致了一种新的平等主义的氛围：就跟年轻时的西蒙娜·德·波伏瓦一样，今天许多女性认为，她们在学校和大学里得到了平等的对待。遗憾的是，统计数据并不总是能证明这一点。例如，1992 年，参加英国大学考试的女性获得一等学位的可能性仍然只有男性的一半，"有 10.3% 的男性获得一等学位，但女性只有 6.2%"，凯瑟琳·瓦伊纳（Katharine Viner）在《卫报》（*The Guardian*）上写道。[3] 在美国，尽管民众呼声高涨，但是事实与此相反，直到 1990 年，女性在美国知识机构中仍未取得重大进展，苏珊·法吕迪（Susan Faludi）让我们知道（*Backlash*，p.293）："在所有四年制院校的终身教职员工中，女性——不论是女性主义者还是其他——仅占 10%（在常春藤盟校中仅占 3% 至 4%）。" 1993 年 1 月的《纽约时报》（*New York Times*）告诉我们，"在全国范围内，全职教授中女性仅占 11.6%，且女性获得教职在社区大学最多，因为那里的薪酬最低"（DePalma，p.11）。1990 年，美国人口普查数据显示，拥有博士学位的女性收入比男性低 36%。[4] 在挪威的大学里，情况也好不到哪里去，女教授只占教授（full professors）总数的 9% 左右。

即便是在 20 世纪 90 年代，立志成为知识分子的女性也必须面对有此抱负的男性知识分子通常不必面对的个人、社会和意识形态方面的障碍。这就是为什么我深信西蒙娜·德·波伏瓦仍有许多可以告诉我们的东西，无论是好的还是坏的。今天的知识女性不能忽视她的经验。在这里，我认为"知识女性"指的是所有曾认真地视自己为思想者的女性，尤其是在教育的语境之下。无论她们是否选择将自己的知识兴趣转化为职业，这些女性都懂得在思考中获得乐趣。她们往往也知道，父权制意识形态的强大势力认为这种乐趣不是为她们准备的：

一个人不是等拿到博士学位，才开始担心对知识的积极兴趣会让自己被贴上"蓝袜子"*或"干瘪女教师"的标签。知识女性与母亲的关系不和，或与男性知识分子发展出米谢勒·勒德夫所说的"情色-理论转移关系"（erotico-theoretical transference relations），也并非罕见。[5]在这些以及其他许多方面，西蒙娜·德·波伏瓦的经历绝非特例。

但是，我研究西蒙娜·德·波伏瓦并不仅仅因为她是一位具有代表性的知识女性。正因为她在她那个时代的思想话语中占据着独特的地位，她也成了20世纪最伟大的女性主义理论家。早在女性运动兴起之前，《第二性》就提出了当今的女性主义者仍在努力解决的所有问题。这本书确实改变了成千上万女性的生活：在20世纪，我想不出还有哪部作品能产生类似的影响。从历史上看，《第二性》的公众反响和影响让我想起了哈丽雅特·比彻·斯托（Harriet Beecher Stowe）的《汤姆叔叔的小屋》（*Uncle Tom's Cabin*），或者换一种语域，它让我想起理查森（Richardson）的《克拉丽莎》**。要写西蒙娜·德·波伏瓦而不正视《第二性》，就等于拒绝认真地将西蒙娜·德·波伏瓦当作哲学家、女性主义者和知识女性看待。[6]

文本的西蒙娜·德·波伏瓦

当我说我对作为知识女性的西蒙娜·德·波伏瓦感兴趣时，可能会让人感觉我主要关注的是她的生平。然而，我的研究所基于的假定是，"生活"和"文本"之间不存在方法论上的区别。我一直对弗洛伊德在《梦的解析》中似乎无法区分心理和文本这一事实感到着迷：他

---

* 蓝袜子（blue-stocking）起源于18世纪英国的"蓝袜子协会"，这是一个由女性主持的文学社团。直到18世纪末，这个词一直都被用来指有学问的男女，后来被用来专指对文学和知识感兴趣的女性，并发展出贬义。

** 《克拉丽莎》（*Clarissa*）是1748年出版的英国作家塞缪尔·理查森的小说，讲述了女主人公遭受的男权压迫与反抗的故事。《卫报》将《克拉丽莎》列为100部最佳英文小说之一。这本书长达1500多页，至今仍未有中文版。

在为我们提供解释理论的同时，也为我们提供了人类心灵的地图。阅读梦境既是阅读文本，也是阅读人，这并不是因为文本的"意义"就是人（这是弗洛伊德观点的缩减版），而是因为在弗洛伊德看来，人只以文本的形式展现自己：实际上，弗洛伊德式的主体就是文本。就西蒙娜·德·波伏瓦来说，她的自传和书信就长达一百多万字，弗洛伊德的发现尤其有价值。她留给我们的小说、哲学、自传和书信文本的互文网络就是我们的西蒙娜·德·波伏瓦。除此之外，我们还有各种关于她的文本：书信、日记、报纸采访和评论、学术研究、电影、传记、朋友和仇敌的个人回忆——这一切都构成了一片形象与思想的网络，这就是我们所认识的"西蒙娜·德·波伏瓦"，这些必定影响我们"从其本身"去认识这些文本。

当我们谈到传记与文学批评的时候，生活/文本的区分通常包含显然或隐含的价值判断：传记作家通常认为生活更加"真实"，或比文本更加"接近真相"；许多文学批评家则倾向于认为文本是纯粹的审美对象，只会被我们通常称为生活的混乱所玷污。然而在西蒙娜·德·波伏瓦这里，提防这样的假设尤为重要。在她的第一部小说《女宾》（1943）当中，她花了整整一章的篇幅描写女主人公弗朗索瓦丝和一个名叫热尔贝的年轻人之间的引诱场景。[7]我们随后发现，在后来的一次采访中，波伏瓦声称这个特定的场景是对真实事件的忠实再现——她自己就是如此引诱了年轻的雅克-洛朗·博斯特。虽然她在自传中完全没有提到此事，但她身后出版的写给萨特的信中却以丰富的细节描述了当时的情景；最初在信中使用的几个句子甚至一字不差地出现在出版的小说中。我们很容易得出这样的结论：大体上说，书信中一定包含了事件的"真实"版本。然而，我们发现信中描述的情感效果与小说中的同一事件被赋予的情感效果截然不同。此外，小说中的引诱场景与萨特在《存在与虚无》（1943）中描述的一个调情场景有着密切的互文关系。《第二性》（1949）中看似"一般的"理论段落，结果也包含了毫不隐晦的对《女宾》中引诱场景的解释。且不得不说的是，小说所展现出的对事件的理解，比所有与此相关的所谓非虚构文本都更有说服力，因为小说要复杂得多。在这种情形之下，简单地宣称唯一在此发挥作用的"文本"是小说文本；或者相反，赋予"文献"文本（书信、日记、访谈）相对于"文学"文本更高的传记价值，就显得很荒谬。显然，这里的主体性问题（被视为一个说话主体的波伏瓦）和文本性问题（被视为一个文本实体的波伏瓦）是完全重叠的。

如果"生活"被视为由一系列不同的文本组成，那么随之而来的就是文学或哲学文本不能被简化为生平事件。相反，各种文本（对话、哲学论著、流言、小说、教育制度）都将被视为参与同一话语网络的元素。问题的关键是不要将某一文本视为另一文本所隐含的意义，而应将所有文本放在一起、对照阅读，以找出它们之间的紧张、矛盾和相似之处。一些人努力想把她的成就归结为不过是个人境遇的影响而已，对我们理解西蒙娜·德·波伏瓦最有害的莫过于这些乏味且通常带着强烈敌意的说法。相对这种攻击，我当然更欣赏从"纯粹的审美"进路去研究其作品的道德操守。然而不得不说的是，大多数此类解读其实都忽略了西蒙娜·德·波伏瓦真正的文化上的意义，因为它们往往只简单地将她视为一位虚构文本的作者。虽然我非常欣赏《女宾》和《名士风流》，但在我看来，很显然的是，如果波伏瓦只是一个小说家，她就不会成为一个神话般的人物，成为自 20 世纪 50 年代初以降出现在西方世界每个知识女性的思想和梦想之中的意象。她作为 20 世纪中叶法国先锋知识女性的一生，以及她与萨特之间著名的关系，都是我们所知的"西蒙娜·德·波伏瓦"文本的组成部分。

正因如此，在把握波伏瓦对我们这个世纪的重要性上，传统传记实际上比文学批评更接近目标。然而，迄今为止出版的三部传记〔作者分别是克劳德·弗朗西斯（Claude Francis）和费尔南德·贡捷（Fernande Gonthier）、戴尔德丽·贝尔（Deirdre Bair）和玛格丽特·克罗斯兰（Margaret Crosland）〕都没有认真对待波伏瓦的写作：传记作者们在叙述各种情事时义务性地停下，匆匆对她的个别作品一笔带过，却未能把握她最伟大的文本的力量与复杂性。读他们的作品时，有人得出结论说西蒙娜·德·波伏瓦的意义主要来自她与萨特和其他情人之间相对非正统的关系，也是可以原谅的。但是，如果她不是最早一批通过法国哲学教师资格考试的女性，也不是《第二性》以及多部著名小说和回忆录的作者，她的私生活就很难成为铸就神话的材料。只有仔细阅读法国哲学教师资格考试和《第二性》以及其他文本，我们才能稍稍理解为什么会如此。

个人系谱学 28

很长一段时间我都在犹豫是否该将这本书称为《西蒙娜·德·波伏瓦：一名知识女性的造就》。"听上去像一部批评性传记。"我的朋友们说。我从未想过要写波伏瓦的生平故事，他们的反对似乎可以让我得出结论：显然我得另寻书名。然而这个让人不快的书名在我脑中挥之不去：我禁不住觉得，尽管我不是在写传记，但我写的正是西蒙娜·德·波伏瓦这位知识女性的造就，且不只是一个方面。首先，我将从最字面的意义上写她作为知识分子是如何成长的：我研究她所受的教育，也就是20世纪头三分之一的时间里，培养她成为哲学家和知识分子的制度结构。

我也将通过着手研究"造就了"她的著作，以及可以告诉我们她如何写出这些作品的著作，来写西蒙娜·德·波伏瓦这个20世纪重要的知识分子是如何成长的。在我看来，1949年底，也就是她出版《第二性》的那一年，西蒙娜·德·波伏瓦真正成为西蒙娜·德·波伏瓦：无论从个人还是职业角度，她都已经"造就完成"。她后来的生活几乎没有为此时确立的主题和痴迷增加什么内容：我不禁要说，她所有的主要文本都在不断地回归1950年之前的时期。例如，1954年出版的《名士风流》是她第一次尝试回到过去，这里是指从1944年8月（法国解放）到1947年夏天（冷战开始）的法国政治发展，以及她在与纳尔逊·阿尔格伦从 1947 年持续到 1950 年的关系中所经历的激情和欲望。除了 20 世纪 60 年代出版的两部体量相对较小的虚构作品《美丽的形象》（*Les Belles Images*）和《被毁掉的女人》（*The Woman Destroyed*）*，以及 1970 年的散文《论老年》（*Old Age*）之外，1954 年之后，波伏瓦的作品几乎只剩自传——也就是说，她的写作转向了过去：到目前为止，她的回忆录大部分都停留在 1950 年之前。尽管我的研究范围涵盖了波伏瓦的全部作品（œuvre），但我对文本的关注主要集中在《女宾》《第二性》和她的回忆录上。当然，但凡我认为有助于加深对特定问题或主题的理解时，我都会毫不犹豫地论及 1950 年之后的时期——尤其是在对《境遇的力量》的阅读中。

最后，我将从更一般的意义上去谈论西蒙娜·德·波伏瓦是如何成为一位知识女性的。用"造就"这样一个词，我是希望强调"产生"或"建构"的概念，因此也表明，我将"西蒙娜·德·波伏瓦"视作不同话语或决定因素交织而成的一整个网络所产生的极其复杂的效应。这就是为何本书不能被限定于传统的传记或文学批评类别。虽然在接下来的许多页文字中，有很多传记内容，甚至更多的文学批评，但本书也包含了文本的接受研究、文化社会学、哲学分析、精神分析探究和女性主义理论。那么，我该如何称呼我所写的这本书呢？因为没有一个合适的传统术语，所以我决定将本书称为一本个人系谱学。8

个人系谱学不是传记。对于两者的区别，最好的解释是：个人系谱学对于传记的意义，就像米歇尔·福柯所认为的系谱学对于传统历史的意义一样。与传统历史一样，传记是叙事性的、线性的，从起源和终局的方式进行叙述，并试图揭示一种本来的特性。而系谱学则寻求一种浮现或产生的感觉，并试图理解社会现象中所涉及的各种力量的复杂作用。个人系谱学并不排斥"自我"或主体的概念，而是试图

＊　中文版为《独白》，上海译文出版社，2012 年版，译者张香筠。

将自我置于系谱学的调查之下。

个人系谱学认为，每一种现象都可以作为一个文本来解读，也就是说，作为一个复杂的符号结构网络来解读。在这种情况下，多重决定（overdetermination）的概念变得至关重要。当弗洛伊德在《梦的解析》中解释人类心理是一种分裂、矛盾和动态的现象时，他使用了这个术语来解释其复杂性。将文本性视为一个多重决定的过程，就是主张意义的出现是在各种因素施加的压力之间不稳定的妥协（unstable compromise）。如果我们把这些因素（"决定因素""话语""声音""结构"等）想象成文本编织过程中的许多股线索⁹；那么，解读一个多重决定的文本元素，就是要指出其潜在的多重意义，表明它的意义产生自多种文本来源。这个过程是不可减省的。例如，当我发现波伏瓦哲学著作中的某个逻辑盲点似乎是由于社会或心理因素而存在时，我并不是说相关的特定文本元素作为哲学已经不再可读，而是说我们必须将这一文本时刻想象为一个空间，在这一空间中，哲学的部分（"话语""体裁"等）与心理学的部分以及当时的法国思想界的部分发生了碰撞。这里可以以我对波伏瓦在《第二性》中对男性和男性气质的理想化的理解为例。在我看来，这种理想化——使得她关于女性受压迫的论点严重自相矛盾——是某种隐喻逻辑、她与萨特的关系、她作为哲学教师资格考试通过者的地位以及她与母亲的关系所产生的多重决定的效果。我认为，在这一特定的文本时刻，她的文本编织中的这些不同线索所产生的冲突的力量，足以摧毁波伏瓦引以为傲的哲学话语。

因此，个人系谱学家并不试图否认任何单个文本的力量或趣味；但是，只要她认为文本是多重决定现象，她就没有义务去维护一般的纯粹的幻觉，也就是说，去呈现文本编织中一股且是唯一一股力量的影响。或者用更精神分析的术语来说：每一种话语（包括她自己的话语）都被个人和社会无意识的幽灵所纠缠，个人系谱学家发现这一点时不会觉得惊讶。

30

由于系谱学项目所探索的文本网络并没有显而易见的终点，这样的项目永远不会迎来最终的对知识的全面了解：系谱学者的工作永远没有完成的时候。事实上，系谱学非常像家务劳动：像家庭主妇一样，系谱学家也会由于相当实际的原因而停止研究——地板已经够干净了；是时候开始做饭了；太晚了，太累了，干不下去了。第二天，总是有更多的饭要烧，更多的尘要除，更多的地要扫；有时候只有彻底重新装修才能行。因此，我没有为本书写传统的结论：我的"西蒙娜·德·波伏瓦"仍是未完成的文本。

三个文本时刻

本书的结构围绕着波伏瓦作品的三个文本时刻的系谱学调查展开。第一部分源于我所痴迷的《一个规矩女孩的回忆》中西蒙娜·德·波伏瓦与让-保罗·萨特坐在卢森堡花园的美第奇喷泉边讨论她的哲学思想的场景。三个小时的讨论结束后，她崩溃了："我不再确定自己思考的是什么，甚至不知道自己是否称得上在思考"，她在日记中写道。（MDD344；MJF480）在开始思考这次谈话包含的意义时，我很快就清楚地意识到，要理解这次谈话，我必须下足功夫对波伏瓦和萨特所受教育的差异进行深入细致的研究。他们的讨论发生在1929年7月，也就是哲学教师资格考试口试部分的准备期间。准备这场考试对于1929年的法国女性来说意味着什么？波伏瓦和萨特在这种情况下是否进行了真正平等的讨论？他在巴黎高师而她没有，这一点是否有所影响？他比她大三岁这件事呢？在20世纪中期的法国，其他人是如何看待一位受过高等教育的女性知识分子的写作的？

第一章以卢森堡花园里的那次关键的对话为起点。我以《一个规矩女孩的回忆》为背景去解读它，我试图理解波伏瓦对自己知识女性身份的表述。第二章可以认为是我在尝试研究一重要但让我极度困惑的事件——1929年，在竞争激烈的哲学教师资格考试中，让-保罗·

31

萨特考了第一名，波伏瓦考了第二名。这意味着什么？这如何影响了波伏瓦作为知识女性的地位？又如何影响了她的写作？以及为何她从这一身份出发进行的写作，遭到了法国的品位的权威如此苛刻的评判？第三章，我将讨论波伏瓦作品的接受，重点关注她的性与政治立场是如何影响她的读者的。因此，本书的第一部分将从不同的方面讨论西蒙娜·德·波伏瓦的发言立场——她自己表述的发言立场，以及其他人所说的她的立场。

在第二部分（第四章至第七章）当中，我将讨论从那一发言立场出发产生的文本。我在阅读《女宾》和《第二性》时试图理解的核心文本时刻是，波伏瓦说，1946 年与萨特进行了一场谈话之后，她终于意识到，生为女人与生为男人并不是一回事。"我对这一发现充满兴趣，"她写道，"我抛下了自己个人自白的项目，全身心投入去从最广义的角度探究女性的生存境况。"（FC103；FCa136；TA）就是在那一刻，波伏瓦产生了写作《第二性》的念头。为这个部分所有章节注入能量的问题非常简单：对当时的波伏瓦而言，作为一名女性意味着什么？或者说得具体一点：西蒙娜·德·波伏瓦是如何呈现 20 世纪中叶法国知识女性的冲突与矛盾的？

在第四章中，我尤其从《女宾》对爱情和知识女性的身份认同感的表现来解读这部作品。要做到这一点，当然有必要认真讨论波伏瓦自身的哲学框架：我的解读试图同时探讨她第一部小说的哲学和心理学内涵。第五章提出了波伏瓦与萨特的仪式比较问题。通过对《存在与虚无》中著名的调情场景和《女宾》中的引诱场景的细读，我试图探索这两部作品各自对女性地位理解的差异。我还特别关注这些文本中个人话语与哲学话语之间的复杂关系。在讨论《第二性》时，我首先（在第六章中）将其作为一部女性主义哲学论文来读，尤其关注其修辞策略、父权制下的女性主体性理论，以及其对男性和女性性行为的成问题的论述。在第七章中，我通过探讨女性主义者对此书的反应、产生这种反应的历史条件、此书对当时法国妇女状况的表述、它对解放条件的分析，以及它与萨特和法农大致发表于同一时期的黑人解放理论的关系，讨论了波伏瓦这部划时代论文的政治性。

第三部分只有一章。第八章着眼于波伏瓦的传记、信件和日记，探讨了波伏瓦以知识女性和作家身份来写自己的这些文本。在这一章中，一直在我脑中盘旋不去的文本时刻是《境遇的力量》的结尾，54 岁的她在这里倾诉了她的悲伤、空虚与失望："我已经失去了昔日的力量，无法将黑暗与光明分开，用几场雷雨换光芒四射的天空。死亡不再是遥远的残酷事件；它纠缠我的睡梦；醒着的时候，我感觉到它的影子横在我和世界之间；它已经开始了。"（FC673；FCb507；TA）西蒙娜·德·波伏瓦为何如此抑郁？为了回答这个问题，我通过仔细研读波伏瓦关于她与萨特的著名约定、她的"精神分裂症"以及她与其他女性的关系的叙述，慢慢揭开了她自传写作中的心理结构。但我也试图说明波伏瓦的忧郁情绪如何影响了其作品的质地，从而导致其作品在基调和风格上的明显摇摆。因此，这一章试图理解身为作家对西蒙娜·德·波伏瓦意味着什么。我简短的后记又回到了爱情和知识女性的问题上：为什么这么多人在发现波伏瓦最终没有和萨特过上完美的幸福生活后深感受伤？

谈论波伏瓦：地理的影响

本书的大部分内容都以这样或那样的方式涉及波伏瓦的个人处境。有时，我称之为她的发言立场，并主张这对她的文本产生了重要影响。"那你的发言立场呢？"我的朋友们会问，"你不打算说说你自己吗？"我的回答总是否定的。和其他知识女性一样，我在波伏瓦的某些经历中看到了自己，但绝不是全部：这并没有什么不寻常的。与西蒙娜·德·波伏瓦不同，我不是 20 世纪知识女性的代表。因此，作为知识女性，我并不具有普遍意义。

不过，我个人轨迹中有一些可概括的因素可以解释我对波伏瓦的兴趣。首先，我在政治上与她所代表的那种唯物主义女性主义（materialist feminism）有亲近感；其次，我需要反思自己作为知识女性的身份；第三，我从未被培养去接受资产阶级的高品位标准，这种标准往往使波伏瓦不对他们的口味；第四，地理因素的影响：在我开始考虑写这本书的那段时间，我只在挪威、英国和美国工作和生活过，法国还没有。对于法国的智识传统而言，我在文化和地理上的边缘地位显然增加了我研究波伏瓦的难度，但矛盾的是，这也给了我一开始进行研究的智识勇气。在斯堪的纳维亚和许多英语国家讲学时，我受到鼓舞，相信我的课题确实具有智识挑战性。因此，在我所在的地区，我完全有可能就西蒙娜·德·波伏瓦进行写作而不必觉得自己是智识上的贱民。

而在法国生活和工作，就是把自己暴露在一个知识分子的环境之中，在这个环境里，大多数人都把西蒙娜·德·波伏瓦缺乏智识和文学上的独特性当作一种基本信条。那些热情地捍卫每个公民抽象的言论权利的知识分子，往往会急不可耐地阻止他人谈论波伏瓦。在一次会议上，我谈到，法国人在谈到波伏瓦时，反应中有着明显的文化上的高傲，在场的一位更著名的法国知识分子对此唯一的评论是："你知道，西蒙娜·德·波伏瓦不仅愚蠢（bête），她也很残忍（méchante）。"他随后绽放的灿烂笑容以一种特别吸引人的方式表明，他对自己所拥有的正统性有着不可动摇的信念：对他来说，他的权利——以及权力——是毋庸置疑的，他可以决定什么才算是智识生活中有意思的东西。

法国最近出版的几本关于从德雷福斯事件到现在的知识分子的书，竟可以做到一个女性都不提。让这种父权傲慢更加凸显的是，这些书籍甚至不遗余力地收录了一些极其不入流的男性。例如，根据莫妮克·德·圣马丁（Monique de Saint Martin）的研究，一项关于 1880 年至 1900 年间法国知识分子的研究完全没有提到女性。她自己粗略查阅了现成的资料，立刻找到了 778 位在这一时期写作的女性的名字。[10]

33

在这种情况下，值得注意的是，著名的七星文库（Pléiade imprint）*曾出版朱利安·格拉克（Julien Gracq）和朱利安·格林（Julien Green）等极其次要的男性作家的作品［我们甚至不用提大仲马（Alexandre Dumas）或真正要命的亨利·德·蒙泰朗（Henry de Montherlant）］，却没有出过西蒙娜·德·波伏瓦的作品。说到 20 世纪的女作家，他们显然能把视野延伸到科莱特（Colette）和玛格丽特·尤瑟纳尔（Marguerite Yourcenar）［娜塔莉·萨罗特（Nathalie Sarraute）的一套新版也在筹备中］，但再没有更多。20 世纪最伟大的女性主义文章被认为不如《摩伊赖》《少女们》或《三个火枪手》** 等作品，真是让人大开眼界。

我的意思不在于让七星文库无论如何都要收入西蒙娜·德·波伏瓦的作品；我对那一特定的机构并不关心。毕竟，安德烈·布勒东（André Breton）和艾梅·塞泽尔（Aimé Césaire）也不在其中。[11]但七星文库只是更一般的情况体现出来的症状：在法国，年轻女性（和男性）如果对西蒙娜·德·波伏瓦表现出明显的兴趣，就会被人认为有点蠢——也就是说，不智性（unintellectual）。此外，这样的文化恐怖主义不仅使对波伏瓦的严肃讨论趋于消声，也阻碍了其他边缘化的声音被听到。鉴于我对法国文化首都的分析，在左岸写这本书肯定会让我很煎熬：北卡罗来纳州的松树在很多方面都是一种恩惠。

---

* 七星文库（Pléiade imprint）创立于 1931 年，是一个以相对统一的装帧出版经典作家作品的参考版本的书系。该书系最初偏重法语写作的作品，后来也加入了英语作品的法语译本，入选该书系被认为是法国承认一个作家的重要标志。

** 《摩伊赖》（Moïra）是朱利安·格林的小说。《少女们》（Les Jeunes Filles）是亨利·德·蒙泰朗的小说。《三个火枪手》（The Three Musketeers）是大仲马的小说。

注释

1. 西蒙娜・德・波伏瓦是一位在欧洲文化大国的首都长大的白人资产阶级女性。我的观点恰恰是：鉴于 20 世纪女性的历史处境，只有这样一位女性才能最纯粹地体现女性知识分子的处境。鉴于全球形势的不断变化以及女性受教育机会的迅速普及，我们完全有理由希望，21 世纪的知识女性代表将出现在完全不同的环境中。

2. 除了《第二性》（1949 年）以外，有人可能还会提到阿尔瓦・米达尔和维奥拉・克莱因（Viola Klein）的《女性的两种角色》（*Women's Two Roles*，1956）、奥瑟・格鲁达・斯卡尔的《女性问题：第三幕》（*Kvinnesak：tredje akt*，1953）、玛丽・麦卡锡的《她们》（*The Group*，1963；值得注意的是，这本书有几个章节是在 20 世纪 50 年代写完手稿和/或出版的）。玛格丽特・米德（Margaret Mead）和汉娜・阿伦特早在战前就考虑过有关妇女的问题。米德于 1928 年出版《萨摩亚人的成年》（*Coming of Age in Samoa*），1930 年出版《新几内亚人的成长》（*Growing Up in New Guinea*），1935 年出版《三个原始部落的性别与气质》（*Sex and Temperament in Three Primitive Societies*）。阿伦特早在 1932 年就开始创作她最"女性中心"的作品——传记《拉埃尔・瓦恩哈根》（*Rahel Varnhagen*），并于 1939 年完成，但直到 1958 年才出版。（我的资料来自：Engelstad et al., eds., *Norsk kvinnelitteraturhistorie*，Vol.3；Dahl et al., eds., *Pax Leksikon*；May, *Hannah Arendt*；Bok, *Alva*；Gelderman, *Mary McCarthy*）

3. 这不是因为女性笨。在伯明翰大学英语学院，80% 的学生是女生。"1991 年，1 名女生和 4 名男生获得了一级学位；1992 年，5 名女生和 1 名男生获得了一级学位，"瓦伊纳写道，"是什么造成了如此大的差别？1992 年，答卷第一次采用了编号和匿名形式。"

4. 实际数字显示，男性月收入中位数为 4915 美元，女性为 3162 美元。（见 table in The New York Times, 28 January 1993, p.11.）

5. 见勒德夫在《哲学想象》（*The Philosophical Imaginary*）中的《头发长，见解短》（"Long Hair, Short Ideas"）。

6. 我并不是说，只要写波伏瓦，就必须写《第二性》。我的意思只是说，任何想要对波伏瓦的意义进行合理全面阐述的人，都不能忽视她那部开创性的作品。

7. 这部小说已出版的英译本名为 *She Came to Stay*。译文本身很好，但我觉得没办法使用这个英文标题。因此，在这里以及在我的书中，我都将这部小说称为 *L'Invitée*，而不是 *She Came to Stay*。

8. 比迪·马丁（Biddy Martin）在她对露·安德烈亚斯·莎乐美（Lou Andreas Salomé）的研究《女人与现代性：露·安德烈亚斯·莎乐美的（生活）风格》中，与我一样对传记和文学批评共通的限制性感到不耐烦，但她并没有完全表明自己的另外的立场。实际上，我注意到我自己的研究方法比马丁更强调教育机构对知识女性的影响。就现代知识女性而言，我认为马丁对莎乐美多重性认同（multiple sexual identification）的分析极为有趣，特别是因为我自己的研究表明，西蒙娜·德·波伏瓦在这方面表现出了彻底的不稳定性或模糊性（例如，见我在第四章中对弗朗索瓦丝"歇斯底里阶段/舞台"的分析，及其在《第二性》中的重新出现，以及第八章中对恋物的讨论）。

9. 我从罗兰·巴特的名篇《作者之死》（*The Death of the Author*）中汲取了这一形象。不过，在我的想象中，我给巴特的意象赋予了弗洛伊德式的扭转：编织是平面的，而弗洛伊德式的梦文本则是动态的、变化的和多维的。

10. 见 Saint Martin, "Les 'femmes écrivains' et le champ littéraire," p.53。她参阅了 Christophe Charle, *Naissance des "intellectuels" 1880—1990*.

11. 感谢伯纳德·阿勒叙（Bernard Aresu）让我注意到布勒东的案例。

第一部分

第一章　仅次于萨特

西蒙娜·德·波伏瓦，女作家，萨特的弟子……

——《小拉鲁斯词典》（Le petit Larousse，1974）

卢森堡花园的谈话

对于今天的知识女性来说，西蒙娜·德·波伏瓦的某些选择至少可以说是有问题的。比如说，她为什么抓住一切机会说自己在智识上不如萨特？她写道，在遇到萨特之前，她从未感到在智识上被任何人支配过（见 MDD342—344；MJF480）。然而，这位自信的哲学系学生只要遇到高等师范学校（ENS）的明星学生，她的认同感就会受到威胁。米谢勒·勒德夫在《希帕嘉的选择》最精彩的一个段落中表明，波伏瓦与萨特和哲学之间的"情色-理论"关系的所有根本要素都可以在《一个规矩女孩的回忆》的一个片段中找到。这就是波伏瓦描述自己与萨特之间哲学讨论的场景。这场至关重要的对话发生在 1929 年夏天的一个早晨，卢森堡花园的美第奇喷泉附近。波伏瓦 21 岁，萨特刚满 24 岁。她写道，这是她第一次决定向萨特袒露自己的思想，而不是只讨论考试相关的话题：

一天上午在卢森堡公园美第奇喷泉旁，我对他阐述了多元道德观，这是我杜撰出来、为我所喜欢但并不想效仿的人辩护的。他彻底拆解了（il la mit en pièces）我的多元道德观。我坚持我的观点，因为它允许以我的心灵去判定善与恶。我争辩了（je me débattis）三个钟头，但不得不承认失败。其次，在交谈中我发现，我的许多看法是建立在成见、不真诚、粗心大意之上的，因此我的推论是蹩脚的，我的观点是模糊的。"我对自己所思考的再也没有信心，甚至再也没有信心去思考了。"我哑口无言地在日记里写道。在这之中我丝毫没有考虑到自尊心，而是好奇心远远胜过专横，学习的欲望胜过出风头的欲望。可是，经过这么多年自负的孤独，我发现自己不是独一无二的，只是众人之中的一个，不可能是第一，我突然对自己的真正能力没有了把握。（MDD344；MJF480；TA）*

这一幕是一种象征，表明西蒙娜·德·波伏瓦始终倾向于将自己当成萨特的哲学他者，勒德夫对其重要性给出了令人信服的证明，她追问自己，为什么波伏瓦这样一个出色的哲学系学生，却似乎那么急切地想要将哲学让给萨特。[1]波伏瓦说自己争辩了三个钟头才被迫向这个无可否认比她更强大的男人屈服，令人惊讶的是，她随后将自己的溃败描述为她独立女性新生活的不可或缺的开端。她曾经想要"诉说一切"的野心显然太不清晰、太情绪化了，她写道。然而，多亏了这种必要的幻灭，她现在有了更具体的见解可交流："然而我并没气馁。未来尽管突然显得比我预计的更艰难，但也显得更真实、更可靠。我看到的不再是模糊的可能性，而是看到一个清晰确定的领域展现在我眼前，包括它的问题、任务、材料、手段和阻碍。"（MDD345；MJF481）**

---

* 本段译文引用自《一个规矩女孩的回忆》，上海译文出版社，2022年版，译者罗国林。译文有改动。

** 本段译文引用自《一个规矩女孩的回忆》，上海译文出版社，2022年版，译者罗国林。

遗憾的是，她对自己的经历轻松的叙述并不怎么令人信服。她似乎高兴地放弃了"诉说一切"这个既太多又太少的旧计划，并赞美正展现在她眼前的"清晰确定的领域"，但她忽略了一点，新计划与旧计划仍然特别地相似："我不再寻思：做什么？一切都等着我去做，去做我过去希望做的一切：抨击错误，寻求真理，阐明真理，启迪世界，甚至帮助改变世界。"（MDD345；MJF481；TA）*"诉说一切"（tout dire）的愿望已转变为"做一切"（tout faire）：后者并不比前者更具体。如果说有什么不同的话，那就是新计划在寻求真理并像传播福音一般向世界传播真理的志向上，显得具有独特的哲学意味。但事实上，波伏瓦在 1958 年出版的回忆录，是在其发生近 30 年后才写的。波伏瓦在此的叙述最好当作萨特的介入文学（littérature engagée）计划的尚不清晰的概要来读，本该是预见，却是在事后产生的，她有意无意地表明了现在哲学的主动权属于萨特。在卢森堡花园的三个小时里，西蒙娜·德·波伏瓦确实发生了转变：如果说她来时是一个有着自己的哲学计划的女人，能够阐述她的新道德观，那么她离开时则是一个溃败的女人，或者换一种说法：一个弟子。"萨特坚持让西蒙娜·德·波伏瓦追随他，这困住了她，"勒德夫写道（*Hipparchia's Choice*，p.138）。

对《第二性》的读者来说，这场辩论的激烈并不令人意外。如果说萨特"驳倒"或"彻底拆解"（mettre en pièces）了她自制的道德观，那并不像波伏瓦所想的那样，仅仅是因为他更聪明，而主要是因为他接受了更好的教育。这样一来，卢森堡花园最初的场景就成了波伏瓦自己对逻辑在男女关系中的作用所做的分析的典型例证。她在《第二性》中写道，在与丈夫的争论中，女性往往败下阵来，因为丈夫得益于他们在现实世界中更丰富的经验，而女性往往没有机会习得全面的"文化"，获得对世界的了解：

---

* 本段译文引用自《一个规矩女孩的回忆》，上海译文出版社，2022 年版，译者罗国林。

她们不会推理，并非由于脑力缺陷，这是因为实践没有迫使她们这样做；对她们来说，思索宁可说是一种游戏，而不是一种工具；即使她们很聪明，很敏锐，很真诚，由于缺乏理性技巧，她们不会表达观点，从中得出结论。丈夫——甚至比她们更加平庸——正是由此很容易指挥她们。他即使犯了错，也能找出理来。在男性手中，逻辑往往是暴力。（SS482；DSb294—295；TA）*

但是，如果波伏瓦在1949年就能对所谓的逻辑的暴力做出如此惊人的女性主义分析，为什么她在十年后写回忆录时却没有提及呢?[2]尽管她在1929年时确实做不出这样的分析，但《一个规矩女孩的回忆》全书充满了作者对自己年轻时的天真和错误观点的、常常是堪称高度讽刺的评论。在这里，就像在其他许多地方一样，波伏瓦与萨特的关系仿佛仍是她生命中神圣不可侵犯的领域，必须被保护，连她自己的批判意识都不能触及。因此，波伏瓦并没有让我们注意到，巴黎公园里上演的认识论场景与她自己在《第二性》中描述的少女被夺去贞操时所发生的转换暴力之间的惊人的相似之处：

从前女人正是通过真正的或模拟的劫持（rapt），脱离她的童年世界，被抛到作为妻子的生活中去；是暴力把她从姑娘变成女人，人们也说"夺走"一个姑娘的贞操，"采摘"她的鲜花。这种剥夺贞操不是持续演变的和谐结果，而是与往昔的粗暴决裂、一个新周期的开始。（SS394；DSb148）**

40　　　我在此将情色与理论并置，并非任意而为：首先是因为波伏瓦渴望萨特，所以她觉得有必要赋予萨特一切斐勒斯美德（phallic virtue）。

———————————

*　**　本段译文引用自《第二性（和卷本）》，上海译文出版社，2014年版，译者郑克鲁。

如果她不能钦佩他，她就不会爱他。米谢勒·勒德夫将西蒙娜和让-保罗比作爱洛伊斯和阿伯拉尔 * 是非常正确的。在这两个例子中，女人的欲望都将男人变成了哲学：他的身体对她来说代表着斐勒斯知识（phallic knowledge）。波伏瓦在她的小说中反复回到这样的主题：知识女性渴望并投入其中的正是这种情色-理论关系。在此，我们只需注意到，萨特在哲学上夺去波伏瓦思想的贞操，导致她对自己此前生活的方方面面产生怀疑。她想发展一种以心灵为基础的伦理学，但这一愿望因缺乏逻辑性而被否定，没有被当作新的、更有说服力的阐述的起始点而得到保留。她甚至开始怀疑自己是否在思考：一时间，她对自己是一个有思想的人的信念几乎破灭。

她的反应是勇敢地坚称自己不介意在谈话中是否显露自己的才华，她并不反感弟子的角色（"学习的欲望胜过出风头的欲望"）。但是，如米谢勒·勒德夫所说，波伏瓦知道，真正的思想，真正的哲学无关"显露才华"，而是追求真理（见 *Hipparchia's Choice*，p.139）。那么，为什么波伏瓦会以为萨特的逻辑暴力和交谈技巧必然揭示了一个令人沮丧的事实：她在哲学上不够格？我们也不应忘记，在 1929 年，萨特还不是萨特：他不过是一个 24 岁的学生，不知什么原因前一年没能通过教师资格考试。在这一阶段，似乎任何人都没有必要——西蒙娜·德·波伏瓦尤其没有必要——把他想成智识上更强的一方。如果她愿意，她比萨特小三岁，也没有进入高等师范学校的特权，西蒙娜·德·波伏瓦本可以为自己当时在智力上与萨特势均力敌提出充分的理由。然而，她并没有仔细审视其原因，而是选择将萨特在智识上比她强视为理所当然。与所有此类意识形态举动一样，这样做的结果是使明确的批评（例如对其逻辑暴力的批评）变得极其困难。

在她写于 20 世纪 50 年代末的回忆录中，她用学术得惊人的话语

---

* 爱洛伊斯（Héloïse）和彼得·阿伯拉德（Abelard）都是中世纪法国哲学家，两人以私人辅导的契机相爱，爱洛伊斯怀孕并生下一个男孩，但最后两人被迫分开，双双进入修道院。

为自己选择更优秀的男人做伴侣进行辩护，指出实际上父权制下的男强女弱不过是平等而已："男人是特权物种的一员，已经在起跑线上赢了我，如果从绝对意义上说，他还不比我有价值，我就不得不认为，在相对意义上，他的价值更低：要想让我承认他跟我在同等高度，他必须证明自己比我更优秀。"（MDD145；MJF202；TA）在这里，波伏瓦想两头都占：一方面，她似乎是在说，如果一个男人不显得比她优秀，她就无法真的想象自己会对他产生欲望；另一方面，她也暗示，任凭他拥有何种优势，全都不可信，因为这只不过是父权制不公正的结果。然而，在她遇到萨特时，却没有这种模棱两可：欲望很容易就占了上风；萨特就是更优秀。"我确信，"她写道，"（萨特）总有一天会写出一部头等重要的哲学著作。"（MDD343；MJF479；TA）至于她自己，正如我们所看到的，她只是知道，她不再是"独一无二……不可能是第一"。（MDD344；MJF480）

保持有趣的重要性

西蒙娜·德·波伏瓦在卢森堡花园遭受的哲学上的阵败，使她痛苦地丧失了关于自己的信念，不再认为自己是至高无上且独一无二的思想者。在此后的人生中，她始终认为自己在智识和哲学上都仅次于萨特。但为何她如此热衷于将自己定义为知识女性？是什么使她采取这样的发言立场？在本章中，我计划探讨可能影响她做出这一选择的一些主观因素。我所说的"主观因素"首先是指波伏瓦自己对她如何成为知识女性的描述。波伏瓦选择文学而不是哲学作为她立志有所建树的领域，我对这一选择也特别感兴趣。在第二章中，我将讨论促使她决定把自己放在仅次于萨特的位置的客观因素——公众。[3]在强调智识上遭受挫败的观点的同时，上述对在卢森堡花园这一幕的解读，代表了我自己对波伏瓦的文本的最初反应。这一解读帮助我构思出了在此罗列的问题。然而，在探讨这些问题时，我最终为同一个场景提供了两种不同的解读。这三种解读并不相互排斥：它们共同勾勒出了父权制下知识女性与知识男性相爱的内在矛盾。

最后，在回到美第奇喷泉边的认识论原初场景（primal scene）之前，我想强调波伏瓦立场的模糊性。虽然许多女性主义者对她认为自己不如萨特的倾向表示遗憾，但这并不意味着她认为自己也不如其他男人。我个人的观点是，她认为自己仅次于萨特，但并不输给大学时的其他男性朋友，如雷蒙·阿隆（Raymond Aron）、莫里斯·梅洛-庞蒂、保罗·尼赞（Paul Nizan）和克劳德·列维-斯特劳斯（Claude Lévi-Strauss）。无论人们还想说什么，这都不完全是一种彻底顺从和自我贬低的立场。

西蒙娜·德·波伏瓦在自传的第一段就描述了两岁半时的自己，₄₂那时她的妹妹埃莱娜刚刚出生：

> 把相册翻一页：妈妈怀里抱着的婴儿不是我，而是我刚刚出生的妹妹。我穿一条褶裙，戴一顶贝雷帽，两岁半了。似乎我嫉妒妹妹，但为时很短。就记忆所及，我一直以长女而自豪：因为我是第一个。扮成小红帽，手拎小篮子，里面装着烘饼、黄油什么的，我觉得比呆呆地躺在摇篮里的婴儿有趣。我有了一个妹妹：但那个小婴儿却不拥有我。（MDD5；MJF9；TA）*

在这段文字中，西蒙娜·德·波伏瓦小说的一个重要主题——嫉妒——首次出现在她的回忆录中。嫉妒这一主题在她的第一部长篇小说《女宾》（1943）中占据着主要位置；在她最后发表的虚构作品、短篇小说集《被毁掉的女人》（1968）中，嫉妒也是与标题同名的故事的主要关注点。然而，在波伏瓦的自传作品中，嫉妒所占的位置则不算

---

* 本段译文引用自《一个规矩女孩的回忆》，上海译文出版社，2022 年版，译者罗国林。译文有改动。

突出。[4]在此，波伏瓦第一次提到了她个人场景中另一位参与者的进入——她的妹妹，这个词仿佛是脱口而出的，却在下一秒被否认了，她在与之保持距离："似乎我嫉妒妹妹，但为时很短。"这是间接引语：其他人告诉她她曾经嫉妒，而她自己却回忆不起此类事情。然而，即便假设这样的说法是正确的——但这段文本中任何一处都无法保证是正确的——传说中的嫉妒似乎也是肤浅的：一个无足轻重的、微小的童年小事。在此写下这件事，波伏瓦是想表达她对真实的追求（即便是无关紧要的小事也要被记录下来），同时表明所写事件本质上的微不足道。

第一对于小西蒙娜来说非常重要。按照波伏瓦1958年的叙述，妹妹的出生并没有威胁到这个小女孩的优越地位：无论如何，她毕竟是长女。但我们仔细阅读文本就会发现，她无法仅凭年龄来保证自己的优越地位：穿上小红帽的衣服，她写道，她觉得自己比小妹妹有趣多了。但这种有趣的装扮是哪来的？我们被告知，照片上的她穿着裙子，头戴贝雷帽。回忆相关的时期（"就记忆所及……"），波伏瓦脑海中浮现出自己装扮成童话故事中人物的形象。有了虚构的声望，她感到自己无须嫉妒。此处又优雅地提及了她未来的作家生涯：披上文学装束的她是那么有趣，永远不必将第一的位置让给任何人。然而，吸引力是以装扮为代价换来的：仅仅做自己，单纯是长女是不够的。小西蒙娜发现，爱永远不是平白获得的；总是需要取悦人。纯粹的存在以外总是要加点什么：如果虚构使人散发魅力，那是因为它是额外的，且终究是伪装。

在断言"我觉得我比妹妹有趣"之后，她紧接着骄傲地宣告了占有："我有了一个妹妹：但那个小婴儿却不拥有我"，西蒙娜只能通过剥夺埃莱娜来占有她。觉得有趣的特权似乎需要——甚至可能产生——一种对周围环境的掌控感。然而这样的掌控感总是存在潜在的威胁：身为第一个就自然有可能被后来者驱逐。然而，只要西蒙娜相信她比他们更有趣，那么这样的后来者就将永远只是陪跑者。但对谁

43

来说有趣？绝对的有趣是不可能的；一个人总是在某人眼里才显得有趣。谁来裁判西蒙娜是不是有趣？即使是在此处所研究的片段里，她对自身吸引力的信念，也是来自他人鼓励的结果。那么，谁是西蒙娜·德·波伏瓦想要吸引的对象呢？如果我们认真考虑小红帽的典故，那对象肯定是狼。如果不是狼，那或许是给狼做剖腹手术的勇敢猎人。波伏瓦在引用这个童话故事时，并没有唤起读者对从巨大的男性子宫中重生的想象，而至少是包含了一种吸引和取悦男性的渴望——或者说义务。

下一段描述了西蒙娜·德·波伏瓦幼年的物质环境。她写道，她的记忆有些混乱，但她确实记得一些"红色、黑色和温暖的东西"（MDD5；MJF9）。我们被告知，红色是她父母公寓的窗帘和地毯的颜色。该段的其余部分描述了她父亲的书房（le cabinet de papa）：

> 这个神圣的房间［antre sacré，神圣洞穴］里的家具是黑色梨木的。我钻进书桌下凹陷的地方，蜷缩在黑暗之中。那底下又黑又温暖，感觉人造毛地毯的红色刺眼睛。我的整个幼年时代就是这样度过的，我又是看又是摸，在安乐窝里认识世界。（MDD5；MJF10；TA)5

这个"神圣洞穴"的子宫一般的特质显而易见。小西蒙娜蜷缩在父亲书桌下中空壁龛温暖的红与黑的安全之中发现世界。如果第一段让我们看到这位未来的作家小红帽的形象，这一段则让我们看到了这位未来的知识分子婴儿时期在父亲的书桌下探索世界的模样：起源于宙斯智慧的现代雅典娜。西蒙娜·德·波伏瓦从幼年时期便形成了这样一种信念：学校、学习、阅读——换句话说，智识活动——与有趣——令人满意、有魅力、迷人、诱人——父亲，有着牢不可破的关系。只要这个等式成立，年幼的西蒙娜就坚信自己无比优越，不会有竞争对手：她仍然是"第一"和"独一无二"的。

44

西蒙娜的独特感和优越感第一次受到打击是在她十几岁的时候，她意识到父亲因为她的学业成就而对她心生厌恶，转而将爱意转移到妹妹埃莱娜身上，埃莱娜比西蒙娜更漂亮，也更具有传统的女性气质。西蒙娜的自尊心受到了极大的打击。显然，仅仅有趣是不够的。父亲不可能只被精神所诱惑：被西蒙娜视为"不如自己"的女性，可能正因为她们的"无趣"，才最终成了分走父亲注意力的可怕对手。这种难以捉摸的品质的神秘诱惑，在父权制下被称为"女性气质"，它最终威胁到了她的支配地位。西蒙娜对智识活动的第一次失望，是在她发现女人不能只靠头脑来诱惑他人的时候。对于父亲造成的自恋创伤（narcissistic wound），西蒙娜·德·波伏瓦的反应相当傲慢和愤怒，她将父亲从自己的感情中彻底驱逐出去：从现在起，在她的作品中，父亲只是一个可恶的、性别主义的、右翼的、以自我为中心的平庸之辈。

她对自身智识所具有的诱惑力的自信受到的第二次打击是在卢森堡花园的溃败。虽然她的自尊心被击碎了，但是她的反应却截然不同。她没有憎恶萨特，反而将他塑造成了完美的斐勒斯形象。似乎正是因为她当时与萨特之间的情欲关系，她才得以放弃自己的智识优越感，而不会因为完全丧失诱惑的力量而感觉受威胁。我们再次面对父权制下知识女性的困境：她从小习惯于通过有趣来吸引别人，然而长大以后，她发现自己永远无法仅凭有趣来引诱别人。虽然西蒙娜·德·波伏瓦很可能希望萨特欣赏她的智识，但她一定知道——或至少隐约感觉到——在父权制下，如果她赢得了卢森堡花园那场关键的讨论，她的性需求和性欲就无法顺利得到满足。波伏瓦选择了作为萨特哲学项目的合作者或助手，将自己视为萨特的得力女助手、新信仰的主要捍卫者，她为自己谋得的绝非无足轻重的角色，这或许是当时唯一一个能让她以知识分子和女性的双重身份施展魅力的角色。

在此意义上，她在美第奇喷泉旁的哲学阵败绝不代表她完全放弃了她的智识追求。这也不代表她只想用传统的"女性"手段取悦他人。如米谢勒·勒德夫所说，西蒙娜·德·波伏瓦后来确实成了一位杰出的"壁橱哲学家",一个隐藏的思想家（见 *Hipparchia's Choice*，p.139）。而我认为——这是我对这一幕的第二种解读——这应当被视作以女性身份释放魅力的愿望和以知识分子身份释放魅力的愿望之间的一种折衷妥协。无需赘言，正是"女性气质"这一主流父权意识形态先制造了知识女性的这种困境。对萨特来说，他男性身份的魅力从未与他知识分子身份的魅力发生过冲突。相反，在他身上，正如在其他许多知识分子身上一样，智识力量似乎有力地促进甚至是创造了他作为男人的魅力。

45

需要强调的是，西蒙娜·德·波伏瓦在这里所面临的困境，在很大程度上是由她作为最先进入法国大学系统中的女性所处的独特教育地位造成的。正因为她在教育上与她的男性朋友和潜在情人平等或优越于他们，所以作为一个有欲望却囿于 1929 年的父权意识形态的异性恋女性，她亟须避免被认为比她所选择的情人更出色，这样才能保持她的魅力。[6]如果女性缺乏她们的男性竞争者那样的教育或文化资本，这种特定的困境就不会如此突出。[7]因此，将波伏瓦的行为与科莱特等人的行为进行比较就相当不恰当，科莱特从未受过多少正规教育，而且无论如何，她所属的时代和社会阶层都非常不同；或者在另一方面，跟西蒙娜·韦伊去比也是不恰当的，韦伊作为一名在高等师范学校接受教育的哲学教师资格考试的通过者，积累了至少与波伏瓦一样多的教育资本，但为了自由地发展自己的精神和思想关切，她放弃了自己作为有欲望的女性的身份。

然而，对于 20 世纪 90 年代的女性主义者来说，西蒙娜·德·波伏瓦一生都反复申明她在哲学上次于萨特，这令人失望是可以理解的。但我们要记得，她对自己地位的评价不一定是不正确的。虽然在 1929 年那个宿命般的夏日之前，她的哲学家命运的确不可能被决定，她随后做出的选择却趋向于变成一种自我实现的预言。她在 21 岁时就将自己定位为相比萨特只能算二流的哲学家，她既没有野心也不渴望去从事将自己定位为独立哲学家所需的艰苦工作；十五年后，萨特将成为

《存在与虚无》的作者，波伏瓦将成为《皮洛士与齐纳斯》的作者。在《第二性》中，她才显示出她在哲学上强大的思想原创性，但即便在这本书中，如米谢勒·勒德夫所说，她也不遗余力地不显得自己是一位哲学家（见 *Hipparchia's Choice*，p.138）。虽然西蒙娜·德·波伏瓦对美第奇喷泉那场辩论的意义的理解可能无法让 20 世纪 90 年代的女性主义者感到满意，但她的论述可以——也应该——为反思在父权制下成为知识女性有多少困难提供充足的依据。在这一语境下，"知识女性"指的是拒绝接受传统父权制对思想与身体、理智和魅力的划分的女性。

去认识与去写作

46

> 我的自由……是继续推进一个最初的计划（projet originel），继续回归并巩固：去认识、去表达的计划。（ASD21；TCF25）

> 然而我的生命中仍有一些由来已久的纽带不曾断开。其本质上的统一是由两个因素促成的：萨特从始至终发挥的作用，以及我自己对原初意图（projet originel）始终如一的坚持——也就是去认识与去写作的意图。（ASD39；TCF45）

西蒙娜·德·波伏瓦在其回忆录的最后一卷《清算已毕》中说，她的一生由两种因素统一起来，萨特和她自己的"基本计划"（projet originel）：去认识与去写作，去理解世界并表达自己获得的洞见。这一基本计划也是《一个规矩女孩的回忆》的主题。在她很小的时候，西蒙娜·德·波伏瓦起初没有将知识与正规的学习和父亲的管教联系起来；她认为知识如同进食。吃掉这个世界，她便征服了它，把世界变成了她的。即便是成年以后，她也仍将"吞下世界"的想法与知识中的权力和快乐的体验联系在一起：

我们居住的世界如果整个儿能吃，我们将怎么样占有它啊！长大之后，我恨不得吃开花的巴旦木树，啃糖衣杏仁般的落日。纽约那些贴着天的霓虹灯，都像巨大的糖果，我为吃不着而感到失望。（MDD7；MJF12）*

西蒙娜·德·波伏瓦很可能在幼年时期确实把知识当作一种与世界的口欲关系。然而，与此同时，这些唤起她对色彩斑斓的周遭世界的食欲的文字，读起来却不可思议地像是萨特的"知识即进食"理论的文本回响。在《存在与虚无》当中，萨特说："动物的好奇心概莫能外不是性欲，就是食欲。知识就是用眼睛吞咽。"最后一句的脚注补充道："对孩子来说，认识包含了实际上的吃。他想要品尝他所看到的。"（BN739；EN639）8 与波伏瓦一样，萨特坚持认为，渴望与知识对象合为一体揭示了一种掌握和控制的欲望：

在认识中，意识给自我带来它的对象，并渗入其中；认识是同化；法国的认识论著作充斥着食喻（吸收、消化、同化）。于是，有一种从对象走向认识主体的分解运动。被认识的东西转化成了我，它变成了我的思想，并因此同意只是从我这里获得它的存在。（BN 739；EN639）**

知识对象虽然仍是他者：它"如石头一般难以消化"，让萨特想起鲸鱼腹中的约拿的传说（BN739；EN639）。9 萨特写道，这一象征揭示了我们"非毁灭性同化"的梦想。但很不幸，萨特认为，这是一个绝无可能的梦想，因为所有的欲望事实上都会摧毁其对象。10 于是，对萨特来说，知识成了一种毁灭性的占有：它是一个积极的知识主题和一

47

---

* 本段译文引用自《一个规矩女孩的回忆》，上海译文出版社，2022 年版，译者罗国林。

** 本段译文引用自《存在于虚无》，生活·读书·新知三联书店，2007 年版，译者陈宣良等，校者杜小真。

个被动的知识对象之间单方面的关系。米谢勒·勒德夫精彩地论证了这一论点有多蠢（见 *Hipparchia's Choice*，pp.79—82）。成年的萨特在这一点上的理论可能会让我们感觉多少有些不成熟，但是波伏瓦用同样的意象（topos）来描述她作为婴儿对世界的感知，则既贴切又令人信服。

波伏瓦坚持以口唇占有世界的乐趣，同时也强调这一过程双刃剑一般的性质。因为进食令她成长：她吞下母亲和女仆路易丝（Louise）喂给她的食物，这使她长得太过巨大，无法再坐在母亲膝上：进食带来了知识，但也带来了放逐、孤独与死亡：

> 我长高了两三厘米。大家祝贺我，我昂首挺胸扬扬自得。不过，有时候我感到担心。……我打量一眼妈妈坐的那把扶手椅，心里想："我再也不能坐在她膝头上了。"未来蓦地呈现，它将把我变成另一个看似我而其实不再是我的女孩。我预感到所有的分离、拒绝、遗弃都将到来，我也预感到我的各种死亡将接踵而至。（MDD7；MJF13；TA）*

这里可能用了人类堕落的典故：吃了知识树的果，她将被逐出天堂。无论这指的是什么，在西蒙娜自己对其幼年生活的描述中存在着一种张力：一方面是通过将世界同化来支配世界的口唇快感，另一方面是不得不离开母亲的天堂的恐惧，而在这个天堂中能够获得这样的快感。但失去母亲的保护也有其补偿：小西蒙娜也能享受吸引父亲或其他成年男性的引诱的乐趣。她渴望取悦父母的男性访客，在描述这一点时，她强调了男性话语的力量："我特别渴望引起男人的兴趣：我试图通过不安分和扮演天真少女来吸引他们的注意，等待着一句将我

---

* 本段译文引用自《一个规矩女孩的回忆》，上海译文出版社，2022年版，译者罗国林。译文有改动。

从孩童被无视的状态中救出、让我真正存在于他们的世界中的话。"（MDD8；MJF14；TA）

这其中的悲剧性在于，通过消化世界获取的想象的（拉康意义上的）知识，与对语言的掌握存在冲突。"去认识与去表达"：对于波伏瓦回忆录中的这个小女孩来说，她的"基本计划"的两个方面存在着深刻且令人难受的矛盾，也就是说，根据存在主义哲学的观点，这个计划表达了其存在的最深切的需要与渴望。不知为何，语言扭曲了这个小女孩的身体洞察力。她的暴怒似乎与不得不进入语言世界的痛苦有关："然而，一定是哪里出了问题：我曾一度暴怒，脸色发青，倒在地上抽搐。"（MDD11；MJF17）周遭哪些专横的命令和拒绝让这个小女孩成了自身愤怒的对象。年幼的西蒙娜成了一本呈现不得不屈从于律法（Law）的痛苦的名副其实的教科书："不过，我拒绝向这种摸不着的力量即言辞让步。……在像冷冰冰的石头一样压得我透不过气来的规则之中，我依稀看见令人眩晕的虚无：我就是坠入了这个深渊（je m'engloutissais），嘴巴被叫喊撕裂。"（MDD12；MJF19；TA）"深渊"或"虚空"（le gouffre）、眩晕、被自己无法控制的可怕力量吞没（engloutir）等意象在波伏瓦的作品中反复出现。[11] 离开口唇满足和自恋全能（narcissistic omnipotence）的母亲世界，进入律法、语言和性的父亲领域非常困难，有可能是与此相关的冲突导致了此类通常与抑郁或焦虑有关的危机。波伏瓦认为，母亲世界与父亲世界之间，母亲的天主教道德主义与父亲的无神论之间的紧张关系，也是她选择成为知识分子的原因。

同样的冲突也出现在语言方面。虽然语言是属于父亲的影响范围，但父母双方都是僵化的本质主义话语的传递者，年幼的波伏瓦立刻感受到了那些话语的虚假："从我说第一句结巴的话开始，我的所有经历都证明了这种本质主义是错误的。"（MDD17；MJF26；TA）她的家人用黑或白、好或坏来描述所有事物，而她能感知到的只是灰色的细微差别。在她还是小女孩的时候，她尝试表达她真正的想法，但她不得不无望地放弃这种努力：

48

我不得不使用文字，我发现自己置身于一个骨架结构般概念分明的世界（des concepts aux dures arêtes）。无论我亲眼看到什么，无论我有什么真实的经历，都必须以某种方式纳入一个严格的范畴：神话和陈腐的观念压倒了真理：我无法确切说出真理，只得任由真理变得不值一提。（MDD17；MJF26）

她与父母的矛盾关系在青少年时期变得越发激烈。她因难以与父母沟通而感到崩溃，感觉自己被放逐在错误价值观的宇宙之中，而她长期以来都试图逃离，她称自己"一直在反抗语言的暴政"（MDD192；MJF266）。在描述她十七八岁时对于父母语言的态度时，有一段话与对她四五岁时遇到的困境的描述惊人地相似：

> 在这个我多年来试图逃离的世界，我宁愿保持沉默。在那里每样东西都毫无疑义有自己的名称、自己的位置、自己的作用；在那里恨与爱、善与恶像黑与白一样分明；在那里一切都事先分好类、编好目录，都被了解、被理解，被不可改变地做了评判。这个世界有分明的棱角（aux arêtes coupantes），处在无法躲避的光照之下，没有任何疑虑的阴影掠过它的上空。（MDD192—193；MJF266—267）*

相关段落如此紧密地相互重合［比如都提到了分明的棱角（arêtes coupantes）］，以至于令读者生疑。波伏瓦在 4 岁和 17 岁时对家庭话语中的错误价值观是否真的有全然相同的认识？在这两个案例中，人们可能能够看出这些"严格""骨架般"的概念是对父亲的律法（Law of the Father）的压迫性的斐勒斯性质的暗指。但这样的解读忽视了波

---

* 本段译文引用自《一个规矩女孩的回忆》，上海译文出版社，2022 年版，译者罗国林。译文有改动。

伏瓦此处修辞的哲学基础。如果说波伏瓦在这两段文字中对家庭的批判用词大致相同，那是因为她的整篇文章都是从同一存在主义视角出发的。例如，她将父母的压迫性语言称为一种"本质主义"（MDD17；MJF26），她想表达的意思是，在他们所处的世界，价值始终被认为是既定的，而非被建构的。这忠实地呼应了萨特对自欺的定义。波伏瓦从记忆中召唤出的资产阶级世界与萨特在《存在主义是一种人道主义》（*L'existentialisme est un humanisme*）中对"懦夫"（lâches）和"猪猡"（salauds）的描述如出一辙。懦夫试图藏起自己的自由，而猪猡则认为自己必不可少。他们观念的僵化反映出他们坚信自己没有能力改变周遭的世界。那么，根据波伏瓦的说法，她在四五岁时就已经体验到了萨特式的资产阶级世界的语言。

在《一个规矩女孩的回忆》中，波伏瓦不遗余力、不动声色又毫不含糊地以一贯的存在主义语言呈现了她所要反抗的资产阶级世界。问题在于她从未说过这就是她在做的事情。她叙事的存在主义——哲学——根基自第一页便已存在，但从未被作为主题点出。或者换一种说法：到1958年，存在主义早已成为西蒙娜·德·波伏瓦本能的打量自己和世界的角度。这就是为什么她的叙述能够传达这样一种思想，即她的基本计划——发现真理并表达真理——不过是对童年时代令人窒息的意识形态的直接反应。但我们也了解到，要想成功，对真理的寻求就不应走向一个充满僵硬概念的世界（univers aux concepts aux dures arêtes）。这里有一种寻找其他语言形式的愿望，一种比她所接触的抽象符号的枯燥世界更加柔软灵活的语言。这种愿望有着对折中方案的眷恋之心，让人想起，她希望发展一种允许她爱那些与其意见相左的人的伦理，这个想法后来在卢森堡花园被萨特"彻底撕碎"。

但这种超越母亲与父亲价值冲突的幸福梦想并没有被摧毁。如我们所见，在美第奇喷泉被击败后，波伏瓦急切地通过哲学继续拥护萨特式的自由和行动的理论。这种对他观点明白无误的臣服背后的原因是，她祈祷从令人窒息的家庭世界中解脱出来，宣布萨特的观点是对

50

这种祷告的回应。此处，最终是一种哲学向她承诺了真理、表达真理的语言，并鼓励她推进自己的计划。波伏瓦同时拒绝了母亲和父亲，她认为萨特给了她走向真正自由的希望。从此时开始，他作为西蒙娜·德·波伏瓦生命中主导话语的来源，取代了她母亲和父亲的位置。这似乎一举解决了父母话语之间的冲突：萨特的出现给她提供了一个结合她母亲的道德观和父亲的无神论的辩证综合体；在此，终于有了一种没有"分明棱角"的真实的语言。如果说在卢森堡花园波伏瓦向萨特投降了，那是因为萨特象征着她最乌托邦的愿望实现了。波伏瓦在《清算已毕》中多次重复这一说法，她写道，她"接受了萨特的友谊，……进入了他的世界，并不像有些人说的那样因为我是女人，而是因为这是我多年来一直渴望的世界"（ASD29；TCF24）。

然而，这种对事情十分熟练的讲述掩盖了某些问题。我们已经看到，波伏瓦对1929年卢森堡花园场景的描述，是以萨特真正成为萨特（我坚持认为他当时还不是萨特）之后才能形成的知识为前提的。这一观察引出了《一个规矩女孩的回忆》整体上的视角问题。简言之，可以说，波伏瓦优雅地将自己的写作身份定位为一个对她的宗教虔诚的童年颇带讽刺、乐于调侃的观察者，和一个对被压制的叛逆青少年怀有同情的记录者。虽然她并不试图掩饰自己与年幼的西蒙娜之间的差距，但她还是竭力将西蒙娜意识的发展，描述成一种相对简单的情节的现象学展开：年轻的西蒙娜先感到被家庭压制和压迫，于是她反抗，最后她遇到了萨特。但正如萨特本人会第一个站出来说的那样，这个结尾赋予了前面的内容以意义。波伏瓦在描述自己时所使用的哲学术语清楚地表明，《一个规矩女孩的回忆》如此设置结构是为了让最终与萨特的相遇看起来是必然的：这是对她自己独立计划的完美加冕。这样一来，波伏瓦对自己在智识上败给萨特的表述就可以被理解为如她所愿，这也是另一个证据，证明萨特确实是与她15岁时的梦想完全相符的男人。

《一个规矩女孩的回忆》在修辞上堪称绝妙，其结构与写法成功地传达出波伏瓦败在萨特手下完全算不上真正的失败。波伏瓦暗示——这是我对这段话的第三种解读——卢森堡花园的场景不是溃败，它代表真理的时刻，在这一时刻，年轻的西蒙娜·德·波伏瓦终于与自己的根本计划正面相逢：去认识和去写作，或者换句话说，"与谬误斗争，发现真理，讲述真理，启迪世界，甚至帮助改变世界"（MDD345；MJF481）。在这种解读中，萨特是波伏瓦自愿选择的计划：从属与压迫的问题并不适用。她生命中的两个恒定要素——萨特和她的基本计划——原来是同一个。这实际上是波伏瓦自己对她与萨特相遇的理解："萨特完全符合我自 15 岁以来一直渴望的梦中伴侣：他是我的分身，在他身上，我发现我所有燃烧的热望（toutes mes manies）都被提升到了炽热的高度。当我在八月初离开他时，我知道他再也不会从我的生活中消失。"（MDD345；MJF482）或者换句话说，萨特就是她自己，只是更像而已。因此，巴黎公园中的落败瞬间，成了构建"我们是一体的"（On ne fait qu'un）这一成问题的准则的时刻：这种一体性是《一个规矩女孩的回忆》的隐藏中心，也是其目的（Telos）所在。

我说明西蒙娜·德·波伏瓦以修辞将她在萨特手下的落败构建为她自愿选择的计划的一个必要因素，并非暗示她的叙述是虚伪的。相反，我相信这种解读最接近西蒙娜·德·波伏瓦与萨特相遇时她的体验，她给出了最诚实的关于他对于她有多重要的叙述。我要说的是，即使在波伏瓦自己的哲学表述中，她对萨特在她生命中的必要性的叙述也有一丝自欺的成分。在传统的浪漫信念之下，这是两个注定永远在一起的恋人有着双生儿般的灵魂的故事，在存在主义的信念之下，这是一个关于自由与偶然性的故事，波伏瓦竭尽全力去调和这两种叙事，而她对萨特在她生命中的意义的描述，在心理上令人印象深刻，但在哲学上却难以令人信服。

与西蒙娜·德·波伏瓦不同，我不相信人能够过上一种永远清醒真实的生活。不仅如此，我怀疑，我们的盲点恰恰会出现在对我们最重要的地方。波伏瓦在《一个规矩女孩的回忆》中对萨特的描述所表

52

明的是，到 1958 年，她和萨特之间的和谐统一，在她自己的身份认同中充当了一种最基本的元素。无论她多么努力地想要摆脱这一神话负面的部分，它仍然是她生命中一条不可触碰的信条。它是她的骄傲和欢乐的源泉，也成了她深刻痛苦的原因：西蒙娜·德·波伏瓦的回忆录的真正盲点在于她无法意识到这种痛苦。

文学或哲学？

波伏瓦的基本计划——去认识、去写作——处于文学与哲学的分界线之间，可能会引她走向哲学而非文学生活。不过，如我们所见，在卢森堡花园一幕之后，她坚决地把自己定位成相比于萨特的二流哲学家。然而，所有哲学家都不可能成为萨特。波伏瓦和梅洛-庞蒂一样，可能仍会在哲学工作中找到满足感，并凭借自己的特质成为一名出色的哲学家。似乎她对哲学的理解，以及她自己对于完全掌握认识论的渴望，都使这种选择对她没有吸引力。波伏瓦决定成为一名小说家，她选择不从事她年幼时最喜欢的学科：

> 哲学尤其吸引我的，是我认为它直截了当地揭示本质。我从来不对细节感兴趣。我感知的多半是对事物总的感觉，而不是事物的特殊性。我更爱理解，而不是更爱观看。我总是希望认识一切。哲学满足了我的这种欲望，因为哲学所针对的是现实的整体，立刻处于现实的中心，为我揭示一种秩序、一种道理、一种必然，而不是向我展示一堆纷乱的、令人失望的事实或经验论的规律。科学、文学等其他所有学科，在我看来都是哲学贫乏的亲族。（MDD158；MJF220）*

---

* 本段译文引用自《一个规矩女孩的回忆》，上海译文出版社，2022 年版，译者罗国林。译文有改动。

波伏瓦将哲学真理视为一个不可分割的整体，这实际上意味着这种真理必须是单一主人话语（master discourse）的产物。或如笛卡尔本人所说："拼凑而成、出于众手的作品，往往没有一手制成的那么完美。"* （*A Discourse on Method*，p.17）

波伏瓦在叙述她在哲学上与萨特的关系时，从很多方面看都是在坚定地支持1929年那场哲学教师资格考试的考官的判断。他们判定她仅次于萨特，她则竭尽全力证明他们是对的。但考官们到底怎么说的？ ⁵³萨特的传记作者安妮·科恩-索拉尔（Annie Cohen-Solal）告诉我们，1929年有66名候选人参加考试，27人获准参加口试，最终有13人通过（*Sartre 1905—1980*，p.115）。科恩-索拉尔还就两位明星学生之间的哲学分歧访问了哲学家莫里斯·德·冈迪拉克（Maurice de Gandillac），后者认识考官委员会的一些成员：

> 严谨、苛刻、精确，且着实让人信服，冈迪拉克说，她是当年最年轻的学生：她只有21岁，比萨特小3岁。……无论结果如何，考官委员会的两位老师戴维和瓦尔后来告诉我，关于第一名该给谁，他们曾在她和萨特之间犹豫了很久。如果说萨特表现出了明显的特质，比如强烈的自信，尽管存在有时略显不准确的信息和文化，那么所有人都认为她就是哲学（Philosophy）。（*LA philosophie，c'était elle*，p.116）

也许有人会问，既然她就是哲学，而他不是，那她究竟为什么会成了第二呢？也许考官们认为重点不在于是哲学，而在于掌握哲学？

波伏瓦对自己在哲学上不如萨特的表述不无矛盾。她在强调自己缺乏独创性的同时，却极为详细地描述了萨特如何在阅读新哲学家的作品时遇到困难，而她却能比萨特更快、更准确地吸收他们的思想：

---

* 本段译文引用自《谈谈方法》，商务印书馆，2011年版，译者王太庆。

"（萨特）发现自己很难放弃自己的观点，毫无保留地采纳别人的观点"，她在《岁月的力量》中一个提及1935年初秋的段落中写道。然而，她能更快吸收，完全是因为她更易受影响。"对我来说，"波伏瓦继续写道，"没有要克服的阻力：我自己的思想立刻呈现出我试图把握的思想的形状。"（PL220；FA254；TA）她强调他有顽强的独立性，而她自己则很容易屈服于对方的观点，这让人有些不舒服地联想到传统父权制对女性智力的偏见。然而，她也坚持认为自己对哲学有真正的天赋，绝不能说自己是被动的或缺乏批判意识的："简单说，我既有相当强的同化能力，又有敏锐的批判意识；哲学对我来说是活生生的现实，它给了我永不退潮的满足感。"（PL221；FA254）

要成为一名哲学家并不是爱哲学就够了：波伏瓦坚持把自己描述成哲学上的相对失败者。在此，我要引述她决定成为作家而非哲学家的两段理由，放这么长的篇幅是因为这些理由异常地狡猾和矛盾：

54 　　　然而，我并没有把自己当作哲学家；我很清楚，我之所以能够轻松地深入文本的核心，恰恰是因为我缺乏独创性。在这一领域，真正有创造力的天才极为稀有，询问我为什么不试图加入精英行列显然多余：更有益的做法是解释某些个体为何能够在有意识地探索被称为"哲学体系"的疯狂之物中取胜，以及他们从哪里获得了使其思想具有普遍适用性的顽强。正如我之前所说，女性的条件不利于这种顽强的发展。

　　　我可能至少会对一些有限的问题进行文献翔实的批判性研究——甚至可能会有一定程度的独创性——其中涉及一个不知名或鲜为人知的作者和一个有讨论空间的逻辑点。这一点也不吸引我。我和萨特谈论哲学，并充分体会到他的耐心和大胆时，从事哲学事业的想法似乎显得极其精彩刺激——但前提是一个人被自己的理论所吸引。阐述别人的看法，发展、评判、整理和批评他们——不，我看不到这样做的吸引力。在读芬克（Fink）的作品时，我问自己："但一个人怎么能甘心做任何人的弟子呢？"后来，我确实间歇地同意自己扮演这样的角色。但是，从一开始，我就有太多的智识抱负，无法从中获得满足。我想传达自己经验中的原创性元素。为了成功地做到这一点，我知道我必须以文学为目标。（PL220—221；FA254—255；TA）

一方面，波伏瓦的问题似乎是野心过大：如果她不能创造出自己独创的哲学体系，不能成为卓越的哲学大师，她宁愿不碰哲学。就好像哲学是一次只能容纳一人的事业。一个人不能成为建筑大师，就必须成为砌砖工人，或者干脆离开工地。她对弟子身份的厌恶有些奇怪地半心半意：在这里，她还提到了自己在 20 世纪 40 年代作为萨特思想的热心推广者所扮演的角色。虽然她强调这是她自愿"同意"的项目，但她对自己职业生涯这一方面的描述仍有某种辛酸：就像《皮洛士与齐纳斯》与《模糊性的道德》的作者莫名地觉得有必要表现出某种认命，以强化这样一种观点，正是强烈的智识野心的丧失才让她写出这样的缺乏独创性的作品。而这些段落也承担着先发制人的作用，因为她知道该得到的批评一定会来：为了避免被别人指出缺陷，她率先承认了自己的缺陷。但对女人来说，仅仅成为一个了不起的男人的弟子，获得这样的名声太容易了，要摆脱它则困难得多。20 世纪 70 年代，在《小拉鲁斯词典》"波伏瓦"的词条中，她的头衔首先是"萨特的弟子"，这在很大程度上是由于波伏瓦自己对自己知识分子地位的表述。到 1987 年，这个词条稍微改了一点，不过不一定能说改得更好，因为她不再被说只是萨特的弟子，而是"萨特的弟子和伴侣，一位热心的女性主义者"。[12]

在这段引文中，波伏瓦对她与哲学的关系这个问题的不自在，也体现在她试图结束对这一问题的进一步探究。她写道，提出她为什么不想成为哲学家的问题——就像我在这里所做的——徒劳无益，因为无论如何，只有极少数天才可以指望在这条路上取得成功。因此，她

55

不是这样的天才，我们丝毫不必为此惊讶。但眼前仍是这样的事实——纵观历史，所有那些哲学天才都是男性：波伏瓦在此巧妙地按下了性别差异问题，只是在下一句话中又回到了这个问题上。她写道，构建一个原创的哲学体系，需要一个人痴迷地投入大量精力，而女性的生活被父权制的环境所塑造，她们往往没有这样的精力。波伏瓦似乎认为，父权制剥夺了她产出哲学所需的痴迷程度的意志力，但与此同时，又赋予了她过剩的哲学野心，更不必说创作原创文学作品所需的顽强意志力了，给人的印象是文学作品无疑没有哲学的要求那么高。

似乎她既知道又不想知道，在哲学体制中，作为女性的事实将不可避免地使她被培养为弟子，而不会引她走向原创工作。从某种程度上说，这段话为波伏瓦的存在主义女性主义形成的矛盾提供了一个有趣的例证：波伏瓦在完全地意识到社会对女性生活的束缚的同时，她的哲学又迫使她为个人的自由选择辩护。因此，她必须同时把自己的职业说成是"自己想写小说"这一自主愿望的结果，又指出父权制下的女性，无论多么杰出，都不可能成为传统模式下的伟大哲学家。然而她对哲学体制的认同又如此之深，她从未质疑其传统：在她看来，"伟大的"哲学家都是全能的天才，从不必劳心集体的努力。甚至在她自己的叙述中，文学也被说成是更"容易"、更"女性气质"的选择：在什么才是适合知识女性的职业这一问题上，波伏瓦的自由选择与社会主流观念莫名地相符。我们不应对此感到惊讶：作为在当时的法国受过高等教育的知识女性，波伏瓦的职业选择受到她所处的社会和教育体制的制约。关于她对在文学和哲学之间的选择的叙述，异常清晰地展示了她对客观社会结构的无意识内化，或者皮埃尔·布迪厄所说的她的习性（habitus）。

但实际上，写小说对西蒙娜·德·波伏瓦来说也并不容易。从56 1929 年到 1943 年的 14 年间，她的第一部小说《女宾》出版之前，她几乎每天都在写作。到 1935 年，她已经积累了两部大部头的未发表手稿。[13]而她在成功确立自己的小说家身份之后，立刻解除了对哲学的封印，写出了一系列哲学短论文，但她在其中谨慎地表明自己依靠着萨特。在 20 世纪四五十年代，她还撰写了大量政治论战文章，《存在主义与国民智慧》（*L'Existentialisme et la sagesse des nations*）、《特权》（*Privilèges*）等，明确地表明她在捍卫萨特的存在主义，反对其政治对手。在这种情况下，我认为《第二性》（1949）既代表了她在哲学和文体方面追随萨特的顶峰，也是对这一路径的颠覆。但要说她的大多数文章将自身呈现为单一的依赖于某人的努力，这些文章的风格与调子又证明了这种印象是错误的。事实上，她的文体风格偏向于咄咄逼人、居高临下甚至傲慢。这并不是一个深刻意识到自己处于从属地位的、犹犹豫豫的发言者的调子，这也不能被简单地归结为对隐藏的内在不安的过度补偿。仿佛是她的文章在宣称自己是衍生物与附属品的同时，又展现了所有知识分子式的傲慢的特征。

主张西蒙娜·德·波伏瓦无论如何应当选择成为专业的哲学家而不是作家，或是如她本人不时透露的那样，暗示产出原创的哲学本质上优于写小说或写自传，是非常愚蠢的。她渴望成为作家不能被简单归结为想把哲学留给萨特这个决定，但也不能说是一种毫无限制的自由选择的结果。就她的具体情况而言，除去其他因素，这也是她父亲影响的结果。15 岁时，她就已经宣布，长大后她要成为一名著名作家："我下定了决心要从事这一职业，排除其他一切选项"，她写道（MDD141；MJF196）。她选择这一职业的原因是"我崇拜作家：我父亲对他们的评价远远高于科学家、学者和教授。我也坚信他们至高无上"（MDD141；MJF197；TA）。

德雷福斯事件后，法国思想界被普遍认为分成了两个对立的派别，即教师（professeurs）和创作者（créateurs）。[14]在这一方面，波伏瓦的父亲鄙视教师是没有创造力的中下层暴发户，而敬重作家是先知和远见卓识者，这是典型的反德雷福斯的右派观点。一直到第一次世界大战结束后的一段时间，与乔治·德·波伏瓦同代的（他生于 1878 年）的法国作家（"创作者"），如普鲁斯特或纪德，都倾向于在社交高雅、具有知识影响力的沙龙中活动。符合乔治·德·波伏瓦期待的是这样一种作家：优雅、富有、四处逢源，将写作当作娱乐，大部分时间都在上流社会的沙龙里优雅地穿梭；他也希望自己成为这样的作家，尽管这在 20 世纪 30 年代已经显得过时。尽管他对自己那个时代的作家非常尊敬，但他很清楚，当他的女儿在 20 世纪 20 年代更为严酷的经济环境中成长时，这样的愿景不啻是一种幻想。[15]

如果说乔治·德·波伏瓦讨厌女儿选择教师这一职业，那正是因为这客观上将她置于一个抱持他所厌恶的价值的社会群体中："他认为所有教师都是举止粗鲁的学究。……他对学校教师提出了更严重的指控：他们属于为德雷福斯辩护的危险派别：知识分子。"（MDD177—178；MJF246；TA）他之所以更喜欢西蒙娜的妹妹埃莱娜，原因之一不仅是她更漂亮，还因为她决定成为一名画家——一个极具艺术性或创造性的职业，这可能会让人们相信她的父亲很富有，足以让她在画室里画画。"把两个女儿都赶进敌人的阵营，光想想就让他受不了。"波伏瓦评论道（MDD178；MJF247）。

在文学和哲学之间徘徊的波伏瓦被困在两重因素之间，一方面萨特在卢森堡花园摧毁了她在哲学上的自信，另一方面是一个令人不快的想法：她不得不通过成为作家来取悦父亲。事实上，她的父亲没能活着看到女儿的第一部小说出版。20 世纪 30 年代末，他似乎放弃了让女儿成为"创作者"的希望。当时，家人和朋友都认为她写不出什么东西："在家里和我童年的朋友中间，流传着我是个'干果'（fruit sec）的悄悄话；我父亲恼怒地说，如果我肚子里有点什么东西，为什么我不能快点把它写出来呢？"（PL365；FA416）乔治·德·波伏瓦于 1941 年 7 月 8 日去世；同年夏天晚些时候，他的女儿终于完成了她第一部获得出版的小说。

注释

1. 米谢勒·勒德夫对卢森堡花园邂逅的解读首先引起了我对这一片段的注意。勒德夫还引用了《小拉鲁斯词典》中关于波伏瓦的条目，我将其作为本章的题记（见 *Hipparchia's Choice*，pp.135—139）。她对波伏瓦和萨特整体性的研究［尤其是早期的《起作用的哲学》（"Operative Philosophy"）一文］，以及她的开创性文章《头发长，见解短》，都是我写作灵感的主要来源。提出波伏瓦的自我形象仅次于萨特的问题，并不一定要赞同她的自我评价。对我和勒德夫而言，波伏瓦在哲学和理论上有多么重要仍是有待论证的问题。波伏瓦本人总是不停地坚持自己缺乏原创性（例如，见访谈 "Being a woman is not enough"，p.109）。一些女性主义者认为波伏瓦具有独创性，并主张是她影响了萨特。在《西蒙娜·德·波伏瓦：萨特与梅洛-庞蒂之间》（"Simone de Beauvoir：Between Sartre and Merleau-Ponty"）中，索尼娅·克鲁克斯（Sonia Kruks）称萨特有时会从她那里得到启发，尤其是在承认社会限制对个人自由的重要性方面。玛格丽特·西蒙斯在1986年发表的文章《波伏瓦与萨特：哲学关系》（"Beauvoir and Sartre：The Philosophical Relationship"）中也强调了波伏瓦在哲学上的独立性。我个人的观点是，尽管波伏瓦一生在哲学上都依赖萨特，但《第二性》代表了她与早期存在主义的隐秘决裂。这种隐蔽的分歧大概就是勒德夫在谈到西蒙娜·德·波伏瓦是一位"隐藏得非常好的哲学家"（une philosophe formidablement cachée）时所说的意思（*Hipparchia's Choice*，p.139）。

2. 克拉拉·马尔罗（Clara Malraux）在她的自传中为波伏瓦对夫妻间逻辑争论的暴力的分析提供了一个鲜明的例证。虽然克拉拉·马尔罗并不是一个特别可靠的叙述者，但我们没有理由怀疑她在此处的叙述，她描述了自己在逻辑辩论中在年轻的安德烈·马尔罗手下吃败仗的经历。根据克拉拉·马尔罗的说法，在蜜月结束前，她和安德烈之间的讨论突然变得十分尖锐："我不无困惑地谈到社会不平等，谈到西欧未来的革命。我得到的回答让我大吃一惊——现在仍然如此：'你属于那种为了少数人的利益而想杀死所有人的人。'但是，不，我想要的回应恰恰相反。像往常一样，当我的观点在我看来既重要又受到攻击时，我什么都想说，会气急、结巴，会把所有事混在一起，最后以一句话作结，这句话我后来有很多机会用：'你看起来是对的，但我知道你错了。'当时这句话逗得我们俩哈哈大笑。但后来这句话让他恼火，可以理解。"（*Nos vingt ans*，p.46）

3. 此处我是在皮埃尔·布迪厄的意义上使用"主观"和"客观"这两个词的。"主观"绝不能理解为"不可靠"或"不可验证"。在布迪厄看来，任何公开的东西都是"客观"因素。关于这一点的进一步讨论，请见我写的《挪用布迪厄：女性主义理论与皮埃尔·布迪厄的文化社会学》（"Appropriating Bourdieu: Feminist Theory and Pierre Bourdieu's Sociology of Culture"）。

4. 关于对短篇小说《被毁掉的女人》中的嫉妒的研究，见我的《女性主义理论与西蒙娜·德·波伏瓦》（*Feminist Theory and Simone de Beauvoir*）。对《女宾》的解读见本书第四章。

5. 安妮·D.科德罗（Anne D. Cordero）将这段话作为詹姆斯·柯卡普翻译的 *Mémoires d'une jeune fille rangée*（《一个规矩女孩的回忆》）（pp.50—51）的不足之处的一个例子。我的译文与她的不同：我只是想用英语尽可能贴近原文的隐喻内涵。

6. 我完全不是在暗示西蒙娜·德·波伏瓦只是一个异性恋女性，不管这是什么意思。本书第七章和第八章讨论了她与女性的复杂关系。然而，在这里，我试图探讨她自己对遇到萨特时的自己的呈现。在这一环境下，她将自己呈现为异性恋者。

7. 关于女性特质如何与各种形式的社会、教育、知识和文学资本相互作用的详细分析，请见我的《挪用布迪厄》。

8. 我还原了萨特对"品尝"一词的强调，该词在法语原文中出现，但在英译本中没有。

9. 正如我的一位学生曾经指出的，这将鲸鱼而非约拿变成了知识的主体。当萨特接着提到"约拿情结"是知识经验的构成要素时，主体与客体的混淆就彻底结束了（见BN740；EN640）。

10. 在知识是未消化的并吞这一形象之下，潜藏着人类的终极梦想：即"自为"的梦想，保持"自为"而不停止"自在"的梦想。在萨特看来，这就是成为上帝的欲望：既是意识，又是被意识的对象。这种欲望是我们最根本的激情，却深深地自相矛盾，最终毫无用处。"人"，萨特在《存在与虚无》中著名的最后一句写道，"是

一种无用的激情。"（BN784；EN678）

11. 此处使用的特定意象在《女宾》中尤为明显。通过仔细研究这些痛苦的表现形式，我们可以更好地理解一直困扰着西蒙娜·德·波伏瓦成年生活的"危机"（crises de larmes）的本质。有关对波伏瓦抑郁书写的解读，请见本书第八章。

12. 其他参考书的情况也不见得好到哪里去。1987 年出版的拉鲁斯《法国与法语文学词典》（The Larousse *Dictionnaire de la littérature française et francophone*）给了波伏瓦一栏半的篇幅，而萨特的篇幅则超过七页。波伏瓦的词条中四次提到萨特，而萨特的词条一次也没有提到波伏瓦。关于波伏瓦，条目最后强调了"一个人（un être）的矛盾之处，她从未在女性和知识分子的双重身份之间找到平衡点"。顺便说一句，这句话让我这么恼火的地方在于它自以为是的语气，相当无聊地认为在父权制下，女性和知识分子身份是有可能和谐兼顾的，最重要的是，它傲慢地认为，如果女性在这种条件下无法"平衡"自己的情感生活，任何一个编写词典的小作者都有权利指责她不够格。

13. 从 1935 年到 1937 年，她又写了第三本书，但很快被几家出版社拒绝。该手稿最终于 1979 年面世，书名为 *Quand prime le spirituel*（"当精神的事先来"）。

14. 关于这种对立的讨论，见让·路易·法比亚尼（Jean-Louis Fabiani）的《共和国的哲学家》（*Les Philosophes de la république*），尤其是导言部分（pp.7—18）。用英语阅读波伏瓦的人应当了解，"teacher"（教师）是法语"professeur"（教授）的不完全翻译，后者涵盖了从大学教授到中学教师，但不包括小学教师（instituteurs）。

15. 安娜·博斯凯蒂（Anna Boschetti）在《萨特与现代社会》（*Sartre et 'Les Temps modernes'*）一书中指出，纪德、普鲁斯特和瓦莱里是"创作者"的典型代表。"纪德、普鲁斯特和瓦莱里符合'创作者'的形象，这既是因为他们的社会特征，也是因为他们的职业生涯缓慢。他们出身于资产阶级或高级资产阶级家庭。……学生时期他们都不是特别才华出众。他们三人早期都经常参加文学沙龙，这在当时对作家的相互了解和成功仍具有决定性意义。"（p.29）维克多·卡拉迪（Victor Karady）在他的《美好年代的高师人和其他教师》（*Normaliens et autres enseignants à la Belle Époque*）一书中证实了乔治·德·波伏瓦（Georges de Beauvoir）的假设，即当时的中学教师的阶级背景多少算不上显赫。

第二章　一名知识女性的造就

> 我从未有过任何不如人的感觉，没有人对我说："你这样想是因为你是个女人"；我的女性身份从未让我感到任何烦恼。"对我来说，"我对萨特说，"……它并不重要。"
>
> ——《境遇的力量》

1929 年，西蒙娜·德·波伏瓦在索邦大学举行的哲学教师资格考试中排在让-保罗·萨特之后，名列第二。在当时，一名女性通过这一考试意味着什么？单是她学习哲学这件事又意味着什么？为什么她会如此心甘情愿地接受得了第一名的考生智识在她之上？她通过考试时只有 21 岁，这重要吗？或者说，她是法国有史以来第九位通过哲学教师资格考试的女性，这重要吗？简而言之：她在法国教育领域的特殊地位如何塑造了她作为知识分子的自我形象？

为了回答这些问题，有必要大致了解那些奇怪的、典型的法国制度——也就是哲学教师资格考试和高等师范学校——对波伏瓦的影响。很明显，提出性别差异的问题也至关重要，也就是说，需要追问，在当时的法国教育领域，身为一名女性意味着什么。然而，性别并不能解释一切：西蒙娜·德·波伏瓦还是一个落魄的天主教资产阶级，在巴黎出生和长大。为了理解共同造就了西蒙娜·德·波伏瓦这位知识女性的社会过程，我发现将这些因素（阶级、性别、宗教、地域）想象成许多不同的社会话语，并将"西蒙娜·德·波伏瓦"视为各种社会文本交汇的场所很有帮助。

西蒙娜·德·波伏瓦本人肯定会反对我的计划。在她对卢森堡花园对话的叙述中——对话发生在教师资格考试的笔试和口试之间——她将自己和萨特之间的对抗描述为纯粹智识的较量；如果她输了，是因她才智落了下风。从她对事件的描述来看，波伏瓦从未充分认识到当时法国高等教育中男女的地位有多大差异，也没有认知到自己与萨特在教育上具体的差异。在本章中，我想说明波伏瓦的叙述并不令人满意，她对自己智识能力的结论实际上是多种社会因素多重决定的结果。[1]

教育西蒙娜

西蒙娜·德·波伏瓦是欧洲第一代接受与同时代男性同等正规教育的女性。在她之前的女性知识分子，如斯塔尔夫人、乔治·桑、乔治·艾略特或弗吉尼亚·伍尔夫，都是自学或在家中接受教育，她们从未在教育领域内与男性竞争。由于缺乏接受制度化高等教育的机会，女性被剥夺了智识上的自信，这无疑让她们感到自己比不上自己的兄弟。与此同时，她们处于教育体制外的流亡者的位置很可能让她们摆脱了男性同侪所受到的某些束缚。然而，为这种相对自由的自主性所付出的不可避免的代价就是缺乏声望：只要女性在既有的知识体制中仍处于边缘地位，那么就只有少数极其出众的女性才有希望获得有一定知识影响力的地位。[2]

然而，到西蒙娜·德·波伏瓦上学的时候，女性与教育的关系已经发生了彻底的转变。她是自信的新一代女性，这一代女性认为自己理所当然有在法国接受最高教育的权利。这是第一次有大量的女性以跟同时代男性大致相同的方式进入法国教育系统。法国女大学生的人数从 1890 年的 288 人（占学生总人数的 1.7%）增加到 1929 年的 16000 人以上（占学生总人数的近 24%），西蒙娜·德·波伏瓦就是在这一年通过了哲学教师资格考试。[3] 然而，她这一代仍是先驱的一代，往往是第一个冲破旧有障碍的。法国女性进入高等教育的各个领域，是经历了一个缓慢而矛盾的过程才取得的成果，这个过程包括对制度漏洞的积极利用、从上至下的半心半意的改革，以及真正的女权斗争。法国妇女不得不等到第一次世界大战结束后——那时的严酷经济环境迫使越来越多的中产阶级妇女加入劳动大军——才获得接近于平等的接受高等教育的机会。

波伏瓦出生于 1908 年，是一个天主教家庭的长女，进入法国教育环境时，天主教对妇女教育的传统态度正在发生深刻的变化。19 世纪末，法国天主教徒普遍反对女性接受中等和高等教育。他们让女儿在修道院学校接受教育，在她们从上学到结婚的过渡时期将她们留在家中。1931 年，埃德梅·沙里耶（Edmée Charrier）在为其关于法国女性高等教育的宏伟研究作结时，对这种生活方式的消失表示满意："刚从修道院学校毕业的年轻女孩整天坐在窗边枯燥而哀伤地刺绣的时代几乎一去不复返了。如今，学习在女性生活中的比重正在稳步上升。"（*L'Évolution intellectuelle féminine*，p.531）粗略地说，她所描述的转变始于 1880 年，但在 1900 年至 1930 年期间真正加快了步伐。巧合的是，西蒙娜·德·波伏瓦出生于 1908 年，这也是法国公立学校（相对于天主教学校和其他所谓的"自由"学校）终于被允许为女生安排高中毕业会考（baccalauréat）的一年，而高中毕业会考是进入法国大学的唯一考试。

波伏瓦本人的家庭背景可被描述为向下流动的中上层阶级，对社会和文化的追求远远超出了家庭的经济能力。[4] 她的父亲乔治·德·波伏瓦（1878—1941）是相对富有的公务员埃内斯特-纳西斯·德·波伏瓦（Ernest-Narcisse de Beauvoir）的小儿子，他从父亲那里继承了相当可观的位于利穆赞（Limousin）地区的地产，如果他愿意，他完全可以仅靠私人收入生活。1892 年，埃内斯特-纳西斯的妻子列昂蒂内死后，乔治被怂恿着养成了一种贵族子弟的生活方式：学习敷衍了事，热衷于业余表演，没有职业抱负，抱着贵族式的对"自我成就"不屑一顾的态度。"我父亲是个真正的花花公子（boulevardier），"波伏瓦的妹妹埃莱娜曾在一次电视采访中这样说。[5]乔治·德·波伏瓦与弗朗索瓦丝·布拉瑟尔（Françoise Brasseur）结婚时，他已在巴黎天主教精英男校斯坦尼斯拉斯学院（Collège Stanislas）接受了教育，取得了律师资格，在一位颇有名气的巴黎保守派律师的办公室做事。

西蒙娜·德·波伏瓦的母亲弗朗索瓦丝（1886—1963）是阿尔萨斯-洛林地区一位活跃的银行家古斯塔夫·布拉瑟尔（Gustave Brasseur）的女儿。她曾在时髦的"群鸟修道院"（Couvent des Oiseaux）的一所分院学习，接受的是法国贵族或高级资产阶级女孩所接受的古典天主教教育。她父亲成功的金融事业让居住在凡尔登的布拉瑟尔家族过上了一种出入舞会、狩猎聚会，夏季前往著名海滩度假村的奢华生活。她在 1907 年嫁给乔治·德·波伏瓦时，似乎正是乔治·德·波伏瓦想找的——一个拥有相当个人财产的女人。但不幸的是，乔治·德·波伏瓦的岳父的金融投资在他们的婚礼前后开始走下坡路。1909 年 7 月，他的默兹银行被勒令清算。就连布拉瑟尔家族的私人财产也被拍卖：弗朗索瓦丝·布拉瑟的嫁妆从始至终都没有兑现。古斯塔夫·布拉瑟尔被怀疑存在欺诈行为：他被捕并被临时拘留了 13 个月，1910 年，他因使用欺诈性手段滥用资金被判处 15 个月监禁。出狱后，他和妻子搬到了巴黎，定居在蒙帕纳斯区，离他们女儿的公寓不远，后者就住在蒙帕尔纳斯大道和拉斯帕伊大道拐角处著名的圆亭咖啡馆楼上。

第一次世界大战后，乔治·德·波伏瓦的经济状况每况愈下。一些不走运的商业投资让他一贫如洗：从此，波伏瓦一家只能靠他赚到的钱生活。他放弃了律师事务所的职位，像利奥波德·布卢姆（Leopold Bloom）一样为《高卢人》（*Le Gaulois*）卖广告，勉强维持生计。一

61

家人不得不离开西蒙娜·德·波伏瓦出生的圆亭咖啡馆楼上的公寓，搬到雷恩街 71 号一间比较小且没那么舒服的公寓。弗朗西斯和贡捷评论道：

> 这位优雅的城市花花公子曾把好风度看得比什么都重要，但在自己地位下降之时，他勃然大怒。在官方专门人士通讯录《法国名人册》（*Bottin mondain*）上，他的职业始终是"律师"；他有一个发音优雅的名字；他的父亲和兄弟"拥有财产"。他无法容忍自己被混在一个他认为低人一等的阶层，他用他喧噪而激烈的行为表明了这一点。……他给西蒙娜留下"故意忽略"繁荣与成功的印象。（*Les Écrits de Simone de Beauvoir*，p.35）6

因此，西蒙娜·德·波伏瓦是在这样一种氛围中长大的：她的父亲渴望摆脱他令人沮丧的社会地位，而她的母亲则因为自己父亲蒙羞失势和自己后来没有嫁妆而感到羞愧和内疚。年轻的西蒙娜的父母在思想上和意识形态上截然不同：乔治·德·波伏瓦对天主教信仰有着传统的尊重，但他认为宗教是妇女和儿童的事情：他自己的观点是坚定的世俗主义。他还是个激烈的右翼，对外国人、犹太人和左翼知识分子都怀有深深的疑虑。相较之下，弗朗索瓦丝·德·波伏瓦决心实践她在"群鸟修道院"学到的一切，成为一名模范天主教母亲和妻子。考虑到乔治·德·波伏瓦的浮浪惯习，她当然需要坚定的宗教信仰赋予她毅力。正如我们在第一章中所看到的，西蒙娜·德·波伏瓦自己也坚持认为，她父母在意识形态上的分裂是她渴望成为知识分子的关键。

波伏瓦夫妇试图向女儿们灌输高级资产阶级的文化和礼仪，但她们实际所处的经济处境相当拮据，两者之间的落差，即使没有比这种意识形态上的矛盾更能推动两个女儿从事艺术或知识行业，其也发挥了相当的作用。波伏瓦姐妹被迫处于一个尴尬的位置，她们被父母原来所处的社会环境驱逐出来，或者说经历了阶级下滑，她们既不能认同自己原来的出身，也不能把自己定位为小资产阶级，而后者正是乔治·德·波伏瓦在 20 世纪 20 年代初所处的地位。[7] 从这个意义上说，艺术家或作家的角色显然是一种逃避，此类行当需要大量智识资源，但经济资本却比较少：虽然艺术家和知识分子的经济资源可能并不比小资产阶级多，但他们的生活方式却大为不同。

西蒙娜·德·波伏瓦是个女孩，这意味着她的教育，尤其是早期教育，几乎完全由母亲决定。传统上，信仰天主教的母亲在女儿的成长过程中拥有主要发言权，而人们的理解是，男孩一旦到了懂事的年龄，他的教育就不能只由女性来决定。此外，人们还认为，女孩比男孩更容易受到影响，因此，相对于男孩，必须更全面地保护女孩免受世俗冲动的影响。因此，波伏瓦的女儿绝不可能上法国的公立学校。

自 1880 年茹费理（Jules Ferry）进行重大教育改革，国家承诺为所有人提供免费的非宗教初级教育以来，法国公立学校和教会学校就彻底分裂了。波伏瓦虔诚的（bien-pensant）母亲在任何情况下都不会允许自己的女儿上她认为是不信神的学校：西蒙娜和埃莱娜理所当然地就读于一所天主教女校，这所学校的名字有点讽刺，叫"欲望学院"（Cours Désir），或者更准确地说，叫阿德琳·德西尔学院（Institut Adéline Désir）。由于此类学校是收费的，而公立学校是免费的，因此天主教学校的学生主要是资产阶级。1902 年后，天主教女子中学在巴黎迅速增多，但外省几乎没有这种教育资源。西蒙娜·德·波伏瓦是一个生活在巴黎的略有些贫穷的中产阶级家庭的女儿，她出生于这样的社会群体，而正是在这样的社会群体中，即使是女性也有真正的机会——正如我们将要看到的，也有真正的动力——完成高等教育生涯。 63
无论她觉得自己的家庭多么压抑，她特殊的社会和地理背景很可能是她未来成为知识分子的必要条件（sine qua non）。

教会与国家之间在女性教育问题上的斗争并非始于 19 世纪 80 年代：早在 1863 年，时任教育部长的维克托·迪吕伊（Victor Duruy）

就鼓励为少女开设市立的"高年级课程"（cours supérieurs）。尽管当时只影响了约 2000 名女孩，但他的改革遭遇了天主教右派的愤怒反应。弗朗索瓦丝·马耶尔（Françoise Mayeur）在其不可忽略的关于第三共和国时期少女中等教育的研究中指出，迪吕伊 1869 年的下台在很大程度上是由于教士们针对他小心翼翼的举措发起了一场"史无前例"的运动（见 *L'Enseignement secondaire des jeunes filles sous la Troisième Rèpublique*，p.3）。

此类中等教育课程遭遇高声反对，部分是因为时人认为这是在试图建立一种替代补贴或修道院学校的世俗学校。因此这些课程被视作邪恶的计划，其目的是将接近青春期的女孩从母亲身边带走，不再将她们安全地圈养在修道院的栅栏或寄宿学校的围墙之后（*L'Enseignement secondaire des jeunes filles sous la Troisième Rèpublique*，p.4）。在天主教昼间学校，母亲会坐在教室后面，聆听修女（bonnes sœurs）的教导，监督女儿的行为。比如，在德西尔学院里，母亲有权在女儿年满 10 岁之前在场。据埃莱娜·德·波伏瓦说，弗朗索瓦丝·德·波伏瓦在上课和参加其他学校活动时特别一丝不苟："妈妈从未缺席过我的任何一堂课。她会带着她的针线活，用针点刺绣做大挂毯……"（"Entretien"，p.23）埃莱娜告诉我们，西蒙娜 18 岁时，她的母亲仍会拆开并阅读她的所有的信——并且，她认为不适合女儿读的信就应该直接扔掉（见"Entretien"，p.18）弗朗索瓦丝·德·波伏瓦以这种方式实践着当代天主教理想中的完美母亲角色，完全剥夺了女儿保有隐私和个人空间的权利，最终只是加剧了她们的愤怒、怨恨和逃避的渴望。对西蒙娜·德·波伏瓦来说，逃离的途径是通过高中毕业会考，进入索邦大学学习，最后通过哲学教师资格考试。

女性能够选择这种特殊的人生轨迹的历史并不长。1880 年 12 月 21 日，一项以提案人名字命名的法律——"卡米耶·塞法"（Loi Camille Sée）获得通过。矛盾的是，这部改变法国女性接受中等教育机会的法律既不特别激进，也不特别女权。它的主要目的是为 1870 年掌权的共和党男性精英培养具备世俗思想的妻子。这样做的目的是避免在修道院学校接受教育的虔诚的天主教妻子与思想自由或无神论的共和党丈夫之间频频出现不幸的紧张关系。法律背后的另一个根本动机是希望在中等教育中实现性别隔离。卡米耶·塞本人强调需要培养"女性特有的性格以及无所偏向的学识"（*L'Enseignement secondaire des jeunes filles sous la Troisième Rèpublique*，p.394）。实际上，这等于将新的女子中等教育与法国教育系统的传统主流隔离开来。虽然新法规定了女孩从 12 岁到 17 岁的一系列教育课程，但同时也禁止公立学校让女孩参加高中毕业会考。女孩的课程比高中毕业会考要求的少一年，不包括希腊语和拉丁语，而且她们只能获得一种特殊的资格证书，即所谓的"中等教育文凭"（diplôme），准确来说，这确保了她们不具有任何资格。对需要谋生的社会底层女孩来说，新文凭毫无用处，她们更愿意参加较低级的小学教师资格证书（brevet supérieur）考试。没有职业意义的"文凭"仍然是富裕阶层的专属，他们有余钱留在学校参加一场毫无用处的考试。

但法律的影响面依然很广。男女生分开接受教育的原则很大程度上是基于这样一种信念：女性特有的美德需要一种特有的教学模式，它应有别于男性的粗暴教育方式。于是这顺理成章地导向了一个结论：女孩应该由一群女性来教。忽然之间，一个全新的职业向女性开放了：中学教师。然而，对女教师的需求给政府带来了一系列新问题。在当时的法国，女性获得中学教师资格的唯一途径是通过高中毕业会考，进入大学学习并获得执照（licence，大致类似于学士学位），然后获得同样由大学颁发的中学教师培训资格证书。很稀罕、更令人向往的教师资格考试（agrégation）是一种竞争性的考试，它通常要求在获得执照（licence）后再上两年或两年以上的大学课程。每年通过教师资格考试的人数取决于当时公立学校开放的职位数量。教师资格考试证书的持有者将成为公务员，并获得终身职位的保障。为了换取这种工作保障，他们不得不接受一种具有相当军事特色的派驻制度，由教育部单方面决定他们的工作地点以及工作年限。教师资格考试通过者相比执照持有者要教的课要少，但赚到的钱更多。这种制度不仅持续到20世纪20年代波伏瓦上学的时候，而且经过一些修改（现在的教师资格考试证书持有者往往在高等教育机构而不是中等教育机构中任教），在如今的法国依然施行着。直到第二次世界大战结束后，在巴黎的中学（lycée）担任哲学教师，对于法国知识分子来说，是一个非常受人尊敬，甚至拥有声望的职位。[8]

65　　"卡米耶·塞法"禁止公立学校中的女性参加高中毕业会考，这也就将她们挡在了法国大学的门外。那么，她们该如何成为中学教师呢？解决方案是1881年成立的新的女子高等师范学校，地点位于塞夫尔（Sèvres），那里离巴黎很近，但又不至于让女学生受到首都城市里罪恶的干扰。[9]塞夫尔的学生被称为"塞夫尔人"，对应位于拉丁区正中心乌尔姆路的"真正的"巴黎高师的男生的"高师人"或"乌尔姆人"。进入塞夫尔和进入乌尔姆路一样，都要通过竞争激烈的入学考试。在塞夫尔，女学生被要求首先取得"女子中学和学院中等教育能力证书"（Certificat d'aptitude à l'enseignement secondaire dans les lycées et collèges de jeunes filles），通常称塞夫尔证书（licence de Sèvres），接着，她们需要继续准备一个特殊的教师资格考试，也就是女性教师资格考试（agrégation féminine）。后者比男性版本的考试范围更广、更具综合性。1885年，负责为这些女性教师资格考试参加者评分的男教授们对"塞夫尔人"所达到的标准表示满意：她们的成绩不错，但远低于对男性的要求，因此完全适合女性（见 *L'Enseignement secondaire des jeunes filles sous la Troisième Règublique*，p.139）。

　　起初，塞夫尔的女性只能在两种教师资格考试中择其一（文学或科学），但很快又增加了两个专业：数学、历史和地理。[10]哲学、古典文学和现代语言并没有作为专门的科目来教授。由于哲学和古典文学不在女子中学文凭课程大纲内，因此这些科目被排除在外也不令人意外。然而，现代语言却是取得该文凭的必考科目。塞夫尔的教学大纲非常奇怪地将现代语言排除在外，这迫使女性语言教师不得不跟男教师一样去考取执照或参加教师资格考试。耐人寻味的是，可以注意到，她们似乎并没有因为在男性领域的成功而获得特殊的声望：弗朗索瓦丝·马耶尔指出，这些女性很少成为女校长，也很少在职业生涯中获得其他荣誉。她们在职业上没有取得成功，可能至少有一部分是因为现代语言在法国学术界的地位普遍较低。[11]

那么，实际上，想要教授塞夫尔没有的课程的女性必须去上大学，因此必须得参加高中毕业会考。在 1908 年之前，这只能通过私人补习或在公立学校以外的学校完成。然而，与塞夫尔人不同的是，接受过大学程度训练的女性并不能保证在公立学校获得教职。即使她们通过了男性版本的教师资格考试，也是作为编外候选人通过的，也就是说，没有专门提供给她们的教师职位。具体来说，这意味着，如果某一年公立学校有 20 个德语教师职位空缺，而有 5 名女性进入了教师资格考试的前 20 名，那么另外 5 名男性也将自动通过考试，从而使该年度通过德语教师资格考试的总人数达到 25 人。即使到了 1929 年，成功的女候选者也不会在工作岗位上与男性构成竞争关系——在波伏瓦看来，这一事实使得男女生之间的关系异常友好："（男学生）对待我并不高高在上，甚至特别亲切，因为他们并不把我当作对手；在考试中，女生与男生的评判标准相同，但她们被当作编外人员，她们并不能为自己的位置而竞争。"（MDD295；MJF412；TA）不过，到 1929 年，女子中学教育实际上已与男子中学教育完全相同，通过教师资格考试的女性有望在女子中学获得长期职位。[12]

从父权制的角度来看，将女性作为"编外候选人"的策略有其缺陷。虽然它防止了女性与男性竞争工作，但并没有让男性免于智力的竞争。西蒙娜·德·波伏瓦低估了男性因女性出现在考试成绩名单上而感到威胁的程度。在法国，时至今日，考试成绩就像体育比赛的结果一样要公开宣布，获得最高分的考生被排在第一，后面依次排下去。尽管男性的工作保住了，但他们仍不得不忍受在非常正式的场合被排

66

在女性之后的屈辱。根据埃德梅·沙里耶的说法，这对男性自尊的打击有时会非常严重。例如，在 1887 年的英语中学教师文凭考试中，36 名通过考试的考生中有 19 名女性，8 名女性进入前 10 名，排名最靠前的男性分别位列第 4 名和第 10 名。想当德语教师的男性的情况也好不了多少：在这一科目中，有 4 名女性进入前 5 名，只有一名男性象征性地排在第 3 名。有了这次经历后，教育部突然决定对这一制度进行改革：从 1891 年起，仍然参加同样考试的女性和男性将被分开进行排名。"要做这一小小改动的原因很容易猜，"沙里耶评价道。（*L'Évolution intellectuelle féminine*，p.133）

矛盾的是，从 1880 年到 1908 年，推行面向女性的公立中学教育产生了一个影响，它给了独立教育机构——其中最多的是天主教学校——专属的为女生准备高中毕业会考的权利。起初，教会并不赞成这种做法，天主教女校也没有充分利用其特权。然而，随着经济和社会环境的变化，天主教的态度也发生了变化。1920 年，西蒙娜·德·波伏瓦 12 岁，当时她的父母正在考虑她的中学教育问题，天主教教育家费纳隆·吉邦（Fénelon Gibon）贴切地概括了当时巴黎中产阶级天主教徒的普遍态度。他强调，由于整整一代年轻男性在大战中被屠杀，我们必须正视，许多女性可能永远不会结婚：她们需要接受教育，以便能够自食其力。他写道，中学文凭"不过是一种奢侈"（*L'Enseignement secondaire féminin*，p.52）；需要赚钱的女性需要的是高中毕业会考，而不是别的。

吉邦在这里只是以具体的方式说明了自 19 世纪末以来日渐重要的一种趋势，法国资产阶级开始意识到，许多女性可能未必能拥有一笔嫁妆（dot），以建立自己的家庭，因此，如果她们想要维持一种尚好的生活方式，她们就要获取收入。第一次世界大战后，通货膨胀摧毁了嫁妆和私人收入的价值。纯粹的经济需要迫使许多中产阶级和上层阶级女性进入劳动力市场。但是，资产阶级女性既希望、也被期待以资产阶级的方式谋生，而通往更"可接受的"职业（相对于工人阶级的工作）的道路则是通过高中毕业会考。比方说，很少有中产阶级女性参加小学教师资格证书考试以期成为小学教师。[13]就这一层面来说，西蒙娜·德·波伏瓦选择从事中学教师职业，是越来越多的巴黎中上层妇女所面临的新困境的一个极具代表性的解决方案。她的同窗好友扎扎的知识抱负和兴趣比西蒙娜受到更严重的压抑，这几乎完全是由两个家庭不同的经济地位造成的。扎扎富裕的家境让她——更确切地说，是她的母亲——盼望拥有传统的、合适的婚姻，而西蒙娜贫寒的家境迫使她的父母放弃了对她和妹妹做出此类规划。

1902 年，法国推行了一种新的被称为"拉丁语和语言"的高中毕业会考。不像传统的哲学高中毕业会考，这一考试不考希腊语，且据说较"容易"。女性立刻蜂拥参加考试。从 1902 年起，一系列独立的机构相继成立，为女性参加该考试做准备。[14]德西尔学院是大多数天主教女校的典型代表，因为它只帮助学生准备"拉丁语和语言"考试，而把哲学和数学这两个科目留给男生。西蒙娜·德·波伏瓦写道：

> 在德西尔学院，我们（西蒙娜和扎扎）和其他人分开了。学校只教拉丁语-现代语言考试的相关内容。马比勒先生希望他女儿在科学方面打好基础；我自己则喜欢数学等能够钻研的东西。学校额外任命了一名教师教代数、三角和物理。（MDD150；MJF209；TA）

扎扎和西蒙娜同时参加了两种高中毕业会考——拉丁语和语言，以及数学——这充分展示了她们的优秀。不过，她们参加数学考试的唯一途径是在校外支付额外的学费。对于年轻女孩来说，理科仍然不被认为是最理所应当的（comme il faut），人们可能会好奇扎扎的父亲为什么会热衷于此。

如果说从 1903 年到 1910 年左右，巴黎的天主教学校在为女性提供高中毕业会考课程方面走在了前列，那么公立学校很快就赶上了。

68

从 1908 年起，巴黎正式允许中学为女生参加高中毕业会考做准备，但事实上，许多中学早在几年前就已经开始提供必要的教学。到第一次世界大战爆发时，巴黎所有的中学都为女生和男生开设了高中毕业会考（*L'Enseignement secondaire des jeunes filles sous la Troisième République*，p.398）。20 世纪 20 年代初，西蒙娜思想自由的父亲当然曾认真考虑过让女儿上中学（lycée）。1920 年，费纳隆·吉邦警告说，天主教学校在跟公立学校的竞争中落后了，天主教学校要想留住生源，就必须提供比中学更好的教师（*L'Enseignement secondaire féminin*，pp.72—73）。

波伏瓦对德西尔学院的老师的描述让人读来有些痛苦："他们的基督教美德多过学位和文凭，"她评价道（MDD122；MJF170；TA）。她的父亲也毫不掩饰对他们能力的差评："他甚至建议我母亲让我和妹妹去上中学；在那里，我们可以享受更好的教育，而且花费更少。"（MDD122；MJF170；TA）这一次，西蒙娜内心的愿望与母亲出于宗教方面的反对意见不谋而合：西蒙娜不想与扎扎分开，而天主教的拉库万家族（回忆录中的"马比勒"）也绝不可能把他们的女儿送去世俗教育机构。所以西蒙娜仍和她虔诚的老师在一起："我和扎扎以及其他几个同学经常取笑……我们老师的'怪毛病'。"（MDD122；MJF171）1925 年通过哲学的高中毕业会考时，她表现不理想，满分 20 分，只得了 11 分（10 分算及格），这是因为她在德西尔学院的哲学老师特雷古修道院长（l'abbé Trécourt）教得非常差劲（见 MDD160；MJF223）。据她的回忆录所说，"他只是……让我们背诵所学教材里的课文。对于每个问题，作者即尊敬的神甫拉尔，简略地列举人类所犯的错误，按照圣托马斯的观点向我们传授真理"（MDD157；MJF219）。

"一种新生活，一种别样的生活"：索邦

1925 年秋标志着西蒙娜·德·波伏瓦人生的新时代开始了。[15][17]

岁半时，她终于不必再去德西尔学院；她终于成了一名真正的学生。
但她究竟要学习什么呢？她在回忆录中明确地说，她的第一个念头是
去塞夫尔：她曾在一本杂志上读到一位已毕业的学生抒情地描述她在
塞夫尔学校学习的乐趣，"在那些花园的月光下，年轻美丽、渴望知
识的女性漫步其中，她们说话的声音与潺潺的喷泉声相互交织"
（MDD159；MJF221）。此处所想象的月光下受保护的校园内的幸福和
谐，预示和翻转了美第奇喷泉旁的创伤场景，与她在卢森堡花园中所
遭受的痛苦、困惑和挫败截然相反。两个场景的设定都是配备了喷泉
的花园，不同之处在于对话者的性别。在波伏瓦的回忆录中，一个略
显俗套的、全部由女性构成的和谐之梦（浪漫主义的月光说明了一切）
让位给了白日之下男性和女性之间智识力量对决的残酷现实。16

　　但波伏瓦还是决定不去塞夫尔。"但我母亲不信任塞夫尔，"她写
道，"仔细考虑之后，我也不想远离巴黎，把自己和许多女人关在一
起。"（MDD159；MJF221—222）她母亲不希望她去塞夫尔是有充分原
因的。吉邦指出，来自独立教育机构（the enseignement libre）的学生，
也就是天主教学生，必须同意毕业后去公立学校教书（*L'Enseignement
secondaire féminin*，pp.189—190）。17弗朗索瓦丝·德·波伏瓦为了让女
儿不进世俗教育机构做了相当大的经济上的牺牲，很难指望她会平静
地接受这样的计划。

　　但波伏瓦不想去塞夫尔的另一个原因是她对哲学感兴趣。我们已
经看到，塞夫尔的女学生既不被允许也不能参加所谓的男性哲学教师
资格考试。然而，最初她的父母压根不让她学习哲学。无论她要学习
什么，她的父亲都坚持要为女儿提供经济保障：不能让她最后去上私
人课程。如果她想成为教师，他希望她通过教师资格考试并在公立学
校教书，前面已经说过，这将使她成为一名有声望的公务员，工作有
保障，退休后能领国家养老金。经济理由成了决定性因素：弗朗索瓦
丝·德·波伏瓦让步了，并向修女们和德西尔学院的其他老师宣布，
西蒙娜将成为一名中学老师。西蒙娜非常高兴，老师们的反对只会让

她得意："这太可耻了！……我从老师们的眼睛里读出了他们对我的不知感恩、辜负和背叛的看法：我已经落入撒旦之手——但我对此毫不在意。"（MDD160；MJF223）

但是，如果波伏瓦决定不去塞夫尔，她为什么不考虑去乌尔姆路的高等师范学校呢？许多评论者显然被她和萨特在 1929 年参加同一场考试的事实所误导，认为她是在那里遇到萨特的。然而，根据她的回忆录，她根本没有想到要去申请那所学校。这是有充分理由的，尤其是 1925 年巴黎高师根本还没有正式招收女学生。1910 年，一位名叫里维埃（Rivière）的女士通过了科学入学考试（她在相关表格上签字时只用了自己名字的首字母），她被录取为学校的学生（élève de l'école），并获得了正式的学生身份，包括国家每月发放的小额津贴，但学校拒绝为她提供食宿。埃德梅·沙里耶告诉我们，就在第二年，巴黎高师董事会决定将女性排除在乌尔姆路之外。从 1912 年到 1926 年，有 4 名女性通过了入学考试（均为科学方向），但她们都被拒绝录取为学校的学生，而是获得了一种名为"大学奖学金"（bourse de l'Université）的待遇。1926 年，4 名女性中最后一名通过入学考试的雅科坦（Jacotin）女士决定抗议这种不公的待遇；新闻界给了她支持，1927 年，她获得了学校的正式学生身份，从而为 1927 年至 1939 年被录取的 36 名女性开辟了道路。[18] 西蒙娜·韦伊只比波伏瓦小一岁，她于 1928 年进入这所学校；这也是萨特在学校的最后一年，当时的波伏瓦急于经济独立，已经在努力准备她的教师资格考试了。[19]

1940 年，学校再次对女生关闭，官方理由是塞夫尔现在提供了与乌尔姆路完全同等的机会。然而，即便在 20 世纪 30 年代，女学生也没有获得与男学生完全相同的权利。一位 1937 年入学的前"乌尔姆人"马蒂内夫人（Mme Martinet）清楚地记得，女学生不许进入食堂：据说是为了保护她们，以防男学生的污言秽语唐突了她们。[20] 由于女性既不能住在学校，也不能在学校用餐，她们事实上被排除在巴黎高师大部分非正式的知识和社交活动之外。

1925 年，乌尔姆路的巴黎高师不在西蒙娜·德·波伏瓦的选择之列。她必须先在索邦大学获得执照（licence），然后是教师文凭，最后才是教师资格考试。她想学的是哲学。她的母亲与西蒙娜的老师讨论过这个问题："他们告诉我母亲，学习哲学会腐蚀灵魂：在索邦大学读书一年以后，我的信仰和良好的品格就会通通丧失。"（MDD160；MJF223）西蒙娜同意改学文学（lettres）和数学。她也没有太多机会见识索邦大学罪恶的一面：她将在天主教学院学习数学，在讷伊（Neuilly）的圣玛丽学院学习古典文学，后者是一所由令人敬畏的达尼埃卢夫人（Mme Daniélou）创办和指导的单一性别学院，她是天主教女性教育的有力倡导者。[21] 天主教学院的学生男女混合：埃德梅·沙里耶告诉我们，1928 年到 1929 年，该学院的 1480 名学生中有 31% 或者说 461 名是女生（*L'Évolution intellectuelle féminine*，p.235）。顺便提一下，这一比例与 20 世纪 80 年代的牛津剑桥（大学）的一所学院的女学生比例差不多，因为这一时期女学生增长很多。这两所学院的建立都是为了帮天主教学生为参加索邦大学的考试做好准备，同时避免他们接触索邦大学学生和教授的世俗生活。"这样，我们与索邦的联系就会减少到最低限度，"波伏瓦评论道（MDD168；MJF233）。

在学习的第一年（1925 年至 1926 年），西蒙娜·德·波伏瓦考取了三张证书（certificats）：一张文学的、一张数学的和一张拉丁文的。此外，她还在从头开始学习希腊语。如果我们知道，当时的执照通常由四张证书组成：普通学生的目标是一年获得一张证书，而天赋过人、勤奋刻苦的学生则可能在一年内获得两张证书，那么我们就能更充分地理解她的努力。但她对自己在做的事情并不满意：没有什么能够真正启发她。在圣玛丽学院的梅西耶女士（Mlle Mercier）[回忆录中称为"朗贝尔女士"（Mlle Lambert）]——她应该是法国最早的六位通过哲学教师资格考试的女性之一，也是达尼埃卢夫人的亲密合作者——的支持下，她决定重新找回自己最初的爱——哲学。这一次，她的父母同意了。

女性选择这一特定科目并不常见。波伏瓦知道，从事哲学的女性确实很稀少，"我想成为一个先驱者，"她写道（MDD160；MJF222）。她表达过，法国第一位女性哲学博士（docteur d'État）莱昂蒂娜·赞塔的先锋榜样深深地激发了她的哲学使命感：

> 我在一本插图杂志里读到一篇文章，是关于一位名叫赞塔小姐的女哲学家的。她获得了博士学位，在她的办公桌前拍了一张照片，表情严肃，若有所思。她与自己收养的一个年幼侄女生活在一起，因此，她成功地协调了智识生活和女性感性的需求。我多么希望有一天会有人写一些这样赞美我的事情！（MDD160；MJF222；TA）[22] *

如今已经没人记得，但莱昂蒂娜·赞塔于 1914 年 5 月在索邦大学完成了她的哲学博士答辩，她研究的是法国 16 世纪斯多葛派的复兴。报纸对这一事件的报道洋溢着尊敬和殷勤的钦佩。一位记者惊叹道，没想到法国最早的两位女博士之一竟然决定攻读哲学博士学位，哲学博士学位普遍被认为是"最困难、最令人生畏的博士学位，（其）需要如此强大的精神力量和丰富的思想经验，从而被认为是男性的特权"。[23] 这位记者还着墨于赞塔女士为她的论文所做的精彩答辩，她的答辩结合了"世界女性的从容不迫和富于机智之人的灵巧的坦率"，并借此机会宣称，世界上没有任何一个国家如法国一样，培养出了如此多博学而又有女人味的女性。[24]

莱昂蒂娜·赞塔于 19 世纪 70 年代出生于马孔（Mâcon），是阿尔萨斯一名中学教师的第五个孩子，她是当时的思想界名人，活跃于新闻界和 20 世纪 20 年代的女性主义运动当中。她从未在高等教育领域

72

---

* 本段译文引用自《一个规矩女孩的回忆》，上海译文出版社，2022 年版，译者罗国林。译文有改动。

内获得职位，而靠私人辅导、当记者和写作谋生。她著有多部书写知识女性的小说和论述女性主义的论文，并于 20 世纪 20 年代末获得荣誉军团勋章。[25]

西蒙娜·德·波伏瓦希望成为法国屈指可数的几位从事哲学的女性之一，但这一愿望很容易撞上一系列的体制性障碍。事实上，如果她再年长几岁，可能根本无法加入她们的行列。比如莱昂蒂娜·赞塔，她从未参加过哲学教师资格考试。直到 1924 年，法国女性才被允许自由参加以前只允许男性参加的所有教师资格考试和其他考试。从这一天起，合并排名成为每场考试的规则：男性的情感再不能免受伤害。至于最负盛名、因此也是所有男性的教师资格考试中最"阳刚"的哲学教师资格考试，教育部于 1918 年决定将女性完全排除在外，从 1919 年起生效。到 1918 年，法国只有一名女性成功通过了哲学教师资格考试（那是早在 1905 年）[26]，考虑到这一情况，大家不禁要问，为什么掌权的男性突然认为有必要采取措施，连试都不要让她们试？据埃德梅·沙里耶所说，索邦大学的哲学教授们（全是男性）怒不可遏地抗议，认为这将对他们的女学生造成严重不公，一年后，该措施被召回（*L'Évolution intellectuelle féminine*，pp.135—136）。从 1920 年到 1928 年，有 7 位女性成功参加哲学教师资格考试，1929 年，13 位成功进入候选人名单的有 4 位是女性。[27]也就是说：仅在五年前，1929 年那场著名的教师资格考试的结果——因此还有卢森堡花园中命运般的哲学对话——都不可能出现。西蒙娜·德·波伏瓦认为自己仅次于萨特，无疑因为她在萨特获得第一名的教师资格考试中获得第二名给了她关键的鼓舞。这不禁让人猜想，如果她的态度得不到如此强大的体制支持，她会如何归类自己。

波伏瓦在《第二性》中写道，她自己这一代女性不再需要为争取基本权利而斗争，因为"总的来说，我们已经赢了这场游戏"（SS27；DSa29），这几乎完全是基于她自己在 20 世纪 20 年代末和 30 年代初上学和成为年轻哲学教师的经历的概括，当时的她足够幸运，从未遭遇哪怕是一次粗暴明确的制度性性别隔离。不过了解这一点也对我们有所助益：极为轻易的一点点改变，就能让她对教育职业生涯的体验完全不同。比如说，哲学的排名在 1929 年是合并的，但在 20 世纪 30 年代末又重新改成了分性别排名。女性直到 1924 年才开始被允许与男性一同参加所有大学考试。那个时候，男女中学的教学大纲已大致相同：女性和男性此时都被期待教授高中毕业会考课程，但女性的文凭几乎无人问津。但是，1924 年，女性教师资格考试通过者的收入仍比不上同等条件的男性的收入。她们要参加同样的考试，教授同样的课程，于是她们成功争取到了获得同等报酬的权利，1927 年 8 月，男女中学教师的薪酬持平了。[28]西蒙娜·德·波伏瓦 1931 年在马赛担当第一份教职时，她可以期待自己获得跟在勒阿弗尔的萨特一样的报酬，但这一权利是四年前才获得的。

我们看到，波伏瓦到 1926 年才被允许开始学习哲学。在这种情况下，她在 1929 年这么快就以优异的成绩通过教师资格考试，不能说不惊人。与萨特在同一次考试中取得第一名的表现相比，这无疑更值得钦佩。到 1929 年，萨特已经在高等院校学习哲学至少七年（他于 1922 年通过高中毕业会考，且从未偏离过他的哲学天命）。相较之下，由于起步晚，波伏瓦已经错失了一年的哲学学习时间。1927 年 3 月，她通过哲学史的证书考试，6 月又通过"一般哲学"的证书考试，巧的是她以仅次于西蒙娜·韦伊的成绩考了第二。排名第三的是莫里斯·梅洛-庞蒂（回忆录中被称为"让·普拉代勒"），他当时已经在乌尔姆路安顿下来。她还获得了希腊语证书：在两年的学习中，她已经取得了相当于 1.5 张执照的成绩（见 MDD245；MJF339）。

1927 年到 1928 年的学年，波伏瓦计划再考三门证书，以便在当年取得古典文学和哲学两张执照。1928 年 3 月，她拿到了哲学所需的两张证书（伦理学和心理学），但古典文学所需的最后一张证书是语言学。她认为自己无法面对这门枯燥乏味的学科，于是放弃了考取双执照的想法。她的父亲很失望，因为假如无法拥有一个好嫁的女儿，他希望自己能拥有一个天才女儿。"但我已经不是 16 岁了：我坚持了自己的立场，"波伏瓦有些冷幽默地写道（MDD266；MJF368）。放弃这个想法后她发现自己手头有了一个空闲的暑假，她决定在准备考教师资格证书的同时备考中学教师资格证书——这个计划，至少可以说是很不寻常。这个文凭要求提交一篇以某些哲学论题为主题的论文。在索邦大学的教授莱昂·布伦瑞克（Léon Brunschvicg）的建议下，她决定写"莱布尼茨的概念"。（MJF369）

波伏瓦最后一年的学习可能最为艰苦。但她依然奋发努力：对她来说，教师资格考试首先代表的是自由——自己赚钱、从家里搬出去、不必向任何人解释自己行为的自由。为了获得这样的奖赏，任何努力都不算太过分。1929 年 1 月，她在让松-德-萨伊中学做了教师文凭所需的教学实习。一起的还有克劳德·列维-斯特劳斯，他跟她一样在准备索邦大学的哲学教师资格考试，以及梅洛-庞蒂，她跟他已经非常熟悉了。事实上，此时她已经认识了巴黎高师的大部分毕业班学生，除了萨特、保罗·尼赞和勒内·马厄这一小团体。

当时和现在一样，教师资格考试是从一份题库中出题，可能多达九或十个题目。笔试只考其中一个题目。这一制度解释了萨特为何会在 1928 年的第一次考试中失利：他可能就是对出现的题目准备不足。然而，1929 年的笔试题目是"自由与偶然性"，奇迹般地对他有利，于是他旗开得胜。对此，有两种可能的解读：要么萨特的考试成绩这么好是因为题目正好是他关注的领域，要么就像米谢勒·勒德夫曾经说过的那样，他在接下来的十五年里一直在坚持不懈地修改他的考试答卷。

口试的一项重要内容是"演说"（discours），这是一种小型演讲，考生需要在几个小时内就一个事先未准备的话题起草一份讲稿。在这种考试中，既要有流利的口头表达，又要有丰富的技巧。这正是巴黎高师的学生所接受的特定教育的优势所在：他们在必要的技巧方面得到了比其他人更多的强化训练，因此在 1929 年，他们当然被认为比索邦大学的学生更有能力胜任这种表演。克劳德·列维-斯特劳斯在《忧郁的热带》（*Tristes tropiques*）一书中，尖刻地批评了教师资格考试主考官所偏爱的无可逃避的三段式思维模式：

> 我第一次学到，任何问题，不论是多么微不足道或严肃重大的问题，都可以用同一种方法解决。这种方法就是把对那个问题的两种传统看法对立起来。第一种看法利用常识作为支持的证据；然后再用第二种看法来否定第一种看法。之后，将以上两种看法都证明为不够完整，而用第三种看法说明前面两种看法的不足之处。最后，经由名词的搬弄，把两种看法变成是同一个现实的两个互补面：形式与内容；容器与容物；存有与外表；延续与断裂；本质与存在，等等。这一类的练习很快就变成纯粹的语言的搬弄，靠的是一点说双关语的能力，用双关语取代思想。……在索邦念5年书的收获，就是学到了做此类心灵体操的技巧。……我有自信，只要给我10分钟时间准备，我就能够对公共汽车与有轨街车的优劣比较，发表一场长达一小时的演讲，而且使演讲词具有完备的辩证架构。（*Tristes tropiques*，pp.52—53）*

从20世纪20年代至今，这一制度一直没有太大变化。显然我们仍能看到巴黎高师的学生在知道自己要讲授哪个主题之前，就将答卷分成了三个部分。[29]事实上，在有些学生看来，他们把演说分成两部分而不是三部分，是一种极端的冒险。罗纳德·海曼（Ronald Hayman）在其所写的萨特传记中指出，萨特显示出过于依赖其出色的即兴能力的倾向，但在巴黎高师，几乎没有人劝阻过他：

> 师范学校不善于培养对原始资料进行刻苦研究的习惯；萨特并没有改掉依赖不充分的事实、对知识掌握不牢固的倾向。但他

---

* 本段译文引用自《忧郁的热带》，中国人民大学出版社，2009年版，译者王志明。译文有改动。

75

已经是一位语言艺术家了，他有着迷人的嗓音，说话时有如在大
声思考，凭借此，他终其一生都有能力使一个、五个或五百个听
众为他着迷，而他的口头表达技巧让他极其容易写出就像即兴演
讲一样的文章。（*Writing Against：A Biography of Sartre*，p.54）

1929 年春天，西蒙娜·德·波伏瓦成为勒内·马厄［René Maheu，
回忆录中的"埃尔博"（Herbaud）］的密友，终于，在参加完教师资
格考试笔试部分后，她被正式邀请与萨特、马厄和尼赞一起准备口试。
毫无疑问，相比原本的备考方案，这可能有助于她在口试中表现得更
好：毕竟，与巴黎高师的优秀学生一起高强度学习数周，无异于上了
巴黎高师考试技巧速成班。除了在上课时碰到他以外，她第一次见到
他是在一个周一的早晨，在校园内萨特的房间里，萨特、尼赞和马厄
正等着她帮他们复习莱布尼茨。她一定觉得自己又在参加一场大考：
"进入萨特的房间时，我有一点害怕，"波伏瓦写道，"一整天，我都战
战兢兢，浑身僵硬，我评论着'形而上学论文'，晚上埃尔博送我回了
家。"（MDD334；MJF467；TA）虽然这听起来有点像智识上的苦刑，
实际上却是一场情色-理论诱动游戏的开头一招：不过数天之后，两位
主人公就会在卢森堡花园里讨论哲学。

高等师范学校的精神

在研究高等师范学校对西蒙娜·德·波伏瓦的影响之前，有必要　76
先了解一下萨特来到乌尔姆路的过程。萨特出生于 1905 年，在巴黎的
一个教师和知识分子家庭中长大。他的出身在成功申请到巴黎高师的
学生当中非常典型。在他的求学生涯中，唯一不寻常的，是他在拉罗
谢勒（La Rochelle，可怕的外省）的一所中学待了三年（1917—
1920），之后才回到巴黎准备高中毕业会考。与波伏瓦不同，萨特是当
时巴黎最好的教育的受益者。1920 年至 1922 年，他就读于亨利四世中

学，法国最著名的哲学家之一埃米尔-奥古斯特·沙尔捷（Emile-Auguste Chartier，1868—1951，又名阿兰）在这里授课，他教的是为准备参加巴黎高师"文学"科入学考试的学生开设的特殊课程。（阿兰后来曾教过西蒙娜·韦伊。）这些预科班被法国学生称为"一年级"（hypokhâgne）和"二年级"（khâgne），实际上是为竞争激烈的入学考试而开设的为期两年的强化补习班。这些学校一般被认为比真正的"大学校"（Grande École）难得多。巴黎"二年级"的学生通过高中毕业会考后，通常也参加索邦的考试，因此他们中的许多人在来到巴黎高师时，执照已经几乎要拿到手了。在学校学习的四年时间里，学生可以彻底考完执照，然后以一种比较轻松的、在思想上进行广泛涉猎的方式为教师资格考试做准备。[30]

1922 年通过高中毕业会考后，萨特和他的朋友保罗·尼赞从亨利四世中学转到了当时巴黎的另一所著名中学，路易勒格朗中学（Louis-le-Grand），开始了为期两年的巴黎高师预科课程。[31] 1924 年 8 月，他们的努力取得了成功：当年秋天，他们双双进入巴黎高师，而此时波伏瓦还在德西尔学院苦熬。此时的萨特有不少于五年的时间（考虑到他在 1928 年落榜，比一般人又多了一年）来为自己的命运——在哲学教师资格考试中被排在第一——做准备。波伏瓦在 1974 年与萨特讨论他的平等观时，迎头遭遇了他作为学生的傲慢：

> 西蒙娜·德·波伏瓦：在索邦，你、尼赞和马厄的名声都源于你们对整个世界，尤其是索邦大学的学生的极尽蔑视。
> 让-保罗·萨特：那是因为索邦大学的学生代表着不完全是人（des hommes）的存在（AF245；CA315；TA）。

在波伏瓦温和的指责下，萨特说他后来摆脱了这种骇人的不平等观念。或许可以说，他之所以在晚年摒弃了对分类和等级制度的痴迷，拒绝了各种奖项和荣誉，在很大程度上是因为他已经在其对他尚且重要的时候站到了顶端。如皮埃尔·布迪厄所评价的，没有什么比无所偏向更高贵了——换句话说：只有富人才有能力让自己显得贫穷（*Distinction*，pp.53—56）。这个年轻的"高师人"深信自己富有才华，认为索邦大学的学生有点不像人，这并不令人意外：在法国的教育领域，巴黎高师被认为是最高智识德行的化身。当时，巴黎高师在法国的地位远比今天牛津在英国或哈佛在美国重要得多：法国每一位有志成为知识分子的学生都会被其声望所左右。

西蒙娜·德·波伏瓦也不例外，她属于下等"索邦人"。她为自己最终被允许加入围绕着萨特的这个自命不凡的小圈子而感到荣幸，并在回忆录中用她自己所向往的知识分子品质来赞美"高师人"："我匆忙地准备着这场竞争激烈的考试：他们的学问比我扎实，他们知道许多我不知道的新鲜事物，他们有讨论的习惯，"她写道（MDD344；MJF480—481）＊。我认为这既是她对他们之间差距的比较现实的评估，也彻底压抑了她自己对与众不同的强烈主张。正如我们所见，波伏瓦是法国第九位通过哲学教师资格考试的女性。"因为少见，"她的传记作者告诉我们，"最开始取得这一荣誉的人，《插图》图片周刊会刊登她们的肖像，通常还配有另一张自豪的家人簇拥着杰出的获奖者的照片。"（*Les Ecrits de simone de Beauvoir*，p.51）然而，波伏瓦本人并未提及其成就的独特性。她也没有告诉我们，21岁的她是法国最年轻的不分性别的 教师资格考试通过者之一。相反，她选择强调她在高等师范学校的新朋友——萨特、尼赞、阿隆、波利策（Politzer）——有多么优秀。[32]

她在描述自己时的低调表明了她对巴黎高师所倡导的智识价值的认同。鉴于巴黎高师的声望，这一点并不令人意外。但我们不应忘记，她还有另一种选择：她可以像尼赞或列维-斯特劳斯一样，选择强调自

＊ 本段译文引用自《一个规矩女孩的回忆》，上海译文出版社，2022年版，译者罗国林。译文有改动。

己的边缘性，强调自己与巴黎高师那些年轻男性的相对距离和差异。值得注意的是，即使是在 20 世纪 50 年代末撰写回忆录时，这位写出《第二性》的作家似乎都没有想到这一点：终其一生，波伏瓦对知识分子优秀与否的标准在很大程度上都与巴黎高师的标准相同。因此，她坚持认为巴黎高师的明星学生都是最有希望的知识分子，这种说法有同义反复之嫌。

这并没有什么反常的：很难想象一个在教师资格考试当中成功被列入候选人的学生，可以摆脱她身处的知识体制本身的精神影响。此外，由于她与萨特的关系，她可能比没遇到过萨特的那个她更加认同高师精神。萨特与尼赞不同，他无疑认为自己在这所学校度过了一生中最美好的时光，他将自己在学校的时光描述为"四年（原文如此）的幸福时光"（Preface to Nizan's *Aden-Arabie*，p.22）。[33]萨特和波伏瓦不断强调他们的统一性，"我们是一体的"（on ne fait qu'un）这个重复的句子在《寄语海狸》（*Lettres au Castor*）和波伏瓦的回忆录中被反复重申，这无论如何都会使她难以在自己与产生了萨特的机构之间建立起距离。然而，对于波伏瓦来说，认同围绕着巴黎高师的知识分子的意识形态，与萨特这样做完全不是一回事，毕竟她从未在那里就读过。从客观和情感上讲，这一举动都迫使她必须、且渴望淡化自己的边缘性。

20 世纪二三十年代，围绕巴黎高师的优越意识与当时围绕哲学的意识相似。哲学被视为学科中的女王，是学术科目的啄食次序中无可争议的顶端学科。世人认为，只有最聪明的学生才具备这一崇高追求的智力要求。在某种程度上，巴黎高师的声望与哲学的声望相互重叠交织。据说，哲学家可以进入人类的最高领域——精神领域，因此他可以无愧地将自己视为精英人类。而巴黎高师的学生也可以。在逻辑上和实践中，该校的哲学系学生，如萨特、尼赞和梅洛-庞蒂，代表了法国学生世界中的佼佼者。阿尔贝·蒂博戴（Albert Thibaudet）是一位文学评论家，也是普通的历史和地理教师资格考试的通过者，他在

1927 年发表的文章《教授共和国》（*La République des professeurs*）中，将哲学教师描绘成知识之树上的花朵，而较低级学科的教师则只是树叶："我们的哲学教师仍然是我们中等教育中的花朵。但是，在聆听花朵的同时，我们也要为树叶——比如历史教师——保留一席之地。"（pp.245—246）我们可以认为他丝毫没有讽刺的意思，蒂博戴接着赋予了哲学以净化的力量，即使是最阴暗的银行家和政客也将受其感化：

> 哲学的使命原则上类似于圣职的使命。任何一个准备参加哲学教师资格考试的人，即使后来成了议会的油滑谈判人或可疑银行的行长，也会在某一时刻，像神学院的学生一样，受到这样一种思想的触动：人类的最高伟业是将自己的一生奉献给精神的服务，以及在大学里有可能竞争到实现这种服务的职位。比起罗马天主教的神职人员，这种半神职人员可以被比作新教牧师（p.139）。

因此，在准备教师资格考试的过程中，未来的哲学教师会在某一刻受到哲学精神的启发，升华到更高的境界，超越日常生活中的龌龊现实。这种精神烙印，就像牧师的圣职一样，将伴随学生的余生，无论他以后从事何种职业。蒂博戴似乎丝毫不觉得将竞争激烈的国家考试强加给这种无私的哲学服务的候选人有什么违和之处。正如人们在 1927 年所料想的那样，神父和牧师的形象充分表明，崇高的哲学领域不适合女性。虽然真正通过哲学教师资格考试并不是必须的，只要为之做准备就足够了，但女性的污点可能连哲学也无法净化。然而，女性也同样相信哲学是一种神圣的天职。在 1921 年出版的小说《科学与爱情》（*La Science et l'amour*）中，女哲学家先驱莱昂蒂娜·赞塔让她的代言人——未婚的哲学女教师——用老套的陈词滥调告诫她的学生：

> 教授哲学与教授文学、数学或英语完全不是一回事。要想胜任这项工作，仅仅了解和解释思想体系，拥有一颗因精辟批判而

变得敏锐的好奇之心是不够的，还必须拥有一颗因奋斗和不断自我精进而变得崇高的灵魂。你们知道这样的教学是一种神职吗？（p.3）

总体而言，哲学学科被表现为"女性"，有能力驾驭它的男性精英应以尊重、暴力或支配的方式对待这个学科。朱利安·邦达（Julien Benda）和保罗·尼赞等不同作家的作品中都浮现过这一主题。在《看门狗》（*Les Chiens de garde*，1932）一书中，尼赞将智慧描述为"随时准备与任何人结合的被动的女性"（p.16），并对当时学术哲学的死气沉沉感到绝望。"哲学在很长一段时间里，仍将是女人的作品（un ouvrage de dames），是生不出孩子的老处女手里的刺绣吗？"他问道（p.35）。朱利安·邦达主张哲学应该是"敬神的贵族处女"（*La Trahison des clercs*，p.152），尼赞在回应时说邦达与邦达之流才是处男——大概是说，他们无法强暴哲学这位失意处女（p.67）。尼赞想要的是阳刚、充满活力、活动家式的哲学——植根于现实，渴望在现实世界中弄脏自己双手的思想（p.67）。萨特从尼赞将活动等同于阳刚的观点中获取灵感，他自己的哲学修辞也因诉诸性化的隐喻而臭名昭著，这些隐喻为哲学家塑造了这样一种形象：阳刚、有力，因其不遗余力地想穿透世界这位纯洁的处女，所以最重要的是，得是男的。[34]这种普遍的将哲学（和真理）描述为女性的现象具有广泛的影响，在此无法展开讨论。但是，相对于这种话语，有抱负的女哲学家与男哲学家被置于的位置是不同的：她把自己塑造成严谨的女性真理执掌者，与男哲学家这么做完全不是一回事。无论这位女性有意识或无意识地选择认同她所处的哲学体制的话语，还是试图以某种方式让自己脱离这样的主流，她都会发现自己陷入了一种知识上的两难境地，而男哲学家尽可以免于如此。

不可磨灭的印记这一主题对于巴黎高师也有所体现；事实上，即使是它的敌人，对于巴黎高师具有神秘的变革力量，这一观念也大有贡献。埃米尔·左拉（Emile Zola）有一篇著名的文章，他在文章中抨击巴黎高师的教授们无聊、缺乏男子气概、莫名地刚愎自用，并不惜篇幅地论述了这一点。阿兰·佩尔菲特（Alain Peyrefitte）自娱自乐的散文集和乌尔姆路学生的生活回忆录转载了这篇多少有些尖刻的对"高师人"的批评绝非巧合：

> 在巴黎高师的空气中浸泡过的人，终生都会被浸染。他们的大脑中弥漫着教师的寡淡与陈腐之气，总是有着同样的敏感易怒的态度，总是需要手杖，散发着一种失去女人的老单身汉的阴沉而无能的嫉妒。……如果你播种的是教师，那么你收获的永远不会是创造者（"Tous des pions"，p.368）。

如果说左拉的唾骂代表了一种对巴黎高师的极端态度，那么让·季洛杜（Jean Giraudoux）迂回的遣词用句则凸显了这种极端态度的反面。1935 年，季洛杜（当时正与西蒙娜·德·波伏瓦的妹妹埃莱娜非常秘密地交往)[35]以前高师人的身份，为 J.雷尼纳普（J. Reignup）的《高师精神》（*L'Esprit de Normale*）一书撰写了热情洋溢的序言。他写道，所有巴黎高师的学生都是"精神的仆人"（p.7）。事实上，一个人甚至不需要在这所学校就读，就能感受到它的精神。只要准备好入学考试就足够了：

> "高师人"是精神种族。……巴黎高师的精神并不只属于那些通过入学考试进入乌尔姆路的幸运儿。这一种族不是由考试决定的。它的精神鼓动着所有为考这所学校做准备的人。……报考巴黎高师是一种选择，也是一种解放。这是对年轻心灵的全面而无限制的敞开。这才是真正的学院，柏拉图的学院，是属于人生起点的学院，而不是属于人生终点的学院。[36]从这一刻起，未来的"高师人"就擢升到伟大作家和伟大伦理体系的亲密朋友的层级。他可能

依然渺小平庸，但他属于他们的种族。他可能会把他们的语言说得很难听，写得很糟糕，但他们的语言是他唯一使用的语言。……伟大作家与"高师人"之间的关系就像有名的父亲与他们的儿子或侄子之间的关系：这些年轻人保有批判先辈的自由和权利，而先辈们无论如何也只能被这种直言不讳所吸引（séduire）。（p.8）

在这篇神秘化的杰作中，季洛杜让我们相信，曾经的巴黎高师候选人实际上做了什么并不重要：无论他多么小肚鸡肠、平庸无能、写不出像样的法语，他本质上都属于伟大的家族。实际上，季洛杜暗示，巴黎高师的影子本身就神奇地化解了徘徊不去的对于伟大先辈的俄狄浦斯情结（注意文中从"儿子"明显滑落到了"侄子"，以及梦想通过巧妙的批判来吸引父亲）。

"高师人"绝不以谦虚看待自身。按照雷尼纳普可笑的溢美的说法，这里的"精神"将把最无趣的庸才变成天才。一方面，"高师人"憎恨沉闷、稳定与寻常，喜欢抓住一切时机展示自己的才华、胆识和神气；另一方面，这种独立性与革命性相去甚远，因为"高师人"天然地遵从唯一重要的优势，即智力的等级。因此高师当中不喜规矩的个人主义者很容易就会投入沉闷无聊到备考当中，之后他们将以一贯的漫不经心，优雅地通过考试。一个"高师人"在采取某种思想或政治立场时，你如果认为他是在服从某种现成的教条，那就大错特错了；相反，即使他成了社会主义者，他也只是选择在他始终感兴趣的问题上利用马克思主义的视角（见 *L'Esprit de Normale*，p.48）。"高师人"的判断总是清晰、客观且正确的。在一股子笛卡儿式的狂热中，雷尼纳普甚至特别赞扬了一种听起来十分可疑、类似于将轻率的一般化（generalization）与有倾向的还原论（reductionism）结合起来的习性：

懂得如何以这种方式做出无所偏向而坚定的判断，是一种智慧的象征，这种智慧是能够清晰而正确地看待事物，它将在这样做时显露出来。在任何一种生活领域，这种能力都不是无足轻重的。……一个"高师人"知道如何发展一般观念，如何将无穷无尽的特殊情况还原为其本质或范例，并通过制定一种将它们推回一般观念的规律来对它们进行分类。在现实生活中，这种能力往往体现为汇编和分析资料档案、提取其中可能包含的有用信息的真正才能（*L'Esprit de Normale*，p.53）。

雷尼纳普的观点很明确："高师精神"既独立又有纪律，既个人主义又适合团队协作，既有原创性又尊重真正的法国文化的价值。简而言之，"高师人"是生活中天生的贵族，理应统治我们所有人。此外，鉴于他们有取之不竭的文书处理能力，他们定当成为出色的官僚。跟季洛杜一样，他强调，一个人不一定非得进入巴黎高师才能获得这样的优越品质：只要努力备考过就足够了："正是在'预科二年级'，一个人才发现巴黎高师在教育上真正的影响。"（p.15）如果世界愿接受巴黎高师所代表的价值的引领，雷尼纳普坚称，世界或将得到拯救：

> 因为无论你的好恶如何，巴黎高师都是文化自由最后的庇护所，尊重智识价值，相信其应有的至高无上的地位和有益的影响。这或许在当下并不那么清晰可见，但是我们应当期盼，它注定要为了岌岌可危的现代世界能够暂时获救而重现光辉（pp.77—78）。

到20世纪70年代，对巴黎高师及其预科班在智力方面更优越的看法发生了令人意外的变化。皮埃尔·布迪厄本人也是"高师人"，在他对所谓"大学校"的各种预科班的精彩研究《学院考试与社会圣职：大学校预科班》（"Épreuve scolaire et consécration sociale：les classes préparatoires aux grandes écoles"）当中，他将巴黎高师当中的"年轻教师"描述为得意扬扬的、自诩为天才的人：

如涂尔干曾说的，（他们）受到的教育是"不经深思熟虑地趁早产出"。他们对于书本和自己的天才自信过剩，这使他们养成了仿佛见识过一切的幼稚小学生（grands écoliers）才有的特点，在智识上自鸣得意。他们自信满满，对一切不带有这所学校特有印记的事物都会已然知晓似的微微一笑并加以抗拒，在外省的中学、教职、"晦涩难懂"的教科书或"精彩绝伦"的论文中暴露自己承袭而来的观念（p.59）。[37]

不妨记住，即使在 20 世纪二三十年代，也出现过持不同意见的声音。例如，保罗·尼赞在《亚丁-阿拉伯》（*Aden-Arabie*，1932）一书中，对这所"假装师范、据说顶级"的学校愤怒不已。[38]尼赞怒斥这所学校非但不能解放精神或其他任何东西，反而鼓励傲慢的统一标准：

神学院和步兵团的团队精神（esprit de corps）支配着它（巴黎高师）：很容易让那些因个人意志薄弱而倾向于拥抱集体荣誉感的年轻人相信，巴黎高师是一种真正的存在（being），拥有灵魂——且是美丽的灵魂——一种比真理、正义和人类（hommes）更有吸引力的道德人格。……大多数"高师人"只会从能够确认自己有权隶属于精英阶层的方面评价自己（p.57）。

前文提过，在《忧郁的热带》中，克劳德·列维-斯特劳斯——他甚至从未备考过巴黎高师——猛烈地抨击了其表面且肤浅的哲学方法，他们将这种方法灌输给准备教师资格考试的学生，而在教资考试这场游戏中，"高师人"被认为比任何人都有更充分的应对能力。他认为，这一考试制度非但不允许学生进行真正的思考，反而鼓励他们以最简单、简化的方式思考，使他们"相信，只要做些细微的调整，思想上一切丰富的可能性都可以简化成一个简单不变的模式。……从这个角度看，"列维-斯特劳斯接着说，"这种哲学教学法训练了我们的智力，

83

同时却令我们的思想枯萎"（*Tristes tropiques*，p.53）。

全员男性的巴黎高师的傲慢不可避免地产出大量性别主义的文字。从1950年到1977年，阿兰·佩尔菲特的《乌尔姆路》（*Rue d'Ulm*）一书不断重印，其中对塞夫尔的女师范生毫无保留的性别歧视攻击只字未改，毫无疑问，他们认为这部分非常有趣。萨特的"索邦人多少够不上是人"的观点在这篇显然写于20世纪40年代的文章中也再次出现：

> （塞夫尔人）是发育缺陷的一个典型例子，因为她同时表现出男性和女性的典型特征。她与男性相似，尤其是顶着索邦人这一名字的低等物种，最像的是他们谈话的技巧特征。……跟女性像的地方是她也有她们那种奇怪的习惯：在最意想不到的时候发出细微的、令人费解的哭声、咯咯笑或尖声大笑。（pp.334—335）

为了补贴微薄的公家薪水，"高师人"经常给中学生上私人课程，学校的行话称其为"貘"（tapirs）。《小罗贝尔词典》（*Petit Robert*）声称这是一个"幽默的隐喻"，"貘是一种长时间保持不动、可食用和可驯化的动物"。可以想见，巴黎高师的年轻男人大概把自己看成更有捕食性的野兽吧。私人课程的学生要是女性，男"高师人"对她们智力水平的蔑视就要超越自我了："年幼的雌貘上那种一个星期只去一次的天主教学校，班级后面坐着一群母亲和家庭教师，小声跟她们的心肝宝贝说着正确答案。"[39]我认为，我们可以合理地推断，这段话相当准确地再现了从巴黎高师奥林匹斯山一般的高度审视西蒙娜·德·波伏瓦和德西尔学院的景象。

西蒙娜·德·波伏瓦矛盾的边缘性

因此，客观地说，波伏瓦认为自己在智识上不及萨特也没错：截至1929年，她积累的教育资本显然比萨特少得多。[40]萨特从亨利四世中学到路易勒格朗中学，再到巴黎高师，直至他获得令人艳羡的教资考试第一名，代表了当时法国教育资本积累的最大可能性，而波伏瓦从德西尔学院到圣玛丽学院再到索邦则明显显得逊色，她在教资考试中名列第二的漂亮成绩部分弥补了这种差距，但也追不平全部。她比她的同学年纪小得多，这进一步提升了她在学校中的声望，因为这在过去（现在仍然）被认为是才华的标志（见 Bourdieu, 'Épreuve scolaire'; Bourdieu and Saint Martin, "Les Catégories de l'entendement professoral"）。尽管如此，萨特还是轻松地因其所受的教育脱颖而出，成为法国文化最正统的继承人，为他在法国思想界争取文化主权铺平了道路。[41] 我认为，波伏瓦看起来表现得没有那么好，那是因为她是一个女人。如果她是一个男人，她肯定会去上巴黎高师或有同等声望的综合理工学院。"只可惜西蒙娜不是个男孩：她本来可以上综合理工的！"波伏瓦的父亲曾经这样抱怨（MDD177；MJF246）。换句话说，波伏瓦没能积累到如萨特那般的教育资本，继而也无法将她的教育资本转化为思想资本，这只能解释为，在 20 世纪二三十年代，这两个领域都有不成文的规矩和习惯，那就是边缘化女性。

如果不考虑性别，西蒙娜·德·波伏瓦似乎并不属于任何明显的"少数"群体。她出生于巴黎的一个有点下滑的职业中产阶级家庭，正是那种最有可能让她在法国高等教育中顺风顺水的家庭背景。然而从知识领域来看（相对于教育领域），她的特定阶级背景并非无关紧要：比如她的文化焦虑（下文将讨论），虽可能有其他因素，但或可被视为其家庭阶级地位下滑所产生的矛盾的结果。但她的阶级地位未必比萨特的阶级地位更不稳定，比如，萨特寡居的母亲安妮-玛丽·萨特［婚前姓施魏策尔（Anne-Marie Sartre，née Schweitzer）］本身并没有什么经济或社会地位。萨特的祖父作为阿尔萨斯一名成功通过教资考试的德语教师，其地位本身不过是小资产阶级，尽管这比乔治·德·波伏瓦不稳定的生意具备的思想资本多得多。两个家族在社会层面上的主要区别在于，波伏瓦家族的声望遭遇了明显损伤，而施魏策尔家族却没有。我认为，两位作家在社会阶层上的这种细微差别在他们的文本中并不容易被察觉。当然，这并不是说波伏瓦的作品不能从阶级的角度来解读，而是说她与当时她在法国的大多数男性同侪和朋友的区别并不在于阶级。在当时的教育和思想界，她所遭受的唯一明显的社会污名就是女性身份。

萨特被这个体制奉为王储，他不仅内化了自己确实是个天才的信念；且这样做的同时，他在客观上更有可能制造自己是个天才的证据。布迪厄将这一过程绝妙地形容为一种社会魔术，在这一过程中，社会认可某人自认的杰出的信念，恰恰制造了使此人更有可能变得杰出的客观条件：

> 一个人必须高尚，才能表现得高尚；但如果不表现得高尚，他就不再高尚了。换句话说，社会魔术具有非常实际的效果。把一个人归入一个本质上更优越的群体（贵族相对于平民，男人相对于女人，有文化的人相对于没受过教育的人等），会制造一种主观上的转变，这种转变确定了一个学习过程，它反过来又会促进一种真正的转变，使这个人更接近赋予他的定义。……最能体现这种急于将自己提升到他心目中高标准的自己的焦虑的，莫过于那些最志向远大的高师学生（尤其是那些因特别有献身精神而选择了哲学这样最志向远大的学科的学生），他们多少有些迂腐地，努力将知识贵族的夸张姿态或复杂角色强加于自己，或者，如果你愿意的话，可以说他们努力地"学习'当天才'这一高难度职业"。（"Épreuve scolaire"，p.53）

要进入选拔严格的巴黎高师的预科班，要被巴黎高师录取，要通过教师资格考试：所有这一切都可以被解读为一次又一次的成人仪式（rites de passage）。如果说进入巴黎高师意味着难得，因此也意味着杰出，那么通过最著名的考试——哲学教师资格考试——则为本已成功的"高师人"增添了荣光，并使原本声望较低的索邦学生获得承认。波伏瓦无法像萨特那样坚信自己是天才，但鉴于她通过了这次考试，以及她的巴黎中产阶级背景，她似乎有理由客观地认为，在追逐知识分子这份受人瞩目的职业上，她跟除了萨特之外的所有男人都站在相同的起跑线上。这实际上就是 20 世纪二三十年代波伏瓦所处的位置。盲点显而易见：波伏瓦完全忽略了性别的影响，对她所处的知识领域的实际规则无知无觉，她没有——也不想——看到仅仅因为她是女性，就面临种种不利因素。

这并不是说西蒙娜·德·波伏瓦在更一般的层面上没有意识到性别差异。1935 年，萨特还只是勒阿弗尔一名名不见经传的哲学教师；1960 年，波伏瓦在谈到他当时的抑郁、失望和无聊时写道，她无法完全地理解他，因为他们的处境并不像表面上看起来那么相似：

> 他认为通过教师资格考试并拥有一份职业是理所当然的事。但当我站在马赛那段阶梯的顶端时（1931 年，她刚到马赛开始第一份教职），我因为纯粹的欣喜而头晕目眩：在我看来，我远非在忍受我的命运，而是有意选择了它。萨特认为在这份职业中他的自由即将破灭，而它对于我仍意味着解放。（PL212；FA244；TA）

他们都是在外省受苦的、不被认可的天才，这种共同的生活经历相比萨特一定更符合波伏瓦的自我认知，因为这使她能够继续将自己的差异最小化，从而感到自己并不比萨特或与她同时代的其他男性教资考试通过者更边缘。同时，她也不能不注意到男女不同的社会地位和社会期待。比如在这里，她就清楚地认识到同一职业的不同社会意义。面对这种矛盾，波伏瓦倾向于躲在更个人化的解释之下。例如，在此处引用的段落中，她马上又强化了自己不如萨特的表达。她写道，她并不真正理解萨特的抑郁的另一个原因是，她的存在对萨特来说并不是安慰，而萨特的存在对她来说却完全不同："对我来说，他的存在

就证明了世界的合理性，而在这个世界上，没有任何东西可以向他证明其合理性。"（PL212；FA244；TA）

因此，我想说的是，从20世纪20年代末到40年代末，波伏瓦的社会地位中存在着一种重要的张力。她内化并认同法国思想界的习性，却没有意识到这种习性在多大程度上让男性获益。因为她与萨特的个人关系，她在认同萨特对文化主导地位的志在必得中有额外的情感利益。然而，她的女性身份相比她所以为的教育轨迹让她与文化正统性的关系更加疏远。波伏瓦的特殊地位即使开发了她的能力，也让她丧失了一部分能力：如果说她接受高等教育使她首先能够成为一名独立的知识女性，那么这也使她在结构上无法感知到她作为女性是如何被她所认同的思想界边缘化的。她所处的位置有着双重的矛盾性，她不仅忽视了自己的相对边缘化，也没有看到对她有利的权力与排斥的机制。为了理解波伏瓦文本中的张力，我们必须把握她处境的复杂性：她是一名哲学教师资格考试通过者，自身拥有相当大的符号性权力，但她是一个女人，被这同一种符号性权力所害，并且，由于她对自身处境的两方面都没有意识，她还是这一领域的种种机制的奴隶。

因此，西蒙娜·德·波伏瓦既可以被视为符号暴力（symbolic violence）的受害者，也可以被视为符号暴力的施暴者：她是暴力的施暴者，因为她在修辞上往往表现出那种像在巴黎高师里养成的傲慢和势利，或者在与学生的关系中再现法国精英教师典型的高度居高临下的修辞结构[42]；她是暴力的受害者，因为她是一个女人，她的命运始终不过是"萨特的分身"[43]。她自己"仅次于萨特"的自我认知也反映了这种张力：服从萨特；但在其余所有人面前高不可攀，一如教资考试的考官所言。

因为女性前辈的相对缺乏，波伏瓦不得不在父权制体系中，在男性同事、男性朋友和男性老师的包围之下为自己开辟一个空间。在淡化自己边缘地位的同时，她相信自身的正统性，这也使她在写作中将自己视为法国思想界声望的正统继承人。这种结果在她的论说文中尤

87

为明显，因为论说文是最接近学校和大学写作练习的文体。许多女性主义者指责波伏瓦"像男人一样写作"，尤其是在早期的文章中，这并非巧合。事实上，她确实像——不是像任何男人（不管这意味着什么），而是像一个非常特定的男性群体，即法国的"高师人"。当她开始写作《第二性》时，她将这种风格的论战说服力发挥得淋漓尽致。然而，我想说，《第二性》的一部分力量在于，它也破坏和改变了这种修辞模式。其中一个最重要的原因是，《第二性》与她之前的文章不同，可以说是她写自传的冲动的直接结果。1946 年 6 月，她开始考虑写回忆录。此时，她人生中第一次想到生为女人意味着什么这一问题：

> 我意识到我脑子里浮现的第一个问题就是：对我来说，生为女性意味着什么？起初，我以为可以很快解决这个问题。我从来没有自卑感，从来没有人对我说："你这样想是因为你是个女人"；我的女性身份从来没有让我烦恼过。"对我来说，"我对萨特说，"你几乎可以说它从来都不重要。""同样，你的成长方式与男孩也不同，你应该进一步探究。"探究之后，结果出乎我的意料：这个世界是一个男性的世界，我的童年是由男性编造的神话滋养的，如果我是个男孩，我的反应应该不同，我没有像男孩那样对其做出反应。我对这一发现非常感兴趣，因此放弃了书写个人自白的计划，这样我才能把我的注意力全部集中在探寻最普遍的女性处境上。我去国家图书馆读了些书，研究的是女性的神话。（FC103；FCa136；TA）

发表个人自白的渴望此时促使她走向自我发现，却似乎没有让她反思自身的边缘性：这一段落写的是从"对我来说，生为女性意味着什么"到"普遍的女性处境"的转移。这份个人自白变成了一篇概括性的文章，这当然是出于个人的深层次投入，却依然以一种出色娴熟的样子展现出来，也就是大家期待才华横溢的教资考试通过者写出的那种样子。面对自己的女性身份，波伏瓦找到了属于自己的强有力的声音，也找到了一个没有被这样或那样的父亲形象所阻挡的智识领地。然而，她的方法却复杂而矛盾，让她仿佛既接受又否认生为女性的意涵。如果说《第二性》确凿无疑地证明了父权制下的女性受到压迫、被推到边缘位置，那么波伏瓦的语气和风格却丝毫没有显示出她自己也经历过这种状况。相反，我们发现，她所受的良好教育的所有资源都得到了充分的利用：波伏瓦迅速建立了必要的索引卡片，按照当时法国学术哲学所教授的逻辑规则消化并概括了她的笔记，她实际上概括了自己的状况，但显然没有意识到提供范例的正是她自己。

在《第二性》中，这种策略被发挥到了极致：波伏瓦无所察觉地将她自己和她的女性朋友的经历普遍化，将她的发现当成所有地方女性的典型状况。英国人类学家朱迪丝·奥凯利（Judith Okely）敏锐地指出，这实际上将《第二性》变成了隐藏的民族志，"一项关于特定女性的人类学社群研究"。奥凯利补充道，波伏瓦的社群"主要是上世纪中期的巴黎，包括她本人在内的被研究女性主要是中产阶级。……一个矛盾的厉害之处在于她暗中将自己当成了一个研究案例使用"（*Simone de Beauvoir*，pp.71—72）。布迪厄严厉地斥责萨特使用这种特定的知识策略，他认为这是对知识分子的任何特定社会决定因素的否定，也就是说，这恰恰是布迪厄自己的计划的对立面："每当对本质的分析被应用于一种具有非特定的社会特殊性的生命经验，对特殊例子的普遍化就会发生，萨特借此将知识分子的经验转化成了本体论结构、整体的人类经验的构成要素。"（"Sartre"，p.12）

乍看之下，波伏瓦使用这种技巧似乎会适得其反。如果说女性主义在某种程度上必须坚持女性的特殊性，抵制任何"男人"的普遍化话语，那么有人可能会产生疑问，女性主义如何能从一种不可避免地以普遍本质之名抹除差异的修辞策略中获益？然而，《第二性》的众多矛盾之一就是，波伏瓦的普遍化修辞策略竟意外地在多数情况下有益而非有损于其女性主义论题。因为正如莫妮克·维蒂格（Monique

Wittig）在《性别的印记》（*The Mark of Gender*）一文中精辟地指出的那样，尝试普遍化父权制下的女性（feminine），与赞同男性（masculine）的普遍化不是一回事。它应该被视为一种扭转占支配地位的语言和意识形态结构的努力。因此，它是维蒂格所认为的女性主义者争取解放的游击斗争中，一系列可被调用的必要策略之一。父权制希望将女性视为无足轻重的、异质的，并且是对一些男性规范的偏离，而赋予某些女性的特殊经验普遍结构的哲学价值在某种语境下可被视为一种对此高度有效的反击。然而，这并不是说《第二性》可与《女游击队》＊两相比较。波伏瓦对她自己在《第二性》中的修辞的性质极其没有意识，她并没有掌握对这种修辞的控制：有时候它为她服务，有时候又没有。

然而，与维蒂格不同的是，波伏瓦并不是有意识地从边缘立场出发来创作文本的：只有在某种奇妙的意义上，视她为从中心出发来研究自身的边缘性，才能解释她话语中的张力。这的确是波伏瓦叙述立场的必然结果，她坚定地相信自身的正统性，又间或对自己在父权制领域当中的次等地位有所意识，两者别扭地相互交织混合。她最有力量的作品——如《女宾》《第二性》《一个规矩女孩的回忆》和《岁月的力量》等文本——不是产生于对这一矛盾的压制，而是产生于这两种对立的认同之间的痛苦冲突。

波伏瓦与等级区分

波伏瓦从中心出发来研究自身边缘性的处境有着广泛的影响。在此，我只想说明她作为知识女性的特定地位能够在多大程度上解释她的作品受到敌视的原因，更重要的是，能够帮助我们理解为什么她在

＊　《女游击队》（*Les Guérillères*）是莫妮克·维蒂的乌托邦小说，描写了一场性别战争，它被认为是 20 世纪被最广泛阅读的女性主义文本之一。

当前法国现代文学正典中的地位如此危险。法国近年对波伏瓦的研究明显严重不足，这证明法国目前对她作品的怀疑。波伏瓦似乎不够高雅，不足以自成一个广阔丰富的领域，让研究者开启其智识生涯。鉴于某些法国思想潮流在英语世界的影响，这种感觉在法国以外也并非全然不存在。

因此，在波伏瓦的文本中，存在着这样一种冲突，她本人的愿望是尽可能淡化自己的差异，把自己塑造成像萨特一样的受人尊崇的知识分子，而事实是她生为女性相对处于边缘的地位。甚至在一些相对琐碎的小细节中，她也显示出将自己的差异最小化的倾向。比如在《一个规矩女孩的回忆》中，讨论到萨特在智识上的优越时，她说他只比她大两岁。"他比我大两岁——他把这两岁用在了有用的地方——他比我起步好得多也早得多，对任何事情都有更深更广的了解，"她这样写道（MDD340；MJF475）。但事实上，他出生于 1905 年 6 月，而她出生于 1908 年 1 月。鉴于法国的教育体制，这意味着就入学时间而言，两人相差三年：他在 1922 年参加高中毕业会考，而她是在 1925年。波伏瓦写"两年"而不是"三年"显然是出于修辞的需要——毕竟"他比我大两岁半"这样的句子会显得过于精确而有点怪——这加深了一种印象，即萨特在智识上的优势与他在教育上比她条件好关系不大。她相信自己享有平等，但她客观上又是边缘的，两者之间的张力通常表现为文化上的焦虑或不安全感，以及一种让自己确信自己的能力而矫枉过正的倾向。比如，她的诋毁者说她有一股"乡下女教师的古板气"，这正是从她那些对自己不确信的瞬间流露出来的。这是一种理想又恰到好处的宣扬波伏瓦"不够高雅"的方式，乡下女教师的惯用说法首先意味着她的品位、生活方式和写作不够高级。布迪厄在《区分》（*Distinction*）英文版的序言中指出，法国的知识分子生活是按照"'宫廷社会'的贵族模式"组织的（p.xi）。他认为，在 20 世纪，这一传统由"巴黎的高级资产阶级体现，他们集各种形式的声望以及经济和文化贵族的头衔于一身，至少在其文化评判的傲慢方面，其他地方无出其右"（p.xi）。因此，在法国，一直有人在努力将这套特定的价值观强加给整个文化领域。如果一种特定的潮流过于"流行"，新的潮流就会被发明出来。布迪厄认为，总体而言，法国资产阶级的高级品位最首要的特点是高度审美化、风格化，以及远离任何可想到的实用性和必要性。布迪厄写道："经济权力首先是一种与经济必要性保持距离的权力"：

> 对艺术品的有形和符号性的消费是安逸自如的最高表现形式之一，这既指客观上的闲暇，也指主观上的不费力。从纯粹凝视中超脱与"无必要的""无所谓的"普遍倾向是分不开的，它是消极经济调节的矛盾产物，通过毫不费力和自由，与必要性产生了距离。……这种对被支配的必要性掌握着权力的确认，总是包含着一种对合法的优越性的主张，他们相比那些因为无法在无必要的奢侈和炫耀性的消费中对偶然性表现出同样的蔑视、仍旧受普通的利益和作用支配的人要优越。自由的趣味只有在与必要性趣味的关系中才能体现出自身的优越性，必要性趣味因此被提升到审美的高度，并被定义为庸俗的趣味。（*Distinction*，pp.55—56）

91   说波伏瓦是一个普普通通的学校老师，给人一种她属于小资产阶级的感觉，达不到真正的贵族（noblesse）应有的敏感、精致、优雅和高审美修养的标准。

先是认定她没品位，下一步就是把这种认定变成对其政治的声讨。波伏瓦的自传计划从一开始就注定要失败：除非它能达到《成人之年》（*L'Âge d'homme*）中的莱里斯（Leiris）或《文字生涯》（*Les Mots*）中的萨特的审美高度，否则在真正的美学家眼中，自传这一体裁本身就值得怀疑。通过鉴别的自传唯一的可取之处似乎是，想要分辨作者身上究竟发生了什么事情是近乎不可能的。在西蒙娜·德·波伏瓦这里却并非如此：她有条不紊地想要认真叙述自己的生平、日期和一切，却反倒证明了自己完全缺乏法国杰出人物所需具备的"一本正经的胡闹"感。在她的文字中，几乎总是弥漫着一种渴望被认真对待的焦虑，一种对与现实生活相关的伦理道德问题的兴趣，这对任何自认在法国文化领域真正杰出的人来说都是致命的。

她的写作混合了伦理的严肃性、文学的现实主义和客观的思想资本，这种特别的混合正是她成为读者广泛的小说家的原因：波伏瓦的吸引力显然是小资产阶级的，非常适合那些渴望某种知识分子气质，但又不够"高级"，无法欣赏更纯粹的一板一眼写法的乐趣的读者。[44]在法国品位权威的眼中，没有什么比小资产阶级更可鄙了：如果说真正的大众、农民或工人阶级的作品可以被视为自有某种令人喜欢的天真或"真实"，那么小资产阶级最首要的独特之处就在于其绝望的文化焦虑，以及不断追求才学相称（à la hauteur）的努力。但这恰恰是真正的高雅的对立面，真正高雅的人一般试图让自己表现得轻而易举、松弛，最重要的是自然。比如说，波伏瓦在《岁月的力量》中讲述了她在战时的巴黎用两年时间系统地扩充了自己的音乐知识，这足以让任何"真正高雅的"鉴赏家（connoisseur）感到尴尬：

> 为了填补大量的闲暇时间，我开始听音乐，且跟我想的一样，我开始痴迷音乐。我也从中获益匪浅：跟促成我童年成长的最关键时刻一样，快乐与知识并存。……我连续十遍播放唱片，分析每一个乐句，试图从整体上把握它。我阅读了大量音乐史著作和对各种单独作曲家的研究。我成了圣米歇尔大道尚特克莱尔（Chanteclerc）唱片店的常客……填补了自己音乐知识上的许多空白。（PL422；FA484；TA）

波伏瓦在这里犯了一个致命的错误，她不仅表明了自己是一个自学者（等于说缺乏教育资本），而且显得自己是属于那种缺乏"天然"乐感的粗人。波伏瓦将音乐变成了一种勤奋的自我提升的东西，这只

92

能成功地显露她不可能是真正高雅的人。正如布迪厄在《区分》一书中讨论所谓的古典音乐时尖锐地指出的那样：

> 就其社会定义而言，"音乐文化"不仅仅是知识和经验的数量加上谈论这些知识和经验的能力。音乐是精神艺术中最具"精神性"的艺术，对音乐的热爱就是"精神性"的保证。……对于一个以灵魂相对肉体的关系来看待自己相对大众的关系的资产阶级世界来说，"对音乐没有感觉"无疑代表了物质主义粗俗的一种特别让人难以坦然承认的形式。但这还不是全部。音乐是无可比拟的"纯粹"艺术。它什么也不说，也没什么可说。……音乐代表了最激进、最绝对的否定世界的形式，尤其是社会世界，而资产阶级精神气质倾向于在所有形式的艺术中要求这种否定。（*Distinction*，p.19）

同样，波伏瓦在叙述自己的学术成就时，也很奇怪地没有表现出真正的——玩闹似的、优雅的、审美化的——资产阶级特有的距离感和无所谓。波伏瓦在她的回忆录中似乎既低估了自己的思想成就，又高估了她的证书和文凭的重要性，她对每一个证书和文凭都事无巨细地提及。据我所知，萨特从未费那个劲在任何地方列出自己的证书执照：一个被奉为天才的人不需要用这种琐碎的方式证明自己。相较之下，由于在父权社会中客观的边缘化地位，一个女人总是需要证明自己待在男性当中是有道理的：其中的门道在于，"真正"的高雅，除了最彻底的满不在乎以外，任何东西都跟它完全不相容。哪怕是最轻微的焦虑感、脆弱感，或显露身在不属于自己的地方的不自在，都是致命的。在父权制下的思想界，女性知识分子永远无法完美地表现出花花公子那漫不经心的轻蔑：她注定会在等级区分的游戏中败下阵来。按照目前法国文化生活的等级区分的标准，波伏瓦根本没机会成为我们这个世纪的波德莱尔，她甚至连拜伦勋爵都比不上。

注释

1. 这一故事的心理面向已经在第一章讨论了。

2. 我并不是想说 19 世纪的知识女性没有创作出优秀的作品：我想说的是，无论她们多么具有独创性和洞察力，她们在社会和知识界的边缘化地位使得她们的思想极不可能对整个社会产生影响。在如此不利的情况下，一些女性仍然能够让人们听到她们的声音，这说明她们具有非凡的才华和意志力。戴尔德丽·戴维（Deirdre David）在其出色的《知识女性与维多利亚时代的父权制》（*Intellectual Women and Victorian Patriarchy*）一书中记录了哈丽雅特·马蒂诺（Harriet Martineau）和伊丽莎白·巴雷特·勃朗宁（Elizabeth Barrett Browning）的相对影响力和声望，使我们毫无疑问地确认，只有乔治·艾略特一位女性获得了真正的知识分子地位。"马蒂诺是一位政治记者和旅行作家，巴雷特·勃朗宁是一位知识分子诗人，但艾略特才是维多利亚时代的女性知识分子。"戴维总结道。(p.229)

3. 数据根据埃德梅·沙里耶（Edmée Charrier）的《女性知识分子的演变》（*L'Évolution intellectuelle féminine*）书的第两百页的下一页表 XXI 推测得出。

4. 这里介绍的关于西蒙娜·德·波伏瓦家庭背景的信息来自弗朗西斯和贡捷所写的传记。戴尔德丽·贝尔新近出版的传记总体上要好得多，但在这个特定主题上几乎没有增加新的信息。贝尔对波伏瓦大学教育的描述尤其粗浅，有时还相当混乱。

5. 《德·波伏瓦的女儿们》（*Daughters of de Beauvoir*），英国广播公司 2 台，1989 年 3 月 22 日。

6. 我想指出，弗朗西斯和贡捷的波伏瓦传记的法文版和英文版之间存在相当大的差异，且是未加标明的差异。总体而言，英文版的批判性要强得多，删去了法文版中的许多褒扬，增加了法文版中没有的批评性段落。语气上的差异可能与以下事实有关，即法文版于 1985 年面世，远在西蒙娜·德·波伏瓦 1986 年 4 月去世之前，而英文版直到 1987 年才问世。西蒙娜·德·波伏瓦本人强烈反对弗朗西斯和贡捷书中的不实之处，以及他们持续美化她的生活的倾向。"真的，从最微不足道的事情到最重要的事情都是假的"，她在 1985 年 12 月 5 日接受《晨报》（Le Matin）采访时抱怨道，"你会以为他们在谈论，我不知道，一个女明星的生活"（Simone de Beauvoir：le désaveu）。弗朗西斯和贡捷指责波伏瓦具有"知识帝国主义"，他们的回复以及波伏瓦的反驳载于 1985 年 12 月 16 日的《晨报》。

7. 弗朗西斯和贡捷对波伏瓦家族 1919 年后的经济状况和生活方式的描述是惨淡。他们倾向于将这个家庭描绘成"贫困"，并谈到"这个家庭在近乎匮乏的状态下挣扎"（p.35）。这肯定是夸大其词：波伏瓦家族似乎将有限的资源用在了保持表面上的高雅生活习惯，如女士茶会、女儿的收费学校、夏天去亲戚家的乡间别墅避暑，等等。这不是工人阶级生活，更不是"匮乏的"成长经历。埃莱娜·德·波伏瓦在她的《回忆》（Souvenirs）中坚定地指出了这一点："我们生活拮据（la gêne），但并不贫困（la misère）。……你得维持自己的身份地位，我父母有一个女佣，他们的女儿上的是昂贵的私立学校，……我母亲'在家'参加女士茶会，还不时举办晚宴。"（p.26）

8. 在法国的学校系统中，小学教师和中学教师在地位和声望上有相当大的差距。教小学被认为是低级的、非知识性的工作，而教中学则是知识分子完全可以接受的职业。

9. 第一所女子高等师范学校不是塞夫尔，而是丰特奈-欧罗斯（Fontenay-aux-Roses）（到巴黎的距离同样恰到好处），成立于 1880 年。这所学校早期并不属于高等教育的范畴，因为它主要是为培养全国小学教师的师范学院培养教师。它的"男版"是圣克劳德（St Cloud）。1937 年，这两所学校都被纳入法国高等教育体系。更多关于丰特奈-欧罗斯的信息见伊冯娜·乌利乌（Yvonne Oulhiou），《1880—1980 年间的丰特奈-欧罗斯高等师范学校》（L'ENS de Fontenay-aux-Roses à travers le temps 1880—1980）。

10. 关于女性教师资格考试的信息请见玛格丽特·科尔迪耶（Marguerite Cordier），《难以进入》（"Le Difficile Accès"），第 11 页。

11. 另一个重要因素是，现代语言专业的毕业生必须在国外度过相当长的一段时间，通常是在外国大学学习。弗朗索瓦丝·马耶尔认为，最重要的是，正是由于这些女性长期在外国教育机构学习，才使得法国学院方面管理人员在决定她们的职业生涯时对她们产生了怀疑（p.133）。本段和前几段中的信息均来自马耶尔富有启发性的研究。

12. 有意思的一点是，女性要想获得平等的参加教师资格考试的机会，远比获准学医要难得多。早在 1871 年，第一位女性——美国人玛丽·科琳娜·帕特南（Mary Corinna

Putnam）就获得了巴黎医学院的医学学位。有关女性接受医学教育的更多信息，请见托马斯·内维尔·邦纳（Thomas Neville Bonner），《走到地球尽头：女性对医学教育的寻求》（*To the Ends of the Earth：Women's Search for Education in Medicine*）。

13. 因此，小资产阶级农村出身的科莱特通过这次考试也就不奇怪了。她在《学校的克劳丁》（*Claudine à l'école*）中讲述了自己的求学经历。

14. 关于 1903 年至 1916 年期间巴黎天主教女校数量迅速增加的情况，见朗格卢瓦（Langlois），《天主教女子中等教育的起源》（"Aux origines de l'enseignement secondaire catholique des jeunes filles"），第 88 页。此外，还有一所非宗教性质的私立学校，即玛蒂尔德·萨洛蒙（Mathilde Salomon）于 1905 年创办的所谓"塞维涅学院"（Collège Sévigné）（见 *L'Enseignement secondaire des jeunes filles sous la Troisième Rèpublique*, p.388），帮助女孩们准备高中毕业会考。

15. 小标题中的引用来自 MDD168；MJF234。

16. 在《教授女士：第三共和国的女教育家》（*Madame le Professeur：Women Educators in the Third Republic*）一书中，乔·伯尔·马伽丹特（Jo Burr Margadant）引人入胜地描述了第一代在塞夫尔接受教育的女性（1881 年至 1890 年入学的班级）的个人和职业生活。

17. 如果他们表达自己有意回到独立教育机构，则需要得到部长的特别批准才能进入学校（*L'Enseignement secondaire feminin*, pp.189—190）。

18. 本段的信息来自沙里耶的著作，第 222—223 页。高等师范学校的女生人数是根据从 1986 年开始的《高等师范学校年鉴》计算得出的。从 1926 年到 1939 年（含 1939 年），共有 746 名学生进入该校学习，其中有 37 名女生，约占 5%。如果将文科生和理科生的数字分开看，女生的比例仅略有不同：441 名文科生中有 23 名女生（5.2%），305 名理科生中有 14 名女生（4.6%）。

19. 让-弗朗索瓦·西里内利（Jean-François Sirinelli）对 20 世纪二三十年代高等师范学校以及法国各地的"khâgnes"和"hypokhâgnes"（高等师范学校入学考试预科班）的学生进行了大量研究，其中对第一批进入高等师范学校的女性的成长轨迹进行了有趣的讨论（见 *Génération intellectuelle*, pp.208—215）。然而，令人失望的是，西里内利对这一时期有抱负的女性知识分子的具体问题的全部论述显然就只有这七页纸而已。在这本长达 720 多页的书中，我们本可以期待更多的内容。

20. 1988 年 6 月在巴黎对马蒂内女士（婚前姓氏为 Keim）的访谈。

21. 达尼埃卢夫人是那位后来在非常遗憾的情形下去世的红衣主教〔此处指的是让·达尼埃卢（Jean Daniélou），译者注〕的母亲。她出生于 1880 年，原名马德莱娜·克拉摩根（Madeleine Clamorgan），她取得了塞夫尔证书，并在 1903 年女性文科教师资格考试中取得第一名（见 Jeanne Caron, "Les débuts de Sainte-Marie", pp.123—

124）。弗朗西斯和贡捷说她"在 1903 年成为第一位文学教师资格考试通过者"（*Les Ecrits de Simone de Beauvoir*, p.49），这样的说法是不正确的；如我们所知，早在 19 世纪 80 年代初，女性就已经开始参加女性教师资格考试（agrégations féminines）。

22. 阅读《一个规矩女孩的回忆》英译本的读者应该了解，面对翻译文中提到的各种法国大学考试这一不可能完成的任务，译者在使用"文凭""论文""博士学位"或"学位"等术语时往往缺乏一致性。

23. 1914 年春季，两位女性差不多同时通过了博士学位考试。另一位先驱是让娜·迪波塔尔（Jeanne Duportal），她提交了题为"1601 年至 1660 年在法国出版的人物书籍研究"（Etude sur les livres à figures édités en France de 1601 à 1660）的论文和题为"给 17 世纪带数字图书总目录（1601—1633 年）的供稿"［Contribution au catalogue général des livres à figures du XVIIe siècle（1601—1633）］的补充论文。

24. 本段所有引文均摘自罗什布拉夫（Rocheblave）的著作，第 6 页。

25. 关于列昂蒂内·赞塔的资料很难找到。弗朗索瓦丝·德奥博纳在其关于西蒙娜·德·波伏瓦的回忆录《一个叫海狸的女人》（*Une femme nommée Castor*）一书中称，赞塔是在 20 世纪 20 年代法国受过教育的女性中家喻户晓的名字："所有女性主义者都把她的名字当作一面旗帜挥舞。"（footnote, p.85）。赞塔的主要著作如下：《16 世纪斯多葛学派的文艺复兴》（"La Renaissance du Stoïcisme au XVIe siècle"）（博士论文）；《科学与爱情：一个学生的日记》（*La Science et l'amour：Journal d'une étudiante*）（Paris：Plon，1921，小说）；《女性主义心理学》［*Psychologie du féminisme*，保罗·布尔热（Paul Bourget）作序］，（Paris：Plon，1922，随笔），《火的一部分》（*La Part du feu*）（Paris：Plon，1927，小说），《圣莫妮卡和她的儿子》［*Sainte Monique et son fils*，R. P.塞蒂扬热（R. P. Sertillanges）作序］（Paris：Plon，1941，随笔）。赞塔的补充论文题为"16 世纪安德烈·德·里瓦多的书信集的法语翻译，出版时附有导言"（La Traduction française du Manuel d'Epictète d'André de Rivaudeau au XVIe siècle, publiée avec une introduction）。在她关于女性主义的文章中，她认为女性的天性比男性更理想、更纯粹、更绝对。1927 年 10 月 29 日，《法兰西报》（*La Française*）的一次采访引述了她的话："在我看来，女性有一种道德感，对理想和绝对的渴求，这是她们大多数男性朋友所缺乏的，这在生活的各个领域都是如此。"在同一篇访谈中，她提出，思想如果只是抽象的，就无法令人信服：有必要赋予它们"身体、活动"。小说《科学与爱情》描写了第一次世界大战期间，索邦大学年轻而热忱的哲学系女学生如何对那里枯燥乏味、没有灵魂的教学感到失望，最终决定转到天主教学院，寻找更多的精神智慧。赞塔曾是《巴黎回声报》（*Echo de Paris*）的编辑，也是法国最负盛名的文学奖之一费米娜奖（Fémina prize）的评委会成员［见玛尔特·贝尔托姆（Marthe Bertheaume），《新力量》（*Forces nouvelles*）中的 "女性活动"（L'Activité féminine），这是一个名为 "女性主义宣传委员会"（Comité de propagande féministe）的女性组织的期刊。遗憾的是，玛格丽特·迪朗图书馆（Bibliothèque Marguerite Durand）"赞塔档案"中的这一具体剪报没有注明日期，但它肯定出版于 20 世纪 20 年代末]。赞塔积极参加了 1901 年成立的法国妇女全国理事会，并在 1929 年该理事会的 "女性主义的三级会议"（Etats-Généraux du féminisme）上发表了基调演说（reprinted in *La Française* on 23 February 1929）。

26. 第一位通过哲学教师资格考试的女性是博德里女士（Mlle Baudry），她在 1905 年的考试中排第二名（见 "Le Difficile Accès des femmes à l'instruction et aux carrières ouvertes par l'enseignement supérieur", p.11）。

27. 见 Table III in Charrier, p.113；Cohen-Solal, p.115。根据沙里耶的数据，截至 1928 年（含 1928 年），法国共有八名女性通过哲学教师资格考试。分别产生于如下年份：1905－1；1920－1；1921－2；1922－1；1923－1；1925－1；1926－1；1929－4.

28. 见 "Le Difficile Accès des femmes à l'instruction et aux carrières ouvertes par l'enseignement supérieur", p.11。

29. 在这里写的许多轶事要感谢西恩·雷诺兹（Siân Reynolds），她慷慨地给了这一章的早期版本很多有用的评论，并提供了玛格丽特·迪朗图书馆 "赞塔档案" 的影印件。

30. 这听起来像是个令人困惑的多重归属的例子，我应该强调的是，在巴黎，只有索邦大学有权组织本章提到的各种大学学位（执照、文凭、教师资格考试）的考试。因此，所有学生都在索邦大学注册，并可以选择去那里听课。由于没有强制性的听课要求，考生可以自由选择适合自己的方式准备索邦大学的考试。这就是为什么天主教学院可以为其学生准备索邦大学的考试，也是为什么高等师范学校的学生有时会参加索邦大学的讲座，有时却喜欢参加高等师范学校自己的单独研讨会。

31. 因此，萨特从未正式接受过阿兰的教导，但鉴于他们的才华，萨特和尼赞在亨利四世学习、准备高中毕业会考期间，被允许旁听阿兰的一些课程。

32. 在与玛格丽特·西蒙斯的一次后期访谈中，波伏瓦谈到了她的教育经历（见 "Two interviews", particularly pp.35—36）。

33. 萨特在这里记错了。由于 1928 年的教师资格考试的失败，他实际上在高等师范学校待了五年。

34. 关于萨特的性与性别歧视的隐喻，见《存在与虚无》第二章，第四部分（"Faire et avoir"），以及《什么是文学》的第一章。马格丽·科林斯（Margery Collins）和克里斯廷·皮尔斯（Christine Pierce）的《洞与黏液》（"Holes and Slime"）是最先记录萨特在修辞上的性别歧视的文章，勒德夫在《希帕嘉的选择》《起作用的哲学》和《萨特：唯一说话的主体》（"Sartre：l'Unique Sujet parlant"）中进一步做了阐释和分析。

35. 这段恋情发生在20世纪30年代中期："毕竟，我和让·季洛杜有过一段认真的恋情，一段漫长的冒险。我非常爱他，他有最迷人的魅力。但他却极其谨慎，谨慎到令人恼火。他非常害怕遇到意料之外的事，所以从不和我出去约会，而是万分小心地偷偷见我。一个人有了爱人，就应该敢于在公开场合示爱。最后，我受够了这种秘密的见面，我告诉他，我们的秘密冒险结束了。"（Hélène de Beauvoir, *Souvenirs*，p.122）。

36. "人生终点的学院"大概指的是法兰西学术院；季洛杜的幻想轨迹显然将他从乌尔姆街的神圣仪式带到了穹顶下的（sous la Coupole）最终荣耀——学院的穹顶之下。

37. 这篇文章的大部分内容现已纳入布迪厄关于法国权力传承的重要研究《国家精英》（*Noblesse d'état*）。

38. 引自科恩-索拉尔的著作，第103页。

39. 皮埃尔·让南（Pierre Jeannin），《高等师范学校：留言簿》（*Ecole Normale Supérieure：livre d'or*）第140页中引用的来自20世纪20年代的学生玩笑。

40. 本节及下一节内容借鉴了皮埃尔·布迪厄对法国教育和知识领域的分析。关于将布尔迪厄用于女性主义目的的益处和困难，请见我的《挪用布迪厄》。

41. 萨特反对法国知识界的所有其他阵营，这表明他自信能够同时对付所有针对他的人：他从不怀疑自己的正统性。鉴于他在教育体系中的至高无上的神圣地位，他没有理由要这样做。在与对手较量的过程中，他显示出了对游戏规则的最高把握。教育体制对这个未来作家的影响，甚至在非常具体的修辞招数中也很明显。在《萨特写作中的学校模式》（"Modèles scolaires dans l'écriture sartrienne"）中，热纳维耶夫·伊德（Geneviève Idt）展示了法国学校中的某些修辞惯用法，尤其是"描述"，是如何在萨特的《恶心》中出现的。她的观点是，萨特既能从他对著名修辞的掌握中获益，又能从他对这一修辞的游戏般的颠覆中获得更高的智识声望。

42. 关于此类教师式修辞的分析，见布迪厄和圣马丁的《教授的理解的类别》（"Les Catégories de l'entendement professoral"）。

43. 安娜·博斯凯蒂在《萨特与现代社会》一书中强调了波伏瓦的特殊地位，她既拥有丰富的思想资本，又是萨特的直接镜像："她的成功和轨迹与她与萨特的关系密不可分。她是萨特宝贵的他我，她在编辑委员会的存在本身就足以表明萨特在这项事业中的绝对主导地位，因为他是唯一一个拥有任其差遣的'分身'的人"（*Sartre et 'Les Temps modernes'*，p.228）。

44. 我并不是说波伏瓦本人是一个小资产阶级。用布迪厄式的说法，她的阶级下滑的社会地位加上她的思想和教育资本，使她成为"统治阶级中被支配的部分"的典型成员。

第三章　政治与知识女性：对西蒙娜·德·波伏瓦 的评价中的陈词滥调与寻常说法

在法国，如果你是作家，生为一个女人就是奉上棍棒，任人 鞭挞。

《境遇的力量》

她的作品，虽然有不可否认的才华，但是非常高傲、冰冷、 干巴巴。在这个极其有天分的作家身上，女性知识分子杀死了源 源不断的心灵的力量。（Chaigne，1954）

多年前，她的基于激情的政治使波伏瓦成为法国的大敌。 （Chrestien，1963，p.229）

她只是个听话的学生，从未改变。（Senart，1963，p.232）

这位被政治激情所征服的女哲学家，就跟被放纵欲望所征服的 一些人一样，她单纯的摩尼教思想我们没必要读太多。（Domaize， 1964，p.233）

西蒙娜·德·波伏瓦的天真源于一种极端的、限制性的利己 主义。（Marks，1973，p.19）

六十年来，她四平八稳、毫无惊喜地用她的小乐器弹着老调，

正合考官委员会的口味。(Bourdoiseau，1986)

说波伏瓦在读者眼中是一位不高雅的作家，是一种相当一般的说法。毕竟，有千百种方式能让一个人与法国文学中占主导的高雅标准相差甚远。在对波伏瓦作品的反应中，性别问题是如何显现出来的？她直言不讳的政治立场又对她的读者发挥了什么影响？乍看之下，答案显而易见：她的性别和政治这两个因素加在一起，对她作为作家的声誉是致命的。然而，在仔细检视这一现象之前，我们应该记住，西蒙娜·德·波伏瓦从她的职业生涯的一开始，就是一位极其受欢迎的作家。她的所有主要作品都影响到了大众读者。这些作品挑战了既有的等级制度和惯例，往往会激起强烈的密切参与的反应，从深深的钦佩到激烈的敌意都有。她的自传为作者塑造了一个高度公开的人物形象，为争议又添了一把燃料。在法国，一部分波伏瓦的讣告透露着公开的敌视，这表明她的名字在她 1986 年去世时已经失去了影响力，更多是惹人不快。走近西蒙娜·德·波伏瓦，意味着让自己被卷入一张充满争议激烈的观点和已被固化的大众迷思的网络之中，在此情况下，"西蒙娜·德·波伏瓦"就不只是一个写小说、写文章和回忆录的人的名字，而是一处意识形态与审美冲突的场所。面对西蒙娜·德·波伏瓦，一个人不可能假装"中立"：写波伏瓦是去真正成为一名萨特意义上的"介入作家"（committed writer）。我自己的作品也不例外：在阅读评论波伏瓦的文章时，我意识到，即使在 20 世纪末，女性作为知识分子被认真对待也非常困难。我对这一发现的愤怒——现在依然如此——提供了写作这本书所需的大部分能量。[1]

我无意对有关西蒙娜·德·波伏瓦的现有文献进行全面梳理。迄今为止，已有四十多部长篇研究报告问世，数百篇学术论文发表，还有大量报纸杂志报道。我打算做的是探察波伏瓦批评中显著的敌意：事实上，居高临下、冷嘲热讽、挖苦或轻蔑的论述出奇的多。[2]伊莱恩·马克斯（Elaine Marks）在她极好的文选《西蒙娜·德·波伏瓦批评》（*Critical Essays on Simone de Beauvoir*）的导言中也注意到了评论对波伏瓦作品不同寻常的尖刻：

> 在我收录在这本书中的评论文章中，至少有一半或有所控制或毫不隐讳地带有讽刺意味。他们把西蒙娜·德·波伏瓦描绘成一个略显可笑的人物，她的激情显得天真，学术显得不严谨，文献不准确，总之是水准欠奉，够不上是个作家。许多评论家——男女都有——在谈论西蒙娜·德·波伏瓦时所表现出的高高在上的语气确实值得特别关注。（p.2）

安妮·惠特马什（Anne Whitmarsh）对波伏瓦的政治介入进行了细致的研究，她提出了多少有些类似的观点。"对西蒙娜·德·波伏瓦作品的党派评判是一种常态，"她写道，"往往非常两极化，要么激烈攻击，要么不加批判地赞赏。"（*Simone de Beauvoir and the Limits of Commitment*，p.2）我个人的观点是，诋毁比想象中的要多得多，而赞美则少得多，且有数量奇多的评论家一定投入了大量的时间和精力在一个他们显然厌恶的作家身上。同样令人吃惊的是，一些善意或表面"中立"的作家，一边积极表达他们对波伏瓦作品的欣赏，一边不知不觉、不由自主地来到了批评家高高在上的位置。因此，在各种不同的语境中，西蒙娜·德·波伏瓦这个人和这个作家的品质都受到批判性的评价，并被认为不达水准。

  与她类似的法国女作家并没有受到这样的待遇：对西蒙娜·韦伊、玛格丽特·尤瑟纳尔、玛格丽特·杜拉斯（Marguerite Duras）或娜塔莉·萨罗特等人的批评，全都不像众多对西蒙娜·德·波伏瓦的批评那样，展现出如此频繁与强烈的恶毒。[3]女性主义者要处理这样一种对女作家压倒性的、充满敌意的评价并不容易。几乎让人不由自主地想直接开始为遭到不公评价的女性辩护，认定这样的评论者一定是父权制的忠实仆从。但如果能证明他们是对的呢？或许西蒙娜·德·波伏

95

瓦就是一个二流作家？即使是女性主义者，也没有理由反对讨论作家作品中有问题的内容。但对波伏瓦的批评并非如此。正如我接下来要说明的，抱着敌意的批评家们最喜欢采取的策略是将问题个人化，将书约减为女人：他们的目的显然是要让她这个发言者失去信誉，而不是与她展开辩论。这些批评家的目的是对波伏瓦是否有权发表任何形式的公开言论提出质疑。他们让她作为发言者的地位丧失信誉，意在制止对她实际上说的内容的进一步讨论。在这种情况下，为波伏瓦辩护不过是坚持她——以及其他所有女性——参与她所处时代的政治、思想和文学辩论的基本民主权利。只有在牢固确立了这一权利之后，我们才能着手做更有趣的事情，即分析和批评波伏瓦的立场和观点。我绝对捍卫波伏瓦介入思想和政治领域的权利，以及被认真对待的权利。坚持这一点正是为了给真正讨论波伏瓦本人极为复杂、有时甚至可疑的立场扫清障碍。

在《第二性》出版四十多年后的 20 世纪 90 年代，我们还必须坚持女性有发言的权利，至少可以说是令人失望的。我天真地相信至少这一点会有进步，所以我原本打算按时间顺序来组织本章。这样做的目的是为了展示波伏瓦的作品在不同政治背景下收到的评价是如何变化的。但令我懊恼的是，我很快就发现，总体而言，从 20 世纪 50 年代到 90 年代，同样的带有性别歧视的陈词滥调根本没变：女性主义显然没有带来多大的改变，至少在法国的文化氛围中没有。

96　　然而，对波伏瓦的批评并非全部都充满敌意。1959 年，也就是波伏瓦出版第一卷自传的那一年，热纳维耶芙·热纳里（Geneviève Gennari）出版了第一部研究波伏瓦的著作，洋溢着热情与欣赏的《西蒙娜·德·波伏瓦》（*Simone de Beauvoir*）。《一个规矩女孩的回忆》的出版也促使一些虔诚的天主教徒将她作为被遗落的天主教会的伟大女儿进行书写。尽管这些性别主义的男（不得不说）作者（Henry, Hourdin and Gagnebin）反对波伏瓦的哲学观点，但他们还是强调，他们尊重并欣赏波伏瓦的作品（œuvre），并认真地将她当作一位知识分子来对待。此外，20 世纪 60 年代还有两部赞同波伏瓦的存在主义和/或社会主义研究（Jeanson and Julienne-Caffié），以及可以想象得到，还有大量多少偏向学术性质的相对没有偏见的研究。波伏瓦还激发出了一系列面向非学术市场的通俗（有时甚至猎奇）作品，从阿克塞尔·马森（Axel Madsen）骇人的《心灵与思想》（*Hearts and Minds*），到克劳德·弗朗西斯和费尔南德·贡捷甜腻、美化但仍然能读的传记，再到莉萨·阿皮尼亚内西（Lisa Appignanesi）实用的对其生平和作品的介绍，不一而足。1990 年，戴尔德丽·贝尔（Deirdre Bair）的巨著《西蒙娜·德·波伏瓦传》（*Simone de Beauvoir：A Biography*）终于面世，既面向大众市场，也面向学术市场。[4]

　　20 世纪 80 年代，关于波伏瓦的研究明确远离了法国以及所谓的主流政治和哲学主题。1980 年以前，评论波伏瓦的主要是法国人：在大约 21 部长篇研究著作中，只有 5 部以英文出版。第一部英文研究著作是伊莱恩·马克斯的《西蒙娜·德·波伏瓦：与死亡相逢》（*Simone de Beauvoir：Encounters with Death*）：直到 1973 年才出版。然而，从 1980 年到 1992 年，在 21 本专门研究波伏瓦的书籍中，有 17 本是英文。其余 4 本，1 本在瑞典出版（隆格伦-约特林的著作），2 本由在美国工作的法国学者撰写（泽菲尔、弗朗西斯和贡捷的传记），第 4 本不是研究著作，而是波伏瓦的朋友弗朗索瓦丝·德奥博纳（Françoise d'Eaubonne）的个人回忆录。法国思想界对西蒙娜·德·波伏瓦的兴趣向来不浓厚（几篇短论，几本面向中学生的书），现在看起来几乎等于不存在。但也有例外，其中最引人注目的是法国女性主义哲学家米谢勒·勒德夫和她撰写的多篇切中要害的关于波伏瓦与哲学的复杂关系的论文，以及她精彩的研究著作《希帕嘉的选择》，她在其中从女性与哲学的整体关系角度讨论了波伏瓦。[5]

　　法国人几乎完全抛弃了波伏瓦，其中有一些显而易见的原因：在 20 世纪 70 年代和 80 年代，法国的思想风潮（结构主义、后结构主义、拉康式精神分析、后现代主义）完全没有为波伏瓦这种类型的因循旧传统的存在主义人文主义者留下任何空间。法国后结构主义女性主义理论的代表人物埃莱娜·西苏（Hélène Cixous）、露西·伊利格瑞（Luce Irigaray）和朱莉娅·克里斯蒂娃等人，对《第二性》的作者几乎无话可说。[6]事实上，围绕着"精神分析与政治"（Psych et Po）的团体认为她是个斐勒斯女人，与占支配地位的男性权力形式相互串通。1986年4月，在波伏瓦去世的第二天，"精神分析与政治"的领导人物安托瓦妮特·富克（Antoinette Fouque）接受了左翼报纸《解放报》（Libération）的采访，表达了她对《第二性》作者的敌意。"就在一个月前，"富克说，"她还在接受采访，以坚持她的普遍主义、平等主义、同化和正常化的女性主义立场，对任何不服从这套标准的人进行猛烈抨击。"（p.5）富克的主张的要点在于，既然波伏瓦已经死了，女性主义终于可以自由地迈入21世纪了。

因此，在关于波伏瓦的研究中，1980年标志着英美女性主义十年的开始。但事实证明，波伏瓦对英美女性主义者来说也是有争议的。一些女性主义者对波伏瓦娃持敌视或失望的态度（Leighton，Mary Evans），一些女性主义者对波伏瓦近乎谄媚（Ascher，Patterson），而另一些女性主义者则对波伏瓦的作品进行了非常明智与审慎的解读（Okely，Fallaize，Lundgren-Gothlin）。只有一位作家简·希思（Jane Heath），试图为后结构主义女性主义拯救波伏瓦。20世纪80年代，男性就波伏瓦撰写文章，往往是因为他们也对女性主义感兴趣（Zéphir，Hatcher）。[7]尽管很难高估波伏瓦的女性主义作品的重要性，但似乎1980年以后的批评忽略了她作品的其他方面。无论《第二性》有多么重要，我们都不应忘记，波伏瓦直到60多岁时才认为自己是一名女性主义者。[8]

然而，总体而言，人们对波伏瓦作品的敌意仍远超合理预期。波伏瓦的什么地方促成了这种效果？为什么这么多读者被激怒甚至暴怒不已？虽然这些问题的部分答案必须从波伏瓦自己的文本中寻找，但评论者自身的先入之见或偏见也确实塑造了他们对波伏瓦的看法。通过关注对波伏瓦的敌视反应中某些反复出现的主题，我希望能发现批评家自身的偏见（parti pris），阐明他们的批评策略和意识形态策略以供商榷讨论。[9]

把书约等于女人

在阅读大多数对波伏瓦抱有敌意的批评文章时，我们不可能不注意到某些惯用说法（topoi）或老生常谈的反复出现。"女人的书受到的对待就好像这些书本身就是女人，批评进行得最兴高采烈之时，是以智识的法子量胸围、量臀围的时候，"玛丽·埃尔曼（Mary Ellmann）写道（*Thinking About Women*，p.29）。在西蒙娜·德·波伏瓦这里，她的政治和哲学立场也被如此对待。就好像她的女性身份本身就挡住了所有对重要问题的进一步讨论，无论这些问题是文学、理论还是政治问题。相反，评论家执着地回到女性特质的问题上，或者更具体地说，回到可能被人们称之为个性的惯常话题上，热衷于讨论波伏瓦的容貌、性格、私生活或道德。其意涵是，一个女人说什么、写什么、想什么，都不如她是什么重要和有趣。

正是在这种背景下，midinette 或者说"女店员"的形象出现了。在法国，"女店员"（midinette）不可避免地带有天真、肤浅和多愁善感的含义。《小罗贝尔词典》给这个词下的定义是"简单、轻薄的城市女孩"[10]。在克劳德·列维-斯特劳斯的《忧郁的热带》一书中，女店员的惯用说法得到了最具高度的表达，他以典型的父权的方式指责存在主义不过是一种"女店员形而上学"，因为其所谓的思想不过是"将个人的关注提升到哲学问题的高度"（*Tristes tropiques*，p.61）。"旅行的时候，她就是一个给家人寄明信片的女店员：'好美的景色！'"埃里克·纳奥夫（Eric Neuhoff）如此评价《告别的仪式》。同一位记者写出了在所有可以找到的材料中无疑最低俗的形容波伏瓦的话，[11]他毫不避讳地将波伏瓦比作著名卡通人物丁丁的宠物狗米卢："如今，证据确凿，人们可以认为西蒙娜·德·波伏瓦就是米卢。一个在丁丁死后一年还会在他的高尔夫球裤上撒尿的米卢。"艾蒂安·拉卢（Etienne Lalou）在《快报》（*L'Express*）上评论《美丽的形象》时，坚持从"西蒙娜·德·波伏瓦性格的两个对立面：严肃的哲学家和多愁善感的女店员"来解读这本书（"La Raison n'a pas toujours raison", p.108）。贝尔纳·皮沃（Bernard Pivot）也提出了同样的说法，他称西蒙娜·德·波伏瓦为"一个真正的（给解忧专栏供稿）的文学女性"。右翼极端分子罗贝尔·普莱（Robert Poulet）则更进一步，宣称包括波伏瓦在内的所有文学女性都是邪恶的女店员（midinettes en diable）（*La Lanteme magique*, p.174）。

许多评论者首先将波伏瓦的每个文本都化约为她自己的形象（persona），然后宣称这种自传式的宣泄根本不能被视为艺术。他们认为这样书写自己的生活，不过是一种缺乏想象力的记录工作，更接近历史而非文学。布里安·T.菲奇（Brian T. Fitch）认为《女宾》太接近自传了，不能被视为"自身能够成立的艺术作品"；它引人关注的特点更偏向文学史方面，而不在文学批评上，他补充说（*Le Sentiment d'étrangeté chez Malraux, Sartre, Camus et Simone de Beauvoir*, p.13）。他也毫不令人意外地接着得出西蒙娜·德·波伏瓦缺乏想象力的结论（p.149）。罗贝尔·普莱将《名士风流》视为典型的女性小说，也就是说，其充斥着不顾一切的自白，且极端无趣（见 *La Lanteme magique*, pp.173—174）。"事实上，"他接着说：

> 几乎所有这些科学、思想或政治上的女杰，都为了她们精神上的独立而患上了一种隐秘的幼稚病。……女性的秉性不适合自由：为了最大限度地发挥其独特性，它需要限制和约束。每当有人将一个夏娃的女儿托举到顶点，她就会恶形恶状，说些傻话。……坦率地说，（西蒙娜·德·波伏瓦）根本不是一个女强人，而是一个胆怯、犹豫、容易感伤的人，她在人工强化的智慧头盔之下，强迫自己迈着坚定的步伐前进。（pp.174—175）

99

有一种批评异常强烈地想要将波伏瓦所写的一切归结为对她个性的低俗表达。在这一意义上，让-雷蒙·奥代（Jean-Raymond Audet）当属波伏瓦批评领域当中一种普遍趋势的特别极端的例子。奥代坚称波伏瓦的虚构人物（但尤其是女性人物）"就是"波伏瓦本人——太多的批评家诉诸同一种策略——将一切可能的罪恶都归于这位不幸的作者，包括强行将她自己的心理当作她笔下人物的心理。无需说，这种"论证"中的循环论证并没有威慑力。奥代对波伏瓦与死亡的研究在很大程度上依赖伊莱恩·马克斯在这一主题上更具思考深度的著作，奥代相当狂热地想要证明波伏瓦本人自恋、自我且天真："多么天真！多么自恋！她是多么偏执地渴望（manie）将自己的心理、社会学和政治发展上的嬗变都赋予她笔下的人物！"（*Simone de Beauvoir face à la mort*，p.91）

按照奥代的看法，波伏瓦不仅是《女宾》中的弗朗索瓦丝（p.49），还是《人都是要死的》里面神经质的女演员雷吉娜——"她是一幅极其忠实的作者肖像，"他评价（p.102）——事实上，她是她所创作的每一个人物，包括 20 世纪 60 年代的小说的主人公，比如《被毁掉的女人》里的莫妮克，她是一个从未有过独立事业的家庭主妇，当在一起 20 年的丈夫离她而去时，她精神崩溃了；以及《独白》（*The Mono-logue*）中的米里耶勒，她逼得自己十几岁的女儿自杀，又放任自己大肆咒骂、非难自己的家人、从前的朋友与从前的爱人，几近精神错乱。奥代称《美丽的形象》中患有厌食症的广告主管劳伦斯是波伏瓦本人性格的另一种忠实呈现。在《清算已毕》当中，波伏瓦就许多读者极力将她与这些人物等同起来的情形做了评论：

> 然而有许多读者声称他们在我笔下的所有女性角色身上都看到了我的影子。《美丽的形象》中的劳伦斯厌恶生活厌恶到患上厌食症的程度，她应该是我。《懂事年龄》（*The Age of Discretion*）中愤怒地在大学里工作的女人也应该是我。……当然《被毁掉的女人》除了我自己不可能有别人。……一位女士来信询问，她所

在的文学俱乐部的主席说萨特与我决裂的说法是否正确。我的朋友斯特法在回答提问者时指出，我已经过了四十岁了，也没有女儿，我的生活的方方面面都跟莫妮克不一样。他们终于愿意相信了。"但是，"其中一个人又不满意地说，"她为什么要把所有的小说都写得像自传呢？""她只是想让这些小说真实起来，"斯特法回答。（ASD144；TCF180—181）

且不说文本本身，单看奥代之流的评论者是如何应对这段声明的，就不禁令人发笑。引用了复制在此的这段话后，他做出的唯一评论就是自鸣得意："多么天真的坦率！"（p.122）他说，事实上，他完全同意"文学俱乐部主席"的观点，因为除了与萨特决裂，还有什么能造就《独白》的这种卑琐语言？至于《美丽的形象》，他更是别出心裁，"这一次，我们不会再试图证明劳伦斯就是西蒙娜·德·波伏瓦"，他胜券在握地感叹道："因为她还能是谁？"（p.125）

面对波伏瓦显然无穷无尽的将自己投射到各种虚构人物身上的能力，传统的浪漫派批评家可能会把这当作一种赞美的理由，将她比作莎士比亚（"才思丰富的波伏瓦！"）或至少比作惠特曼（"我如此广袤……包含万千"）。但这种情况在波伏瓦批评中从未出现。每当谈到作者将自己投射到小说中的惯常主题时，总是因为评论者想要说明她身上存在多么令人遗憾的局限性。它尤其被用来"证明"波伏瓦作为一个人和一个作家是多么自恋、自我中心和傲慢：她只对自己感兴趣。这种奇特的说法有这样几个假定：第一，波伏瓦实际上总是在写她自己；第二，她总是认为她笔下的所有人物都是她自己品德的完美化身（无需赘言，这两个假定显然都是错误的）；第三，也是迄今为止最重要的一点，即表现出任何自我满足的迹象对一个女人来说都是一件坏事。

比如说，她撰写多卷自传这一事实本身就被视为她没完没了的自恋的证据。也许有必要指出，人们对男性自传的反应通常并非如此。一篇对三卷本的埃利亚斯·卡内蒂（Elias Canetti）自传的评论在毫不犹豫地指出卡内蒂以自我为中心的同时，首先说了卡内蒂沉浸于自己的特点："卡内蒂对他的伙伴感兴趣，只是因为他们可能会给他带来发现；他作品中的同情大多是留给他自己的。……他对他人的描述很少是温和慷慨的"，却把这种自我中心变成了一种美德：

> 尽管卡内蒂是文学史上头号自我主义者之一，但如果一味强调他的虚荣，我们就可能看不到他的真正目的，即传达内在生活真实状况的方方面面。他游走于多种流派之间，以自己的形象重塑每一种流派；他不断为自己的感受力感到惊讶，他的作品记录了一个人如何以新的方式体验自我。（"Experiencing Egoism"，p.926）

波伏瓦的写作跨越多种体裁，既包括游记也有自传，在某些方面与卡内蒂的作品相似。然而，在她这里，不仅她常用自传体写作这一点被用来证明她的作品有种削弱整体力量的自我中心；她对传统的如政治与哲学等"非个人"话题的讨论，也被贬低为仅仅是对个人话题的情感转移（displacements）。[12]这一主题的一个最受欢迎的变体就是倾向于将波伏瓦的写作简单地视作她与萨特个人关系的结果。据称，她与他的情感关系解释了她的文本；因此没必要认为她拥有多少属于自己的创造力或者洞见。1979 年，当她获得奥地利一项重要的文学奖项时，《费加罗杂志》（*Figaro magazine*）用了如下标题："一个完美的资产阶级：西蒙娜·德·波伏瓦。西蒙娜·德·波伏瓦是第一位获得奥地利欧洲文学奖的女性，她的一切都归功于一个男人。"（Cheverny，p.57）在她去世时，《世界报》（*Le Monde*）刊登了一篇题为"她的作品：普及而非创作"的文章（Jannoud）。

以个人生活败坏政治发言可信度

可以想见，如波伏瓦这样的在政治上直言不讳的女性，将在左派和右派两方政敌当中招致同样多的敌意。然而，诡异的是，出于政治动机对波伏瓦所做的批评中，对政治的讨论出奇的少，对其个性和私人生活毫无意义、不厌其烦的叙述却显然很多。事实上，对其个性描述的不厌其烦最为恰当的描述是"性别主义的个性惯用说法的政治化运用"。这样做的目的是将她的政治选择非政治化，不是将她的政治选择当作对相关问题进行细致思考的结果，而是将其当作一个过度情绪化甚至歇斯底里的女人的莫名其妙的冲动（élans）。这些充满敌意的批评家将对手贬低为一个神经质的女人，从而避免阐明自己的政治观点并为其辩解，更不用说为自己的个人问题辩解。

以性别主义的方式运用这种修辞策略跟以其他方式进行政治性运用之间并没有清晰的分界线：在许多情况下，不管是有意还是无意，都会产生模糊的双重效果。在这方面，"没有女人味的女人"这一父权陈词滥调尤其奏效。波伏瓦经常被说冷漠、自私、以自我为中心、不关心身边人，最重要的是，没有母性。"她完全没有女人与生俱来的三重本能，"一位女天主教徒在 1984 年评论道，"母性本能、养育本能和筑巢本能"（"Simone de Beauvoir, Une féministe exceptionnelle"，p.17）。在政治语境中调用这一常见说法是暗示她的政治承诺缺乏对人类福祉的正常关注。无论波伏瓦本人如何强调她反对剥削、压迫和苦难，她都被怀疑没有"真正"关心世界上每一场冲突中每一个受害者的苦难。

这种特定的修辞策略几乎从未被用来对付男性政治家，它极具欺骗性。公众往往假定，男性在做出艰难的政治决定时，会因责任的重负而忧虑不安。丘吉尔、罗斯福或戴高乐每次令部下遭受代价高昂的牺牲时，从未被怀疑缺乏正常人的感情。就连萨特也很少被攻击缺乏人性。[13]西蒙娜·德·波伏瓦常常被她的政敌指责冷酷无情，这似乎主要是因为她是一位拒绝局限于私人领域的女性。因此，波伏瓦不时就要陷入一种经典的双重困境：如果她写政治，她就会被说冰冷无情、没有女人味，但同时，她的政治观点又会被说成不过是情感问题的转移。然而，如果她真的写自己的情绪了，她立刻就会被指责自私或缺乏艺术性。像弗吉尼亚·伍尔夫一样，波伏瓦罪在没有变成那个根本不写作的女人、那个房间里的天使的化身，并为此付出了十足的代价。

右翼分子调用个人生活来令政治发言丧失信誉的一个极具说明性的例子，可以在勒妮·魏恩加滕（Renée Winegarten）1988 年的研究中看到，它的标题比较节制："西蒙娜·德·波伏瓦：批判的观点"（*Simone de Beauvoir：A Critical View*）。魏恩加滕深受里根主义的影响，其文章娴熟地向读者表明，波伏瓦威胁这个世界的正统思想（bien-pensants）的力量丝毫没有减弱。魏恩加滕的首要关切是将波伏瓦的政治立场描述为完全非理性，从而进一步证明她异常的天真、自欺欺人，以及缺乏对他人的关怀和同情等正常人的品质。她的主要策略不是公开反对波伏瓦的观点，在政治舞台上与波伏瓦正面交锋，而是将波伏瓦的政治决定说成是受男性影响和深度自欺的结果，无论如何都是对逻辑、常识和所谓"人类价值"的蔑视。在魏恩加滕的文本中，歇斯底里的惯用说法——非理性的、过于情绪化的女性——巧妙地跟泼妇或悍妇混在一起。例如，波伏瓦的社会主义被简化为一种个人冲突的表征。"如果她始终坚持反对资产阶级，"魏恩加滕写道，"这毫无疑问是因为她在其中听到了她父亲的声音。"（p.15）她的政治承诺的起因若非萨特或她的父亲，那就是其他男人，通常是某个情人。在麦卡锡时代，她对美国政治的拒斥被归到了纳尔逊·阿尔格伦——那个芝加哥小说家头上：

> 他属于那些过于简单化的人，他们坚信资本主义的腐朽，同情革命事业。……他向她展示了美国生活中最糟糕、最黑暗的一面，证实了她的偏见，并向她灌输了一种这个国家是剥削者和被剥削者的国家的极端观点，这种观点是她永远不会改变的，且会随着时间过去而变得更加坚固。（pp.68—69）

魏恩加滕将这整段经历概括成波伏瓦"跟着阿尔格伦逛贫民窟"

103

（p.69），她显然认为，只有一个被肉欲激情蒙蔽了双眼的女人才会相信美国社会是由剥削者和被剥削者组成的。

在魏恩加滕看来，波伏瓦强烈的反帝立场是完全不可理解的。她怎么会为自己的国家在印度支那和阿尔及利亚的失败而欢欣鼓舞呢？这位评论者显然对整个问题都困惑不已，她试图让波伏瓦看起来像个情感过于丰富的伪君子：

> 这部自传通篇都在叙述她对他人积极参与的政治事务的反应：她的焦虑、她的愤慨、她的愤怒、她的泪水、她对受害者所受苦难的痛苦和恐惧、她的不满，甚至她对法国在奠边府的耻辱性失败（它结束了印度支那的战争）的"满意"。……这种在智识上憎恨自己的文化和文明，同时又通过自己的文学创作为其服务的行为让人很难理解。这是一种越来越普遍的疏远（alienation）。（pp.119—120）

因此，对于魏恩加滕来说，单是认为法国这个殖民国家可能对绝大多数越南人或阿尔及利亚人来说不代表民主，就是向非理性和自私的利己主义卑微投降的证据。魏恩加滕尤其喜欢冷酷无情、毫无人性的政治女性这一刻板印象。比如说，在她看来，波伏瓦在《安详辞世》中对她母亲临终疾病所涉及的社会面向的认识，就是一个令人不寒而栗的证据，证明这个女儿为了她遭受敌意与误解的社会主义牺牲了所有正常人的情感。

像魏恩加滕这样的解读并非无所挂心的练习。相反，魏恩加滕本人坚持她是为了纠正波伏瓦错误的观点，以真理的名义对她的研究对象的意识形态上偏离正道去神秘化："本研究……试图探究一种过于普遍的现代理性主义形式的把戏，这种理性主义形式使其信徒只看到他们希望看到的东西，变革和革命——无论是个人关系还是公共关系方面——在此受到威胁。"（p.6）此处的修辞上的招数显而易见："一种过于普遍的现代理性主义形式"这一冗赘的迂回说法，是一种比喻的用法，它被用来掩盖魏恩加滕真正的靶子：任何形式的社会主义或马克思主义。她针对现代马克思主义者被损害的视野，提出了自己对事物真实本质的更高级见解。不用说，在波伏瓦陷入盲目与意识形态化的地方，魏恩加滕是公正和正确的。在这一点上，她如实反映了特里·伊格尔顿对意识形态的日常定义：

> 在日常对话中声称某人的发言意识形态化，肯定是认为他们是通过某种先入为主的僵化框架来判断某个特定问题的，这种先入为主的框架已经扭曲了他们的理解。我看到的是事物的真面目；而你则是通过某一套来自外部的学说所施加的井底视角来管窥事物。通常是认为对方过度简化了世界——"意识形态化"的判断或言论就是概略化和刻板化——或许还会微微暗示对方有些狂热。(p.3)

无论魏恩加滕还为帝国主义、资本主义和剥削性的个人主义进行了怎样露骨的辩护，她的辩护肯定不是公正的：无需指出，她不可能声称自己掌握了客观真理，而波伏瓦只有意识形态。在我看来，魏恩加滕的意识形态化表现莫过于她不仅试图将自己的政治偏见伪装成普遍真理，而且更狡猾的是，将其伪装成常识。

恰如其分的平衡：自由主义与人类同情

自由主义的批评往往不把自己限定为政治的。对他们来说，意识形态也始终是对他人的折磨，而不是对自己话语的限制。自由主义者明确表示要产出思想独立的学术研究，不带政治偏向和其他形式的偏见，因此他们对西蒙娜·德·波伏瓦的态度未必比右翼人士友好。这一方面是因为他们也大量使用了一些关于个性的惯用说法，另一方面是因为，这些温和的批评者认为波伏瓦明确具有政治性和斗争性的世界观尤其令人恼火。波伏瓦充满激情地拒绝了人文主义本质主义，并且倾向于把比这更温和的观点推向极端，这使得这些批评者更加疏远她。因此他们最喜欢用来责难她的说法是"教条主义"和"极端主义"也就不足为奇了。

总体而言，自由派批评者在表达他们对波伏瓦的反对时，往往不是对她的基本立场进行总体批判，而是以相对零散的方式点对点评述。在许多情况下，这样做并没有什么问题：如果一个批评家不辞辛苦地对一个文本进行详而又详的解读，那么她会对她所发现的矛盾、不一致和缺陷进行评论，这是可预料的事。但是，在批评家所明确表达的善意的判断立场，与她实际提出的大量暗含的严厉批评之间，经常出现令人费解的矛盾。这种双重立场的修辞效果给人的印象是波伏瓦的真实形象终于浮出水面了：如果一个无所偏向的批评者的结论也是贬斥批判，那么一定是因为他们是对的。通过这种方式，这些批评者也像魏恩加滕一样，再现了伊格尔顿所说的意识形态的普通定义。

例如，特里·基夫（Terry Keefe）感叹过多地强调波伏瓦的女性主义以及她与萨特的关系，"往往导致波伏瓦作为一个作家的形象被扭曲"。他明确表示要提供一个平衡的研究来对此加以纠正（*Simone de Beauvoir：A Study of her Writing*，p.5），但他也坦诚承认他对自己结论的性质有某种不安。"任何以理性开放的心态来研究波伏瓦著作的人都会有很大收获，"他写道，"我希望这一点能从下文当中体现，虽然对她的思想和文学成就的批评也相当严厉。"（p.5）事实上，他的书中所充斥的评论是，波伏瓦文本的文学价值勉勉强强。[14]基夫的最终结论是波伏瓦的文章"坚定"且"驳杂"（p.228）；她的许多小说"确实有明显的美学缺陷，让人甚至不愿考虑他们是否算得上艺术作品"（p.229）；她的自传性文本"给我们留下了具有偶然性和事实性的强烈印象，因此我们很容易被其吸引着阅读下去，吸引我们的是它们传达的各种信息，而不是其他什么东西"（p.229）。他勉强承认其中也有例外，波伏瓦被评价为"有一定地位的作家"，尽管她的作品被"一种独特的软弱性或脆弱性"（p.229）所损害。

在《活的当代文学史，1938—1958》（*Histoire vivante de la littérature d'aujourd'hui，1938—58*）这部致力于呈现一幅相对客观的法国当代文学全景的作品中，皮埃尔·德·布瓦代弗尔（Pierre de Boisdeffre）对波伏瓦的论述远远多于所有其他法国女作家——事实上，也远远多于他讨论的绝大多数男作家。奇怪的矛盾再次出现，批评家一边声称波伏瓦是那个时代最重要的作家之一，一边通过批评得出了相当苛刻的结论。一方面，《女宾》是"继《恶心》之后在法国出现的最好的故事（récits）之一"（p.111）；另一方面，布瓦代弗尔的赞美中又语带不满："谁能否认这位小说家几乎像男人一样的力量和气势？否认她智力上的男子气概？正是这种气概使她得以顽强地拒绝放任自流、为优美甚至为她本身的自恋特性让路。"（p.269）如果说波伏瓦终究算不上一位真正重要的作家，最重要的原因似乎是她非常遗憾地缺少女性特质："西蒙娜·德·波伏瓦缺的不是智慧或天分，或许是接受生命的天然馈赠所需的谦卑。……她的作品带有完全男性化的野心，引起了人们的好奇，却没有产生真正的影响。"（p.117）[15]

伊莱恩·马克斯的《西蒙娜·德·波伏瓦：与死亡相逢》是自由派批评的一个绝佳范例，这本书出版于 1973 年，远早于女性主义涌向波伏瓦研究的时间。应当指出，马克斯后来关于波伏瓦的女性主义著作以其敏锐和公正的态度而著称［例子见 *Critical Essays* 和 "Transgressing the (In) cont (in) ent Boundaries"］。马克斯的研究严肃且深入，并且采用了一种新颖且有力的方法论——将来自不同文本，通常也是不同体裁的，书写同一经历的文字段落并置在一起——这种方法极其有效地揭开了被忽视的波伏瓦作品的不同面向之间的联系。但是不可否认的是，她的研究也算得上对波伏瓦本人的严厉谴责。随着她的论述的展开，马克斯的语气有意或无意地变得越来越有敌意：在《西蒙娜·德·波伏瓦：与死亡相逢》这本书的后半部分，她大量地提到了波伏瓦"病态的自我中心"（p.81），"歇斯底里的反应方式"

（p.95）和"怪异的回避"（p.99）。

马克斯的主要论点是，波伏瓦的作品包含对死亡的漫长沉思。波伏瓦痴迷于死亡，却未能完全直面死亡；她的作品实际上是一系列的"回避"。马克斯对其研究发现的总结是黯淡的：

> 论述和逃避都注定失败。她的全部写作都是"对死亡的沉思"；她所有的主题和阐述都是无止境地与自己的死亡搏斗的借口，她清楚地意识到自己的死亡，但无论从情感还是智识上，她都没有办法不带歇斯底里或意识形态地去面对死亡。（p.126）

换句话说：波伏瓦以自我为中心，在情感和智识上都不够成熟，而且容易歇斯底里地以意识形态扭曲现实。

我认为，可以看出马克斯对西蒙娜·德·波伏瓦的嫌恶并不仅仅是特例或巧合，而是她坚定不移地忠于异常纯粹化和抽象的人文主义的必然结果。在马克斯看来，波伏瓦的作品被一种张力撕裂，占据一方面的是一种荒诞感，它被定义为"万物核心中的空洞感"；占据另一方面的则是"不顾一切地填补空洞的需要，这通常被称为承诺"（p.3）。马克斯认为，这种对立产生了两种不同的文学风格：第一种风格是她全心全意赞赏的，着眼于荒诞，试图描述"世间万物的本来面目"（p.3）。另一种则是承诺的修辞，不幸的是，它也有其糟糕的审美：

> 承诺的节奏活跃且有节制。它的语调充满关切、缺乏幽默、乐观，但绝非讽刺；它的语言词句优美，睿智，肃穆，充满自信与信念。主要的主题是团结统一，观点总是关于道德、社会与政治。荒诞宇宙中的君主"馈赠"，被"有用"所取代，玩耍被完全的活动所取代，分析被综合文体所取代，现象学被意识形态所取代。在从荒诞到承诺、从死亡到历史的飞跃中，一个具体的问题被赋予了抽象的答案。（pp.3—4）

按照马克斯的观点，荒诞的风格可以产生"充满张力的瞬间，对感受和情感的细致描述；对软弱无情、尖锐的分析"（p.4），而承诺只能制造粗劣的语言风格："往往是平淡、庸俗的新闻报道，对显而易见的事情进行无休止的解释，傻笑着谈论道学陈词滥调，让读者感到厌烦和尴尬"（p.4）。马克斯的结论丝毫没有讽刺的意味："死亡和荒诞，"她宣称，"总是比历史和承诺更优雅、更高级。"（p.4）换句话说，真正的高雅审美与政治参与是不相容的，在波伏瓦的作品中是如此，在其他地方也是如此。艺术必须与历史无关：相比对"事物本身"进行直接的思考，"意识形态"将不可避免地制造蹩脚的写作。考虑到这一出发点，马克斯的结论是可预见的：波伏瓦坚持将存在的痛苦与社会和政治活动并置，她"令人恼火"而"尴尬"地为历史而错失了普遍真理。[16]

马克斯奇怪地坚持将死亡与历史绝对对立起来，这使她认为，对死亡的形而上学荒谬性的思考是具体的，而通常被认为是男男女女生与死的发生之地的历史，则是抽象的。她深深相信，人类的本质永恒不变，具有最高的现实性，这种信念再清晰不过了。正是这种与波伏瓦本人的哲学关切截然相反的信念，使她拒绝接受任何对政治、社会或历史，甚至对人类社会的关切，并将其视为意识形态的蒙昧主义。

马克斯对"具体"的奇特定义使她把波伏瓦描述的每一种死亡都贴上"抽象"的标签。最后，读者不禁要问，除了自己的死亡之外，是否还有任何死亡可称得上足够"具体"？例如，在《一个规矩女孩的回忆》中，波伏瓦描述了她还是个小女孩时得知用人路易丝的孩子死亡时的绝望，对她来说，这一幕与路易丝所处的贫穷环境密不可分（见 MDD131；MJF182—183）。在马克斯看来，这种反应是对死亡事实的回避；她认为，这种反应"与其说是与死亡相遇，不如说是与'社会'相遇，'社会'是一种人类的不正义，因此也是一种可以补救的不正义"（p.41）。马克斯抱怨说，这种策略剥夺了我们"对死亡的清晰认识"（p.41）。只有对纯粹的死亡进行不偏不倚的思考才能将

"对死亡的清晰认识"交还给我们。只要波伏瓦拒绝遵循这一要求，她就会被指责为冷酷无情。马克斯认为，她对路易丝的孩子之死所产生的混乱心理是社会诱发的"内疚"，而不是纯粹的痛苦，因此不能算真正的同情。在马克斯看来，出于一种彼此连接感去接触他人，超越严格意义上的个人主义关切，就是背叛死者。

按照马克斯的逻辑，谁死并不重要，重要的是抽象而普遍的死亡。在马克斯看来，波伏瓦的"自我中心"其实就在于拒绝承认这种卓越的洞见是真理。她认为，波伏瓦对法西斯分子和通敌者的令人反感的谴责最能体现她缺乏普遍人性的一面。波伏瓦的确赞成死刑，在1946年首次发表的一篇文章《以眼还眼》（*Œil pour œil*）中，她主张处决法西斯主义评论刊物《我无处不在》（*Je suis partout*）的反犹编辑罗贝尔·布拉西拉赫（Robert Brasillach）。在占领期间，布拉西拉赫经常刊登躲避警察的犹太人的姓名和地址。在《以眼还眼》中，波伏瓦权衡了对通敌者判处死刑的赞成和反对的观点。她说，一个问题是，通敌者被绳之以法时的政治局势与他们犯罪时的政治局势截然不同。因此，人们很难将他们视为曾经令人咬牙切齿的权力人物；相反，他们往往看起来像新秩序的惨淡受害者。"我们希望处死的是《我无处不在》的编辑，"她写道，"而不是这个急切想要求个好死的男人。"（*Œil pour œil*，p.149）马克斯的评论将自由派对绝对和本质人性的自信推向了新的高度：

> 但《我无处不在》的主编过去是、现在也只能是一个男人，就像墨索里尼、达南德、希特勒、巴卢和哈尔科夫的刺客都是男人一样。* 西蒙娜·德·波伏瓦的普遍人性很少有被触发的时候；

---

* 约瑟夫·达南德（Joseph Darnand，1897—1945）为法国通敌者。让·巴卢（Jean Balue，约1421—1491）是一位法国红衣主教，1469年至1481年间因叛国罪被捕并被拘留。哈尔科夫（Kharkov）的刺客指的是在1943年12月哈尔科夫战争罪审判中的四名被告，其中有一名苏联通敌者，另外三名是德国人，他们是国防军、警察和党卫军，他们对战时许多平民的死亡负责。

一旦被触发，她便极度痛苦。她无法与不亲密的人共情，因此也就无法因他们而触动感情。她此前选择用以描述现实的词句使她与现实隔绝。(p.69)

如果马克斯只是想反对死刑，我当然会支持她反对波伏瓦。然而，马克斯忠实于她抽象的人文主义承诺，并没有提出这样具体的政治问题。她的观点不仅是说我们应当对希特勒和墨索里尼的死抱有同情，而且是说波伏瓦在1946年拒绝同情他们暴露了她缺乏人性（冷酷无情的政治女性的惯用说法）。

滥竽充数的知识分子：讽刺作为一种恶意的修辞

波伏瓦是一位直率敢言的女性，也是一名高水准的哲学教师，所以用来诋毁她的最重要的惯用说法是"蓝袜子"也就没什么奇怪的。这一形象维持着冷淡、不露声色、去性别化的知识女性特点，往往与上文所研究的没有女人味或不流露母亲气质的女性形象相互重叠。因此，波伏瓦在战争期间为萨特和他们的朋友做饭时，饭菜居然是能吃的，令康拉德·比耶贝（Konrad Bieber）惊奇不已："这个出了名的蓝袜子在酒店房间里用临时炉灶做饭，还得到了认可，这个场面不可谓不有趣，"他说。（Simone de Beauvoir，p.64）

有许多次，他们把这一惯用说法运用到了堪称精彩的地步，1954年，鲁昂的《巴黎-诺曼底报》（Paris-Normandie）发表了一篇关于波伏瓦的长篇报道，这篇报道就属其中之一。这篇题为"西蒙娜·德·波伏瓦——存在主义的'女教皇'"的报道声称转载了波伏瓦的一名学生于1934年在鲁昂圣女贞德中学记下的一些日记。这名学生的身份仍然不明，而这本"日记"的真实性也让我觉得非常可疑。不过，无论是虚构还是事实，这篇新闻报道都很好地呈现了1954年一家法国外省报纸所认为的，什么是合适地报道一位国际知名的女知识分子的方式。三分之二以上的所谓日记摘录都是对波伏瓦外貌特征的详细描述。波伏瓦给人的第一印象是相貌平平，缺乏平衡感："老师波伏瓦女士走路时装腔作势地踩着碎步，仿佛随时都可能失去平衡。……我看着她：个子不高，很年轻，很讨人喜欢，但并不漂亮。"在详细描述了她的脸和脑袋之后，这位学生得出结论，这个女人有两个非常了不起的地方："有两样东西很引人注意：太阳穴和脖子上的血管。当她说话时，这些血管会膨胀跳动，显示出强烈的智力活动。"在把斐勒斯转移到有思想的女人的头部之后，这位学生又顺理成章地宣布它在其他地方的缺失。"这个孩子般的身体的其他部分并不和谐。当她站起来时，"她写道，"似乎会失去平衡。"[17]看来，这个老师的身体既不是女性的，也不是男性的，而是孩子般的；不仅缺乏斐勒斯的力量，也缺乏任何一种成人的性特征。

蓝袜子这一陈词滥调还有一个有趣的变体，那就是"一本正经的女学生"或"沉闷古板的女教师"。在法语语境中，明确提及学校的情况包含着一系列相当具体的含义。这不仅仅是对女性努力表现得像男性一样博学的可悲行为的一般性否定。真正让波伏瓦的批评者，尤其是法国批评者恼火的是，波伏瓦这位知识女性所拥有的正规训练和资历在大多数情况下要胜过他们。勒内·吉拉尔（René Girard）在1961年对《岁月的力量》的评论中，将女学生的形象运用到了极致：

> 波伏瓦女士早年是学校里的女神童之一，在学校里赢得所有的奖项和一流的荣誉（mentions très bien），因此污染了那些相对比她们更松弛的兄弟和表兄弟的生活。这些女神童是法国真正的国家制度之一。孩子们的学业成绩是中产阶级家庭之间竞争的主要领域。女孩通常领先于男孩，因为她们更渴望取悦父亲。然而，高中毕业会考结束后，她们马上就要放弃所有的知识追求，成为妻子和母亲。竞争突然转向其他领域。那些满脑子都是三角学和康德哲学的小天才们，往往一辈子都不会再翻开一本书。

110

波伏瓦女士是个特别聪明的人，她无法忍受放弃一流荣誉的念头，她干脆拒绝重新进入家庭生活，从而第一次表现出了使她成名的、至今仍未熄灭的反抗精神。无论我们如何钦佩这一勇敢的行为，我们都不能夸大革命的范围。……波伏瓦女士是所有其他女性一等奖获得者的代言人。（"Memoirs of a Dutiful Existentialist", p.85）

吉拉尔精彩地阐释了这一惯用说法所蕴含的意义：男学生松弛而自在；女学生则刻苦用功、扫兴得很，把她们的兄弟变成陪跑的失败者，不是因为她们更聪明，而是因为她们为了取悦父亲，过度用功。此外，女学生从来都不是真正的知识分子：一旦她们在这场全女性竞赛中夺得第一，获得了人生中唯一重要的一等大奖——男人——她们就会高兴不已，再也不碰书了。

在法国，流行杂志和报纸的记者和评论人尤其喜欢这种形象。从单纯的调侃到刻毒的讣告，每当他们对波伏瓦的思想不以为然时，这一惯用说法就会被搬出来。[18]"她的回忆录非常巧妙地（très sagement）围绕着某些主题进行了编排，"马蒂厄·加莱（Mathieu Galey）在其对《清算已毕》的书评中写道，"论文的结构很好。""给人感觉……像在听教堂布道，"《世界报》看到电视中的波伏瓦后如此抱怨（"Féminisme = humanisme", p.11）。偶尔这一形象也会以反转的方式出现：波伏瓦竟不是个凶悍的蓝袜子！在一篇对《一个规矩女孩的回忆》的善意的评论中，热纳维耶芙·热纳里感叹道："事实上我们遇到的并非一个圣兽，一个从哲学之神的大脑中全副武装蹦出来的或者自发产生的密涅瓦！"

女学生和女教师是去性别化的（干瘪老处女和老姑娘也相去不远）、刻板、墨守成规、且在知识上有其限制；而真正的知识分子则阳刚、广博、灵活、富有创造性。学校适合女性，因为这里是严肃而有纪律地服从众人之见（doxa）的地方；而真正的智识上的创造性如游戏一般、不墨守成规且有超越性，因此必定属于男性。如果波伏瓦很快为自己赢得了"充满勇气的工作、惊人的研究和直言不讳的思想习惯"这样的赞誉——如玛丽·埃尔曼（Mary Ellmann）的用词（"The Dutiful"，p.94）——它并不像听起来的那样是十足的恭维。

伊莱恩·马克斯所说的讽刺和反讽在波伏瓦批评当中比比皆是，其中最明显的莫过于对知识女性矫揉造作的频繁抨击。然而，应该记住的是，泛泛地使用个性特点这一惯用说法，试图将人们的兴趣从女性的思想转移到她的身体或性格上，也会产生深刻的反智效果。在贬低波伏瓦的知识分子身份时，批评者最常滥用的词汇之一就是天真及其近义词。例如，女店员的形象被如此频繁地使用，正是因为它有效而简洁地传达了女性的无知与天真。我认为，讽刺与对天真的指责这两者的结合并非巧合。修辞上说，古典反讽（Classical irony）首先意味着距离感和优越感。波伏瓦是一位非常成功的知识女性，她对那些以学者或记者自居的缺乏安全感的男性来说，是一种深深的威胁：如勒内·吉拉尔向我们表明的，她根本拒绝将知识竞赛留给男性。通过使用反讽手法，评论者既能使自己与女性挑战者保持安全距离，又能显示出自己微妙的在洞察力上的优越。

古典反讽的效果依赖于表象与真相之间泾渭分明的对立假设：反讽者被假定具有真正的洞察力，而受害者则被无知蒙蔽了双眼。显然这种反讽通过诉诸反讽者及其观众假定共享的一套价值观而奏效。[19] 如果这一过程缺失，反讽也就消失了。顺便提一下，这也是女性主义者对大量继承了父权式反讽的波伏瓦如此恼火的原因。这种反讽隐含地假设存在一种共同标准，从而压制了彼此相反的世界观清楚对峙的需要。然而，古典反讽咄咄逼人，再现了弗洛伊德在笑话和俏皮话中发现的受害三角结构（见 *Jokes and their Relations to the Unconscious* 第五章）。反讽要想奏效，反讽者和"反讽接收者"（ironee）之间必须是共谋关系，在这种共谋关系中，双方都理所当然地认为自己比"被反讽者"（ironized）优越。由于反讽的目的之一是在反讽者与其受害者的价值观和见解之间拉开最大距离，因此"被反讽"的受害者往往是反讽者自身标准的直接反面的化身。

反讽的对立面是天真：天真的人毫无艺术性，孩子一般缺乏辨别能力，还有什么比这更远离反讽修辞的优雅吗？因此，反讽的形象具有深刻的认识论意义：要区分的是知识与无知、洞察与盲目。我认为，这就是波伏瓦批评中频繁使用讽刺和反讽的原因。没有什么比攻击一位知识分子、一位哲学教师、一位哲学论文和政论文作家的无知更具有讽刺意味了。波伏瓦的批评者们穷尽"天真"这个惯用话题，想传达出的是一个对自己话语的影响毫无知觉的孩童形象。因此，这一形象与女学生的形象相辅相成：两者共同塑造了一个假知识分子的形象。 112 一个女人以这种方式被斥为认识论上的滥竽充数者，这正是问题的关键所在：女性从事智识活动的权利，尤其是从事哲学的权利，一直受到父权意识形态的激烈质疑。西蒙娜·德·波伏瓦在批评家手中的命运表明，这场斗争到今天还没有结束。

注释

1. 本章无意写成全面的评价研究。娜塔莉·杜瓦尔（Nathalie Duval）即将对北美对西蒙娜·德·波伏瓦的评价进行全面探讨，她热情地让我阅读了她的学位论文（Maîtrise dissertation），《研究西蒙娜·德·波伏瓦的〈第二性〉在魁北克法语区和加拿大英语区的文学评价》（"Étude de la réception littéraire du Deuxième Sexe de Simone de Beauvoir au Québec francophone et au Canada anglophone", Nanterre, 1989），以及她的第五年论文（DEA dissertation）《西蒙娜·德·波伏瓦：拒绝、争议与正统化或北美法语区和英语区（魁北克、加拿大和美国）对西蒙娜·德·波伏瓦的接受》["Simone de Beauvoir: Rejets, controverses et légitimation ou la réception de Simone de Beauvoir en Amérique du Nord francophone et anglophone (Québec, Canada et Etats-Unis)", Nanterre, 1990]。在与娜塔莉·杜瓦尔的个人交谈中，我也了解到许多对西蒙娜·德·波伏瓦的评价。

2. 我参考了杂志和报纸上的文章以及学术研究，并不局限于学术意义上的批评。为了避免尴尬的重复，在本章中，我有时使用"批评"一词作为"接受/评价"（reception）的近义词。

3. 简·温斯顿（Jane Winston）写过一篇关于玛格丽特·杜拉斯获得的评价的精彩文章，记录了对杜拉斯作品的反应中的性别歧视。根据温斯顿的证据，杜拉斯的批评者们显得更加傲慢，但不及波伏瓦的批评者们那么恶毒。

4. 1992 年，继贝尔的传记之后，玛格丽特·克罗斯兰又出版了《西蒙娜·德·波伏瓦：女人和她的作品》（*Simone de Beauvoir: The Woman and Her Work*），该书对贝尔的叙述几乎没有补充。

5. 勒德夫之所以没有出现在我注释 8 中的作者名单中，是因为她从未写过一本专门论述波伏瓦的书。

6. 关于这一点的详细讨论，见本书第七章。

7. 基夫（Keefe，见注释 8）是个例外。

8. 我在阅读 1958 年至 1992 年间用法文或英文出版的关于波伏瓦的长篇研究时，发现将材料大致做出以下几个分类颇有助益（我将出版年份也包括在内，以帮助读者识别各种趋势的出现和消失）：

天主教：亨利（Henry），1961；乌尔丹（Hourdin），1962；加涅班（Gagnebin），1968。

存在主义/社会主义：让松（Jeanson），1966；朱利恩-卡菲耶（Julienne-Caffié），1966。

学术：热纳里（Gennari），1958；范德贝格（Berghe），1966；雅卡尔（Jaccard），1968；拉索茨基（Lasocki），1970；莫姆巴奇尔（Moubachir），1971；凯龙（Cayron），1973；马克斯（Marks），1973；科特雷尔（Cottrell），1975；奥代（Audet），1979；比耶贝（Bieber），1979；惠特马什（Whitmarsh），1981；基夫（Keefe），1983；马克斯（Marks）（ed.），1987；希布斯（Hibbs），1989；布罗斯曼（Brosman），1991。

大众：德屈布（Descubes），1974；马森（Madsen），1977；阿莫加特（Armogathe），1977；弗朗西斯和涅普斯（Francis and Niepce），1978；弗朗西斯和贡捷（Francis and Gonthier），1985；德奥博纳（Eaubonne），1986；阿皮尼亚内西（Appignanesi），1988；魏恩加滕（Winegarten），1988；贝尔（Bair），1990；克罗斯兰（Crosland），1992。

女性主义：利拉尔（Lilar），1969；莱顿（Leighton），1975；阿舍尔（Ascher），1981；泽菲尔（Zéphir），1982；哈彻（Hatche），1984；埃文斯（Evans），1985；奥凯利（Okely），1986；法莱兹（Fallaize），1988；希思（Heath），1989；福斯特和苏顿（Forster and Sutton），1989；帕特森（Patterson），1989；隆格伦-戈思林（Lundgren-Gothlin），1991。

这些分类相当粗略。"学术"和"大众"的划分尤其依凭印象。例如，贡捷和弗朗西斯以及贝尔所著的大体量的传记，同时具有学术性、通俗性和女性主义色彩。这份清单并不包括那些其中重要章节或一部分用于专门论述波伏瓦的书。不过，我还是想提及纳哈斯（Nahas）于 1957 年发表的著作，它是一部研究波伏瓦的早期重要著作。我还参考了如下著作：巴恩斯（Barnes），1959；菲奇（Fitch），1964；科内尔（Huvos），1972；塞勒（Celeux），1986。这些学术性很强的著作都包含一个或多个关于波伏瓦的章节。女性主义研究的先驱奥菲尔（Ophir）于 1976

年发表的著作也包含对波伏瓦《被毁掉的女人》的系统解读。其他对波伏瓦进行了有趣的女性主义解读的著作还有：埃文斯（Evans），1987；桑科维奇（Sankovitch），1988；休伊特（Hewitt），1990；塞奇（Sage），1992。

9. 由于我将在本书第七章对《第二性》的论述中更详细地讨论女性主义者对西蒙娜·德·波伏瓦的评价，本章将重点讨论对波伏瓦的其他政治回应。

10. "Jeune fille de la ville, simple et frivole." 后面跟的例子是"侏儒的品位和阅读"（Goûts，lectures de midinette.）。

11. 不过，他也有竞争对手。波伏瓦和热内去世后，《分钟》（*Minute*）的讣告以"Deux morts sans importance"（两个无足轻重的死亡）为标题，并得出结论说，既然他们已经去世，"这个世界对我们来说似乎干净了一些（un peu plus propre）"。

12. 弗朗西斯·让松（Francis Jeanson）对《一个规矩女孩的回忆》的研究是一个很大的例外，他在该书中出色地表明严肃的哲学问题是该文本的基础。

13. 不过，这种情况确实发生过。萨特的前秘书让·科（Jean Cau）在他的《记忆草图》（*Croquis de mémoire*）中声称："'人类仁慈的乳汁'不仅对他来说是喝不得的，而且他根本不懂有这种东西。如果他吞下一口，他就会认为自己在吸毒。他就不再是——我想用形容词——'自由'的了。"（p.251）

14. 例子见 *Simone de Beauvoir：A Study of her Writing*，p.50，p.55，p.111，p.123，p.137。

15. 最后一句翻译起来很别扭。原文是"Et cette œuvre d'une ambition toute masculine suscite plus de curiosité qu'elle n'exerce d'influence vraie"。

16. 我同意马克斯的观点，即波伏瓦被一种空虚感所困扰。我也同意她所说的波伏瓦的作品在调子上表现出明显的摇摆。但我看不出这与波伏瓦的政治承诺有什么关系。马克斯说波伏瓦作品中的每一个"政治"段落都表现出"新闻"风格，并不是这样。波伏瓦在《境遇的力量》中对阿尔及利亚战争痛苦的描述与她所写的其他作品一样充满力量和活力。波伏瓦风格的变动不能通过历史与死亡的截然对立来解释；而必须被理解为抑郁范围内的波动（关于这一点的进一步讨论，见本书第八章）。对我来说，对波伏瓦文字风格造成压力的不是死亡本身，而是抑郁。尽管如此，马克斯仍是我遇到的唯一一位真正试图理解波伏瓦风格的评论家。

17. 这些引用均来自 Reuillard。遗憾的是，玛格丽特·杜兰图书馆的剪报没有提供页码。

18. 卡雷福（Carrefour）打趣道："西蒙娜·德·波伏瓦或教育家。"雅克·昂里克（Jacques Henric）抱怨道："一个令人讨厌的女教师。"

19. 我感谢卡勒（Culler）在他的《福楼拜》（*Flaubert*）第185—207页中对反讽的讨论。

第二部分

第四章 《女宾》：一场存在主义情节剧

当生活中的某些东西稍微脱离正轨，文学就诞生了。……我 115
严格的工作习惯徒劳无益，直到（我的）幸福受到威胁，我在焦
虑中重新发现某种孤独，这才得以改变。不幸的三人关系不仅为
我提供了创作小说的题材；还使我得以处理这个问题。

《岁月的力量》

西蒙娜·德·波伏瓦在《岁月的力量》中说，《女宾》的结尾是一
场美学灾难。"我常常因为这个结尾受到批评，毫无疑问，它是全书最
弱的地方，"她写道，"杀人不是一种普通的行为。我所描绘的弗朗索
瓦丝和我一样不会杀人。……我没能让日常生活崩坏成为悲剧使我的
错误变得越发惨烈。"（PL339—340；FA387—388；TA）[1]从品位裁判的
眼睛打量自己的作品，让她进一步证明了自己的缺陷，她质问自己小
说的整体结构，承认这个灾难性的场景并不是为了结束文本而孤注一
掷的最后尝试，而是整部小说存在的理由（raison d'être）。此外，她
写道，她甚至以创作这部低劣的作品为乐："就文学是一种有生命的活
动而言，我必须以这一结局结束，它对我个人而言具有一种宣泄的性
质。"（PL340；FA388）在《女宾》的写作过程中，波伏瓦经历了自己 116

的审美和智识价值与心理需要之间的冲突：

> 重读最后几页，今天看来是如此矫揉造作、死气沉沉，我几
> 乎不敢相信，当我写下这几页时，我的喉咙就像背负着一桩真正
> 的谋杀案一样紧。然而，事实就是如此；坐在那里，手握着笔，
> 我带着一种恐惧体验到了隔膜。格扎维埃尔的谋杀看起来像是一
> 出我不知如何收场的戏剧的突兀而笨拙的结尾；但事实上，它是
> 整部小说的动力和存在的理由（PL340；FA389；TA）。

在这里，西蒙娜·德·波伏瓦仿佛同时在为自己犯下的写得烂的
文学罪行——为她的小说写了一个"突兀"而"笨拙"的结尾——开
脱，并肯定这一罪行完全有其必要。然而，这种必要性既不是文学上
的，也不是哲学上的，而是生理上和心理上的："我的喉咙发紧"，"我
带着一种恐惧体验到了隔膜"。在同一页，她还坚持这种写作体验的幻
想性和身体性："我必须将我的幻想进行到底，以赋予其形体（lui
donner corps）。"（PL340；FA389；TA）在书写另一个女人被杀的过程
中，波伏瓦似乎不由自主地感觉到——埃莱娜·西苏大概会说——她
是在"书写身体"。

读完这段令人惊奇的文字，我很难不提出这样的问题：为什么弗
朗索瓦丝杀死格扎维埃尔的那一刻让波伏瓦在心理上有如此强烈的投
入？在阅读《女宾》时，是否有可能捕捉到弗朗索瓦丝最后罪行的心
理意义？我们是否真的可以将格扎维埃尔的窒息而死不仅仅理解为一
个不幸的文学错误，而理解为整个文本存在的理由？可以肯定的是，
作者自己的评价暗示我们不能这样做。如果我们相信波伏瓦的话，那
么最后的谋杀就打破了她自己的文本的心理与哲学逻辑；她似乎觉得
书写身体就是作为一个作家的失败。至少在她写作《岁月的力量》时，
她似乎已经让自己接受：《女宾》的最后一幕代表了不幸的在文学上失
去节制。她对自己写作时的感受的描述，与其说是为自己的行为开脱，

不如说是试图解释自己为何会犯下如此不可原谅的与高雅品位背道而驰的罪行。我在这一语境下，感兴趣的是波伏瓦对正统文学品位的臣服（"我知道结尾不好"）与她对同一段结尾的巨大心理投入（"我不得不写"）之间的紧张关系。在《女宾》中是否还有另一种逻辑在起作用，在这种逻辑中，格扎维埃尔之死并不仅仅代表了"笨拙"的写作？一种在波伏瓦自己的解读夹缝中运作的逻辑？如果有的话，这种逻辑与波伏瓦对自己创作了"烂"文学作品的不安感有什么关系？

一场失去节制的谋杀：情节剧与侦探小说

我们不能简单地否认波伏瓦对《女宾》结尾的不安。格扎维埃尔 ₁₁₇ 的死存在某些不合逻辑、不切实际和过度的地方。[2] 即使考虑到波伏瓦自己的哲学前提，弗朗索瓦丝——一个深度投入工作的有抱负的作家——也几乎不需要通过杀人来摆脱他者的暴政，获得真正的、负责任的自由。她完全可以安下心来写作，这个解决方案对西蒙娜·德·波伏瓦本人来说也十分奏效：

> 但最重要的是，通过一项罪行，让弗朗索瓦丝摆脱她对皮埃尔的爱所造成的依附地位，我重新获得了个人的自主权。自相矛盾的是，这样做并不需要我自己做出任何不可原谅的事，我只需要在书中描写这样的行为。无论得到怎样用心良苦的鼓励和建议，写作仍然是一种不可与他人分担责任的行为。（PL340；FA388—389）

要想对无可挽回的行为承担独属于自己的责任，写作显然可以像谋杀一样令人满足：杀死格扎维埃尔不能仅以哲学来解释。

在《女宾》当中，过度或夸张的写作并不局限于最后的场景。随着叙事的发展，弗朗索瓦丝的语言越来越带有一种骇人的哥特式想象。一般来说，这种略带超现实色彩的夸张表现在与格扎维埃尔的关系上，格扎维埃尔被赋予了从用触手将弗朗索瓦丝活活吞噬（见 SC295；I367）到吞下（engloutir）整个宇宙的各种能力（SC292；I364）。随着弗朗索瓦丝与格扎维埃尔的关系越来越极端，她的语言也越来越极端。因此，杀死格扎维埃尔的场面既惊人地紧张，也有一种奇特的简洁。比如我们可以参看在宣泄式的结局之前的这一幕的语言。格扎维埃尔刚指控弗朗索瓦丝抢了她的男朋友热尔贝，说这是一场纯粹的出于嫉妒的阴谋：

> 她穿过走廊，像一个盲人一样蹒跚地走着，热泪盈眶："我嫉妒她。我夺去了她的热尔贝。"泪水和话语像烧红的铁块一样在燃烧。她在长沙发上坐下，痴呆地重复着："我做了这些。是我。"在黑暗中，热尔贝的脸像一团黑火在燃烧，地毯上的信像一纸罪恶的条约那样卑鄙。她把手绢放到嘴唇上。一股灼热的黑色熔岩在她的血管中流淌。她想去死。（SC406；I499）*

118　　弗朗索瓦丝的负罪感和羞耻感，以及她被格扎维埃尔谴责——或者说诅咒——的感觉，通过反复强调与地狱之火和折磨相关的黑色和燃烧得到了传达。就像浮士德一样，弗朗索瓦丝将自己的信件视为显然的与魔鬼本人签订"地狱"契约的标志。弗朗索瓦丝准备杀人，她沉浸在摩尼教善恶斗争的幻想中。此处引用的段落中，她几乎屈服于格扎维埃尔的判断：一瞬间，她将自己视为恶魔。然而，在《女宾》中，这场旷日持久的斗争是在认识论的基础上进行的；这场斗争的关键在于定义世界的权力，决定什么是真相的权力，成为真正的知识不容置疑的掌握者的权力。

　　在考虑这些观察的含义时，我突然想到，要形容这种风格，我需要的词是情节剧。或许，尽管《女宾》有广袤的思想内涵、文学野心

---

*　本段译文引用自《女宾》，上海译文出版社，2010 年版，译者周以光。

和哲学视野，但它仍然带着情节剧的污名？在那些法国文学界备受尊崇、执掌权力的人眼中，没有什么比这更能留下这部作品有点过度——有点不正统的印象了。且如我们已经看到的，我们完全有理由认为，西蒙娜·德·波伏瓦本人也认同这一领域的主导权力者的价值观。与此同时，她自己在法国思想界和文学界的地位也非常暧昧：作为一名女性，她内化并认同了一套价值观，而这套价值观导致了她自身的边缘化。也许这种特殊地位所产生的张力可以解释，为什么在这个极力想成为典型的知识分子小说的叙事中，会掺杂情节剧的情节？或许是，最终的结局描述的是两个女人而不是两个男人之间的生死搏斗，更容易被视为情节剧，更容易使它将自己视为情节剧？

　　如果不对文学当中的情节剧冲动的本质做更细致的了解，就很难越过徒劳的猜测。根据彼得·布鲁克（Peter Brooks）在他有广泛影响力的研究《情节剧式想象》（*The Melodramatic Imagination*）中的观点，情节剧首先是一种过度的模式。布鲁克写道，在"表达一切"（p.4）的冲动的驱使之下，单纯的戏剧情节剧上演的是"基于摩尼教式的善恶斗争的激烈的情感与伦理戏剧……它们之间的冲突暗示了认识和面对邪恶，与邪恶斗争，驱逐邪恶，清理社会秩序的必要性"（p.13）。但传统的戏剧情节剧并不是情节剧式想象的唯一表现方式：在布鲁克看来，情节剧模式也是现代情感的核心。情节剧式的想象坚持认为"在现实背后，存在一个被现实掩盖又透过现实显露出来的领域，宏大的道德力量在其中发挥作用，对生存方式的宏大选择必须在此做出"（p.21），它寻求的是日常生活看似平淡无奇的细节中隐含的超验存在、意义与内涵。鉴于它把每个符号都当作是指向某种隐藏在偶然现象的表象背后的超验真理，情节剧把一切都变成一种潜在的隐喻。

　　但是情节剧也有心理或精神分析的维度。布鲁克认为，情节剧最深的吸引力来源是它的修辞代表了一种"对压抑的战胜"（p.41）。它"说出一切"，拒绝审查与压抑的冲动或许正是情节剧往往让观众尴尬的原因，因此也是它被列为"烂"文学的原因：它说出了"被认为太

119

过分、太赤裸、太不经修饰的本不允许说的认同"（p.42）。在此意义上，可能还可以说，情节剧之所以让我们尴尬，是因为它太接近于我们通常试图压抑的粗鄙自恋的白日梦或幻想。弗洛伊德在其发表于1908年的文章《创作型写作者与白日梦》（"Creative Writers and Day-dreaming"）中写道，通常来说，他人的幻想会令我们感到恶心。如果说创作者的幻想让我们感到愉悦，那只是因为它们被包裹在风格的诱惑当中，或者弗洛伊德所说的"纯粹形式"或"审美"的前期快感（fore-pleasure）当中（p.153）。如果说《女宾》让读者产生了淡淡的不悦或不安，可能恰是因为它严格地拒绝展示弗洛伊德所推崇的极具诱惑性的"技巧"，这种艺术既能够诱惑我们，又能让我们真正沉湎于我们都暗自怀有的毫无美感的、平庸的幻想之中。

就我对这一体裁的阅读，情节剧，或者更准确地说，是情节剧模式，它具有一种明显的认识论特征：它的核心是洞察或厘清的需要，详细呈现参与道德或伦理斗争的对立派别的需要。此外，我认为，鉴于情节剧总是试图表达——或释放压抑的——基本的心理冲突，它对于道德洞察的辛苦努力总是会掩盖——但从不彻底遮蔽——主人公之间更深层次的心理冲突。[3] 显然，我要说的是，《女宾》正可以被当作一部现代情节剧来读。但这还不是全部。我还相信，《女宾》之所以成为一部情节剧文本是多重决定因素促成的结果，因此，我们不能仅从波伏瓦的奇特想象力或她在法国文坛的暧昧地位中寻找原因，还要从她的小说的主要哲学互文——萨特的《存在与虚无》中寻找原因。或者换句话说：如果说《女宾》是一部情节剧小说，那首先是因为存在主义是一种情节剧哲学。

如果我们能够表明《存在与虚无》当中不止有一点情节剧的影子，那么在《女宾》中发现有一系列元素也显然受到情节剧模式的影响也就不足为奇了。但存在主义并不是《女宾》中唯一的情节剧元素。波伏瓦本人也提醒我们注意，她的第一部小说受到了更为明显的情节剧影响。她告诉我们，她创作《女宾》的主要灵感来源是陀思妥耶夫斯基、海明威、达希尔·哈米特（Dashiell Hammett）和阿加莎·克里斯蒂（PL344；FA392—393）。波伏瓦特别提到了恐怖小说和侦探小说，它们通常被认为是现代情节剧的典型代表，她特别强调了她的小说与阿加莎·克里斯蒂的侦探小说之间的相似之处：

> 由于对每个人物知道得有限，情节的发展往往像一本好的阿加莎·克里斯蒂的恐怖小说一样扑朔迷离，读者无法一下子理解其中的含义……没有一个人物是绝对真理的掌握者。在小说较为成功的情节中，我实现了一种与现实生活中遇到的那种情况可相对应的情境矛盾（PL344；FA392—393）。

在此，波伏瓦似乎鼓励读者将《女宾》与传统侦探小说进行比较，只是为了削弱她自己的观点：如果侦探小说需要什么，那肯定是揭开某种明确的真相。一方面，《女宾》的读者被邀请担任侦探的角色，通过拼凑不同的线索来追踪难以捉摸的真相。另一方面，波伏瓦又似乎坚决否认《女宾》为读者提供了任何最终真相。因此，乍一看，读者似乎注定会感到沮丧，无休止地四处寻找一个永远不会有的终结。但波伏瓦对终结的否定，事实上并不完全令人信服：至少对弗朗索瓦丝来说，格扎维埃尔之死确实是一个真相时刻，在这一时刻，解读之流终于停止了。

《女宾》的开篇不是谋杀，而是如书名所示，是一场邀请（弗朗索瓦丝邀请格扎维埃尔来巴黎，跟她和皮埃尔在一起），这与侦探小说中的谋杀案一样，触发了焦虑的过度解读过程。失去自信的弗朗索瓦丝很快就开始怀疑自己的动机，甚至怀疑自己内心深处的感受；很快，她之前在认识论上的轻松掌握感就破灭了。对弗朗索瓦丝引诱格扎维埃尔的年轻情人热尔贝的理解的争执，只是这部小说中各种解读冲突中最尖锐的一次。在引诱之时，弗朗索瓦丝认为这是一件轻松可爱、令人愉快的事情。但当格扎维埃尔终于发现真相时，她指责弗朗索瓦丝是最卑鄙的叛徒，指责她是一个失意受挫、怀恨在心的女人，她"抢走"热尔贝，只是因为她嫉妒格扎维埃尔与皮埃尔的关系。"纯真的爱怎么会变成如此肮脏的背叛？"震惊的弗朗索瓦丝哀号道（SC406；I500）。因此，在这一情节层次上，弗朗索瓦丝杀了格扎维埃尔，首先是为了贯彻她眼中的真相，反驳和压制格扎维埃尔眼中的她的形象，终止无休止的螺旋式的解读，并彻底确定她与热尔贝的关系是清白的——"'不，'她重复道，'我不是那样的女人。'"（SC406；I500）

《女宾》和侦探小说一样，都将知识作为权威和权力的象征。这一文本中主要的知识的意象就是实际上和视觉上的解读行为：皮埃尔和热尔贝给弗朗索瓦丝寄了信，最后的冲突是被谁有权利解读这些信这一相当文学的争执所触发的。这些信不仅揭示了弗朗索瓦丝与热尔贝之间的情色关系的真相，还清楚地表明格扎维埃尔是四位主人公中唯一一个被其他三位故意蒙在鼓里的人。她被所有朋友和情人视为不配知道这件事的人，她不仅被弗朗索瓦丝背叛，还被皮埃尔和热尔贝背叛。因此，《女宾》的整体情节结构倾向于证实弗朗索瓦丝眼中格扎维埃尔的形象：她是一个狡猾、不可靠的人。

因此，有人可能会说，《女宾》是以一次越界行为（那场邀请）开场的，这打乱了弗朗索瓦丝生活的秩序，触发了对一个相对确定的真相进行近乎偏执的认识论探索的过程，这确实跟侦探小说相类似。但是这里的犯罪是重新确定了清白，因此重构了失去的秩序，侦探小说的结构被颠倒过来了。最后的谋杀是努力想要解决弗朗索瓦丝的身份认同问题，它终结而非开启了调查：在她的犯罪意识中，弗朗索瓦丝主张了她的身份与独立。因此与萨特的《苍蝇》一样，《女宾》也是一部讲述如何走向谋杀从而摆脱痛苦的作品。

一种情节剧哲学

在《岁月的力量》中，西蒙娜·德·波伏瓦讲述了1932年的一天，雷蒙·阿隆指着一杯杏子鸡尾酒，[4]第一次说服萨特认真对现象学产生兴趣的故事：

> 我们在蒙帕尔纳斯路的煤气灯酒吧一起度过了一个晚上。我点了店里的特色杏子鸡尾酒；阿隆指着他的酒杯说："你看，我亲爱的朋友（mon petit camarade），如果你是一个现象学家，你就可以谈论这杯鸡尾酒并从中引出哲学！"萨特激动得脸色发白，或近乎如此。这正是他多年来渴望达成的目标——描述他所看到和触摸到的事物，并从中提炼出哲学。（PL135；FA156；TA）

在《存在与虚无》一书中，萨特在文本中塞了大量 20 世纪 30 年代末和 40 年代初巴黎日常生活中的实例。因此，阅读萨特哲学论著的读者不仅能了解到他对"自为"（for-itself）和"自在"（in-itself）的看法，还能了解到上世纪中叶法国知识分子的风尚。这不仅仅是萨特将哲学转化为文学的努力，也不仅仅是为了展示他在写作和思考方面毫不费力的精湛技艺，而是他希望从一切事物中提炼出哲学的必然结果：没有任何事物会因为太低级、太平凡、太琐碎而不具有哲学意义。

对萨特来说，存在应被理论化为一个整体。我们存在的整体性存在于我们的每一个行动之中。因此，我们最轻微的举动或最无伤大雅的习惯与我们最宏伟或最引人注目的计划一样，都有可能揭示整体。换句话说，如果我对杏子鸡尾酒情有独钟，那么我们必定有可能弄清它对我的存在的意义，不仅如此，还有可能了解它如何透露了我整体上的存在的计划。然而，为了充分理解我的口味所蕴含的意义，有必要了解我厌恶或偏爱的对象的本质。这就是"存在主义精神分析"的任务，萨特将其定义为"对事物的精神分析"（BN765；EN661）。

萨特在《存在与虚无》中题为"论揭示了存在的性质"的一章中阐述了这一观点。"黏的"，"黏滞的"的事物（le visqueux）[5]可能吸引我们，也可能令我们厌恶，但在这两种情况下，都是黏糊糊的东西的可识别的——客观的——特质对我们产生了影响。虽然我们面对的肯定是特质的人类意义，但这种意义就跟世界一样真实。对萨特来说，不可能假定世界上的事物（它永远是人类的世界）可以任意以任何意义填充。虽然"黏"在我的存在当中的意义并不是给定的（我可能厌恶它，也可能为其着迷），让我产生反应的是它的客观特质，也就是它区别于像"湿"这样的别的事物的特质。在萨特看来，"黏"不像"湿"或者"干"，它代表着"自在"试图吞噬、吞没或封锁"自为"。他写道，黏质象征着"自为的甜蜜的死"（BN777；EN671）。我与这种危险的关系并不是既定的，既定的是这种黏质象征并表达了它。萨特还把黏质描述为一种"柔软的行为，一种湿润的、女性的吮吸"（BN776；EN671）以及对自在的"甜腻得令人受不了的、女性的报复"（BN777；EN671），这无非表明，性别偏见往往会渗透到最令人意想不到的哲学语境中。[6]

那么，无论我喜欢还是厌恶黏质，我的厌恶或愉悦都揭示了我与存在的根本关系。让我们假设，我与萨特不同，碰巧喜欢黏性：

> 如果我想解释这种对模棱两可的、吸入性的自在的爱，那么我是指我自己的什么基本计划呢？这样一来，味道就不再是不可还原的既定；如果我们知道如何质疑它们，它们就会向我们揭示一个人的基本计划。[7]低至我们对食物的偏好也都有其意义。（BN783；EN676）

换句话说，并不存在不可还原的味道或偏好，因为"它们都象征了某种自取的存在的选择"（BN784；EN677）。

萨特自己的小说中充满了包含意义的行为与品味。《不惑之年》（*The Age of Reason*）中，丹尼尔没有淹死他的猫，就像他总是盯着镜子里的自己一样有意义，鲍里斯对于做爱光是想想就觉得恶心，这跟他从高难度的商店盗窃计划中获得的快感一样揭示了他存在的计划。

在《女宾》这部小说中，人物在咖啡馆里花费大量时间交谈，这不仅是因为其作者是一位法国知识分子，而且还因为皮埃尔和弗朗索瓦丝之间的主要谈话主题是努力解读格扎维埃尔轻微的撇嘴所蕴含的存在主义意义。她梳头了吗？她会准时出现吗？她头疼吗？她在生闷气吗？这一切意味着什么？

如果说《女宾》当中有什么是真正过度的，那就是大量明显徒劳无益的对话，而读者却被期待像主人公一样对这些对话产生浓厚的兴趣：弗朗索瓦丝和波伏瓦似乎都无法想象，这种对意义的疯狂追求在其他人看来可能是毫无意义的。至少从这个意义上说，《女宾》完全是在存在主义思想的框架内进行创作。正是存在主义对意义的热情，加上存在主义关于意义不是被赋予而是被建构的意识，赋予了《女宾》认识论上的焦灼不安的氛围，以及与之相对抗的在暧昧含混的现象表面下寻找知识的渴望。无论某些读者个人的反应如何（我必须承认，我是一个偏执狂，或者说是一个情节剧狂，以这种阐释游戏中最微小的细节为乐），《女宾》无疑是在日常生活看似平凡的表面下寻找意义的情节剧冲动的优秀范例。

因此，萨特哲学的基本计划就是试图理解一切，并用哲学的语言表达这种全面的理解。萨特在《存在主义是一种人道主义》（*L'Existentialisme est un humanisme*，p.70）中写道："每个计划都可以被任何人理解（tout homme）。"然而，为了使哲学家能够坚持他的全知（total knowledge）的主张，驳斥精神分析的无意识理论就变得至关重要。《存在与虚无》中的许多章节，尤其是关于"自欺"（bad faith）的章节，都是对精神分析领域的故意侵入。西蒙娜·德·波伏瓦在谈及 20 世纪 30 年代早期时解释说："（萨特的）自欺概念（mauvaise foi）……包含了其他人归因于无意识的所有现象。"（PL128；FA148）在存在主义看来，换句话说，对存在主义而言，世界是一个由潜在的、有意义现象组成的复杂系统，在这个系统中，哲学家——当然不是精神分析师——才是有权解读符号的人。

　　　萨特和波伏瓦对于人际关系完全透明的理念在弗朗索瓦丝和皮埃尔的关系中体现，这也与他们相信每一个动作和每一种情绪都是绝对可解读的有关。在《岁月的力量》中，波伏瓦说，萨特和他在巴黎高师的一小群同伴（les petits camarades）在学生时代养成了"讲述一切"的习惯：

> 他在巴黎高师的朋友们对所谓的"内在生活"（*la vie intérieure*）深恶痛绝；敏感、高雅的灵魂在花园里耕作他们脆弱的秘密，他们却视这样的花园为恶臭的沼泽地，是不断私下交易自欺之见，秘密享受自恋的低级乐趣的地方。为了驱散这些阴郁的瘴气，他们自己养成了在光天化日之下暴露自己的生活、思想和情感的习惯。（PL23—24；FA29—30；TA）[8]

　　这段文字给我的印象是，萨特首先养成了一种粗野、粗鲁、"男性化"的诚实习惯，以此来反击他所认为的精致优雅并多少有些女性化的对"美丽灵魂"的滔滔不绝。沼泽、阴暗、恶臭和浑浊的水域，在萨特和波伏瓦的文本中，这些常常与女性气质联系在一起，波伏瓦在此处的语言也深深陷入了由这些构成的存在主义恐怖密室当中；只是少了萨特式的螃蟹和龙虾。后来，萨特不仅将他对公开和洞察的渴望结合到他与西蒙娜·德·波伏瓦的关系中，而且将其变成他哲学的基本信条。《存在与虚无》中的萨特不仅假定一切都可以表达，而且假定不表达在道德上是低劣的（一种"自欺"）。有些人［假使我们相信《存在与虚无》和《真实与存在》（*Vérité et existence*）中所举的自欺的例子，那么就是许多男人和大多数女人］不能容忍"真理"，这只能说明他们的弱点，而不是理论的弱点。
　　波伏瓦早年"诉说一切"（tout dire）的愿望或许是受到卢梭的影响。然而，有了萨特的陪伴，这个愿望被赋予了新的含义：它不再仅仅事关完全真诚、竭尽全力表达自己的感受和体验，还包含了最大限度地洞察世界的意义。如果说情节剧化的冲动是为了解读潜藏在平淡无奇的日常生活表象之下的信息，是为了解除压制并"诉说一切"，那么萨特的哲学中无疑也有这种冲动。不同之处或许在于，萨特在否定无意识的同时，试图压制"压制"这一概念本身，却造成了在"自欺"这一概念中意外地恢复了压制的情况。

布鲁克认为，情节剧的想象总是演绎出明确二元对立的道德场景：善与恶、光明力量与黑暗力量。而存在主义明确否认既定道德价值的存在。我们的行为决定了我们。既然上帝已死，我们就可以随心所欲地行动。行动——我们的计划或超越——实际上是我们作为人类的与众不同之处。人的意识就是计划——一种向前的投掷，一种超越。无论我们做什么，我们都不能逃避对自己行为的责任：试图这样做是一种典型的自欺策略。假装没有选择就是否定自由，而这恰恰是自欺的定义。萨特在《存在主义是一种人道主义》一书中说，事实上，我们甚至要对自己的激情负责（见 p.38）。[9]我们作为人类的处境中天然具有的完全自由会引发痛苦（angoisse）。痛苦是无法避免的：假装不做选择和其他选择一样，都是一种选择。不真实的行为就是以某种方式试图避免自由带来的痛苦的行为。虽然存在主义者没有一套既定的道德标准，但毫无疑问，这实际上是一个深刻的二元论道德体系，其结构架设于自由、真实、超越和真诚（good faith）等积极价值，与否认自由、不真实、内在论和自欺等消极价值之间的区分之上。这的确是一个情节剧式的宇宙，在这个宇宙中，我可以通过严酷的道德选择自我毁灭或自我拯救。[10]

最后，我认为我们完全有可能在《存在与虚无》的修辞中找到一种反复出现的潜在幻想。遗憾的是，这里不是对《存在与虚无》进行全面精神分析解读的地方。不过，我初步的进行中的假设是试试看这样的观点能否成立：萨特这部哲学巨著的主要结构性幻想是希望按照处于初级自恋高峰期的前俄狄浦斯婴孩，即弗洛伊德所说的"婴儿陛下"（His Majesty the Baby）这一全能造物（"On Narcissism"，p.91）

的视角来感知世界。为了论证这一观点，我们必须研究萨特文本中"我"与"他者"之间奇特的想象（拉康意义上的）关系，对于思想无所不能的极端自信，将知识视为万能的倾向，用吞吃的感官意象来展示思维过程，以及他将性意象（强奸、蹂躏处女）与吞吃相比较的癖好。此外，他还明确表示喜欢非生殖器的性关系，同时对女性怀有明显的敌意，一方面认为女性缺乏清醒和真诚，另一方面又认为女性拥有阉割和吞噬性的阴道。这种探究的目的是检视这种支配性的幻想在多大程度上干扰了萨特作品的哲学逻辑，迫使他自相矛盾或采取怪异或站不住脚的立场。[11]

然而，在《女宾》中，我几乎找不到这种特定版本的初级自恋的痕迹。波伏瓦选取了黑格尔的一句话作为题记，"每一个意识都在寻求另一个意识的死亡"，这让我们注意到存在主义哲学中意识与另一个意识之间不可化解的敌意。[12]比起意识与世界、自为与自在之间的关系，两种意识之间的关系更能激发波伏瓦的想象力。在《女宾》当中，意识之间的殊死搏斗主要体现在格扎维埃尔和弗朗索瓦丝两者的关系中。与之相对应的是皮埃尔和弗朗索瓦丝之间看似和谐的关系。我希望通过对这两种关系的详细研究，发现《女宾》中上演的特定的心理场景——精神分析式的家庭罗曼史（family romance）。找到这种幻想，我们就不仅能够理解《女宾》在多大程度上是一部情节剧小说，而且或许还能理解西蒙娜·德·波伏瓦为何认为她必须为自己的第一部小说创作一个如此骇人的结尾。

ON NE FAIT QU'UN："我们是一体的"

《女宾》的开场设定在 1938 年 10 月初的巴黎的返校节，即慕尼黑协定签订后不久。弗朗索瓦丝·米克尔（Françoise Miquel）和皮埃尔·拉布鲁兹（Pierre Labrousse）这对幸福又在某种程度上不传统的夫妇正在努力准备皮埃尔对莎士比亚戏剧《凯撒大帝》的改编的首演。

皮埃尔是一位成功的戏剧导演和演员，我们得知他还在创作一部自己的剧本，这部剧被期待能成为下一年度的重点剧目。

弗朗索瓦丝的职业角色则比较不确定。翻译剧本、寻找道具、监督剧场流程的顺利推进，她似乎是皮埃尔的助手，也可能是一种剧场构作 * 。她还阅读所有寄给皮埃尔的新剧本，只对她认为值得皮埃尔关注的剧本予以通过。除了在剧院的工作，她还是在艰难写作中的作家，拼命想抽出时间来创作自己的小说。在《女宾》当中，我们对于这本书知之甚少，主要是因为这本书似乎从来不是皮埃尔和弗朗索瓦丝之间讨论的话题。[13]我们得假设弗朗索瓦丝在皮埃尔的剧院工作有固定工资，尽管这一点文中没有明确交代。她自己认为，与皮埃尔的合作不仅是她幸福的基石，而且比性更令人满意、更重要：

> 她为之庆幸的所有好运中，她把能与他合作共事放在首位。他们同甘共苦，同心协力，这比拥抱（une étreinte）更可靠地把他俩连结在一起。这些令人精疲力竭的排练，没有一刻不是爱情的表现。（SC39；I55）**

在当今的女性主义者看来，弗朗索瓦丝至少在一开始是一个典型 127
的帮手，一个通过成为有权有势、备受爱戴和尊敬的男人的不可或缺的助手来满足自己的情欲、实现职业抱负的女人。然而，她对工作的真诚投入使她有别于小说中的其他女性角色：在作者的描述中，格扎维埃尔无法进行任何类型的持续性工作，而伊丽莎白只是为了塑造自己成功的年轻艺术家形象而作画。

小说的开头，弗朗索瓦丝不仅完全不在意别人对她的看法，而且几乎无法想象其他人的存在：

---

* 剧场构作（dramaturge），剧院当中协助文本改编、主题选定、资料收集、沟通各方意见的角色。

** 本段译文引用自《女宾》，上海译文出版社，2010 年版，译者周以光。

"要让别人意识到自己内心感受，就像我意识到自己的感受一样是不可能的。"弗朗索瓦丝说，"假如我隐约意识到有这种情况，我认为是令人恐怖的：我好像只不过是另外某个人头脑中的一个意象。但是几乎永远不可能发生这种事，完全不可能。"（SC6—7；I18）*

我们可能会认为，至少皮埃尔会被弗朗索瓦丝视为真正的不同的人。但事实并非如此。弗朗索瓦丝并没有将皮埃尔视为一个独立自主的人，而是将他视为自己的延伸。[14]在黑暗的剧场中，她坐在座位上看着舞台上的皮埃尔，她被一种与他完全合一的感觉所征服：

"我俩确实像一个人。"她充满爱意地想，是皮埃尔在说话，是他的手在向上举，但他的姿势、他的音调是弗朗索瓦丝生命的一部分，同样也是他自己生命的一部分，或确切地说，只有一个生命，在正中间，只有一个人，既不能说是他，也不能说是我，只能说是我们。（SC44；I61）

两人是一体的：皮埃尔从不会威胁弗朗索瓦丝的独特感。因此，当他们独处时，弗朗索瓦丝从未叫过皮埃尔的名字，她也意识到自己很久没有说过"我"，只说"我们"。

因此，当这一叙事开始时，弗朗索瓦丝认为皮埃尔和她之间没有距离。虽然皮埃尔本人表现得完全独立自主，但他似乎丝毫没有受到这种状况的干扰，事实上，他还不遗余力地确保这种状况持续下去。在接下来的交流中，两位主人公讨论了忠诚的概念。皮埃尔经常与其他女人发展情感关系，而弗朗索瓦丝在他们在一起的八年中一直保持着从一而终，甚至抑制住了自己，而没有去引诱年轻而有魅力的热尔

---

*　本段译文引用自《女宾》，上海译文出版社，2010 年版，译者周以光。译文有改动。

贝，这一度对她是一种诱惑，她的理由是，她觉得与皮埃尔在一起非常幸福：

> "不喜欢，"她说，"我实在没有办法，因为我是个忠贞的女人。""我们之间谈不上忠贞不忠贞。"皮埃尔说，并把弗朗索瓦丝拉过来紧贴着自己。"你我只是一个人，真的，你知道，缺了哪一个，人们都无法说清我们的特点。"
>
> "这多亏了你。"弗朗索瓦丝说着……她心里默默重复着"我们只是一个人"。（SC17；I29—30）*

128

皮埃尔认为，两者之间的统一性使得传统的语义差异变得毫无意义。然而，他对术语的优雅解构只对他自己有利：按照这种逻辑，弗朗索瓦丝的行为算不上有任何功劳，而他的行为却逃脱了所有可能的指责。弗朗索瓦丝知道自己的处境，她不仅默许了这一安排，还将他们和谐一体的成功归功于他。弗朗索瓦丝起初可能认为这是一种平等的结合，但事实上，这种结合表现为占支配地位的男人和被支配的女人之间的共生关系。他们两人可能是一体的，但他才是这个"他们"的整体。

在这一阶段，倾向于精神分析的读者很可能会认为，弗朗索瓦丝与皮埃尔的关系体现了一种与他者合一的想象幻梦，而整部小说则试图记录她从这一想象母体（imaginary matrix）中分离的艰难历程，以及她进入象征秩序（symbolic order）的痛苦经历。这样的解读无疑可以解释弗朗索瓦丝的极度焦虑和抑郁。毫无疑问，最后的谋杀也代表了弗朗索瓦丝为了成为与皮埃尔相对独立的个体所做的最大努力。无论事实如何，在此我只想强调，两个恋人之间合一的想法与萨特——以及波伏瓦——的观点背道而驰，他们认为，每一种意识都在与其他

---

* 本段译文引用自《女宾》，上海译文出版社，2010 年版，译者周以光。

每一种意识进行殊死搏斗。[15]

在西蒙娜·德·波伏瓦创作《女宾》时（1938—1941），萨特正在写《存在与虚无》（1939—1942）。此时，两人显然都在忙着向对方和世界证明，与心爱的人合二为一是不可能的。然而，在1939年9月至1940年6月写给波伏瓦的信中，萨特还是经常使用 on ne fait qu'un 这个短语——"我们是一体的"——在《女宾》当中，这个短语很快成为弗朗索瓦丝妄想和失望的象征。与《女宾》中的皮埃尔一样，萨特在书信中的"我们是一体的"所充当的最重要的功能，是在这个女性很可能变得"难以相处"的时候用于安抚和稳住她。萨特违背自己的哲学原则，肯定他们这对情侣之间牢不可破的结合，这种结合在某种程度上超越了如实际行动等庸俗的物质细节，他显然是觉得自己可以随心所欲地继续他各种其他的风流韵事。[16]暂不提当时的其他事情，这包括了向旺达·科萨凯维奇（Wanda Kosakiewicz）求婚；旺达是奥尔加的姐妹，根据戴尔德丽·贝尔的考证，她还是格扎维埃尔的某些较为令人不快之处的原型（见 *Simone de Beauvoir：A biography*，p.231）。[17]

129　　随着皮埃尔与格扎维埃尔关系的发展，弗朗索瓦丝意识到，她在他那里异化了自我，也就是说她完全失去了自己的身份认同。而皮埃尔却丝毫没有失去个人自由："多少年来她不再是某个人，甚至不再具有形象。……我们的过去、我们的未来、我们的思想、我们的爱情……她从来没有说过'我'。然而皮埃尔拥有自己的未来和自己的情感，他远远离开，退到了自己生活的边界。"（SC173；I216）* 弗朗索瓦丝在《女宾》中的展开与西蒙娜·德·波伏瓦在《岁月的力量》中的展开相似，她在后者当中强调了她从跟萨特和奥尔加·科萨凯维奇所谓的"三人行"痛苦经历中学到的教训。她写道，她一直以为自己与萨特之间存在着一种既定的、牢不可破的和谐关系，但她错了："我说'我们是一体的'时，是在回避问题（je trichais）。两个人之间的和谐

---

　*　本段译文引用自《女宾》，上海译文出版社，2010年版，译者周以光。译文有改动。

从来都不是一种预先设定（donnée）；它必须通过不断的努力才能实现。"（PL260；FA299）因此，在《女宾》当中，弗朗索瓦丝对于融为一体的幻想受到了细致入微而又批判性的审视，而皮埃尔的形象则绝对不允许受到任何玷污。

例如，在读《女宾》时，我们很难理解弗朗索瓦丝为什么不干脆要求皮埃尔放弃与格扎维埃尔的关系。他几次提出她可以这样做，但每次她都拒绝了。虽然弗朗索瓦丝自己的解释有一定的道理（她希望皮埃尔出于自由意愿自主地选择她，而不是出于责任），但仔细阅读文本就会发现，她之所以犹豫不决，不愿意告诉皮埃尔她的感受，是因为只要她开口，她就不可能不以某种方式指责皮埃尔的行为。一方面，她断然拒绝承认皮埃尔根本不"完美"："对他发火是不公平的，他对她表现得如此完美"（SC157；I198）；另一方面，她非常清楚皮埃尔无法忍受别人对他的批评："他处于防御状态，他恐惧自己是错的那一方"（SC158；I199）。只要皮埃尔不断向弗朗索瓦丝保证他一如既往地爱她，她就会因为指出他的言行不一而感到内疚。弗朗索瓦丝察觉到皮埃尔言行之间的矛盾，她选择质疑所有话语的真实性，而不是对爱人的诚实表示丝毫怀疑。然而，她还是一度崩溃，并透露出她真的开始怀疑皮埃尔的爱了，尽管他一再抗议她不该如此。这时，她的爱人让她别哭了，向她证明她的逻辑丝毫无法自洽，最后重申了对她的爱：

> 他看了她一眼。"你不相信我?"
>
> "我相信你。"弗朗索瓦丝说。
>
> 她相信他，但是确切地说，问题不在于此。她已经搞不太清问题究竟是什么。
>
> "你是个聪明人（tu es sage），"皮埃尔说，"以后别再这样了。"*
>
> （SC163；I204）

130

---

* 本段译文引用自《女宾》，上海译文出版社，2010年版，译者周以光。

弗朗索瓦丝试图向皮埃尔解释自己的感受，但彻底失败了：最后，她再也不知道自己到底想说什么。这个场景在结构上让人联想到卢森堡花园的讨论，那场讨论导致了年轻的西蒙娜·德·波伏瓦在哲学上的失败，而这一场景是弗朗索瓦丝在情感上的失败。在这两者当中，男主人公都是无可指责的。皮埃尔高高在上、天真无邪，不幸地不得不面对一个情绪过度激动的女人对他发脾气，最后他对弗朗索瓦丝说的话就好像她是一个顽皮的孩子（tu es sage）。

在《女宾》的前半部分，弗朗索瓦丝因一场疾病而陷入深深的绝望，她曾一度想要放弃为自己的身份而努力，放弃自己的计划，甚至放弃自己的生命；而后半部分，她被放到了一个新的立场上。她现在意识到其他人的存在，她与皮埃尔的关系是脆弱的，错都在她自己，她需要做的是确认自己的身份和独立性。皮埃尔当然什么也不用做。在这一情况下，只有格扎维埃尔是他者的化身，她的计划和观点威胁着弗朗索瓦丝自身不稳固的身份的存在。

奇怪的是，《女宾》理所当然地认为，要想摆脱皮埃尔，就必须摆脱格扎维埃尔。如果弗朗索瓦丝要摆脱对皮埃尔的不健康的依赖，杀死格扎维埃尔在某种程度上不可避免。这也是西蒙娜·德·波伏瓦自己对结局的描述的暗示，正如我们所读到的，她坚持认为弗朗索瓦丝需要通过杀人来体验分离和自由："通过犯罪（我解放了）弗朗索瓦丝，让她摆脱了她对皮埃尔的爱所使她处于的依赖地位。"（PL340；FA388）这至少可以说是一个令人费解的说法。就好像通过一个奇怪的替代过程（也许是投射或移情），格扎维埃尔的尸体成了弗朗索瓦丝与皮埃尔建立独立关系的唯一基础。那么，在这一情节中，格扎维埃尔代表了什么？

格扎维埃尔的触手

如果说弗朗索瓦丝在皮埃尔那里完全异化了自己，这在很大程度上是因为他们将一切都告诉对方：对她来说，只有皮埃尔听到了她的经历，她的经历才是真实的。对弗朗索瓦丝来说，完全透明其实就是爱的定义。当弗朗索瓦丝相信格扎维埃尔会告诉她自己失去贞操的真相时，她立刻憧憬起他们之间完美的结合：

> "告诉我什么使您那么烦恼。"（弗朗索瓦丝）语气急切地说，"告诉我吧。"
>
> 从格扎维埃尔脸上看出她有些动摇。弗朗索瓦丝盯着她的嘴唇等待着。只要说出一句话，格扎维埃尔就会创造出弗朗索瓦丝期望已久的东西：完全结合在一起，分享喜悦、担忧和痛苦的关系。(SC321；I398—399) *

格扎维埃尔拒绝承认她的过错让弗朗索瓦丝燃起一阵刻毒的怒火，她想用武力打垮格扎维埃尔，"弗朗索瓦丝渴望用双手捏碎那个顽固不化的小脑袋，直到它裂开"(SC322；I399)。但是，弗朗索瓦丝不断地坦白也使她摆脱了她含糊地称之为心灵的"地底藤蔓"(grouillements confus) 的东西：[18]

> 过去，皮埃尔曾使她惶恐不安，因为她有很多混乱的思绪、轻率的举动，但她却无能为力，听之任之。如果不谈及这些事，这些事好像从来没有存在过，它们蛰居于真正的生命底下，构成一种可耻的地底植被，她身居其中，孤单而烦闷。她渐渐地把这些事和盘扎出，她不再感到孤寂，心灵却因荡涤了这些纷繁杂乱的地底藤蔓 (grouillements confus) 而得到净化。她把自己生命中的一切时光都呈献给皮埃尔，他将其变得纯净、光亮和完美，

---

* 本段译文引用自《女宾》，上海译文出版社，2010 年版，译者周以光。译文有改动。

并予以奉还，它们变成了他们共同生活的时光。*

一边是通过皮埃尔互动精炼出来的光亮、纯净、石头（pierre）一般的话语，另一边是可耻、混乱、有机、地下的深渊，有使其受害者窒息（étouffer）之虞，为了在两者之间建立鲜明的对比，弗朗索瓦丝所运用的意象让人想起《恶心》中罗冈丹面对栗树根的情景，而这一意象又让人想起萨特和他在巴黎高师的同学们所谴责的内在生活的"恶臭的沼泽地"。然而，将弗朗索瓦丝的形象归结为自为（意识）与自在（"世间万物"）之间的对立也并不令人信服：与罗冈丹的树根不同，这些令人羞耻的有机体代表了弗朗索瓦丝自身心灵的一部分。相反，这段文字描绘了自由、透明的意识与无意识的地下威胁之间的对立。

弗朗索瓦丝与皮埃尔分享每一个最细微的想法，这让她感觉自己受到保护，回到被压制的状态不再是一种威胁，更准确地说：她像《存在与虚无》中的萨特一样，感到压制不再是一个重要的词。弗朗索瓦丝所恐惧的、有可能扼杀她的（在这里不可能不想到，弗朗索瓦丝是让格扎维埃尔窒息而死的），不仅是模糊的、真正被压制的地底藤蔓，而正是想到内心有着如此可耻的一部分这一想法，这是她思想的其中一面，当然是她从未注意过的。换句话说，多亏了皮埃尔，弗朗索瓦丝才能假装一切都在掌控之中；而并非无意识。

时时需要压抑无意识的想法让她付出高昂的代价。弗朗索瓦丝不仅饱受无目的的焦虑危机的折磨；当她的防御开始失效时，她还会经历一次剧烈而深刻的痛苦退行，退回到她心灵最古老的层面。弗朗索瓦丝的许多次抑郁发作的表现，都是那个由皮埃尔塑造的清晰、有条理、闪亮、光洁的弗朗索瓦丝屈辱地消失不见。因此，当她因绝望和肺充血病倒时，她首先意识到自己"谁也不是"，然后崩溃到认为自己

---

* 本段译文引用自《女宾》，上海译文出版社，2010 年版，译者周以光。译文有改动。

不过是"一团无意识的东西，她甚至不是一个连贯有组织的躯体（un corps organisé）"（SC177；I222；TA）。

在《女宾》的后半部分，格扎维埃尔越来越被描述为围绕着地底藤蔓的威胁的具象化而存在的人物。弗朗索瓦丝一旦意识到格扎维埃尔不再是一个单纯可爱却恼人的孩子，而是一个觉得自己是性行动主体（sexual agent）的成年人时，她便开始将她视为极具威胁性的人物，比如，她认为格扎维埃尔的酒店房间极度充满敌意：

> 自从她发现格扎维埃尔内心产生了嫉妒和仇恨以来，这间隐蔽所使她害怕。这儿不仅仅是格扎维埃尔赞美她自己的崇拜者的圣殿，也是一间暖暖的温室，那里茂盛地繁殖着一种珍贵而有毒的植物，也是一间禁闭的神思恍惚者的场所（un cachot d'hallucinée），那里的潮湿空气让人身上发黏。（SC274；I342）

从充满敌意的植物到疯狂的神思恍惚者，弗朗索瓦丝将热带植物视为明显的女性植物和明显的有毒植物，同时将它们与疯狂或歇斯底里以及"黏质"的概念联系起来，萨特在《存在与虚无》中将其称为"有毒的占有"（BN776；EN671）。小说中提到格扎维埃尔崇拜自己，这暗指她顽固的自恋，她渴望自己是不可侵犯的，永不被征服，永不被打败。"严格来说，"弗洛伊德在《论自恋》（"On Narcissism"，1914）一文中写道，"只有她们自己才会爱得比男人对她们的爱更强烈。"（p.89）弗洛伊德补充说，自恋的女人自在自足，难以接近，看起来神秘莫测，因为她成功地保持了"无懈可击的力比多位置"（p.89）。恰恰是格扎维埃尔对保持自身纯洁、不受他人玷污的强烈渴望，使她在弗朗索瓦丝和皮埃尔心目中成为一个如此难解的形象。对他们来说，她就是一个 X，是她名字缩写所象征的未知因素。在这种情况下，他们对她的不懈解读，就像是试图穿透她自恋的防线，侵犯她完整的处女之身。鉴于萨特有知识是一种视觉强奸的理论（"科学家是无意中发

133

现白色的裸体并以他的注视强奸（la viole）它的猎人。"——BN738；EN639；TA），我认为这不是一个特别不着边际的解读。[19]

弗朗索瓦丝与格扎维埃尔和皮埃尔在西班牙夜总会共度的一个夜晚，弗朗索瓦丝看着格扎维埃尔慢条斯理地用香烟烫伤自己。看到格扎维埃尔的笑容，弗朗索瓦丝便被惧怕攫住："那是一种亲切、孤独的笑容，就像一个痴人的笑容；一个被快感占据的女人肉感而痛苦的笑容。看到它，就几乎令人无法忍受，它隐藏了可怕的东西。"（SC284；I354；TA）格扎维埃尔的自残充满了疯女人的性快感，但同时也暗示了每一个"被快感占据"的女人都可能是同样可怕、疯狂和痛苦的。对弗朗索瓦丝来说，"发生的一切令人难以忍受"（SC284；I354）。在这令人难以忍受的景象之下，潜藏着一种难以言喻的、骇人的恐怖（quelque chose d'horrible）：这是一种真正的情节剧式的恐怖场面。[20]

弗朗索瓦丝看着格扎维埃尔吹掉覆盖在伤口上的烟灰，故意再次烫伤自己，她用显然充满性意味的语言描述了这一场面："她再一次将香烟烧红的烟头在敞开的伤口上压紧（contre la plaie mise à nu）。"（SC284；I354）这里有一种刻意脱掉衣服或揭开伤口的倾向，一种将伤口转化为暴露的、赤裸的敞口，随时准备迎接烧红的烟头的欲望。西蒙娜·德·波伏瓦在《第二性》（在《女宾》六年之后出版）中对这一场景进行了令人印象深刻的评论。根据后来的文本，年轻的处女经常沉溺于自残的施虐受虐仪式："年轻女孩可能会用剃刀划破自己的大腿，用香烟烫伤自己，割伤自己，剥掉皮肤。"（SS377；DSb124；TA）这种做法既意味着对被夺走童贞的渴望，也是反抗；因此，它们首先是对未来情人的挑战："'你永远不会在我身上做出比我施加于自身的更可憎的事。'"（SS377；DSb124）这种自残既是抗议也是屈服，总是带有性的性质："这些都是性冒险开始时的骄傲和愠怒的姿态。……当她割伤或烧伤自己时，她是在抗议被夺走童贞的困境：她通过宣告（其）无效来抗议。"（SS377；DSb124）

放在《女宾》的情节当中理解，格扎维埃尔的行为表明她即将成为一个性活跃的女人；因此，我们得知她前一晚刚刚与热尔贝共舞；第二天晚上她就失贞于他。不禁令人好奇，为什么虽然波伏瓦的小说赋予烟头烫伤这一情节以本体论和心理学上的重要意义，虽然她的文章强调了它的性意涵，但她的自传却贬低它，说它是乏味的无足轻重的细节：134

> 奥尔加也有暂时失常的时候：复活节假期在巴黎，我们去看望卡米耶时，她用点燃的香烟烫了自己的手，把它按进肉里，简直像疯子一样专注。我把这一片段写进了《女宾》当中：这是她对太过复杂的冒险给她带来的困惑的一种自卫（PL258；FA297）。

看着格扎维埃尔把烟头按进自己的伤口，弗朗索瓦丝感到恶心：她在生理上无法忍受格扎维埃尔的性欲。几页纸之后，这一信息被清楚地写了出来："她讨厌把格扎维埃尔看成一个有女性欲望（des appe-tits）的女人。"（SC300；I373）然而，在夜总会的一幕中，弗朗索瓦丝的厌恶其实掩盖了更深的恐惧：

> 在格扎维埃尔怪癖的强笑背后，孕育着某种危险，比她曾想象的任何危险都更加具有决定意义。某件事存在于那里，它自身压抑着，但渴望伸展，它确定无疑地为自己存在着。人们不可能接近它，哪怕从思想上接近它，当思想接触到它的那一刻，自身就分解了。这不是任何可抓住的物体，这是一种连续不断的喷射和连续不断的流逝（fuite），这种流逝只有对自身是可识透的，对他人来说则永远不可捉摸。（SC285；I354—355；TA）*

这段话明显带有哲学——存在主义——的色彩。弗朗索瓦丝自己

---

* 本段译文引用自《女宾》，上海译文出版社，2010 年版，译者周以光。

就可以轻易地做出这样的解读："以往她已曾像今夜一样感到她的生命在分解，以利于一些无法认识的生命的诞生，但她还从未在如此完美的清醒状态中完成她自身的消亡。"*（SC293；I365）在同一个观点的另一种表述中，弗朗索瓦丝的恐怖被认为是由她对死亡的恐惧引起的，这种恐惧来自她发现"（格扎维埃尔）拥有跟我一样的意识"（SC296；I369；TA）。在《存在与虚无》中，萨特宣称"他者首先是事物的永久逃逸（fuite）"（BN343；EN301），并认为他者的存在代表着"我所理解的我的宇宙中的对象之间的关系的纯粹瓦解"（BN342；EN301）。弗朗索瓦丝的案例代表了这一概念的极端，在这一案例中，他者（格扎维埃尔）成功地完全摧毁了弗朗索瓦丝的主体存在感：弗朗索瓦丝对于格扎维埃尔来说只是一个客体，也就是说，她不再作为弗朗索瓦丝而存在，她被消灭了，被抹去了，被放逐了，死了。可怕的是，她死得还没有那么彻底；她仍然存在，足以记录自己的毁灭。[21]

弗朗索瓦丝本人热衷于提供的（在此必须提到，波伏瓦在她的回忆录当中也是）哲学解读虽然明显中肯，但并不完全令人满意。它无法解释弗朗索瓦丝的物化经历中的性暗示。它也无法解释为什么弗朗索瓦丝在面对一个充满性威胁的女人时会感到恶心。最后，它对弗朗索瓦丝语言的强烈程度或隐喻的特点也没有任何论述。为了进一步探讨这些问题，我们不妨仔细看看弗朗索瓦丝在夜总会里的反应。当格扎维埃尔第二次试图烫自己时，弗朗索瓦丝的反应更加激烈。"她似乎陷入了歇斯底里的狂喜之中"，弗朗索瓦丝观察到，她自己也浑身是汗，几乎要因情绪窒息，她感受到自己的思想"像火炬一样燃烧"（SC292；I363）：

> 敌对的现实通过刚才那一阵狂笑暴露了出来，并且正变得越来越临近，揭露真相令人心胆俱裂，但想要回避已无计可施了。

---

* 本段译文引用自《女宾》，上海译文出版社，2010 年版，译者周以光。

弗朗索瓦丝曾一天又一天，一分钟又一分钟地逃避了危险，但是一切都完了，她终于遇到了自幼年时代起以朦朦胧胧的形式预感到的那种不可逾越的障碍：在格扎维埃尔古怪的乐趣背后，在她的仇恨和嫉妒背后，可耻的事（le scandale）正孕育着要爆发，它和死亡同样恐怖，同样不可逆转。某个事物存在于弗朗索瓦丝面前，但却不需要她，它如最后判决那样无可挽回：一个陌生的意识矗立着，它自由、绝对、不可制服。（SC292；I363—364；TA）*

在法语中，这段话是一个单独的句子，其结构是不断上升、逐渐加强的，在"陌生的意识"这个巧妙用词上爆发，这是一个可怕的想象，但它带有自己的哲学色彩。但是，我们不能因此而忽略了"自幼年时代起"就追随着她的"不可逾越的障碍"。弗朗索瓦丝继续说，这种时时存在的危险就像死亡，是彻底的否定和永恒的缺席，是"虚无的深渊"，"整个宇宙都被其吞噬"（SC292；I364）。"敌对的现实"是一个怪物般的深渊，一种无休止地吞噬现实，制造毁灭、死亡和破坏的虚空，确然是一个使人畏惧的怪物。那晚的最后，弗朗索瓦丝准备逃到天涯尽头，以躲避格扎维埃尔和她"想要将她生吞（dévorer）的贪婪的触手"（SC295；I367；TA）。

因此，围绕格扎维埃尔的是性威胁、窒息、幽闭和死亡的意象，以及一种病态的对被吞没、吞噬、毒害、压制、窒息或扼杀的执着。她的嘴也被反复强调，不仅借由转喻性质的香烟，文中还提及她疯狂而肉感的笑容（"一个痴人的笑容""怪癖的强笑""一个被快感占据的女人肉感而痛苦的笑容"），或者强调她的嘴唇，比如以下描写格扎维埃尔嫉妒表情的段落："一股剧烈的仇恨和痛苦涌上她的脸庞。她笑（rictus）时半咧开的嘴巴像一个熟透的水果的裂口，张开的伤口向太阳暴露出神秘而有毒的果肉。"（SC328—329；I407）裂开的伤口孕育

136

---

* 本段译文引用自《女宾》，上海译文出版社，2010年版，译者周以光。译文有改动。

着一种秘密的毒药，让人想起烧红的香烟制造的伤口：在这两者当中，格扎维埃尔都被形容为放肆无状地暴露了本应隐藏的东西。

格扎维埃尔也被表现为强烈地嫉妒着弗朗索瓦丝，比弗朗索瓦丝对她的嫉妒还要强烈。弗朗索瓦丝并不否认自己的痛苦，但她试图让自己和读者相信，当她从病中恢复时，她已经克服了自己对格扎维埃尔轻微的嫉妒。从那时起，她便逐渐淡化并最终否认自己的嫉妒。当弗朗索瓦丝最终允许自己恨格扎维埃尔时，这被表现为对年轻女子毫不掩饰的妒忌拖延许久的回应（见 SC358—360；I442—445）。正是在这种心态之下，弗朗索瓦丝与热尔贝一起去徒步度假，并最终引诱了他。[22]

小说的最后几章是对这位年轻女性名副其实的人格暗杀：首先，弗朗索瓦丝出现在皮埃尔为发泄自己的嫉妒而大肆攻击格扎维埃尔的性格和动机的场景中；后来，皮埃尔决定不再与她交往，正是因为她表现出对弗朗索瓦丝的嫉妒。这些场景揭露了格扎维埃尔的不诚实，也让弗朗索瓦丝表现出显然无可指摘的利他主义，比如她不顾一切地劝说皮埃尔回到格扎维埃尔身边。对格扎维埃尔真正的谋杀被表现为出于纯粹的仇恨，而非嫉妒。事实上，弗朗索瓦丝直到格扎维埃尔指责她嫉妒她时才起了杀心。弗朗索瓦丝的愤怒不仅仅是一种投射：我们很难不怀疑，在这里，格扎维埃尔是不是被用来体现弗朗索瓦丝自己的敌对情绪？仿佛一想到自己要被归为"嫉妒"，这个念头本身就是弗朗索瓦丝所能想象到的最严重的诽谤。小说在两个女人之间循环交换被鄙夷的"嫉妒"的标签，男人却被排除在游戏之外：皮埃尔从不掩饰他对热尔贝的嫉妒，因此不需要将这种嫉妒转嫁给他人，而热尔贝显然连这个词是什么意思都不知道。

当弗朗索瓦丝意识到格扎维埃尔的说法是皮埃尔仍然疯狂地爱着她，而她却因为弗朗索瓦丝失去理性的嫉妒而高尚地放弃了他的爱时，她立刻将她想象成一个邪恶的、可以置人于死地的怪物："在她房间墓地般（mortuaire）的灯光下，格扎维埃尔裹着她的棕色睡袍，阴郁而不祥地坐在那里。"(SC398；I490)她很想把皮埃尔和热尔贝的信给格扎维埃尔看，给她一个教训，最终"（消灭）这种无礼的傲慢"(SC400；I493)，但她还是克制住了自己，因为她想起格扎维埃尔不过是一个"可怜的、被围捕的受害者，无法向她复仇"（SC402；I495）。因此，格扎维埃尔并没有被迫面对被激怒的弗朗索瓦丝向她抛出的真相；波伏瓦让她偷了那张写字台的钥匙，那里面放着揭露实情的信件。23

在两个女人的最后一幕当中，弗朗索瓦丝本以为告诉格扎维埃尔真相能使她获得满足，结果却完全不是如此。因为即使读完了信，这个年轻女子仍然认为她才掌握着真实的故事："你嫉妒我，因为拉布鲁斯爱我。你让他厌恶我，为了更好地报仇，你从我这儿夺走了热尔贝。"（SC405；I498—499）令人意外的是，弗朗索瓦丝的反应是感觉被耍了或者说掉进了一个陷阱："现在她掉入了陷阱，她受到这颗在阴暗处等待时机吞没她的贪婪的良心所支配。"（SC406；I500；TA）这个画面将贪婪的嘴〔格扎维埃尔即将吞下或吞噬（engulf）弗朗索瓦丝〕和扼杀、窒息或幽闭的概念（触手、封闭的房间、陷阱）压缩在一起，为真正置格扎维埃尔于死地奠定了基调：

> 面对孤独的她，超越空间和时间，存在着这个敌对的实物，长期以来，它的阴影不分青红皂白地重压（écrasait）在她身上：格扎维埃尔在那里，只为自己而存在，完全自我中心，把一切对它无用的东西都贬为虚无；她把整个世界关在自己的自满的孤独中，无止尽地扩展她无穷无尽且独特的影响力，它的一切都来自于它自己，它拒绝任何控制，它决然排他。(SC408；I502—503；TA)*

杀死格扎维埃尔，弗朗索瓦丝就等于杀死了一个吞噬一切、破坏一切的怪物，一个长期以来压在她身上的怪物，一个存在于时间和空

---

* 本段译文引用自《女宾》，上海译文出版社，2010年版，译者周以光。译文有改动。

间之外的怪物，它无边无际，无穷无尽，无所不在，永远栖居于其自身。面对如此恐怖的怪物，弗朗索瓦丝无处可逃。宇宙本身不足以容纳他们两人：弗朗索瓦丝果断地一扭手，打开了格扎维埃尔房间的煤气。

我的怪物 / 我的母亲 / 我的男人 / 我自己

那么，弗朗索瓦丝杀死的究竟是谁或是什么？这部存在主义情节剧中被压抑的幻想或家庭罗曼史究竟是什么？[24] 表面上看，皮埃尔-弗朗索瓦丝-格扎维埃尔的三角关系显然是俄狄浦斯情结的父-母-女结构，其中，热尔贝是母亲的一个补充性的、安慰性的俄狄浦斯式儿子。在这一情境中，弗朗索瓦丝就是杀死与之竞争的女儿的母亲。但这样的解读完全没有考虑到围绕着格扎维埃尔的意象。仔细观察弗朗索瓦丝的隐喻，我们难以避免地要得出这样的结论：这个永恒的、令人窒息的怪物没有给弗朗索瓦丝在世界上留下任何空间，它正是无所不能的、恶毒的、威胁要吞噬女儿的古老母亲的形象。在俄狄浦斯式的情节之下，潜藏着另一种幻想结构，弗朗索瓦丝在其中作为女儿杀死了残忍、有入侵性的和与之竞争的母亲。第二种幻想出现在相对较为明显的三角结构的夹缝中，但丝毫没有抵消俄狄浦斯情节。对两个女人之间的两人斗争的幻想，使《女宾》中出现了这样戏剧性的语言，也迫使波伏瓦创作出了这样情节剧式的结尾。波伏瓦坚持认为这个特定的结尾就是整部小说存在的理由，这暗示，对她来说，走向出版、走向公共领域途经了对一个幻想中的母亲形象的谋杀，这场谋杀具有宣泄和促成的性质。虽然这可能完全不是埃莱娜·西苏在赞美"书写身体"的优点时所想到的，但我相信这就是波伏瓦在写作关键场景时喉咙发干、身体紧绷的原因：杀死母亲肯定需要女作家身体的每一个细胞都参与其中。

有相当多的互文证据表明，格扎维埃尔代表了弗朗索瓦丝母亲的形象。在《安详辞世》中，母亲的死让西蒙娜·德·波伏瓦感到震惊，恰是因为这迫使她将母亲置于具体的时间和空间之中。她写道，她始终以为母亲属于一个永恒的、传说般的空间："对我来说，母亲一直存在，我从未认真想过有一天，我将看到她离去。她的死亡，就像她的出生一样，是存在于某个传说中的（mythique）时间当中的。"（VE18；UM27；TA）正如杀死格扎维埃尔使弗朗索瓦丝确实地消除了她的畸形幻想，成为一个独立自主的行动主体（agent），母亲的死也迫使西蒙娜·德·波伏瓦放弃了她将永恒存在的幻想。

《女宾》中最后的冲突是由格扎维埃尔未经允许阅读弗朗索瓦丝的信件引起的，这必定使读者想起在《一个规矩女孩的回忆》和《安详辞世》中，西蒙娜·德·波伏瓦和她的妹妹埃莱娜都深深地感受到了母亲对她们一举一动的包含嫉妒的、干涉性的监视所带来的威胁。比如，一直到女儿18岁时都在审查她们的信件。波伏瓦在《安详辞世》一书中写道，她的母亲"使我有几年生活得痛苦不堪（a empoisonné）"（VE90；UM148），她还用专制和过度嫉妒等词来形容她母亲不断侵犯女儿们隐私的行为："在家里，我们要把所有的门都打开。我必须在她眼皮底下，在她坐着的房间里做功课。晚上，我和妹妹隔着床聊天，她把耳朵贴在墙上，以满足自己的好奇心，然后叫我们'闭嘴'。……她无法忍受被冷落。"（VE34；UM54—55）西蒙娜·德·波伏瓦的母亲打开西蒙娜寄给埃莱娜的一封信的场景在书中有详细的描述："妈妈拆了我的信，在普佩特面前大声读了出来，为里面的秘密尖声大笑。"（VE36；UM57）在戴尔德丽·贝尔的传记中，年事已高的波伏瓦仍然对母亲干涉性的举止耿耿于怀："她说她想成为我的朋友，但她对待我就像对待显微镜下的标本。从翻看我的书到翻看我的信，她探查我所做的一切。"（*Simone de Beauvoir：A Biography*，p.95）正如我们所读到的，弗朗索瓦丝对格扎维埃尔的嘴巴既着迷又排斥。在《安详辞世》中，被压抑的母女关系正是以母亲的嘴的形式重新困扰着女儿："我对萨特说起我母亲的嘴，正如我早上看到的样子，还有我从中解读出的一切……。而我自己的嘴，他告诉我，也不再听命于我：我把母亲的嘴置于我的脸上，模仿它却不知自己的模仿。"（VE28；UM44）*

我引用这些自传的段落并不是为了证明弗朗索瓦丝"真的"是西蒙娜·德·波伏瓦。我想说明的是，小说中提出的某些主题也出现在西蒙娜·德·波伏瓦的其他文本中，而且当它们出现时，往往是围绕着母亲的形象出现的。尤其重要的是，我们要警惕的自传文本比散文和小说更"真实"——更贴近"现实生活"——这样的观点。比如，与自传中简洁的叙述相比，我们该如何看待小说中对格扎维埃尔以香烟自残的场景充满紧张感的虚构加工？我们是否可以认为，《第二性》中赋予这一场景的性含义与小说有关，而与自传无关？或者反过来？

当我们发现西蒙娜·德·波伏瓦的母亲名叫弗朗索瓦丝时，我们该有何想法？就我自己的解读而言，这可能并不特别重要：毕竟，我正试图说明弗朗索瓦丝并非《女宾》中的主要母亲形象。不过，我们也可以从中看到一种巧妙的讽刺：波伏瓦以母亲的名字命名角色，把母亲变成了一个女杀手。然而，重要的是，西蒙娜·德·波伏瓦选择将这个名字给她第一部小说的女主人公，而且，这个女主人公还是一个有抱负的作家，最终杀死了一个干涉性的母亲形象。波伏瓦将女主人公命名为弗朗索瓦丝，是把自己进入法国文学领域，当作相对母亲统治领域的绝对胜利和解放。[25]

法国精神分析学家雅尼娜·沙瑟盖-斯米尔格尔（Janine Chasseguet-Smirgel）在她的文章《女性的内疚与俄狄浦斯情结》（"Feminine Guilt and the Oedipus Complex"）中，用了大量篇幅论述了女性与创造力之间的复杂关系。按照沙瑟盖-斯米尔格尔的观点，即将与母亲分离的女儿会经历这样一个时期：她将斐勒斯（以父亲为代表）理想化，并

---

* 本段中的《安详辞世》引用段落译文来自《安详辞世》，上海译文出版社，2019年版，译者赵璞。

厌恶和憎恨母亲，认为母亲是阻碍她与理想化的父亲接触的人，更重要的是，母亲是一个强大的、无所不包的形象，女儿要想成为一个独立的个体，就必须摆脱母亲。在这一过程中，理想化的斐勒斯成为女孩争取成为独立个体或进入象征秩序的斗争中不可或缺的盟友。事实上，她认为，父亲的理想化更准确地说是母亲的意象（imago）分裂成好与坏两个部分的结果，"好母亲"的形象被投射到父亲身上，而母亲则被视为收容了所有邪恶的部分。虽然对女孩的成长来说是必要和重要的，但这样的斐勒斯崇拜阶段注定不会长久。沙瑟盖-斯米尔格尔认为，一旦小女孩获得了必要的独立，她就会发展出一种更经典的俄狄浦斯情结：她可能会认同一个更真实的"母亲-意象"（mother-imago），并渴望父亲。但是，如果母亲因为某种原因而被认为太令人沮丧，那么通往这种认同的道路就会被阻断。

因此，在我看来，《女宾》探讨的是主人公一直处于这种理想化斐勒斯阶段的心理状况。按照我的理解，这是一种奇特的矛盾立场，在其中，女儿将母亲视为她的邪恶敌人，正是因为她尚未完成与母亲分离的过程。把母亲幻想成具有破坏性的人，女儿矛盾地表明了她与母亲始终保持着一体性。同样，她对变得像母亲一样强烈恐惧，这也表达了她对自己与母亲之间的差异还远远不够大的感受。沙瑟盖-斯米尔格尔认为，由于感受到母亲相比于父亲的阉割和虐待倾向，女儿压抑了自己对斐勒斯的敌对情绪，幻想着与母亲不同，她将保护和滋养父亲。反过来，她将所有的攻击性都指向了母亲。在这种情况下，女儿可能会在异性活动方面受到各种禁止。鉴于异性性交意味着将阴茎插入女性的阴道，女儿形象可能会不自觉地将这种行为等同于坏母亲阉割父亲的行为，并因此产生深深的负罪感。沙瑟盖-斯米尔格尔认为，抵御这种负罪感的一种方式可能是希望与女性发生同性恋关系，这正是因为这种性关系不涉及象征性地阉割父亲阴茎的可能性。也许这就是弗朗索瓦丝至少时不时地感受到格扎维埃尔身体魅力的原因，也是弗朗索瓦丝和皮埃尔之间很少或根本没有性活动的原因。[26]

我们可以这样理解：弗朗索瓦丝陷入了这样一种矛盾的境地，既与母亲分离，又没有分离。这有助于我们理解为什么弗朗索瓦丝所惧怕的巨怪一般的敌人既包含高度退行性的前俄狄浦斯特征（嘴、进食和窒息的口腔意象，时间之外无所不能的无形生物的形象），也包含更具俄狄浦斯特征的指向父亲形象的极具威胁性的性特征。《女宾》中，母亲形象的这两个方面都浓缩在格扎维埃尔那张肉欲怪诞、令人作呕的嘴的形象中。沙瑟盖-斯米尔格尔关于将斐勒斯理想化的女儿的论述也让我们理解了弗朗索瓦丝与皮埃尔之间奇妙的共生的职业关系。在这种关系中，女儿将智识工作等同于斐勒斯价值，因此，她担心如果自己表现出过于旺盛的创造力，就会阉割父亲（偷走或毁掉他的阴茎）。弗朗索瓦丝在剧院与皮埃尔进行着高效的合作，但她自己的小说却写得极为不顺，从这个角度说，她的处境很典型。这样的女人对于她的爱情对象来说并不是独立自主的，沙瑟盖-斯米尔格尔写道；相反，"她紧紧依附于爱情对象，同时也是爱情对象的补充品。她是雇主、情人、丈夫和父亲的左膀右臂、助手、同事、秘书、辅助者、灵感来源"（p.124）。按照这一理论，西蒙娜·德·波伏瓦自己对最后的谋杀的意义的理解非常有说服力。波伏瓦说，杀死格扎维埃尔就从皮埃尔那里确立了自己的独立地位。沙瑟盖-斯米尔格尔认为，女儿若能摆脱与母亲的消极共生关系，就能放弃理想化父亲的斐勒斯这种防御，从而不再将自己的创造力视为阉割。这就是为什么弗朗索瓦丝从皮埃尔那里获得独立的道路要经由格扎维埃尔的死于非命。因此，从这个层面上讲，《女宾》作为文本的存在，本身就体现或代表了弗朗索瓦丝问题的幻想式解决。[27]

这种复杂的情景在我对《女宾》的理解当中至关重要。不过，也许有必要强调一下这两个女人之间的斗争所具有的深刻的二元性——非三角性或非俄狄浦斯性。在哲学层面上，萨特的他者理论是造成这种二元性的部分原因：不难发现，对萨特而言，"我"与"他者"之间的关系类似于拉康在镜像阶段的异化概念。然而，如果波伏瓦将这一特定概念作为她小说的基石，那只能是因为它使她能够解决自己的根本幻想：我的精神分析解读无意取代波伏瓦的哲学注解，而是要指出她自己的哲学投入的多重决定性质。

重要的是，不要将这里概述的解读过于往俄狄浦斯情结靠拢。我认为，弗朗索瓦丝既处于与母亲的古老共生关系中，又处于充分发展的俄狄浦斯情结中，悬浮于两者之间或处于两者的过渡。这种模糊性造成了文本中母亲与父亲关系的复杂性。在我看来，弗朗索瓦丝的情节剧发生在格雷戈里奥·科洪（Gregorio Kohon）所说的歇斯底里阶段/舞台（hysterical stage），它介于前俄狄浦斯期和俄狄浦斯期之间，在前俄狄浦斯期，母亲仍然是小女孩的主要力比多对象，而在俄狄浦斯期，父亲则成为女儿的主要力比多对象。科洪强调了这个"阶段/舞台"的不稳定性，他解释了自己用词的双关语。"我指的是舞台，"他写道，"不是发展意义上的，而是发生事情的地方，在那里可以进行表演，发展戏剧，同时也是两个停顿点之间的距离。"（"Reflections on *Dora*：The Case of Hysteria"，p.378)[28]

我自己的解读也试图强调弗朗索瓦丝位置的模糊性。在整个文本中，同样的"歇斯底里"的模糊性体现在文本对性差异的相对无法分配上：皮埃尔理想化的"男性"斐勒斯既代表了弗朗索瓦丝进入象征秩序的途径，也代表了她对想象中的母亲斐勒斯的认同。在这方面，弗朗索瓦丝的困境与弗洛伊德笔下的朵拉并无二致。有趣的是，《女宾》和《朵拉》都演绎了一个性化和性别化的争夺知识权威的复杂场景：这两部作品中相同的是，最终解释的权利才是最重要的。[29]

如果对《女宾》进行直接的俄狄浦斯式解读，就会忽略女儿分离戏剧的暧昧性。如果过于轻易地区分父亲和母亲，就会掩盖这样一个事实，即弗朗索瓦丝杀死格扎维埃尔是为了将自己从皮埃尔身边解救出来，而不仅仅是为了将他据为己有。弗朗索瓦丝希望摆脱与皮埃尔痛苦的有等级的共生关系，希望在两个自由、负责任的个体之间建立一种健康的连结关系。在努力将其描述为弗朗索瓦丝真正达成的解决方案的同时，叙事对皮埃尔的持续理想化却削弱了其说服力。虽然这很容易被解释为女儿的斐勒斯崇拜，但并不完全是这样。因为皮埃尔是格扎维埃尔这一毒药的解毒剂：他是想象中的好母亲，是格扎维埃尔无法提供的自恋庇护所。如果说皮埃尔在这部小说中是一个理想化的父亲形象，那是因为他承载了好母亲的所有正面价值。他的巨大斐勒斯声望——对其他女性的征服、社会和艺术上的成功，等等——在某种程度上掩盖了两位主人公之间相对无性的关系。他们的结合首先是基于完全开放幻想：这是思想的结合，而不是身体的结合。因此，在幻想的层面上，皮埃尔就像是一匹披着浓重的理想化斐勒斯外衣的、隐约有乱伦倾向的母狼。弗朗索瓦丝与皮埃尔的共生结合的每一个消极方面，都被顺手地投射到倒霉的格扎维埃尔身上，使皮埃尔成了斐勒斯的完美化身。[30]西蒙娜·德·波伏瓦成年后很少梦见父亲，却经常梦见母亲。"她经常扮演最重要的角色，"波伏瓦在《安详辞世》中写道，"她与萨特融为一体，我们在一起很幸福（heureuses）。"（VE89；UM147；TA）虽然从语法上讲，是萨特在这里与母亲合二为一（heureuses 的女性复数告诉我们，梦中的萨特是一位母亲），但梦的文本却表现出相反的动作（"她与萨特融为一体"）：一种或多或少无意识的信念，只要母亲更像萨特，母女俩最终就能幸福地在一起。[31]

　　在书的结尾，弗朗索瓦丝宣布了自己的独立。但她的独立宣言并不令人信服。虽然文中对共生和结合的持续想象一再提出质疑，但弗朗索瓦丝仍打算继续把什么都告诉皮埃尔："一个人。她是一个人行动的：就像在死亡中一样孤独。总有一天皮埃尔会知道的。但他对这一行为也只是从外部认知。"（SC408—409；I503）最后一句尤其引人注目。对自己行为最细微的叙述，对于其他人来说，除了"从外部认知"，还能是什么呢？难道我们要假设皮埃尔还能从内部理解其他事件吗？她为什么还要安慰自己，皮埃尔迟早会知道她的罪行？

　　这个故事还有一个转折。因为，正如我们所看到的，格扎维埃尔并不仅仅代表一个负面的母亲形象：她还与弗朗索瓦丝自己心中的"地底藤蔓"密切相关。作为被压抑的无意识，神秘的 X 总是能避开最终的、支配性的诠释，格扎维埃尔是披着现代主义外衣的传统父权制下的女性形象：格扎维埃尔在小说中最亲近的姐妹无疑是安德烈·布勒东（André Breton）笔下的娜嘉。她搅动和颠覆所有固定表征、化身某种革命的歇斯底里的力量，也可能唤起人们对弗洛伊德笔下的朵拉和玛格丽特·杜拉斯笔下的劳儿·瓦·施泰因的联想。[32]

但是，布勒东和杜拉斯——当然是以截然不同的方式——赞美她们的女主人公所具有的越轨、混乱的力量，波伏瓦却深感这种力量的威胁：对她来说，无意识的女性气质带来的愉悦或能指的混乱崩坏带来的欢愉都不存在。皮埃尔作为格扎维埃尔的正面对应人物，一直游离于无意识棘手的体系之外，未受沾染。弗朗索瓦丝和皮埃尔合起来就像一块打磨过的石头，可以抵御潜伏在无意识深处贪婪的母亲般的怪物的恐怖。对弗朗索瓦丝来说，杀死格扎维埃尔就象征着杀死自己的无意识，将坏母亲从自己的心灵中驱逐出去，彻底掌控自己的身心。如果成功，这一行动将一举结束焦虑危机和精神崩溃：杀死格扎维埃尔就是否认被压抑的还会回来。

对波伏瓦来说，完成《女宾》就像弗朗索瓦丝杀死格扎维埃尔一样，是一种解放。"为什么从这一刻起，我总是'有话要说'？"波伏瓦在《岁月的力量》的结尾问道："在写《女宾》之前，我花了几年时间笨拙地四处摸寻主题。从开始写这本书的那一刻起，我就再没有停止过写作。"（PL606；FA694）她自己的答案是政治性的：第二次世界大战的爆发让她看到了世界上存在的不幸："宣战之后，世事终于不再是理所当然的了。不幸和苦难（le malheur）在世界上爆发，文学对我来说就像我呼吸的空气一样不可或缺。"（PL606；FA694）但引发《女宾》写作的不仅仅是历史上的不幸：波伏瓦于 1938 年秋开始创作小说，当时战争尚未爆发，但是距离萨特于 1936 年到 1937 年迷恋奥尔加·科萨凯维奇并引发危机仅仅一年。

144

对波伏瓦而言，不幸源于匮乏：她写作是为了填补缺失和失落的缺口，她称之为"孤独与别离的丑闻"（PL607；FA695；TA）。这种明显的写作恋物癖观念（fetishistic notion of writing）使波伏瓦将自己的写作视为对孤独和匮乏之痛的安慰，以及对抗他者力量的武器。难怪她从此再没放下笔。在写作这一她可以完全掌控的行为中，她杀死了幻想中的坏母亲，现在，她可以让自己代表她："从此时起，我总是有话要说。"[33]

注释

1. 我或许应该提醒读者，*L'Invitée*（《女宾》）的英文标题是 *She Came to Stay*，我觉得很难在自己的作品里用这个标题。

2. 卡伦·麦克弗森（Karen McPherson）[《犯罪激情》（"Criminal Passions"）] 与我一样，对《女宾》中最后的谋杀案存在的理由以及波伏瓦语言的夸张性感兴趣。虽然我没有与其他《女宾》的评论家有广泛的对话，但我想对伊丽莎白·法莱兹（Elizabeth Fallaize）对这部小说 [在《西蒙娜·德·波伏瓦》（*Simone de Beauvoir*）中] 的精妙解读，以及简·希思（Jane Heath）从精神分析启发的后结构主义角度解读文本的宝贵努力表示赞赏。玛丽·埃文斯（Mary Evans）、玛莎·诺埃尔·埃文斯（Martha Noel Evans）和让·莱顿（Jean Leighton）等女性主义者对波伏瓦的第一部小说进行了高度批判性的论述：在许多情况下，我的解读与她们非常不同。

3. 女性主义影评人为我们理解情节剧模式做出了决定性的贡献。我相信西蒙娜·德·波伏瓦的所有小说都可以从这样的视角进行解读。克里斯蒂娜·格莱德希尔（Christine Gledhill）的文集《家是心所在的地方》（*Home is Where the Heart Is*）是很有用的关于对情节剧的女性主义解读的导入。

4. 玛丽·莱登（Mary Lydon）的文章《帽子与鸡尾酒》（"Hats and Cocktails"）以诙谐的方式讲述了波伏瓦作品中鸡尾酒的文本变迁。

5. 《存在与虚无》的英译本把"visqueux"译成了"slimy"（湿滑黏腻）。在某些情况下，这是一个很好的译法，但在另一些情况下，这个译法就显得太令人恶心了。萨特关于"黏质"的一些例子，如焦油、胶水和蜂蜜，并不"slimy"。我并不认为我自己翻译的"stickiness"（黏性）在总体上优于黑兹尔·巴恩斯（Hazel Barnes）的"sliminess"（例如，我们不能说一个"黏糊糊"的家伙），但它更适合我在这里提到的例子。

6. 关于哲学中这一现象的分析，见米谢勒·勒德夫，《希帕嘉的选择》。关于某些存在主义隐喻的性别歧视效果的讨论，另见本书第六章。

7. 萨特的措辞（"如果我们知道如何质疑它们"）暗指自信的品味探险家的卓越洞察力，这让我不禁想起弗洛伊德对自己的精神分析能力的自豪与自信，他认为自己有能力发现朵拉的秘密："有眼睛看，有耳朵听的人可能会相信，没有一个凡人能够保守秘密。如果他的嘴唇沉默不语，他就会用指尖喋喋不休；他的每一个毛孔都会渗出背叛。因此，让人们意识到心灵最隐秘的角落，是一件很有可能完成的任务。"（*Fragment of an Analysis of a Case of Hysteria*，pp.77—78）

8. 詹姆斯·柯卡普的英译本误解了波伏瓦提到的"一小群同伴"（petits camarades）（她甚至把这个词放在引号中，以示其特定的俚语用法，即"巴黎高师的同学"），将其译成了"左翼分子"。在同一段落中，"mauvaise foi"（自欺）也被译为"背叛"。这使得波伏瓦的英文读者几乎不可能理解波伏瓦在描述他们之间完全开放的"契约"时所隐含的双重指涉——对巴黎高师这一全男性的知识温室的指涉和对萨特哲学的指涉。关于柯卡普译本缺点的进一步讨论，请见安妮·D.科尔德罗（Anne D. Cordero）的《西蒙娜·德·波伏瓦的两次去除》（"Simone de Beauvoir Twice Removed"）。虽然我同意科尔德罗对柯卡普版本波伏瓦的大部分评价，但她认为英国译本一定不适合美国读者（反之亦然）的观点让我感到相当奇怪。

9. 我知道萨特在《存在主义是一种人道主义》中表达的道德观比《存在与虚无》中的一般哲学更为简单化。这一点在萨特引用康德的观点时尤为明显，他引用康德说人必须像为其余所有人选择一样进行选择，《存在与虚无》中却找不到这一观点。

10. 西蒙娜·德·波伏瓦，尤其是在《皮洛士与齐纳斯》《存在主义与国民智慧》和《模糊性的道德》等早期文本中，比萨特更加鲜明地表现出道德主义。例如在《女宾》中，皮埃尔的妹妹伊丽莎白这个角色从一开始就受到冷落。格扎维埃尔认为她虚假，弗朗索瓦丝意识到她根本无法告诉伊丽莎白她对伊丽莎白的情人克劳德的真实看法，而伊丽莎白本人则完全被塑造形象的欲望所支配。伊丽莎白不真实得无可救药，她从他人那里获取自身价值；她是典型的"自欺"。

11. 安德鲁·利克（Andrew Leak）的《变态意识》（*The Perverted Consciousness*）和乔塞特·帕卡利（Josette Pacaly）的《镜中的萨特》（*Sartre au miroir*）对萨特的作品进行了有趣的精神分析解读。我在此提出的计划在方法论上与米谢勒·勒德夫的计划相近，她指出了萨特隐含的性别歧视有时是如何破坏他自己论证的逻辑的［尤其见《希帕嘉的选择》一书中的有趣讨论：她在书中谈到，萨特将冷淡的女性描述为自欺，说她们表现出"客观的享受的迹象"（*Hipparchia's Choice*，pp.64—68）〕。

12. 遗憾的是，这段极富哲理的题记在英译本中被省略了。

13. 在与格扎维埃尔的简短交谈中，30 岁的弗朗索瓦丝告诉我们，它写的是她的青年时代："我想在我的故事中解释，为什么人们在年轻时常常是不合群的（disgracié）。"（SC134；I170）

14. 梅洛-庞蒂对《女宾》进行了极具洞察力的解读，他认为这是弗朗索瓦丝的幸运："非常幸运的是，即使是爱情也没有让她意识到自己的局限。毋庸置疑，皮埃尔对她来说已不仅仅是她特定世界中的一个对象，而是她生活的一个背景，就像其他男人一样。但尽管如此，他并不是一个'他者'。"（"Metaphysics and the Novel"，p.34）。

15. 埃娃·隆格伦-约特林在对《第二性》的研究中强调，波伏瓦并没有固守这一观点，而是强烈肯定了意识之间相互性的可能性。我将在本书第七章讨论波伏瓦如何将相互性作为人际关系的乌托邦理想。

16. 见《寄语海狸》，第一卷第 359—360 页和第 391 页；以及第二卷第 70 页。关于"一体的"这一成问题的理解的进一步讨论，另见本书第八章。

17. 波伏瓦的《给萨特的信》也表明了她与旺达在 1939 年到 1940 年间的冷淡关系。此时的奥尔加已经成了一个亲密的、时常欢乐相处的朋友，而旺达似乎对波伏瓦充满了敌意和嫉妒。

18. "Grouiller"的字面意思是"蜂拥""大量涌现""爬行"或"生机勃勃"，通常（但绝非仅仅）用于形容害虫、蠕虫等。

19. 《存在与虚无》中关于知识的整个章节（见 BN737—40；EN638—41）对于女性主义者来说都是非常有启发性的，其中诡异地坚持使用强奸和插入处女的隐喻，以及进食、吞咽和消化的隐喻。

20. 弗朗索瓦丝第一次真正认识到格扎维埃尔是一个性欲旺盛的女人，远在这爆发的一幕之前，当时弗朗索瓦丝还在医院里："弗朗索瓦丝有些不安地看看她，把这个严肃和坚守贞操的女人想象成一个具有情欲的女人似乎是渎圣的，但是她自己如何看自己呢？是什么样的色情和调情的梦想使她的鼻子和嘴巴轻微颤抖？当她诡秘地微笑时，她那躲过他人耳目的真实个人形象是怎样的？此刻的格扎维埃尔对自己的肉体有感觉，自我感到是个女人，弗朗索瓦丝觉得被一个隐蔽在熟悉表情背后的嘲弄人的陌生女人欺骗了。"（SC183；I228—229）＊

21. "至少她什么也没留下！"弗朗索瓦丝感叹道，"然而，仍有微弱的磷光徘徊在事物

＊ 本段译文引用自《女宾》，上海译文出版社，2010 年版，译者周以光。

的表面。"（SC293；I365；TA）我对第一句的翻译与已出版的英文版本［"Had she perchance become a complete void!"（她或许已经成了彻底的虚空。）］相差很多。法语原文为 "Si au moins plus rien n'était demeuré d'elle"。

22. 关于诱惑场景的详细解读，请参见本书第五章。

23. 从精神分析的角度来看，从弗朗索瓦丝包里最内层的口袋里偷出钥匙这一事实或许多少有点意思。在波伏瓦的笔下，格扎维埃尔偷弗朗索瓦丝包里的钥匙与《名士风流》中安妮没收波尔手提包里的一小瓶毒药有着有趣的相似之处。

24. 在这里，"家庭罗曼史"一词可能略显不准确。严格来说，弗洛伊德认为儿童的"家庭罗曼史"是对拥有不同父母的幻想［见其 1909 年的论文《家庭罗曼史》（"Family Romances"）］。在这里，我只是用它来指对家庭集合的幻想。我在这里的用法与玛尔特·罗伯特（Marthe Robert）探讨的文学幻想也不一致。要将《女宾》解读为罗伯特所指的文学家庭罗曼史并不容易。她的模式倾向于套用直截了当的前俄狄浦斯情节（"弃儿幻想"）或男性俄狄浦斯情节（"私生子幻想"）。罗伯特提出的两种类型中的任何一种都很难适应女孩高度矛盾的俄狄浦斯式的位置。

25. 同样引人注意的是，她为第二部小说《他人的血》中的女主人公取名为埃莱娜。她大概没有忘记自己唯一的妹妹也叫埃莱娜。

26. 这绝不应该被当成女性同性恋的一般理论。在我看来，沙瑟盖-斯米尔格尔只是想说明，这可能是达成同性恋对象选择的众多方法中的一种。就我对精神分析理论的解读，通往异性恋对象选择的途径也没有什么是显然如此的。

27. 简·希思在她对波伏瓦的研究中认为，格扎维埃尔代表了女性气质，而弗朗索瓦丝则是男性气质，但这多少有点问题。"在格扎维埃尔身上，（文本）代表了一种充满活力和颠覆性的女性气质，它超越了男性在抑制和控制方面所做的一切努力。它是如此具有威胁性，以至于最终必须被铲除、被扼杀，"希思写道，"对格扎维埃尔的谋杀（是）法律和秩序力量的正当合法行为——致命的斐勒斯反击。"（*Simone de Beauvoir*，p.43）虽然我同意希思的大部分解读（尤其是文本超越了简单的俄狄浦斯情节），但我认为将弗朗索瓦丝简单地归结为"男性"甚至是"斐勒斯的"并没有帮助。我必须尽快补充，简·希思绝不是在这方面犯错最严重的：太多波伏瓦的读者似乎只乐于从最传统的女性气质和男性气质的角度进行论证，这种理论选择往往迫使评论家在波伏瓦或她笔下的女主人公稍稍表现出对主宰或控制的喜好时，就宣布她们"男性化"。说到《女宾》，重点毕竟在于弗朗索瓦丝是一位占据着特定心理位置的女性，这一点必须加以详细描述。当一个男人和一个女人占据相同的心理位置时，他们的位置必然是不同的。男人的"斐勒斯"与女人的"斐勒斯"并不相同。像希思那样，说"皮埃尔和弗朗索瓦丝被铭刻在斐勒斯经济中，他们都是男性气质的"（p.42）是没有用的。即使这是事实，也不能使两位主人公平等。作为父权制下的女性，弗朗索瓦丝要达到与皮埃尔"相同"的位置，所走的道路是完全不同的。在社会学和心理学上都是如此：当波伏瓦和萨特参加 1929 年的同一场考试时，这一事件对他们的意义大不相同。如果不补充说明格扎维埃尔代表了历史上特定的、高度父权化的女性特质建构，那么将她定位为"女性特质"也是比较无益的。我认为没有理由因为格扎维埃尔比弗朗索瓦丝更有"女性气质"就认为她优于弗朗索瓦丝。在我看来，弗朗索瓦丝的社会心理地位——挣扎着与母亲分离的女儿——并不比格扎维埃尔所代表的次发自恋（secondary narcissism）的极端情况更具有或更不具有"女性气质"。

28. 在这个意义上，我们完全可以继续将波伏瓦的许多主要文本（包括自传）视为歇斯底里而进行分析。弗洛伊德笔下的朵拉与波伏瓦笔下的存在主义女主人公并非毫无关系。

29. 关于对朵拉进行这种解读的尝试，见我的《父权制的表征：弗洛伊德的朵拉的性与认识论》（"Representation of Patriarchy：Sexuality and Epistemology in Freud's Dora"）。

30. 关于《第二性》中非常相似的男性理想化案例的讨论，见本书第六章。

31. 在这一点上，我的解读与爱丽丝·贾丁（Alice Jardine）的观点不谋而合，她在《死亡判决》（"Death Sentences"）中认为，在《安详辞世》和《告别的仪式》中，萨特代了波伏瓦的男性母亲形象（见 p.215）。

32. 关于这些女主人公的现代主义的有趣探讨，见苏珊·鲁宾·苏莱曼（Susan Rubin Suleiman），《娜嘉、朵拉、劳儿·瓦·施泰因》（"Nadja, Dora, Lol V. Stein"）。

33. 根据这一观察，我们可以从朱莉娅·克里斯蒂娃在《黑太阳》（*Black Sun*）一书中提出的抑郁、失去母亲和创造力之间关系的概念出发，对波伏瓦的写作进行理论化。克里斯蒂娃关于抑郁是某种创造力之源的观点可以有效地用来解读弗朗索瓦丝的焦虑危机——以及波伏瓦自己的焦虑危机。我将在本书第八章再谈这些问题。在一次私人的交流中，朱莉娅·克里斯蒂娃强调了《女宾》情节的滑向死亡的性质。克里斯蒂娃认为，《女宾》似乎带有死亡驱力的特征，因此，杀死格扎维埃尔不仅仅是一个情节剧的情节，它还揭示了女性叙述者的精神错乱。

第五章　自由与调情：萨特与波伏瓦之间的个人生活与哲学

　　"我向来不屈服于调情的习惯，"她说，"我忍受不了别人摸我，这是病态的。"

　　在另一个僻静角落里，有一位年轻妇女，戴着饰有绿、蓝色羽毛的帽子，犹豫不决地看着一只男人的胖手落在她的手上。……她刚才拿定主意把自己那条裸露的胳臂搁置在桌子上，现在虽放在那里，却已被她遗忘，变得无知无觉：那只男人的手紧紧抓住的是一部分不再属于任何人的肉体。

《女宾》

性比较

　　一些哲学家指责波伏瓦偏离了萨特的哲学前提，比如在《第二性》中。另一些人则认为，既然波伏瓦的哲学观点与萨特完全吻合，就没有必要单辟一章（或一节、一段）来论述她的作品。玛格丽特·西蒙斯（Margaret Simons）写道，结果是"很少有当代欧陆哲学的研究，即使是那些关注社会政治哲学问题的研究……讨论她的作品"（"Beauvoir and Sartre", p.165）。女性主义者指责波伏瓦过于依赖萨特，并因为她缺乏原创性或"太认同男性"而排斥她。其他女性主义者，尤其是玛格丽特·西蒙斯，被父权制式的对女店员和女教师主题的颠来倒去的讨论所激怒，试图反驳波伏瓦在哲学上是萨特的追随者的指控，指出波伏瓦是两人中第一个对自由的社会限制产生兴趣的人。[1]埃娃·隆格伦-约特林关注《第二性》中的黑格尔和马克思主义元素，也强调了波伏瓦与萨特的不同之处。

可惜的是，女性主义者希望按照自己的方式探索波伏瓦的作品，但父权主义者往往认为这一合情合理的愿望是狂热地想要一劳永逸地"证明"波伏瓦比萨特优越：似乎对波伏瓦感兴趣就意味着瞧不上萨特。这种态度确实会导致徒劳无益的争论。例如，波伏瓦很早就对个人自由的社会决定因素产生了兴趣，这当然是事实。但是，是萨特而不是波伏瓦写出了《辩证理性批判》，这也是事实。然而，鉴于萨特将自己定位为哲学家，而波伏瓦则没有，我们对此并不应感到惊讶。这场单独的辩论显然是没有终点的——因为没有明确的意义，我个人认为，无休止地纠结于两位作家之间的智识优劣问题相当乏味。如果父权主义的批评家们没有想当然地认为知识女性的作品必须与其男性情人的作品进行比较，那么这种比较游戏就永远不会成为批评界和新闻界关于波伏瓦的辩论的标准讨论主题。虽然大多数评论家坚持认为萨特主导了波伏瓦的思想，但也有一些评论家无所顾忌地将波伏瓦的观点归功于纳尔逊·阿尔格伦或克劳德·朗兹曼。当然，相反的情况则永远不会发生：根据父权制的批评观点，没有任何一个男性知识分子曾从他们的女性情人那里学到点什么。显然这就是为什么没有人依据波伏瓦的作品来评判萨特或朗兹曼的作品。为什么没有人把波伏瓦与朱利安·格林或莫里亚克放在一起比较？或者法农？他还更有可比性。难道是因为她从未与他们中的哪个人发生过性关系？

尽管我自己对这一主题颇不耐烦，但我不得不承认，它在波伏瓦批评中持续存在并占据主导地位。我还必须考虑波伏瓦本人对自己仅次于萨特的表述：在 20 世纪 90 年代，这个仍是无法回避的问题。因此，尽管心存怀疑，我仍将比较这两位作家，我会详细解读大致写于同一时期的两段最核心的且主题非常相似的文字。在本章中，我将探讨萨特在《存在与虚无》和波伏瓦在《女宾》中讨论的异性关系当中的女性自由问题，两部作品都发表于 1943 年。将哲学文本和小说文本并置讨论是我有意为之的。前文我已经提出，因为波伏瓦认为自己在哲学上不如萨特，所以她优先选择了文学。依循这一逻辑，波伏瓦对自由问题最深刻、注入最多思考的探讨更可能出现在她耗时五年写成的《女宾》当中，而不是她在三个月内写成的《皮洛士与齐纳斯》（1944）当中。因此，我的分析对象是《存在与虚无》中关于去巴黎咖啡馆初次约会的女人的讨论，以及《女宾》中弗朗索瓦丝引诱热尔贝的场景。

巴黎咖啡馆中的初次约会

　　萨特在《存在与虚无》中题为"自欺的行为"的一章中对女人的自欺进行了讨论，他试图在这一章中说明欺骗自己是可能的。[2] "如果人（man）能够自欺，"萨特在一个段落的结尾处问道，"那他在他的存在中是什么？""以一个女人为例，"他在下一段的开头继续说道，"她同意了与某个男人的第一次约会。"（BN96；EN91）从"他"到"她"的突兀过渡至少可以说是有些惹人注目的：这表明萨特致力于产出一种对所有人都有效的哲学，但这一措辞的转变也揭示出他根本低估了这一计划所包含的困难。

　　萨特认为，这个咖啡馆的场景应被视为一种现象-逻辑描述。从哲学上讲，只有当读者认为这种描述准确无误时，这种描述才会发挥作用：难怪《存在与虚无》对 20 世纪 40 年代初巴黎知识分子的日常生活提供了如此多的洞见。然而，在 1943 年被认为没有问题的东西，在 50 年后却未必如此：至少在我看来，萨特分析的许多方面令人费解。

萨特认为，坐在咖啡桌旁，第一次约会的女人完全清楚男人的意图。"她也知道迟早要做出决定。但她并不想感受到（sentir）这种紧迫性，"萨特继续说道，"她只关心她的同伴的态度是否恭敬和谨慎。"（BN96；EN91）萨特抱怨，她拒绝将他的谈话视为"我们所说的（ce qu'on nomme）'第一次接触'"的尝试（BN96；EN91），拒绝承认他的行为可能存在的时间性发展。他继而说，当男人说"我非常爱慕你"（I admire you so much）[3]时，女人或多或少会反常地坚持从字面上理解：她实际上是假装相信他。萨特写道，她把这句话剥离出"性背景"，采信了话语的表面价值。或者换句话说，萨特甚至想都没有想过，这个女人可能真的被这个男人嘴上说的尊重和爱慕所迷惑。萨特认为，女人的行为的每一个方面都表明了她的自欺。他认为，归根结底，她的问题在于"她并不十分清楚自己想要什么。她深刻地意识到自己所激发的欲望，但粗暴和赤裸裸的欲望会让她感到羞辱和恐怖"（BN97；EN91；TA）。[4]从这句话中很难判断萨特是否认为这个女人的自欺在于她不知道自己想要什么，或者相反，她的自欺在于她肯定地知道表达粗暴和赤裸裸的欲望（le désir cru et nu）会让她感到羞辱。萨特在总结她最初的行为时，将其视为拒绝"理解欲望的本质；她甚至没有给欲望一个名字；她只在欲望超越自身，走向爱慕、尊重和尊敬时才承认欲望"（BN97；EN91）。

148

　　这就是萨特对约会最初阶段的分析。我试图理解他的叙述，但遇到了一系列困难。首先，萨特的叙述完全建立在读者对这个男人动机的默认上。但他是否真的在暗示，我们都知道，当一个男人在咖啡馆见一个女人时，他会有意识地、经过深思熟虑地认为这不过是性交的前奏？在思考这个问题时，我对"我们所说的'第一次接触'"的随意提法感到震惊。这里的修辞手法是显而易见的：萨特试图在自己和读者之间建立一个默认的价值共同体，并以此来指向一个具有共同习俗的现实世界。伪装成字典上的一般定义——我们都称之为"第一次接触"，不是吗？——事实上，这个短语表明，萨特想象自己是在对男性而非女性说话。在法语当中，复数的"接触"（les premières approches）具有一定的军事含义，指的是攻击者为攻入堡垒所做的努力，或是为削弱敌人而进行的隐蔽的地下活动。根据《小罗贝尔词典》的说法，这一相当古老的军事内涵已经演变成了更一般和比喻性的含义，即"为实现目标而进行的自我利益推进和演习"。这句话带有明确无误的男性同盟的味道，很可能曾经——或一直——存在于男人之间的对话中。我不相信当时大多数女性会用这句话来形容自己的调情企图。除非她们觉得他恶劣到极点，否则我也不信大多数女人会用这句话来形容男人试图与她们调情时的情形。然而，她做梦也不会想到会说出这样的话，这正是萨特的观点：萨特拒绝将适用于两位主人公的不同社会习俗考虑在内，于是只能将她的拒绝视为她自欺意志的表现。萨特随口说出的措辞的全部含义此时变得显而易见：只要这个女人拒绝把自己当成男人那样说话，她就是自欺。

尽管萨特的基本哲学前提应该是性别中立的，但他还是得出了这一令人遗憾的结论。在他看来，性别差异与自欺无关；每个思想主体都具有同样的真诚或自欺的能力。然而，他在这里的论证却仿佛每个思想主体都是男人：换句话说，他忽略了社会和性别差异，而这些差异从根本上塑造了这一场景中所涉及的行为主体的话语和行为。其结果是父权制式的哲学，而不是他所要进行的真正的普遍的分析。

萨特也没有停止思考定义这一场景中进行的活动所涉及的问题。他用"调情"这个词来形容咖啡馆的场景（BN97；EN91），却坚持其目标导向的性质：男人知道自己想要什么，女人则既要被指责假装不知道他想要什么，也要被指责真的不知道自己想要什么。但是如果这是调情的情形，他的假定就跟我对社会现实的体验完全相反：显然并不是每一次调情都将明确的性目标作为调情活动的必然结果吧？也许萨特说的根本不是调情？也许这个场景应该被解读为一个引诱场景？但这有什么区别？

按照《小罗贝尔词典》的定义，调情指的是"在某种程度上不涉及性的情爱关系（relations amoureuses），一般没有深层次的感情"。5
调情一词没有特定的认识论维度：调情虽然很浅层，但并不一定涉及
欺骗。鉴于调情具有开放性和游戏性的特点，它也不应该是深层感情
的真实表达。人很可能一边调情一边并不将此当真：我的意思是，如
果"当真"起来，调情就不再是一个合适的词了。因此，调情是建立
在暧昧的基础上的：它是一种不露出自己底牌的游戏。如果必须"坦
白"，承认"真心想法"，就会破坏调情的可能性本身。从这个意义上
说，调情不是一种以目标为导向的活动。因为它不承诺任何事情，所
以也不会让参与者承诺任何事情：调情是一种游戏，人们可以随时逃
脱，不会招致损失。游戏的目的一方面是让所有参与者都心情舒畅：
你让我感觉自己有魅力，我让你感觉自己很迷人；我让你的心情愉悦，
你也让我的心情愉悦。另一方面，如果愿意的话，这个对双方有益的
游戏也可以被视为一个令人愉快的空间，在这个空间里，人们可以思
考调情是否是自己想要参与的全部。6调情是一种结构模糊的游戏活动，
没有明确的性目的，对于被父权制严格控制其性活动的女性来说，调
情是尤其有实际益处的，因为它为她们提供了一个机会，让她们做参
与而不身陷其中的玩家，从而不必冒失去贞操、名誉、声誉或整个未
来的风险。7

　　在法语中，"引诱"（séduisant）并不一定是编织马基雅维利式的腐
坏计划，而仅仅是异常迷人和有吸引力。从这个意义上说，一定程度
的"引诱"似乎是任何调情中都非常有效的成分。然而，在更有限定
性、更强的意义上，"引诱"的词源是"引入歧途"（seducere），是让
人走错路。按照《小罗贝尔词典》的解释，引诱是指"使人背离善，
使人行为不端"；其同义词包括腐败、蒙羞、放荡、滥用、误导、欺骗
等动词。引诱这一活动的最终目的总是明确的性目标，它还包括虚假
的外表、谎言和这样或那样的借口。根据字典，在调情上，男女不相
上下，但说到引诱，女人是受害者，男人则是加害者：《小罗贝尔词
典》提供了"一个玩世不恭的引诱者把一个不幸的外国女人从她丈夫

150

身边带走"这句话来形象地解释这种关系的性质。[8]诱惑需要一个人毫无顾忌地操纵另一个人，如《危险关系》（*Les Liaisons dangereuses*）中的瓦尔蒙和塞西尔·德沃朗日。被引诱者之所以被引诱，正是因为她对真实情况一无所知。在此补充一下，萨特认为，说谎者并非自欺（见 BN87—88；EN83—84）；我们也应当认为，谎言的受害者也并非自欺。[9]

萨特和他笔下的男主人公似乎都坚信，眼前发生的是一场引诱。根据萨特的观点，男人并不自欺：他知道自己想要什么，所以他应该不会觉得谈论"第一次接触"有什么困难，也不会不承认他所说的他对年轻女子的爱慕和尊重只不过是达到目的的一种手段。换句话说，他是一个引诱者。但萨特并没有这么说。恰恰相反，根据他的观点，女人之所以是个卖弄风情的女人（BN99；EN93），正是因为她假装不知道男人是引诱者。但是，既然在这个阶段，男女主人公之间除了愉快的交谈之外，没有任何其他行为，就很难看出她要如何知道。毕竟，男人也会调情。这段话的真正问题不在于女人的解释，而在于萨特乏味的观点，他自以为比女人更懂。[10]萨特与他的男主人公之间的团结让人想起弗洛伊德与 K 先生之间的团结，而这位年轻的卖弄风情的女子，就像朵拉一样，被定义为认识论上的劣等人，或者用更加萨特式的术语来说，被定义为沉没于内在性（immanence）和实是性（facticity）之中。

如果按照萨特的说法，这位年轻女性在最初阶段就已经在自欺，那是因为她拒绝将自己视为超越的（transcendent），拒绝假定一种对自身的欲望投射。但什么是投射？在这个场景中，这个概念带上了强烈的心理学色彩：它是男人有意识地想把女人弄上床的愿望。在这一语境下，自欺包括否定人有选择自己的投射的自由。"由于它隐藏了参与的完全自由，因此自欺显然是一种谎言，"萨特在《存在主义是一种人道主义》中直白地说（p.81）。因此，投射自己的未来就是超越实是性，实现自己的自由，从而成为完全的人。[11]

总体来说，萨特倾向于以一种相当斐勒斯的语言描述投射：它代表了一种积极的、超越的和目的论的"向前投掷"：投射将自己投进时间和空间当中，直到它抵达目标。在《什么是文学》（*What Is Literature?*，1948）中，他将散文写作视作一种行动方式，也就是一种超越的投射。文字就像上了膛的手枪（p.38），他写道，又像"我们"身体的延长：它们是"第六根手指，第三条腿"（p.35）。这样的身体部位不能随意使用：作家开口说话，就是开枪，"他可以保持沉默，但既然选择了开枪，他就必须像个男人一样瞄准目标，而不是像个孩子一样单是为了听枪响寻开心而随意地闭着眼睛开火"（p.38）。这种射击操演的结果就是改变。"言说就是行动；任何被提到名字的事物都不再完全相同；它不再清白，"萨特如是说（p.36）。《第二性》中有对他这种说法的呼应和反向的叙述，波伏瓦认为男性的性正是存在主义投射的化身。渴望情欲快感的男性身体的行为完全与他的超越意识相一致，因为渴望快感的男性"将自己投射到他人身上，同时又不会失去自己的独立性"（SS393；DSb147）。[12]萨特和波伏瓦都将超越性的投射描述为暴力的、穿透性和斐勒斯的。因此，难怪萨特自动将引诱而非调情视为真正的性行为的典型范例。

151

但是，如果我们摆脱萨特将男性引诱等同于超越性的观点，我们就没有理由不认为，女性可能参与了一次她自己的充满超越性的计划（project），这一计划就是调情。从这个意义上说，她的目的很可能是创造一个空间，在这个空间里，她可以在不冒太大风险的情况下获得一些快乐，在这个空间里，她可以悠闲地观察男人，并决定她可能希望或不希望与他发生什么样的关系。事实上，萨特非常清楚这一点。"关键在于，"他写道，"尽可能推迟做出决定的时刻。"（BN97；EN91；TA）很显然，这样的计划可能会让一心只想快速让鱼上钩的男性感到非常恼火；同样显而易见的是，这的确是一次计划，因此绝不亚于男性的计划。在这一点上，我们不妨回顾一下1943年的法国，当时有一名女性因非法堕胎而被送上断头台。[13]这也是一个避孕违法的国家，主要的节育方法是终止性行为或坐浴。在这种情况下，女性在决定与男性发生性关系之前，必须对他有相当的信任。难怪她想慢慢来。基于女人没有自己的计划这一未经论证的假设，萨特的分析将女人塑造成了一个缺席者，一个零：她同时变成了一块空白的屏幕，男人可以在上面刻写自己的投射，以及一个无意识的、令人费解的障碍，阻碍着男人清晰直接的超越。[14]

与萨特相反，我认为这种约会的初始阶段可以解读为两个相互冲突的计划之间的对抗，即女人的调情和男人的引诱。双方都认为对方的计划与自己的计划一致或应该一致，就这一点而言，这种情况是完全对称的。这种僵局最终被男人打破，"但假设他牵起了她的手"，萨特写道（BN97；EN91）。萨特恰如其分地强调了这位女士此时突然发现自己所处的困境，并精明地分析了她的两难处境：如果她收回手，她就破坏了夜晚的"魅力"；如果她不收回手，她就可能被认为是在表示同意和参与。虽然这些都是事实，但这种说法的前提仍然是女人没有自己的计划。在萨特看来，她的行为仅仅代表了她不想参与其中的愿望：她被描述为完全是被动的。在萨特对这个自欺的女人所进行的现象学描述的最后，他的文字相当有洞察力，但仍然未能抓住这位女人的立场的逻辑：

> 我们知道接下来会发生什么；年轻女子把手留在了那里，但她并没有注意到自己的手留在了那里。她之所以没有注意到，是因为此时此刻的她恰好是一个充满智慧的人（tout esprit）。……她展现了自己本质性的方面——一种人格、一种意识。在此期间，身体与灵魂的分离已经完成；手静静地放在同伴温暖的手掌之间——既不同意也不拒绝——像一件东西。
>
> 我们可以说，这个女人是自欺（BN97；EN91—92）。

在萨特看来，男人抓住女人的手突出了整个场景的根本逻辑。在我看来，这与最初的情境相比，发生了戏剧性的变化。男人从社会权力地位出发，可以自由地抓住女人的手。男人掌握了主动权，将自己的手强加于女人，从而确定了利害关系：他可以随时以任何说辞移开自己的手，而不一定会破坏夜晚的气氛。然而，如果女方收回手，那么正如萨特所说，她肯定会"打破赋予这一时刻魅力的混乱而不稳定的和谐"（BN97；EN91），这大概是因为男方会暴怒或开始怨愤。然而，我想说的是，男人做出他的举动就已经打破了这一时刻暧昧的魅力：他暴露了自己的引诱计划，他的行为实际上是在强迫女方：她现在不得不以他为主，而不是以自己为主来选择行动路线。[15]

难怪西蒙娜·德·波伏瓦在《女宾》中描述同一场景时，会让女人"不确定地看着男人刚刚一下子抓住她的大手"（SC52；I72）。她在这里的词汇代表了视角的重大转变：在萨特笔下，男人"温暖"的手"握住"女人的手，而波伏瓦则看到男人"肥胖"或"巨大"（grosse）的手"一下子抓住"（s'abattre sur）女人的手。一旦我们察觉到男人举动的暴力性，女人放任自己的手就代表了一种绝望但注定要坚持自己最初计划的努力。[16]当然，在这一点上，萨特是对的：一旦事情发展到这一步，女人就不能再保持暧昧的调情空间了：男人抓住她的手无疑迫使她考虑他的计划。无论她现在决定做什么，都只是对男人所定义的情境的回应。但是，将自己简单地定义为对他人计划的否定或肯定，恰恰不是在获取自己的存在自由。令人惊讶的是，萨特显然将这一"决定"视为咖啡馆里那位女士唯一的真实选择。但这非常不合逻辑：如果人人都通过自主地认识自己计划的责任来定义自己，那么这个女人只能由她自己的计划来定义，而不是由其他人的计划来定义。

因此，从萨特自己的哲学的角度来看，处于这种境地的女性并没有真正的行为模式。像放一件东西那样将手放在那里，在实是性和"自在"（en-soi）中寻求庇护，这显然是自欺。但是，即使她当即做出了有力的决定，她仍然不算提出自己的计划。在这个咖啡馆的场景中，选择任何其喜欢的计划的"自由"在一种情况下是极其受限制的，在

153

另一种情况下则不然。或者换一种说法：在这里，男人代表了存在主义者所说的这个女人的处境（situation），而女人则不是他的处境。这种情形下的不对等，与存在主义所持的必须尊重每个人意识的基本自由的信念背道而驰。"一旦有了交往，"萨特在《存在主义是一种人道主义》中写道，"我就有义务在追求自己的自由的同时也追求他人的自由；若没有把他人的自由当作我自己的目标，我就不能说我把自己的自由当作目标。"（p.83）根据这一定义，抓住女伴的手的男人对自由和善意的理解还有很多不足之处。[17]萨特在此与他的男主人公表现出如此不可动摇的在修辞上的团结，让我不禁好奇这一例子是否源于亲身经历。现在看来，这一幕似乎又是皮埃尔·布迪厄所说的萨特"将特殊情况普遍化"（"Sartre"，p.12）的例子。[18]

还有两点需要说明。首先，我并不是说男人每次牵起女人的手都是在玩弄暴力的性权力游戏。如果男方更了解女方的计划，而不是一心想着自己的计划，那么他的举动可能会更合时宜，更不令人厌烦。其次，我们当然可以想象女方先牵起男方的手。在两人明显意气相投的情况下，这可能不会有什么问题，但在1943年的法国，两性之间的权力关系肯定会对女方不利。对女方来说，这样的举动是危险的，而对男方来说则不是：男方可能会嘲笑她的行为，让她觉得自己蠢笨、欲望强、有侵略性或格格不入。

154　　那么我们是否能够想象出一种女性能够成功参与调情或者引诱，却始终不走向自欺的方式呢?《女宾》的结尾，西蒙娜·德·波伏瓦描写弗朗索瓦丝引诱热尔贝的那一章，是从弗朗索瓦丝的视角出发的（第二部分，第八章），她正是要以此回答这一问题。[19]这一章描写的是发生在法国某个山区中的性接触，《女宾》中只有这一章没有写到任何一家咖啡馆。就小说情节而言，这一章意在展示弗朗索瓦丝在性方面完全战胜了她的对手格扎维埃尔。然而，从结构的角度来看，"引诱章节"在《女宾》极力渲染紧张气氛的情节剧结尾部分却像是一个相当突兀的插曲：读者不禁要问，仅仅是把热尔贝送入弗朗索瓦丝的怀抱，波伏瓦为什么认为有必要花这么多篇幅。仿佛她认为，她唯一没发生在巴黎的篇章所关注的主题——自由、欲望和话语问题——太重要了，不能以结构或情节的名义牺牲掉。

然而，这一章存在的理由并不完全是哲学性的。根据波伏瓦自己的说法，弗朗索瓦丝对热尔贝的引诱，正是对她自己引诱年轻的雅克-洛朗·博斯特的准确呈现。"这一切都和我在《女宾》中写的一模一样，"她对弗朗西斯和贡捷说（*Les Écrits de Simone de Beauvoir*，p.176）。《给萨特的信》的出版为这一说法提供了文献证据，使我们能够对这一引诱场景的虚构版本和书信版本进行比较。波伏瓦在 1938 年 7 月 27 日从阿尔贝维尔写来的信中写道："我有一件非常非常开心的事，这是我离开时完全没有想到的——三天前我和小博斯特睡了。当然是我提议的。"（LS21；LSa62；TA）她轻松地跟博斯特在蒂涅的草堆里睡到一起，这种轻描淡写的描述，与《女宾》中因渴望对方而痛苦的弗朗索瓦丝几乎没有共同之处。波伏瓦在这里似乎有点过于努力地展示自己对性轻松而不矛盾的关系："我非常喜欢他。我们度过田园诗般的白昼和充满激情的夜晚。但不用担心我在周六会闷闷不乐、迷茫或不自在；这对我来说是很珍贵的，是激烈的，但也是轻松自在的，在我的生活中保持着恰如其分的位置，仅仅是我一直觉得非常愉快的关系的喜悦绽放。"（LS21；LSa63）我们愿意相信她。但遗憾的是，只要将萨特的《寄语海狸》和波伏瓦的《给萨特的信》稍作比较，我们就会发现她对博斯特的引诱显然是自发的，前者提供了大相径庭的描述。

波伏瓦于 7 月 13 日或 14 日离开巴黎，第二天就在上萨瓦与博斯特会面。7 月 27 日，她在写给萨特的信中称，她在三天前，即 7 月 23 日或 24 日，就开始与博斯特上床了。换句话说，当他们上床时，两人已经在山里走了十天。为什么他们的友谊会在这个特定的时刻突然带上性的色彩呢？难道是发生了什么事情，引发了决定性的推力，让它朝着这个方向发展？翻开萨特写给波伏瓦的信，我们会发现，在 7 月 14 日至 17 日期间，萨特写了两封长信，巨细靡遗地讲述了他与"玛蒂娜·布尔丹"(Martine Bourdin)〔波伏瓦在回信中用的是她的真名科莱特·吉贝尔(Colette Gibert)〕之间下流的性爱细节。[20]7月22日,波伏瓦感谢萨特写给她的"长信",她已于7月21日收到了它,她声称她读了这些信后感到非常高兴,热切地期待着故事的后续发展。与此同时,她觉得萨特的故事"很优雅",并总结说:"亲爱的,你能如此详细地告诉我整个故事,真是太好了。"(LS19—20;LSa54)一两天后,她和"小博斯特"上了床。

至于故事的结尾,萨特在7月20日一五一十地写下了他是如何将"玛蒂娜·布尔丹"从她的童贞中解放出来的,尽管他曾答应波伏瓦不会"走到上床这一步"。他在这一时期的最后一封信是7月24日写的,信中他向波伏瓦讲述了他在鲁昂与仍是处女的旺达·科萨凯维奇的性交易。7月30日,两位哲学家再次会面,我们再也没有听到关于"玛蒂娜·布尔丹"的消息,直到1940年2月,她作为萨特一个特别令人不快的伎俩的受害者再次出现。[21]那么,根据书信中的说法,波伏瓦对博斯特的引诱显然是以牙还牙。波伏瓦在这一切中扮演的角色有些可悲:她鼓起勇气模仿萨特对性关系中普通人情感的傲慢蔑视,却像是一个规矩的小女儿试图取悦一个不值得取悦的父亲。读来确实令人心酸。

小说中,两位主人公之间的社会关系似乎极不平等。弗朗索瓦丝在社会、知识和文化资本方面都优于热尔贝,在各方面都是热尔贝的上位者。她30岁,他20岁;她是著名演员兼导演皮埃尔·拉布鲁斯的妻子,也是一位成功的剧作家和有抱负的小说家,而他只是一个崇拜皮埃尔的默默无闻的年轻演员。至少在一开始,弗朗索瓦丝这个人物和波伏瓦这个小说家所面临的问题似乎是如何找到一种语言来表达女性对一个社会地位低于她们的男人的渴望。但事实并非如此,因为我们知道,在父权制下,身为男人这一事实本身就具有象征资本:热尔贝在社会上的劣势因其男性身份而得到缓解,但并非完全消失。

从文学角度说,波伏瓦探索的是一个相对较新的领域:在她之前,法国文学界对事业有成、独立的女性渴望年轻、不那么有权势的男性所面临的性困境关注并不多。[22]若说这是法国女性作品中第一次出现此类场景，未免有些过度，但它无疑是这一体裁的一个早期范例。[23]父权制意识形态倾向于将处于权力地位的女性贴上"蓝袜子""悍妇""老处女"和"泼妇"的标签，将她们视为性吸引力的反面。由于缺乏替代性话语，在1943年的法国，确实需要非同寻常的文学力量才能创造出一种打破陈规的语言：弗朗索瓦丝和波伏瓦都面临着巨大的困难。

当弗朗索瓦丝和热尔贝来到一家偏僻的山村小旅店时，弗朗索瓦丝已经被欲望所吞没："这些天来一直笼罩在她心头的隐约渴望……已经变成了窒息的欲望。"（SC362；I446）坐在旅店的火炉旁，她梦想着能抚摸热尔贝，"要是她能摸热尔贝的手，深情地望着他笑就好了"（SC363；I448），但这种行为显然是不可能的。弗朗索瓦丝感到整个局面毫无意义。然而，触摸热尔贝的念头一直困扰着她："他真的遥不可及吗？还是她从来不敢向他伸出手？是谁在阻止她？"（SC364；I449）。她没有触摸的手掌因渴望和焦虑而潮湿："她为什么不下定决心去实现她的愿望呢？"（SC364；I449）

从这一场景中没有说出口的话来看，两人之间平淡无奇的对话变得既诙谐又酸楚。与萨特笔下的卡萨诺瓦不同，热尔贝真正尊重弗朗索瓦丝：在这一幕中，他没有突然抓住她的手。如果说弗朗索瓦丝的社会上位者地位让她无法使用传统的女性调情话语，那么热尔贝的下位者地位则让他无法主动出击："现在她很焦虑（angoissée）。他在她对面坐着，独自一人，没有约束，绝对自由。由于他年轻，并始终对皮埃尔和她敬重备至，因而不可能指望他有任何举动。如果弗朗索瓦丝希望发生什么事，只能依靠自己。"*（SC366；I451）饭吃到最后，弗朗索瓦丝似乎接近精神崩溃的边缘。这时，热尔贝开始抱怨与女人相处时难以轻松自如，他用的是第三人称复数，好像弗朗索瓦丝与这一

---

* 本段译文引用自《女宾》，上海译文出版社，2010年版，译者周以光。

物种毫无关系："你总要对她们加倍关注，否则你总觉得自己错了。"（SC366；I451）他说，他喜欢的是可以做自己的关系，不需要"加倍关注"（manières）：

> "对我你不必过多关注。"弗朗索瓦丝说。热尔贝哈哈大笑起来。"哦！你啊！你就跟男人一样！（Vous êtes comme un type!）"他热情地说。"是的，你确实从来没有把我当作一个女人。"弗朗索瓦丝说。她觉得自己的嘴古怪地笑了一下。热尔贝好奇地看了看她。她转过头，将杯中的酒一饮而尽。她出师不利，她将因与热尔贝笨拙地卖俏（coquetterie maladroite）而感到羞耻，最好还是开诚布公地（franchement）进行："如果我向你提议和我睡觉，你觉得奇怪吗？"或者说某种类似的话。但是她的嘴拒绝说这样的话。（SC366；I452）*

157

弗朗索瓦丝的两难处境在这里得到了清晰的体现。她作为一个女性有些特别，她能够平等地与男性打交道，也就是说不会让他们感到不自在，这一点在热尔贝将她跟男孩相提并论时得到了证实。至少在这里，她的平等地位得到了承认。不过，鉴于她在社会地位上明显高于热尔贝，这样的盛赞更多的是一种讽刺。而且她付出了相当大的代价：她只有以牺牲自己的女性特质为代价，才能获得平等的地位。热尔贝说他所认识的女性都要求"加倍的关注"，这样的描述所包含的性别歧视是显而易见的，而且在文本中也没有受到质疑：毫无疑问，叙述者也认同弗朗索瓦丝有些特别的观点。

在这一点上，《女宾》很好地呈现了波伏瓦自己当时的姿态。至少在 20 世纪 50 年代之前，也可能是在 20 世纪 70 年代她参加女性运动之前，她一直乐于感受自己在女性中的独特性。在《一个规矩女孩的回

---

*　本段译文引用自《女宾》，上海译文出版社，2010 年版，译者周以光。译文有改动。

忆》中，她写道："爸爸曾自豪地说'西蒙娜有一个男人的大脑。西蒙娜是个男人'。"（MDD121；MJF169；TA）根据戴尔德丽·贝尔的说法，波伏瓦将父亲的话视为"对她最高的赞美"（*Simone de Beauvoir：A Biography*，p.60）。在西蒙娜·德·波伏瓦看来，一个特别的女性既是女性，同时又具备通常与男性相关的所有美德。正如她自己在《境遇的力量》中坦率承认的那样，波伏瓦在自己的一生中享有作为一个象征性女性的所有优势：

> 不；我非但没有因为我的女性气质而感到痛苦，相反，从 20 岁起，我就积聚了两种性别的优势；在《女宾》之后，我周围的人既把我当作家，也把我当女人；这一点在美国尤为明显：在我参加的聚会上，妻子们聚在一起相互交谈，而我则与男人交谈，他们对我的态度比对自己的同性更加礼貌。正是因为这种特权地位，我受到了鼓励，写下《第二性》。它让我能够平静地表达自己（FC199—200；FCa264）。

当然，矛盾的是，波伏瓦是对的，正是她独特的发言立场使她能够写出《第二性》。

弗朗索瓦丝的反驳——试图通过媚态找回自己的女性魅力——完全失败了。这几句话（"你确实从来没有把我当作一个女人"）如果由萨特式的咖啡馆餐桌旁的年轻女人说出来，会立刻引起"哦，但对我来说，你就是个女人"之类的回答。但热尔贝什么也没说。传统的女性调情是以女性的从属地位为前提的：对于上位者弗朗索瓦丝来说，调情话语根本行不通。她的结论是，她本可以挑明了说（"最好还是开诚布公地进行"），但临到这一关头，她沮丧地发现，她甚至无法张嘴：直截了当地表达她的欲望在生理上是不可能的。正如萨特在《存在与虚无》中所说，"粗暴赤裸的欲望会让她感到耻辱和恐怖"——准确地说，粗暴欲望的表达将让她感到耻辱，即使由她自己来表达也是如此。

弗朗索瓦丝被暗示可与热尔贝平等相处，她便自动发现自己成了一名荣誉男性（"你就跟男人一样"）。这种话语地位使她陷入双重困境，让她既无法像女性一样调情，也无法像男性一样说话（或抓住对方的手）。处于荣誉男性的位置使她很难像萨特所说的男性引诱者那样，告诉热尔贝——毕竟她是男孩了——她是多么爱慕和尊重他。因此，"直截了当地说"代表了弗朗索瓦丝的梦想，即摆脱她自己所认为的传统女性调情的自欺或不诚实，同时不落入男性引诱中那种玩世不恭的姿态，也不在赤裸裸的欲望的暗礁上跌倒。

在波伏瓦看来，这一幕的关键在于弗朗索瓦丝作为自由意识的地位。弗朗索瓦丝将热尔贝视为另一种自由，她也希望被热尔贝视为一种自由。弗朗索瓦丝在此探索的存在主义理想是相互性（reciprocity），即每一种自由都承认另一种自由。弗朗索瓦丝的行为就像萨特笔下的男性引诱者，只会否定热尔贝的自由。那么她该怎么办呢？她拼命为自己做的事寻找一个可以接受的女性模式，她脑海中唯一想到的是皮埃尔的妹妹伊丽莎白，她把自己描述成一个"占有的女人"，这是一个完全负面的例子。然而，一想到伊丽莎白，弗朗索瓦丝就脸红："一个占有的女人；……她厌恶这种想法。"（SC368；I454）

虽然伊丽莎白的形象是一个独立自主的女性，随时随地享受性乐趣，但《女宾》实际上从未表现出她主动、故意勾引男人的一面。相反，她被描绘成被她的已婚情人所害，在其他各种性关系中不幸且屈辱。从整部小说的背景来看，弗朗索瓦丝对年轻演员热尔贝的引诱与伊丽莎白跟年轻演员吉米奥的随意关系构成了鲜明的对比。在伊丽莎白还没有考虑自己是否真的想要他的时候，吉米奥就已经上了她的床，他以行家里手的技巧和疏离的讽刺态度与伊丽莎白做爱。他的身体和动作都有些女性化——他被形容为"柔软""顺滑"和"优雅"（SC82；I107）；他有一双"女性化的手"和"蜿蜒流动（fluide）而温柔"的身体（SC84；I110）——伊丽莎白并非没有注意到，尽管他精通技术，但在性行为本身，却完全以自我为中心："快感使吉米奥嘴巴紧缩、眼

159

睛斜视，现在他像个贪婪的唯利是图的家伙，只想到自己。她又闭上眼睛，被一种强烈的耻辱感所吞噬。她急于结束此事。"*（SC84—85；I110）伊丽莎白自称是"一个占有的女人"，这被发现完全是假的，她成了一种自欺的化身。波伏瓦对待伊丽莎白的残忍与她对弗朗索瓦丝的纵容形成了鲜明对比，弗朗索瓦丝的一举一动都体现了她对本真性的追求。

从弗朗索瓦丝对伊丽莎白的性欲的描述中，我们可以窥见她的恐惧，她害怕自己成为一个不被与之上床的男人真正渴望的女人：伊丽莎白的情人与她上床是因为时机合适，而不是出于激情。但弗朗索瓦丝对这种关系的厌恶并不仅仅是社会习俗的影响，而是表达了她对自身自由的深刻的哲学承诺。她希望热尔贝自由地选择她，不仅是因为这会让她感到自己是被渴望的，还因为只有诉诸他的自由，她才能避免沦为他眼中的一件简单物品。或者换句话说：只有向对方的自由献出自己的自由，才有希望得到对方对自己自由的尊重。根据这种相互性逻辑，弗朗索瓦丝只有在热尔贝选择她的同时她也选择热尔贝，才有希望摆脱他们之间的性关系沦为随意的性接触的命运。正如想到伊丽莎白的场景所示，认为单方面"占有"对方代表自由的想法在哲学和心理学上都将适得其反。24

难怪弗朗索瓦丝发觉自己无法说出关键：被剥夺了话语，又陷入性政治的双重束缚，她根本不知道"该用什么语言来表达"。然而，她的沉默只是暂时的退守。在自尊和欲望同等的驱使下，弗朗索瓦丝拒绝放弃她的计划："她不想让这次旅行在遗憾中结束，因为遗憾很快就会变成悔恨，变成自我憎恶；她要说出来。"（SC368；I454；TA）与萨特笔下的女性调情者不同，弗朗索瓦丝非常清楚自己在做什么。此外，与萨特笔下的男性引诱者不同，弗朗索瓦丝突然对自己是否有能力让热尔贝产生快感产生了怀疑："但她甚至不知道热尔贝是否会在亲

---

* 本段译文引用自《女宾》，上海译文出版社，2010 年版，译者周以光。

吻她时找到快感?"（SC368；I454）为了维护自尊，她决定，唯一诚实的做法就是继续，同时确保他随时有机会"坦率地拒绝"（SC368；I454）。当两人钻进谷仓里的睡袋时，弗朗索瓦丝依然坚定，但却无言以对，"她完全不知道该如何回答这个问题"（SC369；I455；TA）。在越来越乏味的对话之后，弗朗索瓦丝进入了极度痛苦的阶段："尽管从碎玻璃窗中吹进来的气流很冷，她却汗流浃背，她觉得自己停留在一个深渊上方，既不能进，又不能退。她没有思想，没有欲望，她顿时觉得这种情况纯粹荒谬。她神经质地笑了笑。"*（SC371；I457）

看到弗朗索瓦丝露出了笑容，热尔贝与她进行了"我知道你在想什么，但我不说"式的紧张交流，直到弗朗索瓦丝快哭了："突然，泪水盈满眼眶。她的神经已经到了极限：现在她已经进退两难。是热尔贝逼她说的，也许他们之间这段美好的友谊将永远被毁掉。"（SC371；I458）在这里，弗朗索瓦丝担心的不仅仅是失去谈话的主动权，而是失去自由：如果她说出来只是因为被热尔贝逼到不得不说，她就会失去相对于他的计划的独立感。在这种情况下，她的处境与萨特笔下的卖弄风情的女子被抓住手后的处境如出一辙。说出来，弗朗索瓦丝是赌上了自己的一切：形而上学的自由、作为行为主体的自尊、对自身女性特质的感知以及热尔贝的友谊：

> 弗朗索瓦丝什么都不再想了（fit le vide en elle），话终于说出口。
>
> "我笑是因为我在想如果我建议您和我上床，而您一向不喜欢把问题复杂化，您会是一种什么态度。"（Je riais en me demandant quelle tête vous feriez, vous qui n'aimez pas les complications, si je vous proposais de coucher avec moi.）
>
> "我以为您在想我想亲吻您，而我不敢。"热尔贝说。（SC371—372；I458；TA）

---

* 本段译文引用自《女宾》，上海译文出版社，2010 年版，译者周以光。

有趣的是，这些句子几乎逐字出现在波伏瓦写给萨特的信中。[25]弗朗索瓦丝试图"直截了当"地说，这似乎意味着可能讲述女性欲望的最直接的表达是过去式，这是句法和语法修辞的杰作。短语中间插入的准呼格子句的主要作用是延缓欲望的最终表达，并强调"vous"（您）这个具有距离感的词，它在关键句中出现了不下三次。但是，"vous"也强调了对话者之间的相互尊重：双方都不想用熟悉的"tu"来侵入对方的亲密领域。不过，细心的读者可能会对热尔贝使用委婉的"亲吻"而不是弗朗索瓦丝那么直接的"上床"感到一丝犹豫。与弗朗索瓦丝相比，这个词是不是显得有些幼稚？

在又一页的犹豫之后，热尔贝终于表达了他的渴望。我们终于来到两个身体即将首次接触的关键时刻，也是弗朗索瓦丝的计划即将获得成功的时刻。此时此刻，波伏瓦——以及弗朗索瓦丝——的风格似乎发生了一些奇怪的变化。"我很想吻你，"热尔贝说。弗朗索瓦丝的回答至少可以说是惊人的："'好吧，吻我吧，你这个愚蠢的小热尔贝，'她说着向他献上了唇（Eh bien, faites-le, stupide petit Gerbert, dit-elle en lui tendant sa bouche）。"（SC373；I460）。弗朗索瓦丝的回答本应俏皮而带有引诱意味，但事实上却屈尊俯就地令人扫兴，不性感到了笨拙的地步。弗朗索瓦丝的话产生了完全出乎意料的意识形态效果，将弗朗索瓦丝塑造成一个与"小"而"愚蠢"的热尔贝相对的母亲形象，这一令人尴尬和难堪的文本时刻耗尽了弗朗索瓦丝话语中的性感，并在这一过程中不知不觉地让热尔贝丧失力量。然而，其主要目的是将弗朗索瓦丝表现为一个成熟、自主、有性欲的女性；在弗朗索瓦丝的情欲计划取得成功的那一刻，波伏瓦从身体中逃离，她自己的话语也失去了力量。

从这时起，这一章就陷入了狂撒糖精的甜蜜狂欢，最后读起来就像纯粹的哈莱金出版公司（Harlequin）出版的浪漫小说。[26]忽然之间，文本不遗余力地给予弗朗索瓦丝一切可能的情感回报。在几次亲吻之后，两位主人公发现他们其实早已渴望对方。当这对恋人在言谈中达

161

成共识后，他们的身体在一个纯洁的相互依偎的拥抱中遇见了彼此，肌肤紧贴肌肤：

> 弗朗索瓦丝把她的脸颊紧紧贴在他脸上。
>
> "我很高兴没有让自己失望。"她说。
>
> "我也是，"热尔贝说。
>
> 他把自己炽热的嘴唇贴在她嘴上，她感到他的身体紧贴着（se colla étroitement）她的身体。（SC374；I462）*

在这一章的结尾，热尔贝毫不含糊地宣告他对弗朗索瓦丝怀有的激情："'我从未像爱你那样爱过任何其他女人，'热尔贝说，'我爱你，爱得很深很深。'"（SC375；I463）《女宾》的作者似乎想让我们相信，每个说出自己欲望的女人终究会得到爱情、性与友谊的眷顾。然而，《第二性》的作者更清楚：有欲望的女人，她写道，"如果男性不屑于她，她就有可能沦落到毫无用处的地步。这就是为什么如果男性拒绝她的求爱，她会深感羞辱"（SS698；DSb610；TA）。通过坚持弗朗索瓦丝所获得的情感回报，文本接近于以爱情的正当理由支持了她的情欲，从而将本章的最后几页变成了贾尼丝·拉德韦（Janice Radway）所描述的自由的、存在主义版本的"理想的浪漫爱"。[27]

我们该如何解释这种话语运用的急剧转变呢？在我看来，波伏瓦调子的突然变化表明，文本的话语计划和哲学计划在此刻突然开始出现巨大的分歧。弗朗索瓦丝的自主发挥取得了成功，但它不再由同样自主的话语来推动：我们得到的不是原创性，而是陈词滥调。这种抵消（décalage）恰恰发生在这对恋人的身体即将首次相遇的时刻，这揭示了波伏瓦作品中身体的出现所伴随的焦虑。《女宾》中最直接写肉体的段落仍然是对伊丽莎白与吉米奥彻底负面的性经历的描述。至于弗

162

---

* 本段译文引用自《女宾》，上海译文出版社，2010年版，译者周以光。译文有改动。

朗索瓦丝和皮埃尔，他们在幕后脱掉衣服，关上灯，然后静静地躺在床上。

波伏瓦的克制当然可能与维希政权的性压抑有很大关系，但这并不能完全解释这一幕的逻辑。她话语方式的突然转变代表着一种逃离肉体、进入浪漫灵魂的行为。在性交汇的那一刻之前，波伏瓦相当成功地呈现了一个充满欲望的女性所具有的自由意识。正当这种自由意识的计划在充满欲望的女性身体中呼之欲出时，麻烦开始了。萨特写道："欲望的定义是麻烦。"（BN503；EN437）波伏瓦在这一节骨眼上转而将风格变为浪漫主义的陈词滥调，不自觉地表明了她在书写拥有欲望的女性身体时所经历的困难。因此，我所说的在调子和风格上的惊人转变指向了波伏瓦作品中的一个基本哲学问题：身体，尤其是有欲望的女性身体与意识计划之间的关系问题。正如萨特所说，身体既不是世界中的事物，也不是自由意识，既不是超越性，也不是简单粗暴的实是性，它招来麻烦。由于这在波伏瓦的作品中是一个庞大而复杂的话题，我在此不再进一步讨论：身体的麻烦将是我下一章的核心议题。

自由女性或无性别主体

波伏瓦的诱惑场景与《存在与虚无》一样关注意识、自由、责任和超越性，似乎绝对忠实于萨特的最初概念。然而，她自己在咖啡馆的短暂场景已经温和地提醒人们，男人突然抓住女人的手可能会涉及暴力。在引诱场景中，她与萨特之间的差异更加明显：由于对调了性别角色，波伏瓦不得不比萨特更深刻地认识到她的主人公所承受的社会压力。波伏瓦提出了相互性和尊重他人自由的问题，而萨特没有。她意识到了社会角色的影响，而萨特没有。此外，弗朗索瓦丝在生理上就说不出自己的愿望，这生动地反映了父权制下女性的处境。

正是由于这种对萨特的背离，波伏瓦的叙述不再是传统意义上的

"引诱场景"。它也不是一个调情的例子：波伏瓦表现女性自由欲望的努力，事实上最终质疑了调情和引诱的范畴。在引诱成功的那一刻，调子发生了明显的变化，这表明1943年的西蒙娜·德·波伏瓦并没有完全理解自己话语的含义。她未能完全理解的原因是，尽管这两篇文章之间存在很大差异，但波伏瓦的文章并非有意识地批判萨特。我已经提到，波伏瓦必须被理解为站在中心的立场上研究自己的边缘性。这种结构上的暧昧位置的后果是，她的主题究竟是"女性"还是"自由（无性别）主体"，其存在着明显的不确定性。波伏瓦自己也承认，到1943年，她完全不再考虑性政治的问题：她认为弗朗索瓦丝是一个自由意识，而不是一个自由的女人。波伏瓦在写弗朗索瓦丝时坚信，她所做的事情与萨特写马蒂厄的事情是一样的。矛盾的是，在模仿萨特的过程中，她最终批判并改变了萨特的范畴。

然而，这种改变程度还比较浅。例如，波伏瓦对女主人公的性别相对缺乏意识，这在很大程度上造成了弗朗索瓦丝的非性化。在波伏瓦的小说中，女性努力解决她们所认为的普遍哲学问题，仿佛这是她们显而易见的责任和权利。相比之下，萨特的小说中完全没有塑造任何一个有思想的女性。例如，在《不惑之年》中，所有主要男性角色——马蒂厄、布吕内、丹尼尔、鲍里斯——都在全力解决自由和责任以及如何界定自己与他人和世界的关系等问题。而女性角色——玛塞勒、伊维奇、洛拉——却对这些问题显然漠不关心。男性或真诚或不真诚，或清醒或自欺，或资产阶级或工人阶级，女性则全是贪婪的子宫或任性的处女。与萨特相比，波伏瓦对女性绝对拥有道德和哲学能力的信任才是令人耳目一新的非性别主义。这一积极结果的直接原因是，她从未想过给思想或哲学贴上"男性"的标签。然而，她也付出了高昂的代价：在她的自传、散文和小说中，我们可以称之为"自由女性的初期男性化"（problem of the incipient masculinization of the free woman）的问题再次困扰着她的文本。

如果说存在主义表面上无性别的自由主体在萨特和波伏瓦的论述

中实际上被视为男性，那么任何将女性塑造成自由主体的尝试都必然会在某种程度上使她们具有男性的特征。这显然就是弗朗索瓦丝的遭遇，她陷入了"男孩中的一个"这一角色所造成的矛盾之中。在我看来，这是一个理论问题，而非心理问题：波伏瓦未必"希望"女性变得像男性一样。在这一点上，她自己恳切的抗议反而应被采信：波伏瓦并不期望女性拥有任何特定的身份：她只是希望她们能够自由。这绝不意味着波伏瓦反对身份认同。然而，与当今许多女性主义者不同的是，她将身份视为自由的结果而非原因。在她看来，女性并没有一个秘密的、长期受压迫的身份，如果要赢得争取自由的斗争，就必须从这个身份中解放出来。恰恰相反，争取自由的斗争才能使女性自由地塑造自己的身份，而不受父权制下的女性气质神话的束缚。

波伏瓦对存在主义的性政治视而不见，源于她自己的个人和历史处境。她后来的发展充分证明了她有能力改变自己的分析范畴。然而，即使是《第二性》，也没有显示出一种足够成熟的对修辞学和意识形态的理解，这在对她自己的哲学范畴进行持续的女性主义批判上是必不可少的。从这个意义上说，我认为波伏瓦问题的真正原因首先在于她依赖萨特灾难性的简单化理论，将语言视为明确的行动工具（见 *What Is Literature*？），而她对意识形态概念的唯一近似的理解是"神秘化"这一粗线条的、充满限制性的概念。因此，她没能看到的是父权制权力关系有时是如何潜入哲学概念的核心的。[28] 我认为，这种盲目性在很大程度上造成了她试图将弗朗索瓦丝表现为自由女性时的矛盾和困难。然而，鉴于她自己的自由与支配问题的逻辑，这并不意味着这种权力关系不能被推翻：相反，对于波伏瓦和萨特来说，揭露这种权力关系本身就已经是迈向变革的第一步。

个人的和哲学的

就我对这两个引诱场景的解读而言，波伏瓦对异性恋引诱的分析比萨特在《存在与虚无》中对调情的讨论更有力、更复杂，对这种情况下的冲突的利益关系也更警觉。如果我以一般父权批评家的敏锐来提出观点，我现在就会得出结论，波伏瓦终究比萨特更胜一筹。这种说法当然是荒谬的：我们不能仅凭一个例子就断言她整体上更加优秀。一个领域的创始者通常能免受仔细审视，这并不能让其变得更好。显然，重要的是阅读的目的：在本章中，我有意采取的策略是转移争论的领域。鉴于所有其他评论家都试图通过提出各种各样属于古典哲学的问题，也就是在萨特的领域比较波伏瓦与萨特，我认为这一次从波伏瓦的领域比较萨特与波伏瓦是公平的：也就是女性——尤其是知识女性——在父权社会中的地位问题。我将细读她的一个文学文本，这也是为了认真对待波伏瓦自称为小说家而非哲学家的说法。我已经表明，在女性自由，尤其是性自由的问题上，萨特——毫不奇怪——并没有提供多少东西。因此，我的解读并不是证明波伏瓦"优于"萨特：它所证明的是，至少在一个重要的研究领域——关于女性自由——波伏瓦的分析比萨特更精妙。仅凭这一点，我们就很难再回到无谓的孰优孰劣的比较游戏中去了。

不过，在搁置这个话题之前，我想看看萨特对自欺的女人的分析未能令人信服的一些深层原因。总的来说，我认为他的分析的基本缺陷在于他倾向于将特殊案例普遍化，或者换一种说法：将他自己的个人经历描述为普遍经验。[29]在理论层面上，20世纪40年代的萨特拒绝承认哲学话语中存在个人或"主观"的决定因素。对他来说，让自己的理论或行为受到激情的影响——更别说无意识的影响——就是在拒绝自由：他在《存在主义是一种人道主义》一书（pp.80—81）中宣称："每一个躲在激情借口后面的人，每一个发明决定论的人，都是在自欺。"萨特害怕无意识的"决定论"，甚至拒绝考虑作家可能无法完全控制其作品，"无论（读者）想得多远"，萨特在《什么是文学》（1948）中写道，"作者已经想到了更远的层面。无论（读者）在书的不同部分之间建立怎样的联系……，他都有保证，也就是保证这些联

165

224

系都是来自作者的明确意愿"(p.61)。然而，证据并不站在萨特一边：他在《存在与虚无》中对欲望、洞穴和黏质物的分析，或者说他关于科学探索就像强奸的说法，都不乏他自己无意识幻想的痕迹。我也不太相信萨特真的有意让他就自欺的女人所做的分析成为哲学中的性别主义的研究案例。萨特坚决拒绝将自己视为一般事物中的特殊案例，他渴望将自己写入世界，却从不承认世界也在他身上写下了自己。

正是在个人存在的问题上，《存在与虚无》的修辞与《第二性》的修辞截然不同。首先，波伏瓦本人明确承认，《第二性》是一次意外的结果，她本意是想写一部自传式的"essai-martyr"，这指的是一种主人公不计后果地表露自己内心最真实一面的文本（见 FC103；FCa136）。然而，正如我们在本书第二章中所看到的，她的代表作也是一篇按照法国哲学领域的规范写成的哲学论文。因此，她的修辞结构本身就体现了个人与哲学之间的冲突。波伏瓦很少使用现象学意义上的"我"，她经常在某些场景和事例中表明自己的参与：她的"我"总体上有一种得体的低调。但这并不妨碍她在第三人称单数"女人"的背后夹藏自己的主观性。比如说，我们会发现她就是以这样的方式在《第二性》的论证中写下她与女性身体的困扰关系，就像萨特的包含强迫性质的引诱的嗜好，它在与"玛蒂娜·布尔丹"的情事中有过明白无误的显露，也在《存在与虚无》中被竖立成一座哲学丰碑。

然而，波伏瓦使用"女人"的效果相当微妙。一方面，女性读者在面对这个时时出现的极其普遍化的"女人"时，可能会觉得"她"阻碍了她表达与波伏瓦的主张相悖的经历。另一方面，许多女性也感受到该文本有着深刻的合理性，它证明了她们自身的经历并非特殊、反常或不正当。这种暧昧的效果首先是因为波伏瓦笔下的"女人"并没有特别好地伪装起来，或者换句话说，是因为《第二性》比《存在与虚无》显然更具自传性。我认为正是这种在自传性上的暧昧的透明度，使得《第二性》没有沦落到读起来像另一部虚假的普遍化的大师文本。波伏瓦在《第二性》中的修辞展现出了有过种种激烈斗争的痕

迹，一边是法国古典哲学论文的话语，一边是真正的对于经验的存在主义承诺所要求的更为个人化的话语，这种斗争之下产生的修辞有着深深的矛盾性。虽然这种斗争没得到解决，但它的存在本身就揭示了她比萨特对存在主义的思想内涵有更深刻理解，萨特更偏向于传统的尊重和掌握古典的哲学修辞形式。

对女性主义者来说，不正当的普遍化总是特别令人生厌：毕竟，最典型的例子就是试图将白人、资产阶级男性的经历说成是普遍的人类经历。可以理解的是，一些女性主义者对这种策略深恶痛绝，她们试图避免各种普遍化话语，比如在忏悔式写作中寻求庇护。问题在于，她们往往忘记了，如果个人的表达要引起他人的兴趣，就必须同时具有普遍性。接受自己的科学理论话语带有个人烙印，并不是让理论沦为自我的表达：如果女性主义者不能提出站得住脚的理论的普遍推论，女性主义就没有政治前途。因此，自相矛盾的是，正是因为我对理论的承诺，我才认为无论它引起怎样的后续联想，都有必要让个人的保持个人的特征。归根结底，萨特话语的问题不在于过于普遍，而在于不够普遍。为了避免不正当的普遍化的陷阱，我们需要对自己的话语策略有相当成熟的认识：默默地将自己的案例普遍化，与明确地将自己作为一个潜在的重要研究案例，两者之间天差地别。在这一点上，弗洛伊德的精神分析和布迪厄的社会学观点不谋而合：如果我们要避免被自己的激情玩弄，我们不仅需要能够体验它们，还需要知道我们正在体验它们。

我们可能还记得，萨特曾想从杏子鸡尾酒里导出哲学。西蒙娜·德·波伏瓦也认为，鉴于一个人的一举一动都揭示了整体的人生哲学，存在就是思想。"事实上，哲学与生活是分不开的，"她在1948年《存在主义与国民智慧》（*L'Existentialisme et la sagesse des nations*）一书的序言中写道（p.12）。在我看来，存在主义的最大优势之一正是它坚信个人的最终就是哲学的。萨特和波伏瓦都是法国哲学正统性的继承者，这在他们各自的修辞策略中都留下了印记，而波伏瓦相对边缘化的位置使她能够比萨特更进一步地推进个人修辞。对她来说，简单地区分个人与非个人、自传与哲学根本不可能。"然而，你拥有的这种用身心去体验一种思想的力量是不同寻常的，"皮埃尔在《女宾》中钦佩地对弗朗索瓦丝说。"但对我来说，思想不是一个理论问题，"弗朗索瓦丝回答道，"你要体验它（ça s'éprouve）；如果它始终是理论的，那就没有价值。"（SC302；I376；TA）弗朗索瓦丝究竟是从哲学的角度来体验她的情感痛苦，还是从情感的角度来体验哲学，无论读者如何解读，她都很好地诠释了西蒙娜·德·波伏瓦毕生的追求：打破哲学与生活的界限，使生活具有哲学的真理和必要性，使哲学拥有生活的激情和热情。[30]

注释

1. "波伏瓦……比萨特更早认识到社会历史背景（包括个人历史和童年）对个人选择的限制作用，"玛格丽特·西蒙斯写道。（"Beauvoir and Sartre，"p.169）。

2. 米谢勒·勒德夫在《希帕嘉的选择》中首先提醒读者注意萨特自欺叙述的奇特的政治。勒德夫认为，在萨特的著作中，人们倾向于将自欺主要归于女性和处于从属地位或边缘地位的男性，如服务员、学生和同性恋者（见 pp.70—74）。

3. 法语是"Je vous admire tant"。这里的英译是"I find you so attractive"（我发现你如此迷人），这已经是一种解释，这正是萨特希望的，他希望这位女士对其做这样的理解。

4. 黑兹尔·巴恩斯对"le désir cru et nu"的翻译很奇怪，是"残酷而赤裸的欲望"。虽然"粗野"的男性欲望中也可能有一些残酷，但我不认为萨特是这个意思。

5. 字典实际上说这些关系发生在"异性之间"，但我看不出为什么同性之间不能调情或引诱。

6. 或者换句话说：每一次调情都包含着危险因素。这就是为什么表面上"纯洁"的调情可能会激起调情者伴侣强烈的嫉妒之情，也是为什么在许多历史时期，女性"真正的"体面被认为与最轻微的调情水火不容。

7. 调情这一概念本身的模糊性保证了在调情和引诱之间存在着各种中间状态。我在这里的目的并不是要对此类活动进行一般性分析，而只是要勾勒出在萨特文本中发挥作用的一些定义。

8. 当然，我并不是说女性从不无所顾忌地引诱没有戒心的年轻男性；我只是说，在父权制下，性别之间的权力关系往往有利于男性的引诱企图。

9. 或许可以将调情与引诱之间的关系视为一个连续体，在这个连续体中，两个极端分别是杂货店中的微笑交流和瓦尔蒙对塞西尔·德沃朗日的玩世不恭的诱惑。在这个滑动的天平中间，会有一个很大的灰色区域，在这个区域里会上演各种有着微妙变化的诱惑和调情。这一区域肯定会产生大量的误解。

10. 正如米谢勒·勒德夫在《希帕嘉的选择》一书中所指出的，萨特对女性性冷淡的描述（BN95—96；EN89—90）是他相信自己在认识论上的优越性的一个更为突出的例子（见 pp.64—68）。

11. 我并不是说萨特在《存在与虚无》中关于自欺的部分所说的一切都与他战后的文章相一致。例如，在《存在与虚无》中，自欺被更具体地视为拒绝在实是性与超越性之间做出选择，拒绝在把自己当作世界中的一件事物（萨特称之为"自在"）与把自己当作一种超越的意识（萨特称之为"自为"）之间做出选择。在肯定这些相互排斥的概念的同一性的同时，又坚持它们之间的差异，自欺假定了矛盾立场的不矛盾性（见 BN98；EN92）。每一个试图给自己下一个稳定定义的尝试都落入自欺的概念之中。举例来说，如果我声称自己是真诚的，那么我就是在把自己的超越性变成实是性，就像我声称我的手是咖啡桌上的一个静止物体一样：自欺是人类意识结构本身所固有的，它总是努力与自身相符合。从这个意义上说，我们都处于自欺之中，或者更确切地说，正如萨特在脚注中所说，"一个人处于真诚还是自欺之中并不重要"（BN111；EN107）。但这并不妨碍萨特对这个女性的自欺的实际描述从纯粹的技术性描述滑向心理道德化。多米尼克·拉卡普拉（Dominick LaCapra）在《萨特导读》（*A Preface to Sartre*）一书中对萨特的自欺概念的不一致之处和争论进行了有益的阐述，尤其是在第 130—134 页。

12. 我将在本书第六章中详细讨论波伏瓦对男性身体的描述。

13. 夏布洛尔（Claude Chabrol）的电影《女人韵事》（*Une affaire de femmes*）重构了玛丽-让娜·拉图尔令人不安的一生，可供进一步了解。

14. 当然，我并不是说我跟萨特不一样，我知道这个女人有自己的计划。毕竟，这个"女人"只是一个哲学例证，旨在证明萨特的观点。我只是想指出萨特哲学想象力的局限性：令人反感的是，萨特甚至从未停下来，考虑对该女子行为的其他解释。

15. 在《什么是文学》中，萨特明确地将阅读和写作行为的自由和慷慨，与被迫做某事的景象对立起来。就读者和作家而言，自由就是在行动上慷慨，并对他人的自由充满信心；而就男人和女人而言，显然没有那么简单（见 pp.61—62）。

16. 在对这一幕的简短讨论中，洛娜·塞奇（Lorna Sage）耐人寻味地指出："波伏瓦的女人……比萨特的女人悲伤得多。"（*Women in the House of Fiction*, p.6）

17. 在《可能性的文学》（*The Literature of Possibility*）一书的脚注中，黑兹尔·巴恩斯还提醒读者注意这个男人的自欺。"让我感到奇怪的是"，她写道，"萨特和德·

波伏瓦都没有指出这个男人也有一些自欺。他选择模棱两可的措辞，显然是为了让自己在误判的情况下迅速退回到礼貌的友谊这一层面。"(p.52)

18. 布迪厄在他的论文《死亡左右了生命》（"Le Mort saisit le vif"）中，对萨特另一个著名的自欺的例子——扮演咖啡馆侍者的咖啡馆侍者——进行了精辟的分析。在布迪厄看来，萨特的论述应被视为人类学文献，其中所透露的更多是关于萨特本人而不是关于咖啡馆服务员的信息。"萨特堪称典范地使用了现象学的我并因此自信满满，"布迪厄写道，"他将知识分子的意识投射到咖啡馆服务员的实践中，产生了一种社会缝合怪，一个长着服务员的身体和知识分子的脑袋的怪物。"(p.9)

19. 我将回到这是否是一个诱惑场景的问题上来。

20. 波伏瓦在《岁月的力量》中称她为"塞西莉亚·贝尔坦"（Cécilia Bertin）。面对那么多的名字，很难知道该用哪个。我选择了使用频率较高的一个，并将其命名为"玛蒂娜·布尔丹"，并用了引号。萨特的信件并不总是标注日期，但将它们与波伏瓦精心标注日期的信件进行比较，不难重建这些事件的时间顺序。

21. 显然，"玛蒂娜·布尔丹"（别名"塞西莉亚·贝尔坦"和科莱特·吉贝尔）一直认为自己与萨特之间是一段认真的关系。有一次，她把萨特写给她的信拿给穆卢德吉看，关于萨特还在和"布尔丹"交往的传言让旺达醋意大发。"布尔丹"试图散布她关于这件事的说法，萨特对此非常愤怒，他给"布尔丹"写了一封公开信，并请旺达转交给她。波伏瓦收到了所有内容的副本，并指示她一定要确保萨特的说法为准。他写给"布尔丹"的信会让瓦尔蒙羡慕得脸色发白。"我从来没有爱过你，"他写道，"我觉得你的身体很有吸引力，虽然有点粗俗，但你的粗俗吸引了我的虐待狂倾向。"（Lettres au Castor，vol.2，p.90）至于他写给她的信，不过是"激情文学的练习：我和海狸（波伏瓦）对着这些信笑了许久"！（p.91）。在性和情绪化上攻击了这个可怜的女人之后，他还否定了她的智慧（"玛蒂娜·布尔丹"是一名哲学系学生）："最重要的是，我还得听你装腔作势的闲聊和胡言乱语的哲学，"他抱怨道（p.91）。米谢勒·勒德夫在评论萨特的《寄语海狸》时，对这一场景中的性和话语政治进行了细致的分析［《萨特：唯一的发言主体》（"Sartre：l'Unique Sujet parlant"）］。

22. 在《第二性》的最后一章，波伏瓦也用大量篇幅讨论了独立女性的性别处境。

23. 我能想到两个接近先驱的例子。拉希尔德（Rachilde）的《维纳斯先生》（Monsieur Vénus）于1887年首次出版，引人入胜地描写了贵族女主人公拉乌尔·德·维纳兰德对年轻而贫穷的雅克·西尔弗特的性欲望。总体而言，拉希尔德的文本受一种倒转的逻辑的支配：当雅克在床上注意到拉乌尔的胸部时，情节达到高潮，他沮丧地喊道："那么说你不是男人了，拉乌尔？你真的不是男人吗？"(p.198)虽然乳房在这里似乎有一种通常被赋予阴茎的阉割效果，但在拉希尔德的文本中，这种性困惑导致了社会孤立和自杀。然而，拉希尔德的主要关注点是欲望和性的模糊性，而不是自由，她笔下的女主人公似乎只是为了性而存在。与此相关的另一位女作家当然是科莱特。不过，虽然科莱特经常描写年长的女性与年轻男性的关系，但这些关系要么是从年轻男性的视角进行描写的［《青麦子》（*Le Blé en herbe*）］，要么是从中间（in medias res）开始的，即关系开始之后［《谢里宝贝》（*Chéri*）］。在这些作品中，年长的女性从来都不是职业女性。从某种意义上说，科莱特的小说《流浪女伶》（*La Vagabonde*）在精神上与波伏瓦在此提出的问题最为接近。在这部小说中，勒妮·内雷作为一个独立女性为生计而挣扎，而她富有的情人的金钱则是对她自由的威胁。

24. 在《第二性》中，波伏瓦回到"占有的女人"的问题上。她认为，相信女人在此意义上能够去"占有"就错了。波伏瓦声称，男人不会被主动的女人所诱惑；"占有的女人"仍然必须将自己献给男人。"因此，女人只有在将自己变成猎物时才能占有：她必须成为一种被动之物，一种顺服的承诺，"她总结道（SS698；DSb610）。与《第二性》第二卷中的其他地方一样，波伏瓦在这里指的是 1949 年法国的情况（见 SS31；DSb9）。值得注意的是，1943 年的弗朗索瓦丝比《第二性》中的"占有的女人"有更多的活动和自由。造成这种差异的原因可能有两个：第一，波伏瓦认同弗朗索瓦丝，但她与《第二性》中的假想女性没有亲近之感。第二，《第二性》侧重于身体的作用，而《女宾》则将身体从诱惑的场景中抹去。正如我们将要看到的，波伏瓦要将弗朗索瓦丝呈现为拥有自由意识并不困难：问题在于女性的身体是否能够自由。

25. 波伏瓦在 1938 年 7 月 27 日的信中对这次交流做了如下描述："最后我傻傻地笑着看着他，于是他说：'你笑什么？'我说：'我在想象如果我建议你和我上床时你的表情，'他说：'我以为你在想我想亲吻你，而我不敢。'之后我们又转弯抹角了一刻钟，他才下定决心吻我。"（LS21；LSa62—63；TA）

26. 有趣的是，波伏瓦自己也承认，她偏爱感伤和带有些微浪漫的文字。1930 年，她开始创作一部小说，灵感来自阿兰·富尼耶的《大莫纳》和罗莎蒙德·莱曼（Rosamond Lehmann）的《蒙尘的答案》（*Dusty Answer*）。［莱曼的小说被翻译成法文，书名为《灰尘》（*Poussière*），一直是波伏瓦最喜爱的作品之一：波伏瓦一生都推崇这位英国作家，这其中的含义可以做一个有趣的研究。］"我隐约意识到，魅力（le merveilleux）对我来说并没有什么用，但这并不妨碍我固执地追逐它，而且追逐了很长时间。我身上仍有'德利'的影子；这在我的小说初稿中非常明显。"（PL60；FA71；TA）。德利是让娜和弗雷德里克·珀蒂让·德·拉·罗西埃（Frédéric Petitjean de la Rosière）的笔名，他们的感伤小说长期占据着法国通俗爱情小说的市场。说到《女宾》中诱惑一章的结尾，我们不得不得出结论：即使在最后的版本中，她的想象力中"德利"的一面依然明显。

27. "所有流行的浪漫小说，"拉德威（Radway）在《阅读浪漫小说》（*Reading the Romance*）中写道，"都源于父权文化未能满足其女性成员的需求。因此，浪漫小说的功能始终是乌托邦式的满足愿望的幻想，通过这种幻想，女性试图将自己想象成她们在日常生活中往往无法实现的样子，即幸福美满的样子。"（p.151）最终，拉德威认为，"理想的浪漫"为女性提供了一种"与温柔的、带来生机的个体之间专一而强烈的情感关系"的再现，也就是说，与前俄狄浦斯情结的母亲之间的情感关系（p.151）。在有趣的文章《抵制浪漫：西蒙娜·德·波伏瓦、〈被毁掉的女人〉和浪漫小说剧本》（"Resisting Romance：Simone de Beauvoir，'The Woman Destroyed' and the Romance Script"）中，伊丽莎白·法莱兹讨论了波伏瓦的文本与浪漫小说情节之间的关系。

28. 我将在本书第六章中更详细地讨论这一点。

29. 皮埃尔·布迪厄在其题为"萨特"的短文中，以令人信服的方式阐述了这一点。

30. 正是因为存在主义哲学不仅关注人类的基本处境，而且关注对日常事件的解释，所以这种沟通才成为可能。关于萨特和波伏瓦在日常生活中对存在主义意义的追求，详见本书第四章。

第六章 暧昧的女人：《第二性》中的异化和身体

> 分割、撕裂、不利条件：对女性来说，风险更大；与男性相 168
> 比，她们有更多的胜利，也有更多的失败。
>
> 　　　　　　　　　　　　　　　　　　　《岁月的力量》

存在的模糊性

1947 年，西蒙娜·德·波伏瓦发表了一篇题为《模糊性的道德》（*Pour une morale de l'ambiguïté*）的哲学短论文。"在我所有的著作中，这本书是今天看来最让我恼火的，"她在《境遇的力量》中不耐烦地评论道（FC75；FCa99）。另一方面，《第二性》在她心中却从未褪色，"在我写过的所有作品中，这可能是给我带来最多满足感的一本书，"她说，"如果今天有人问我对它的看法，我会毫不犹豫地回答：我依然坚持书里的观点。"（FC202；FCa267）《第二性》让作者感到自豪和满足，而《模糊性的道德》显然只让作者感到尴尬。她批评该书空洞的理想主义、凌空的道德主义，务实性不足，认为整本书非常失败。她写道："我以为我可以在社会语境之外定义道德，我错了。"（FC76；FCa99；TA）尽管波伏瓦自己不喜欢，但她并没有真正质疑她在花神咖啡馆的一次谈话中首次提出的基本观点，也就是有可能在《存在与虚无》的基础上构建伦理学。在《第二性》的导言中，她没有改变自己的想法，她写道："我们的观点，是存在主义伦理学的观点。"（SS28；DSa31）但萨特从未出版《存在与虚无》[1]的结尾所承诺的伦理学；在 1949 年的法国，唯一出版的存在主义伦理学是西蒙娜·德·波伏瓦提出的伦理学。[2]

1946 年春末夏初，波伏瓦完成了《模糊性的道德》，她发现自己没了头绪。"我的论文完成了，"她写道，"我问自己：现在干什么？我坐在双叟咖啡馆，凝视着面前的白纸。我的指尖感受到写作的需要，喉咙里有文字的味道，但我不知道从哪里开始，也不知道该写什么。"（FC103；FCa135）1946 年 6 月，西蒙娜·德·波伏瓦坐在圣日耳曼德佩的一家咖啡馆里，意识到她想写关于她自己的东西，她与萨特讨论了以后，发现她必须考虑到自己是一个女人这件事。正如我们在第二章中所看到的，他们谈话的结果就是《第二性》："我放弃了个人自白的计划，以便将全部注意力放在女性的总体生存境况上。"（FC103；FCa136；TA）因此，从传记和哲学的角度来看，波伏瓦自己最喜欢的文本的起点就在她后来厌恶的那篇文章中。

这并不是说波伏瓦不喜欢《模糊性的道德》有什么不对：我认为这本书内容重复、结构混乱，而且大多缺乏说服力。然而，她对人类存在的根本的模糊性的初步分析对于理解《第二性》仍然至关重要。波伏瓦主张，人类存在的"悲剧性矛盾"（EA7；MA9）不仅在于我们生来就是要死的，而且在于我们知道这是事实。对死亡的意识意味着我们对自身作为肉体的物质存在的意识：生命的"悲剧的模糊性"恰恰在于我们对死亡的意识与死亡事实本身之间的紧张关系（EA7；MA10）。

在波伏瓦看来，只有萨特的存在主义才探讨了存在的根本模糊性。对于《存在与虚无》中的萨特来说，人首先是有意识的存在。意识自发地与世界交流，它就是意识到自己所不是的东西：它是自为（pour-soi）；换句话说，意识本身就是虚无（néant）。而世界则是自在（en-soi）：没有了意识，世界就是自在。鉴于意识只能把世界理解成它所不是的东西，它就是纯粹的否定。由此可见，意识不可能是——成为世界上的一件东西（一种自在）——而不在此过程中丧失自己。在萨特看来，实现"自在"与"自为"之间的结合的愿望仍然是意识的根本激情所在。如果能达到这种状态，我们就是上帝。"但上帝的观念是矛盾的，我们徒劳地迷失了自己，"萨特得出结论，"人是一种无用的激情。"（BN784；EN678）

萨特认为，"自为"与"自在"之间不是简单的对立关系。恰恰相反，世界的这两个方面是由"自为"本身联系在一起的。"事实上，'自为'，"萨特写道，"只不过是'自在'的纯粹虚无化（néantisation）；它就像存在的核心处的一个洞。"（BN785—786；EN681）通过意识的虚无化活动，通过使我的"存在的失败"（my failure to be）发生，我自相矛盾地使自己作为人而存在（exist）。换句话说，人类的存在就是这种不断的存在的失败。

萨特之后，波伏瓦也强调，解决意识与实是性——意识与死亡——之间的分裂的努力注定会失败。她写道，人类是"一个与自身有距离的存在，他必须成为他的存在"（EA11；MA15）。[3]正因为我们的存在不是既定的，而是永远需要——而且不可能——实现的，所以我们需要一种伦理：正如波伏瓦简单的说法（见 EA10；MA14），我们毕竟不能向上帝提出道德准则。作为意识，我们是"存在的缺失"（manque d'être），然而只有通过我们意识的领悟活动，世界才能获得其意义和价值。"人，"波伏瓦引用萨特的话写道，"使自己成为存在的缺失，以便得以存在。"（EA11；MA15）或者换句话说：我的匮乏造就了你的充实，我的失败带来了世界的存在。

波伏瓦解释伦理的行动恰恰在于她在清醒地接受这一悖论时做了颇为曲折的努力，对此我们无须在细节上多做阐述。[4]归纳来说，坚持她的基本观点，也就是我们需要珍视使世界存在的自由的超越性意识活动，就足够了。价值和意义既不是由意识之外的任何实例（如上帝）赋予的，也不是事物和活动本身自带的，而是超越性的意识活动的产物。这就是为什么生命不是荒谬的（从无意义这一角度说），而是模糊不明的。"说（存在）是模糊的，就是断言它的意义永远不是固定不变的，必须不断地去获取，"波伏瓦写道（EA129；MA186）。正如我们将看到的，这种意义的基本开放性是波伏瓦理解女性境况的核心。

《第二性》中的哲学修辞

"风格决定散文的价值，"萨特写道，"但它不应该不被察觉。既然文字是透明的，既然目光可以穿透文字，那么在文字中夹粗糙的玻璃碴就太荒谬了。"（*What Is Literature?*，p.39）虽然西蒙娜·德·波伏瓦本人很可能认为《第二性》是直接的介入写作的典范，但在我看来，她的文本读起来并非如此。对我而言，波伏瓦的语言唤起了我对她自身的关注，以至于我在讨论她的哲学时不能不同时评论她的文体产生的效果。我将通过考察她对女性压迫的总体分析来举例说明。

171　　　"每当超越性重新回到内在性，存在会贬抑为'自在'、自由贬抑为实是性，"波伏瓦写道，"如果这种堕落为主体所赞同，那么它就是一种道德错误；如果它是被强加的，它就会采取侵占和压迫的形象；在这两种情况下，它都是绝对的恶。"＊（SS29；DSa31；TA）波伏瓦在《第二性》中主张，主体可以将实是性或内在性强加于自身，这是《第二性》中最基本、也是最有成效的做法之一。波伏瓦的出发点是，假定女性的社会、政治和历史处境对于她的弱点负有责任——即使不是全部，也是有大部分责任——她在此主张，女性不能因为未能表现得像是真正自由的存在，就被不假思索地指责为自欺。[5]如果没有这种从萨特式的本体论到社会学和政治学的转向，《第二性》就不可能写成。[6]

＊　本段译文引用自《第二性》，上海译文出版社，2014年版，译者郑克鲁。译文有改动。

236

在《存在与虚无》中，要像波伏瓦这样转向社会学视角没有其理论依据。严格说来，萨特的意识本体论并不允许我们宣称一个人必须以任何特殊的方式行事——或者说根本就不需要行事——才能证明他本体论上的自由；只要意识是超越的，我们就"注定"是自由的。那么，主张意识是超越性，并不是主张一个人必须做任何特别的事情。在这当中无法得出任何价值判断——行为的道德等级；原则上，任何行为都可以以本真或非本真的方式做出。例如，在《苍蝇》（英：*The Flies*，法：*Les Mouches*，1943）中，俄瑞斯忒斯（Oreste）谋杀埃癸斯托斯（Egisthe）和克吕泰涅斯特拉（Clytemnestre）的行为理应是本真的行为，但只有当俄瑞斯忒斯决定承担自己的责任时，它才成为本真的行为。而厄勒克特拉（Electre）拒绝接受自己对同样的谋杀案所负的责任，将自己变成了自欺的典型例子。同样的，《肮脏的手》（英：*Dirty Hands*，法：*Les Mains sales*，1948）当中雨果对贺德雷德的谋杀也极其暧昧模糊：任由他声称这是一次政治行为而不仅是一场激情犯罪（crime passionnel），是随意至极的选择。在《死无葬身之地》（英：*Men Without Shadows*，法：*Morts sans sépulture*，1946）中，我们似乎仍掌握着主张自己超越性的自由，即便身处酷刑之下。然而，正如我们在本书第五章中所看到的，这一切并不妨碍表面上非道德的萨特对女性调情进行高度道德化的描述：尽管他自己所声称的与此相反，但是《存在与虚无》本身远远不像萨特所认为的那样，是一种纯粹的本体论。当波伏瓦从本体论跃向社会学和政治学时，她可能会说是萨特的文本鼓励她这样做的。波伏瓦当然不会"不如"萨特（毕竟，他没有比波伏瓦更胜一筹，他无法在哲学上证明他的道德化倾向是正确的，波伏瓦也无法证明自己的社会学的取径是正确的）；我的观点更倾向于，波伏瓦的策略的修辞效果值得我们研究。

波伏瓦没有试图弥合本体论自由与世界当中的具体行动之间的鸿沟。从修辞上讲，就我所见，她备受赞誉的从萨特的本体论到历史学和社会学的转向，是通过一个巨大的隐喻方式（metaphorical operation）

172

进行的。在《第二性》中，社会和政治自由与其说是源于本体论的自由，不如说是类似于本体论的自由。[7]不过，隐喻有时也会让位于转喻或提喻。[8]例如，将人定义为具有意识的生物是一回事，而以部分代替整体则是另一回事。我们将看到，这种特殊的借喻法——用意识代替人这个整体——是《第二性》中许多"身体麻烦"的根源。[9]让其变得更为复杂的，是在存在主义哲学中，最初的隐喻性替代很快就会走向隐喻的激增。例如，由于意识被定义为超越，人类很快就被表述为在本质上与现象学上的意识的无休止活动是相似的。当人们未能实现自己的隐喻形象时（例如，未能在行为上表现得积极而充满活力），他们就会被指责为自欺。同样的隐喻性的相似的逻辑也适用于这样一种假设，即世界当中的具体计划除非与意识对世界的持续投射相似，否则就是"非本真的"。这种观点暗含的意思相当奇怪：怎么能说我们与自己的意识相似呢？如果我们的确与意识相似，为什么还要警告我们不要因为某种原因而没能与意识相一致，从而造成道德风险呢？

波伏瓦在《模糊性的道德》当中坚持自由的运动、驱动和升级（movement，drive and upsurge）（见 EA31；MA44）。"存在就是使自己缺乏存在；就是将自己抛入世界，"她写道（EA42；MA61；TA）。这种精力充沛的隐喻使她开始宣扬生命力是人类的最高美德。缺乏这种"活气的温暖"的人被视为倾向于保留、不慷慨、无魅力的人，简而言之，是真正的"劣等人"（Untermenschen）。"那些致力于抑制这种原始运动的人可被视为下等人（des sous-hommes），"波伏瓦声称。正如我们将看到的，她坚持把超越表述为运动，结果也使她对性交的分析出现了最奇特的结果。

存在主义的计划（existentialist project）也被表述为运动，但只是向上或向前的运动，因为计划的基本形象仍然是男性勃起和射精。如果说萨特将这一计划用隐喻的方式描述为"向前投掷"或"向上举起"，对波伏瓦来说，这种非计划就成了"坠落"或"堕落"。在世界上发起具体的计划成了"让自己投向"世界：按照这种逻辑，只有线性的项目才算数。重复的、循环的、周期性的、无规律的或随机的活动模式，从调情到家务劳动，都不可能被归类为真正的超越。有时候不同的形象会相互冲突：比如说，因为人类已经被转喻为意识，分娩，无论其实际上在转喻上与一件东西在世界当中的斐勒斯投射有多少相似之处，它都会被视为太过生物性，与实是性绑定太紧密，而不能被赋予超越的价值。

萨特和波伏瓦坚持用一组相当重复的斐勒斯隐喻来说明他们的自由和超越理论，从而创作出大量带有浓厚性别主义色彩的文字，受到女性主义者的批评也在情理之中。然而，更突出的一点是，他们所使用的隐喻范围相当狭窄，实际上限制了本真行为的潜在领域。这样一来，萨特的理论就陷入自相矛盾的境地：他的理论声称所有的行为都是潜在的超越，而他的隐喻却暗示并非如此。但是，如果说萨特和波伏瓦的隐喻暗示着他们自己最初的自由理论有着根本性的限制，那就等于说这些具体的意象既不是他们哲学的必然结果，也不是其本身就有的"意义"：他们本可以选择其他的形象。他们没有这样做的原因——以及他们一开始没有意识到这个问题的原因——可以在他们自己特定的历史和思想环境中找到。

波伏瓦和萨特痴迷于性化他们的核心术语，这既无必要，在意识形态上也不能说无害。今天，作为他们文字的读者，我们没有必要重复他们的这种痴迷：反对这一点等于把读者当作文本的无判别力的受害者。《第二性》借鉴了存在主义的自由和超越概念，为我们提供了强有力的人类能动性理论，以及积极和消极的自由概念（采取行动的自由和免受压迫的自由）。女性主义者不必仅仅因为觉得无法摆脱波伏瓦的隐喻，而拒绝接受她的这些理论在传达上的力量：正如我试图说明的那样，将自由和超越视为男性或具有男性气质，实际上在存在主义理论中制造了矛盾，而对这些术语的性别中立解读将避免这种矛盾。换句话说，即使对存在主义者来说，声称意识是自由和超越的，本质上也不是声称意识是一次勃起。在拉丁语中，"超越"（transscandere）

的意思是向上攀登，跨过或越过某物，或超越、胜过、超过。在这一表述中，对于差异、分歧和浮现，对于山间漫步，以及最终到达风景最美之处的愉悦，有一系列潜在指涉；所幸我们完全可以自由地运用或完全不用这些或其他意象中的任何一个来进行富有成效的思考。[10]

如果说计划的意象对于存在主义来说是个问题，那么缺乏计划的意象也是如此。如果必须在世界上实施具体的计划才能行使自己的自由，那么非计划——通常被波伏瓦称为"内在性"——就成了自欺的标志。在《存在与虚无》中，"内在性"只出现过两次，而在《模糊性的道德》中则完全没有出现过，这个词实际上是《第二性》特有的。[11]《第二性》中的"内在性"的最确切定义是非超越性，似乎包括了从"自为"所追求的类似于无意识事物的实是性状态，到自欺和各种不自由的状况。在波伏瓦长达数千页的文字中，"内在性"的隐喻在她对女性状况的分析中留下了不可磨灭的印记。一般来说，她往往会犯一个由转喻引起的错误，即认为发生在女性身体上的任何事情都与意识完全无关；在假定这些事件（性欲、性高潮、怀孕、分娩等）从不属于超越意识之后，她不可避免地将它们呈现为纯粹实是性的形象。由此，比如说分娩和哺乳被描述为内在的。"分娩和哺乳不是*活动*，它们是*自然功能*；不涉及任何计划，"她在关于女性历史的章节中写道（SS94；DSa112）。鉴于这一多少有些瑕疵的前提，我们也许不应该惊讶于波伏瓦得出了一个逻辑完美——却极其荒谬——的结论，即既然分娩是内在的，而谋杀和战争是超越的，那么后者对人类来说就更有价值。"因为男人不是在给予生命，而是在以生命来冒险的过程中被提升到动物之上，"她主张，"这就是为什么在人类当中，优越性不是赋予生育的性别，而是赋予杀生的性别。"（SS95—96；DSa113）在这些段落中，作为本体论范畴的超越与作为我们应该追求的价值的超越之间似乎存在着一种紧张关系：波伏瓦从事实滑向价值，又从价值滑回事实，这使她面临着来自女性主义者和父权主义者双方的猛烈批评。

在《第二性》中，内在性这一概念像一块无法抗拒的磁铁，吸附着数量多得令人震惊的强迫症式的意象：黑暗、黑夜、被动、停滞、遗弃、奴役、禁锢、囚禁、分解、堕落和毁灭。这里没有对被动性的积极方面的欣赏：休息、回忆和安宁这些词都没有从波伏瓦的笔下出现。我们已经看到，计划的意象限制了其潜在的应用领域，从而制造了哲学上的矛盾。另外，波伏瓦对内在性的表述将这一概念扩展到理性范围之外，从而破坏了其自身的逻辑自洽。例如，我们很难理解，对任何事物的渴望——甚至是对毁灭或消灭自我的渴望——怎么可能不是超越的。从哲学上讲，波伏瓦的内在性的黑夜的意象往往会让人完全看不到"自为"。但是，除非我们死亡，否则无论我们多么异化、误入歧途、深陷自欺，我们总能保留一丝意识：即便人类受其所害，我们仍可以说，内在性与死亡不可能是一回事。我认为，波伏瓦痴迷于运用子宫般的黑暗和毁灭的意象，它的驱动力与其说与她的论证要求有关，不如说与她个人对毁灭、虚空和死亡的强烈痴迷有关。[12]

女性的模糊性

到目前为止，波伏瓦所说的一切都是准确的，对于男人和女人都是如此。我们都是分裂的，都面临着"落入"内在性的威胁，我们都是要死的。从这个意义上说，没有一个人能够与自己相一致：我们都是缺乏存在的人。为了摆脱这种模糊性的紧张和痛苦（angoisse），我们可能会忍不住在自欺当中寻求庇护。但这也是普遍性终结之处：

> 然而，特别能够定义女性处境的是，她像所有的人类一样作为一种自由、自主的存在，是在男人逼迫她承担他者地位的世界中发现自己和自我选择的。[13]人们企图把她凝固为客体，把她推至内在性，因为她的超越性不断被另一种本质的和主宰的意识所超越。女人的悲剧，就是这两者之间的冲突：总是作为本质确立自

241

我的主体的基本要求与将她构成非本质的处境的要求。*（SS29；
DSa31；TA）14

　　这也许是《第二性》中最重要的一段话，首先是因为波伏瓦在这
里提出了一种全新的性差异理论。她认为，虽然我们都是分裂和模糊
的，但女性比男性更加分裂和模糊。在波伏瓦看来，女性的根本特征
是双重的（本体和社会）模糊和冲突。女性处境的特殊矛盾是由她们
作为自由和自主的人的地位，与她们在一个男性始终把她们当作他者，
当作主体的客体的世界当中被社会化的事实之间的冲突造成的。女性
的超越性被另一种超越性客体化。其结果是，女性成为在自由与异化、
超越与内在、主体存在与客体存在之间痛苦撕扯的主体。这一根本矛
盾是父权制下的女性所特有的。对波伏瓦来说，至少在最初，这并非
无关历史：当压迫性的权力关系不复存在时，女性的分裂和矛盾就与
男性趋于平等。（然而，正如我接下来要说明的，她的分析实际上意味
着，虽然女性处境中的主要矛盾可能会消失，但女性始终会比男性更
受冲突的撕扯）。

176　　波伏瓦的理论再次依赖于一个基本的隐喻：她暗示，女性的社会
压迫反映或重复了存在在本体论上的模糊性。15波伏瓦的论证揭示了女
性受压迫问题在哲学上的紧迫性和价值，但也有可能使其自然化或更
准确地说，"本体论化"。波伏瓦以这种方式在政治与本体论之间游走，
承担了相当大的哲学上的风险。然而，矛盾的是，她的分析也因其隐
喻的结构而获得了潜在的力量，因为这两个层面的分析之间没有任何
逻辑联系，我们可以自由地否定其中一个层面，而不必同时否定另一
个层面。这样，波伏瓦关于父权制下女性在自由与异化之间撕裂的论
述，即使是与萨特的意识理论截然相反的读者，也会觉得很有说服力。

---

*　本段译文引用自《第二性》，上海译文出版社，2014 年版，译者郑克鲁。译文有
　　改动。

波伏瓦关于模糊和冲突的词汇丰富多样，从犹豫、距离、分离、分裂到异化、矛盾和残缺。但每一种模糊性都不是消极的：在《第二性》中，模糊性的价值从来都不是预先给出的。《第二性》中对女性"生活经验"的每一次描述都是为了证实波伏瓦关于女性处境基本矛盾的理论。遗憾的是，大量的材料使得我们无法讨论她的全部分析。因此，我将集中讨论她对女性主体性和女性的性的论述，这仍然是《第二性》中最重要——也是迄今为止最复杂——的矛盾和模糊性的例子。所谓的"性"，我指的是女性性存在的性心理和生理方面，或者换句话说，欲望与身体之间的相互作用。

男性与女性的异化

"一个人并非生来就是女人，而是成为女人，"波伏瓦写道（SS295；DSb13；TA）。问题当然是如何成为女人。小女孩如何成为女人？伊丽莎白·鲁迪纳斯科（Elisabeth Roudinesco）在其令人印象深刻的法国精神分析史中认为，西蒙娜·德·波伏瓦是第一位将性问题与政治解放问题联系起来的法国作家。[16]波伏瓦对有关女性气质的各种精神分析的观点兴趣浓厚，鲁迪纳斯科告诉我们，在她完成这本书的前一年，她打电话给雅克·拉康，请他就这个问题提出建议："拉康很高兴，他说他们需要进行五六个月的谈话才能解决这个问题。西蒙娜不想花那么多时间去听拉康的意见，因为这本书的研究已经非常深入了。她提议见面谈四次。他拒绝了。"（*La Bataille de cent ans*，p.517）[17]波伏瓦的请求让拉康感到高兴，这并不奇怪：在1948年的巴黎，她比他拥有更多的知识资本；或者更简单点说：她有名，而他没有。然而，由于他们在时机问题上存在高度的拉康式的分歧，拉康式的"第二性"这一诱人的破格幻想只能停留于想象。虽然波伏瓦从未拜在拉康门下，但她还是引用了拉康早期的著作《个体形成过程中的家庭情结》（*Les Complexes familiaux dans la formation de l'individu*），而她关于幼年和女性气质的大部分论述读起来都像对拉康关于镜像阶段自我在他者中的异化这一概念的自由阐释。[18]

事实上，"异化"（alienation）一词在《第二性》中随处可见。这个概念被用来解释从女性的性到自恋和神秘主义等一切问题，在波伏瓦的性差异理论中扮演着重要角色。遗憾的是，这在《第二性》的英译本中未能体现出来。在帕什利的版本中，aliénation 一词往往被译为"投射"（projection），只有在具有一定人类学色彩的段落中才被译为"异化"。但有时 aliénation 甚至被译为"认同"，有一次还被伪装成"在自己身边"。因此，英语读者无法听出波伏瓦分析中特别的黑格尔和拉康式的弦外之音。在我自己的文本中，我修改了所有相关引文，并在注释中标明了特别反常的翻译。[19]

波伏瓦认为，幼儿对断奶危机的反应是体验"每种存在的原始戏剧：其与他者的关系"（SS296；DSb14；TA）。这种戏剧的特点是由 délaissement——或者用更海德格尔式的术语来说，Überlassenheit，在英语中通常被翻译为"离弃"（abandonment）——的体验所引起的存在的痛苦。在这一早期阶段，小孩子就已经梦想着，要么与宇宙整体融为一体，要么成为一种事物，一个自在，从而摆脱自由：

> 他（儿童）在肉体的形式下发现有限、孤独、在一个陌生的世界上被离弃；他力图将自己的存在异化在一个映像中，补偿这个灾难；他人将确立这个映像的现实和价值。似乎正是从他在镜子中认出自己的映像时起——这一刻与他断奶的时间相吻合——他开始确定自己的身份，[20]他的自我与这个映像浑然一体，以致他仅是在自我异化中形成。（il ne se forme qu'en s'aliénant）……他已经是一个自主的主体，向世界超越，但他只是在一个异化的形象中遇到自身。*（SS296—297；DSb15；TA）

---

* 本段译文引用自《第二性》，上海译文出版社，2014 年版，译者郑克鲁。译文有改动。

因此，一开始，所有的孩子都经历着同等的异化。这并不奇怪，因为根据波伏瓦的观点，在他人或事物中异化自己的愿望是所有人的根本："原始人在超自然力、在图腾中异化；文明人在他们个体的心灵、自我、名字、财产、工作中异化，这是非本真性的最初的诱惑"（SS79；DSa90）。但是，性别差异很快就改变了情况。波伏瓦认为，对于小男孩来说，找到一个可以异化自己的对象要比小女孩容易得多：阴茎非常适合扮演理想化的"他我"（alter ego）的角色，它很快就成了每个小男孩自己的图腾柱："阴茎非常适合扮演小男孩的'替身'角色——对他来说，它既是一个外物，又是他自己。"（SS79；DSa90）小男孩将自己投射到阴茎上，将自己的超越性全部赋予了阴茎（见 SS79；DSa91）。[21]所以，在波伏瓦看来，斐勒斯意象代表的是超越，而不是性。[22]

然而，小女孩的处境则更为艰难。由于她没有阴茎，她就没有切实的异化自身的外物。"但小女孩无法将自己化身为自己的任何部分，"波伏瓦写道（SS306；DSb27）。[23]由于无法抓住（empoigner），女孩的性器官就好像不存在一样。"从某种意义上说，她没有性器官"，波伏瓦写道："她并没有把这种缺失当作一种缺失；显然，她的身体对她来说是相当完整的；但她发现自己在世界上的位置与男孩不同；在她看来，一系列因素可以将这种不同转化为一种低等的地位。"（SS300；DSb19）由于缺少明显的异化对象，小女孩最终在自己身上异化了自己：

> 小女孩缺乏这他我，没有在一件有形事物中异化，恢复她的完整性（ne se récupère pas），由此导致她使自身完全成为客体，导致将自我确立为他者；她是否曾把自己与男孩子做过比较的问题退居次要地位；重要的是，即使她没有意识到，缺乏阴茎还是妨碍她意识到自己是一种性存在。由此产生许多后果。*（SS80；DSa91；TA）

---

* 本段译文引用自《第二性》，上海译文出版社，2014 年版，译者郑克鲁。译文有改动。

无论她们是否知道阴茎的存在，小女孩都已经是自己的物品，不可救药地陷入自己异化的自我形象中。但这还不是全部。从这段令人吃惊的文字中可以看出，小女孩的人体解剖学结构迫使她们在自己身上异化自身。此外，波伏瓦认为，她们无法"恢复"或"找回"（récupérer）自己。这些论述浓缩了波伏瓦的整个异化理论，具有一系列广泛而复杂的含义，下面我将对其进行探讨。

与拉康很像，波伏瓦将异化的瞬间视为主体的建构；但与拉康不同的是，她认为主体只有完成辩证的运动，并恢复（récupérer）或重新整合被异化的自身形象（分身、他我），回到自身的主体性当中，才能获得本真性的存在。根据这一黑格尔式的逻辑，波伏瓦坚持认为，小男孩很容易实现其所需的合成过程，而小女孩却无法"恢复"自己。那么，为什么小男孩可以轻易地"恢复"自己的超越性呢？波伏瓦认为，答案就在阴茎的解剖学和生理特性当中。男孩将他的超越性投射到阴茎上，投射到一个属于他身体一部分的物体上，但这个物体却有自己奇特的生命。"阴茎的排尿功能和之后的勃起介于有意识的过程和本能之间，"波伏瓦写道，"是一个反复多变的、像是外来的、主观感受到的快感的源泉……因而被主体确立为自身又异于自身。"（SS79；DSa90）[24]波伏瓦认为，"阴茎"既不是那么陌生和遥远，似乎与男孩完全没有联系，又不是那么紧密，以至于无法明确区分男孩的主体性和他自己投射的超越性，"阴茎"使男孩能够在他的他我中承认自己。"因为小男孩有了他我，他在这个他我中承认了自己，所以他可以大胆地承担起自己的主体性，"她写道，"他借之异化自己的外物成了自主、超越和权力的象征。"（SS306；DSb27；TA）

在这里，承认（recognition）的概念作黑格尔式的承认（Anerkennung）来理解。阴茎是相对的他者（因此能够假定主体与他者的区别），但又不完全是他者（因此更容易在他者身上承认自己），它有助于男孩将异化的超越性重新纳入他的主体性。男孩重新找回了自己的超越感，从而摆脱了异化：他的阴茎——图腾——成了最终让他"承担起主体性"并依照本真行事的工具。然而，从波伏瓦的论证中发现黑格尔的影响，并不是说她就特别正统。波伏瓦在自由发展"承认"和"辩证正反合"（dialectical triad）的主题时完全忘记了，在黑格尔看来，"承认"是以两个主体之间的相互交流为前提的。这意味着，不仅小男孩必须在阴茎身上承认自己，而且阴茎也必须在小男孩身上承认自己。幸运的是，波伏瓦也许并没有完全意识到这一点；至少她从未假装阴茎真的会回应。[25]

如我们所见，波伏瓦认为，女孩的解剖学结构使她将自己异化为整个身体，而不仅仅是阴茎这样一个半脱离的物体。即使给她一个玩偶让她玩，情况也不会改变。玩偶是代表整个身体的被动物体，因此它们鼓励小女孩"在自己的整个身体当中异化自己，并将其视为不能活动的给定物体"（SS306；DSb27；TA）。在异化的状态下，小女孩显然变得"被动"和"不活动"。但为什么这就是女孩异化的结果呢？毕竟，"异化"的阴茎在男孩看来是一种骄傲的超越形象。为什么女孩的整个身体不会出现这种情况？她的超越性去了哪里？

在这一点上，波伏瓦的文本并不特别容易理解。我认为她的论点是，女孩的异化在她自己和她异化的自我形象之间设置了一个模糊的分界。"女人和男人一样，是她的身体，"波伏瓦在谈及成年女性时写道，"但她的身体不是她自己。"（SS61；DSa67）因此，成年女性仍未实现其超越性的重新整合。矛盾的是，她之所以没能如此，是因为她一开始就不够异化。可以说，正是因为她的身体就是她自己，所以女孩很难区分异化的身体和身体的超越性意识。或者换句话说：整个身体与阴茎之间的区别在于，身体永远不能简单地被视为其"主人"在这个世界上的一个对象；毕竟，身体是我们在这个世界上的存在方式，"在这个世界上在场，准确地说意味着存在着一个身体，这个身体既是这个世界上的一件物质事物，又是对这个世界的一种观点"（SS39；DSa40）。

小女孩在身体中异化自己，在一件"事物"中异化自己的超越性，这件"事物"仍是她自身原始超越性的模糊的一部分。我们可以说，她的异化创造了超越性、事物性和异化的身体形象——自我——的浑浊混合物。这种"自在"与"自为"的混合所具有的变幻莫测的不确定性，令人想到萨特对"黏质"或"黏液"的恐怖观点，即它永远无法界定，且总是有吞噬自为的危险。这种矛盾的混合体不允许主体和他者的明确定位，阻碍了女孩实现被异化的超越性的收复，相比之下它对男孩来说却是如此轻易的事。由于一个人"恢复"的应该是不同于自身的东西，辩证法的最初两个瞬间之间缺乏一种不构成问题的对立，这使得女孩几乎不可能在一种新的合成中"恢复"她被异化的超越性。

然而，这并不意味着小女孩完全感觉不到自己的超越性。如果是这样的话，她就完全被异化了，而她恰恰不是这样。相反，波伏瓦似乎在暗示，在小女孩的超越性主体性和她矛盾的异化之间，存在着一种无时不在的张力——甚至是斗争。[26]根据这一暗示，必须将父权制下女孩的心理结构描绘成一个复杂而运动的过程，而不是一个静止而固定的形象。在波伏瓦的理论中，她对异化的最初概念是极其具体化的，而对于小女孩，异化过程表现得更运动性和流动性，这两者之间存在着一种建设性的张力。其结果是，她的女性主体性理论要比她对男性心理结构的描述有趣得多，也新颖得多，后者显得过于有序规整了。[27]

181   在《第二性》的结尾，波伏瓦提出，异化的过程是自恋的组成部分。（在这一点上，可以说她与拉康的立场完全一致）。"自恋是一个明确可识别的异化过程，"波伏瓦写道，"在这个过程中，自我被视为绝对的目的，主体在自我中寻求庇护。"（SS641；DSb525；TA）对于自恋的主体来说，她的自我不过是自己的一个异化和理想化的形象，是世界上另一个岌岌可危的他我或分身。在我看来，自恋女性与非自恋女性的区别在于，后者保留了一种模糊感或矛盾感，而前者则说服自己，她就是她的异化所投射出来的形象。这就是为什么波伏瓦认为自恋是一种为了"实现不可能实现的自为与自在的融合"所能做的最大的努力：“成功的”自恋者真心相信她就是上帝（SS644；DSb529）。

在波伏瓦和萨特看来，当我们把自己异化为另一个事物或人时，我们就剥夺了自己为自己采取行动的权力，或者由自己采取行动的权力。我们被异化的超越性剥夺了能动性，毫不设防地被交付到世界的危险之中。因此，在波伏瓦看来，没有必要动用一种特定的阉割焦虑理论来解释为什么小男孩觉得他们的阴茎时刻受到威胁。不过，担心阴茎的安全，总比像小女孩那样感到整个人受到不明的威胁要好得多：

> 小女孩对“体内”感到的弥漫的恐惧……往往延续一生。她极其担忧在自己体内发生的一切，从一开始，她就觉得自己比男性更不透明，更深地受到生命的朦胧的神秘的包围。（SS305—306；DSb27）*

这段文字如《第二性》的其他段落一样，对女性境遇进行了精妙和锐利的探讨，同时对男性的看法却过于乐观。波伏瓦本人相信社会因素对性差异发展的影响，因此她大大高估了阴茎这一不会出错的工具在异化和恢复上的功效。毕竟，每个小男孩或成年男性都不是真正的超越主体。波伏瓦非常崇拜男性气质，竟至于认为，由男性而非女性抚养长大的女孩“在很大程度上摆脱了女性气质的缺陷”（SS308；DSb30）。我认为这句话的意思是，这样的女性在某种程度上会比其他人更少地被异化。考虑到正是父权制加剧了女性特定的异化形式，这至少可以说是一种相当奇怪的说法，只有假定相比女性，男性总是较不可能将父权制意识形态强加给小女孩，这种说法才显得可信。然而，考虑到波伏瓦对父权制的总体分析，这种立场让我觉得非常自相矛盾。

波伏瓦对男性迷误的崇拜（对父亲的无意识理想化、对萨特的崇拜等）可以从她的人生当中找到显而易见的原因，但波伏瓦对阴茎的

182

---

* 本段译文引用自《第二性》，上海译文出版社，2014年版，译者郑克鲁。译文有改动。

可怜的信心的主要修辞来源似乎是隐喻性质的：由于她只能将存在计划设想为主动的、线性的和斐勒斯式的，她最终发现自由计划的种种妙处反映在阴茎的运动中。她在文中多次提到站着小便而不是蹲着小便的强大象征效力，反复强调阴茎的准独立运动能力以及将液体投射到一定距离的能力。显然，最让她着迷的是男性的器官会动，而且是向上运动的，尤其是在壮观的尿液喷射时："空气中的每一股水流都像是一个奇迹，是对地心引力的蔑视：指挥它，驾驭它，就是对自然法则的一次小小的胜利，"波伏瓦引用萨特和巴什拉的话来证明自己的观点（SS301—302；DSb22）。[28]

我强调波伏瓦理论中异化与解剖学之间的联系，有可能让人感觉她认为不同形式的异化的发展完全取决于解剖学上阴茎的存在或不存在。然而，波伏瓦本人坚持认为，她的理论是关于女性气质和男性气质的社会建构理论，而且明确拒绝任何生物或解剖学"宿命"的观点。相反，她认为是社会环境赋予了生理和心理因素以意义："真正的人类特权是建立在由整体环境（la situation saisie dans sa totalité）带来的解剖学特权之上的。"（SS80；DSa91）只有当女孩发现男人在世界上拥有权力，而女人没有时，她才有可能把自己的差异误认为是不如男人："她看到控制世界的不是女人，而是男人。正是这一发现——比发现阴茎更甚——不可避免地改变了她对自己的看法。"（SS314；DSb38）

波伏瓦认为，如果有适当的社会鼓励，女孩仍然可以恢复她们的超越性。虽然阴茎在幼年时期是一种特权所有物，但在八九岁之后，它还能保持其威望，只是因为它被社会赋予了价值。是社会实践，而非生物学，鼓励小女孩沉浸在被动和自恋中，迫使小男孩成为活跃的主体。正是因为小男孩比女孩受到更严厉的对待，而不是因为他们本质上不那么自我放纵，让他们更有能力投身到具体行动的竞争世界中（见 SS306—307；DSb28—29）。波伏瓦的异化理论似乎意味着，社会因素对女孩的影响比对男孩的影响更大：正因为女孩的超越性在完全的异化和本真的主体性之间维持着危险的平衡，所以不需耗费什么就能

183

把女孩推向某一个方向。也许有人会说，这种模糊性在男孩身上表现得不那么明显，因此女孩特别容易受到社会压力的影响：

> 在期望成为至高无上自由的主体的本真要求旁边，有着生存者对放弃和逃遁的非本真愿望；父母和教育者、书籍和传说、女人和男人，使被动的快乐在小姑娘面前闪闪发光；在她的整个童年时代，人们已经教会她品尝这些快乐；诱惑越来越狡诈；由于她的超越性的冲动遇到最为严峻的抗拒，她就越是可悲地做出让步。（SS325；DSb53）*

波伏瓦不断地诉诸社会因素，我认为这是她的立场最强有力的一点。但是，在解释我们应如何理解解剖学与社会之间的关系时，她的论述变得有些奇怪地语焉不详起来。例如，没有阴茎并不一定是一种障碍："如果女人成功地确立了自己的主体地位，她就会发明与斐勒斯等同的东西；事实上，玩偶是未来婴儿的希望的化身，可以成为比阴茎更珍贵的财产。"（SS80；DSa91）[29] 因此，玩偶终究不会不可避免地导致异化的被动性："男孩也可以喜爱泰迪熊或木偶，将自己投射其中（se projette）；正是在整体的生活中，每个因素——阴茎或玩偶——占据了其重要性。"（SS307；DSb29）

波伏瓦对玩偶角色的矛盾感受揭示了一个更深层次的理论难题：即如何将解剖学和心理学论证与社会学论证联系起来。她没有下功夫去明确地提出这个问题，这导致她忽略了自己对异化的论述中的一个重要脱漏。细心的读者可能已经注意到，她的文本直接从儿童在他人的凝视中异化的拉康式理论，转到了男孩和女孩在他们的身体当中异化的大为不同的观点。遗憾的是，波伏瓦并没有试图将拉康的观点与她自己的观点联系起来。显然，对她来说，这两者是完全可以共存的。

---

* 本段译文引用自《第二性》，上海译文出版社，2014 年版，译者郑克鲁。

她没有意识到这是一个问题，因此也错过了嫁接自己理论当中落差的一个重要机会，例如，她认为是他者的凝视最初为儿童异化的自身形象注入了斐勒斯中心主义的价值观，然后儿童又在自己的异化过程中重复了这种价值观。我们可以补充说，他者的凝视必将落在解剖学差异上，而且在大多数情况下，会立即将之意识形态化，并因此给女孩和男孩赋予不同的性心理价值。在我看来，如果在这一点上对她自己的理论略微进行拉康式的改动，她可能会对生物学与社会心理学之间的关系做出比实际上更令人信服的解释。

至少可以说，波伏瓦不无遗憾地让她极富洞见的女性气质理论沦为对男性气质的无谓崇拜的陪衬。她不断地将健康有益的男性异化与错繁复杂的女性模糊性并置，在修辞上常常贬低女性的地位，尽管她自己提出的论点是与之相反的。然而，正如我接下来要说明的，她对斐勒斯的理想化，与萨特对男性欲望和超越的论述全然相悖。矛盾的是，正是在波伏瓦无意识地向萨特致敬的段落中，她背叛了萨特的哲学。

我想强调的是，波伏瓦对男性气质的过高评价并不妨碍她对父权制下的女性主体性提出新颖独到的理论。在她的视野中，女性陷入了自身的超越意识与对自身被异化的、父权式的形象的认同之间的模糊暧昧的矛盾之中，我看到了她充分把握女性地位矛盾性的勇敢尝试。她的性差异的构成要素的异化理论，有力之处不仅在于它成功地表明——尽管有些不完美——父权制权力结构在女性主体性的建构过程中起了作用，而且还在于它试图准确地呈现这一过程是如何运作的。她努力从一种完全社会的角度去理解主体性，这一点令人钦佩。她的分析的主要缺陷仍然是没有真正讨论解剖学与社会之间的关系。然而，正如我提到过的，这一困境或许可以通过不那么迟疑地使用拉康理论来解决。波伏瓦的论述为深入分析女性在父权制下将将自己视为社会和性主体的困难提供了基础，她的论述表明，低估成为自由女性的困难既不公正，也不实事求是。波伏瓦的异化理论与身体的概念紧密相连，因此，要对之进行全面评估，就不能把它与她对女性身体在性和生殖方面的分析分开来看。

麻烦之中的身体

"女人和男人一样，"波伏瓦写道，"是她的身体，但她的身体又是她自身之外的东西。"（DSa67；SS61）女人既是她的身体，又不是她的身体；拥有女性身体这一事实使她成为女人，但这一事实也使她异化自己，与自己分离。那么，女人是什么？一个自由的主体？还是与女性身体抗争的自由主体？身体的欲望与自由是否相容?[30]这些问题在波伏瓦对女性受压迫及其最终解放的理解中至关重要，需要我们从总体上审视她对欲望和性的理解。

在波伏瓦看来，女性是物种的奴隶。女性身体的每一种生理过程都是一场"危机"或一次"考验"，其结果总是异化。波伏瓦列举的月经期间经历的各种麻烦和痛苦令人印象深刻；往少了说也有从高血压、听力和视力受损，到难闻的气味、中枢神经系统不稳定、腹痛、便秘和腹泻等问题（见 SS61；DSa66)[31]。波伏瓦认为，正是在这个时候，女性"最痛苦地感觉到自己的身体是一个不透明的、异化的东西（une chose opaque aliénée）"（SS61；DSa67）。但与妊娠的恐怖相比，月经的不适就显得微不足道了。"当受精发生，分裂的卵子进入子宫并在那里继续发育时，女性会体验到更深刻的异化，"她说（SS62；DSa67）。怀孕、分娩和哺乳都会损害女性的健康，甚至危及她的生命："分娩本身是痛苦和危险的。……哺乳也是一种令人精疲力竭的奴役（servitude）；……哺乳是母亲以牺牲自己的体力来喂养新生儿。"（SS62—63；DSa68；TA）

只有老年妇女才能摆脱生殖的奴役，尽管代价是要经历更年期的"危机"："此时的女人摆脱了雌性物种的奴役，但她不能被比作太监，因为她的生命力没有受到损害。更重要的是，她不再是压倒性力量的猎物；她与自身相一致。"（SS63；DSa69；TA）[32]正如我们所见，对波伏瓦而言，父权制在女性自由的主体性与异化和客体化这种主体性的压力之间制造了冲突。鉴于女性也遭受一系列非自愿的生理过程（月经、怀孕、哺乳、更年期）的折磨，同样的矛盾情景在身体本身的层面上重复出现，却从未被克服：女性注定要承受她从属于这一物种的痛苦。女性越是想要主张自己是一个自由个体，就越是难以接受自己的生理命运。波伏瓦写道，在所有哺乳动物中，人类女性是"异化程度最深的一个，也是对这种异化反抗最激烈的一个。……她的命运似乎给了她格外的重压，因为她通过坚持自身的个体性来反抗命运"（SS64；DSa70；TA）。

但是男人，"有无比的优势，"波伏瓦说，"男人的性与他作为一个人的存在并不对立，在生物学上，它是一个平缓的过程，没有危机，一般也不会发生意外"（SS64；DSa70—71）。由于与自己保持距离，女性永远无法了解男性不出问题的身体完整性。在描述性欲时，波伏瓦再现了男性的简单和女性的复杂之间的对比。波伏瓦说，男性的性唤起是不复杂的、真实的和超越的；而女性的性唤起则恰恰相反。首先，女性的性器官既不整齐也不干净：

> 男人的性器官像手指一样是干净的，简单的；……女性的性器官对女人本身来说是神秘的、隐蔽的、令人不安的、有黏液的、潮湿的；它每月要流血，有时被体液弄脏，它有隐秘的危险的生命。大部分是因为女人在它那里认不出自己，所以她不承认它的欲望是自己的欲望。（SS406—407；DSb166）*

波伏瓦暗示，与小男孩不同的是，女人无法在性器官中异化她的超越性，因此无法在性器官中"承认"自己。或者换句话说：女人无

---

*　本段译文引用自《第二性》，上海译文出版社，2014年版，译者郑克鲁。

处"安放"她的超越性；她的性欲被吸收回她整个异化的身体中。但正如我们已经看到的，对波伏瓦来说，一具异化的身体是一件暴露于世界的危险之中的被抛弃的对象。女性的欲望无情地将她交付给男性的超越力量，剥夺了女性对自己身体的控制权。

因此，当男性插入女性体内时，她的性主体就被男性客体化并占有了。在波伏瓦看来，有欲望的女人才是真正有了麻烦，"她比男人更加深刻地异化，因为她的整个身体都是欲望和骚动（trouble），她只有通过与伴侣的结合才能保持主体地位"，[33]波伏瓦如此描写进行异性性交的女人（SS417；DSb183；TA）。[34]幸运的是，对于她的女性主义读者来说，这样一个惊人的结论实际上并不是从她自己的女性不完全异化理论（"女人就是她的身体"）中得出的。如果像她在这里所说的那样，女人在男人那里完全异化了，那么她的立场就会产生相当大的转变。显然，对波伏瓦来说，欲望的体验本身就会使女性意识陷入完全的异化；或者换句话说：性欲吞噬了异化的女性所剩无几的超越性：

> 她忍受骚动（trouble），像忍受可耻的疾病一样；骚动不是积极的，这是一种状态，甚至在想象中她也不能通过任何自主的决定，摆脱这种状态；她不梦想占有、揉捏、侵入，她在等待和召唤；她感到自己是附属性的；她在异化的肉体中感到危险。（SS345；DSb82；TA）*

波伏瓦在描述实际的性爱场景时，倾向于将女性身体表述为纯粹的实是性。但同时，她又暗示，在欲望女性的身体中还留有足够的超验主体性，使身体与女性的性计划相对抗。"她的解剖学结构迫使她像太监一样笨拙无能，"波伏瓦声称，"占有的愿望由于缺乏一个可以体现它的器官而徒劳无果。"（SS398—399；DSb155）波伏瓦在此描述的

187

---

* 本段译文引用自《第二性》，上海译文出版社，2014 年版，译者郑克鲁。

是整个女性身体的终极挫败：仿佛只要拥有一个阴茎就能神奇地解决这种处境，让女性的欲望得到必要的宣泄，并将身体从实是性转化为超越性。尽管这很难自圆其说，但这正是波伏瓦所相信的。她写道，当男人有欲望时，他的身体就会成为他超越计划的简单表达：

> 勃起是这种需要的表现；男人以性器官、手、嘴巴和整个身体趋向于他的性伙伴，但他仍然处于这个活动的中心，就像一般说来，主体面对它感知的客体和它操作的工具；他投身到他者身上，却不丧失他的自主；对他来说，女性的肉体是一个猎物，他在她身上把握他的官能对任何客体所要求的品质。(SS393；DSb147；TA)*

另一方面，当女性有欲望时，她必须努力将主动欲望转化为被动。这种努力在女性关于自身的经验中制造了一种新的冲突：波伏瓦坚持认为，"让自己成为一个客体，让自己被动，与生为一个被动的客体是完全不同的"（SS400；DSb156）；在性行为中，女人必须在"热情"与"放弃"之间进行最微妙的平衡（SS400；DSb157）。如果女性试图进行过多的控制——甚至只是动一动——就会破坏被动的魔力（envoûtement），而只有被动的魔力才能给她带来快感：

> 一切意志的努力反而妨碍女性的肉体"被占有"，因此，女人自发地拒绝使她费力和紧张的性交形式；性交姿态过于突然和过多的改变，对于有意控制的活动的要求——动作或者话语——会破坏魔力。(SS400；DSb157)**

这些段落中的意象说明了一切：波伏瓦对男性和女性欲望的表述

---

*　本段译文引用自《第二性》，上海译文出版社，2014 年版，译者郑克鲁。

**　本段译文引用自《第二性》，上海译文出版社，2014 年版，译者郑克鲁。译文有改动。

完全受她自己的隐喻支配。如果超越就像勃起，那么勃起必定是超越的。如果女性身体没有向上和向外运动的器官，那么女性的欲望必须是内在的。如果超越是运动，那么做爱的女人必然是静止躺平的。波伏瓦将女性牢牢地置于女性的位置，继而指出，女性此时所处的姿势——平躺——象征着被打败，因此增加了她的感觉，即自己只不过是男性的猎物（见 SS406；DSb165）。想要画圆为方，或换句话说，想要解释任何一种欲望——无论是男性欲望还是女性欲望——可能是内在的，是有一定难度的，这导致她不辞繁杂地试图在"直接"活动与积极努力将自己变为被动之间建立区分。

始终处于被动的女性性身体也成了令人厌恶的对象：萨特对孔洞和黏液的描述，在波伏瓦对女性性唤起的描述中只不过稍稍有所遮掩：

> 女性的情欲是贝壳类动物柔软的蠕动；男人是迅猛的，而女人只有不耐烦；她的等待可以变得强烈，却仍然是被动的；男人像鹰隼那样扑向猎物；女人像食肉的植物，又像吞没昆虫和孩子的沼泽那样窥伺；她是吸取、吸盘、液体（elle est succion, ventouse，humeuse），她是树脂和胶，是一种被动的、渗透性的和有黏性的召唤（appel），至少她是这样暗中感觉到的。（SS407；DSb167；TA）*

把陷于情欲中的女人幻想成一个巨大的、黏糊糊的、食肉的洞穴，在这个洞穴肮脏、潮湿的内部，死亡和毁灭正暗中等待，这种幻想多少有些癫狂。这段话的修辞之强烈表明波伏瓦对此有着强烈的无意识痴迷。然而，如果说性兴奋是一种威胁，那么性高潮的那一刻则代表着彻底的毁灭："她沐浴在一种被动的慵懒之中；她闭着眼睛，默默无闻，迷失方向，她感觉自己仿佛被海浪托起，被风暴卷走，被黑暗笼

---

* 本段译文引用自《第二性》，上海译文出版社，2014 年版，译者郑克鲁。译文有改动。

罩：肉体的黑暗，子宫的黑暗，坟墓的黑暗。她被毁灭，与整体融为一体，她的自我消失了。"（SS658；DSb555）波伏瓦补充说，在性交过程中，女人会闭上眼睛，因为她们想"在如母体的子宫一样朦胧的肉欲之夜迷失自己"（SS417；DSb183）。黑暗、深海、子宫和死亡这些沉重的意象不言而喻：当女人屈服于男人——让自己被带走——她就重新回到了古老母亲静止的羊水之中。《女宾》中描写格扎维埃尔或无意识的地下藤蔓的段落，与《第二性》中关于性爱中的女性的意象在调子和力度上有惊人的相似之处。我怀疑，在这两处描写中，波伏瓦文字中的激烈、敌意和不加修饰都来自同一个源头：她与母亲之间极度矛盾的关系。[35]

有关这一理论与萨特在《存在与虚无》中对欲望的论述之间的关系，在此不再详述。然而，在理解男性欲望方面，波伏瓦的立场与萨特截然不同。萨特写道："欲望被定义为麻烦（trouble）。欲望的意识陷入了麻烦，那是因为它与浑浊的水（troubled water）有类似之处。"（BN503；EN437）欲望就像浑浊的水，意识是半透明和清晰的，但欲望被体验为一种剥夺了意识的东西，一种无处不在却又并不具体存在的东西，但它却成功在其他一切事物上留下自己的印记。性欲既不"独特"也不"清晰"（BN504；EN437）；它"完全陷入了与身体的共谋"，萨特写道（BN504；EN438），然后他唤起"我们"对此事的共同体验：

> 每个人都可以反观自己的经验：我们知道意识被所谓性欲阻塞了；似乎是被实是性所入侵，不再躲避它，滑向一种对欲望的**被动**同意。在另外的一些时候，实是性似乎在其躲避的过程中侵入了意识，使意识变得混沌。就像是事实的发酵膨胀。（BN504；EN438；TA）[36]

我们无须更细致地考察他的叙述细节便可知道，萨特无疑认为，即使是男性的欲望也有可能将意识拖入实是性之中。萨特对被欲望征服的男人有一段令人印象深刻的描述，这段描述证明了这一点："每个人都能够观察到欲望在他人身上的显现。突然间，有欲望的男人变得沉重而宁静，令人恐惧，他的眼睛定住，似乎半闭着，他的动作带着沉重而黏稠的甜味；许多时候似乎昏睡着。"（BN504—505；EN438）或许我应该说，及至目前，关于这种目光呆滞、昏昏欲睡的男性，我自己在巴黎咖啡馆的调研没能证实萨特这种颇有把握似的观察。无论现实情况如何，波伏瓦认为男性勃起具有超越性，这种观点在萨特对性爱的再现中完全不存在：

> 事实上，我们可以观察到性器官在交媾时的器官被动性。是整个身体在前进和后退，是整个身体带着性器官前进或后退。双手帮助插入阴茎；阴茎本身就像一个工具，由人来操纵、插入、抽出、调用。同样，阴道的开放和润滑也不是凭自由意志获得的。（BN515；EN447；TA）

这与波伏瓦的观点形成的对比再明显不过，波伏瓦认为勃起的阴茎"像手指一样是干净的，简单的"（SS406；DSb166）。对萨特来说，阴茎恰恰不是手指，不是意识的直接表达。波伏瓦将阴道的润滑比作食肉植物和吃小孩的沼泽；而他将阴道润滑比作阴茎；他将阴茎贬低为纯粹的工具，而波伏瓦则将阴茎神化为超越的形象。

1945 年，波伏瓦在《摩登时代》（*Les Temps modernes*）杂志上发表了一篇对莫里斯·梅洛-庞蒂的《知觉现象学》（*Phenomenology of Perception*）的评论，在其中，她对他表达了赞赏。波伏瓦称赞了他对于将身体作为我们在世界上的存在方式的分析，还强调了他对性的分析具有"丰富性"（p.367）。梅洛-庞蒂与萨特在哲学观点上存在分歧，与萨特不同，梅洛-庞蒂认为意识总是在身体中体现，因此存在不能被分析为纯粹的"自为"，而波伏瓦有意识地保持着中立的论述，避免评论这一分歧。在《第二性》中，她也曾赞许地提到梅洛-庞蒂，但她的赞美仍是浅层的，她从未真正引入梅洛-庞蒂的分析。

波伏瓦显然没有看到，梅洛-庞蒂对性欲的理解与她自己关于女性异化的模糊性的理论高度一致。在梅洛-庞蒂看来，性是理解人类生命的关键。他写道："身体在每一刻都表达着存在"（*Phénoménologie*，p.193）；对他来说，性身体的超越性不可能低于行走或奔跑的身体。对梅洛-庞蒂来说，性是模糊的，是意识永远无法完全把握的，却构成了我们对自身和世界的感知：

> 由于性欲不是有意的意识行为的对象，它可以激发我的经验当中的优先形态。从这个角度理解，性就像一种暧昧的氛围，与生命共存。或者换句话说：模糊性（l'équivoque）是人类存在的基本要素，我们所经历和思考的一切总是具有多重含义。（*Phénoménologie*，p.197）

在梅洛-庞蒂看来，性的根本不确定性或模糊性使得我们无法在性行为和非性行为之间划出一条明确的界线。性是"人类存在的不确定性的原理"，他写道，而这种不确定性是存在的基本结构（*Phénoménologie*，p.197）。梅洛-庞蒂强调"性"作为一种模糊的原理存在于人类的每一个行为当中，从而避免了在心灵与身体或意识与欲望之间建立激进的对立，这种对立阻碍了萨特和波伏瓦发展出一种更令人信服的、不那么斐勒斯中心的关于性的想象。在我看来，相比萨特所说的"独特的""清晰的"意识沦为身体的一团混沌，梅洛-庞蒂的观点更能为女性性欲的非性别主义论述提供肥沃的土壤。对西蒙娜·德·波伏瓦来说，梅洛-庞蒂的立场的优势是显而易见的，毕竟她明确地要求我们重视存在的模糊性。然而，她自己的文本却将模糊性和不确定性牢牢置于超越意识的清晰性的控制之下。波伏瓦对萨特的基本忠诚，在她偏爱《存在与虚无》而非《知觉现象学》这一点上，已经无以复加地表现出来——这对她自己的哲学计划而言，代价也无比高昂。[37]

波伏瓦借鉴了萨特对主动的——行动的——身体和被动的"肉体"（la chair）（见 EN439—440）的区分，将这种对立性别化，甚至比萨特本人更彻底。[38]这种对女性的性的叙述遭到女性主义者的批评，到目前为止，她似乎无法有效地为自己辩护。然而，在得出最终结论之前，我们必须考虑这样一个事实，即波伏瓦本人认为她所面对和分析的是父权意识形态。"女性被灌输了一种集体叙述，即男性的情欲（rut）是光荣的，女性的性冲动（trouble）是可耻的、应当放弃的；女性的亲密关系经验证实了这种不对称性，"在开始她那段令人不适的对女性欲望的描述之前，她如此写道（SS406；DSb166；TA）。这里提到的"集体叙述"就是《第二性》第一部分中对女性气质神话的生动分析，波伏瓦对她自己用来描述女性性高潮的用词进行了猛烈抨击：

> 要说女人就是肉体，要说肉体就是黑夜和死亡，或者说她就是宇宙的光辉，这无异于离开大地的真实，飞到虚无的空中。因为男人对女人来说也是肉体；而女人有别于肉欲对象；对每个人来说，在每次体验中，肉体具有特殊意义（des significations singulières）。（SS285；DSa398；TA）*

在《第二性》的第二部分，也就是包含她对女性的性的论述的这一卷的开头，波伏瓦明确警告我们，她正在着手研究"女性的传统命运"，女性境况的"沉重的过去"，"每个女性个体存在之下的共同基础"（SS31；DSb9；TA）。但这是否意味着她本人实际上并不相信女性的性是被动的、内在的，让人联想到食肉植物和置人于死地的沼泽等事物？有一些论据支持这种观点。首先，波伏瓦坚持称 20 世纪 40 年

---

* 本段译文引用自《第二性》，上海译文出版社，2014 年版，译者郑克鲁。

代法国女性在性方面苦闷不已，这可能是正确的：她们意识到自己被系统性地剥夺了性方面的相关知识、避孕和堕胎的权利，并受制于父权制通常的双重道德标准，可能确实很难认为性是简单的快乐源泉。[39]此外，《第二性》并没有暗示波伏瓦所揭开的糟糕透顶的状况无法改变。我们应该不会惊讶波伏瓦坚定地宣称，她描述的所有性的问题都是父权压迫造成的：

> 只要存在性别斗争，男女性欲的不对称便产生无法解决的问题；当女人在男人身上同时发现欲望与尊敬时，这些问题就容易得到解决；如果男人觊觎女人肉体，同时又承认她的自由，那么在她成为客体时，她就重新成为主要角色，在她接受顺从时，也仍然是自由的。(SS421—422；DSb189；TA)*

然而，在这种相互性的语境之下，男人也是女人的客体：这段话中仍存在她男性中心视角的痕迹。不过，她的观点依然清晰：在非压迫性条件下，性交终究可能成为一种深刻的相互性体验："在具体的肉体形式下，自我和他人相互承认，其中包含对他人和自我最敏锐的认识。"(SS422；DSb189；TA)[40]

虽然女性的性问题大多可以归因于她们的社会处境，但解剖学上的差异显然依然存在。在波伏瓦看来，即使是自由的女性也要屈从于男性，尽管在这一过程中她的自由并没有被剥夺。她认为，女性身体的解剖学结构使得主动占有他人成为不可能：在她看来，这种想法显然与父权意识形态无关。无论我们接不接受她萨特式的对占有范畴的优先考虑[41]，我们都难以回避这样一个结论，即按照波伏瓦的逻辑，女性总是比男性更难同时体验到自己是性的存在和自由的主体：在某种程度上，女性总是要与自己的解剖学结构对抗。即使在一个自由社

---

* 本段译文引用自《第二性》，上海译文出版社，2014年版，译者郑克鲁。

会里，女性与她们的解剖学结构之间也总是存在着微妙的相互抵触（"但她的身体又是她自身之外的东西"）。性差异被视为身体物质性的一个方面，被证明是波伏瓦分析父权制下女性命运的基础：在她看来，女性和男性永远不会简单地与彼此相同。然而，需要把握的一点是，承认生理差异并不会带来什么特别的结果，因为对波伏瓦来说，正如对任何存在主义者一样，差异的意义从来都不是既定的，而是永远需要重新建构的。

虽说父权意识形态试图强化和最大化女性的异化，但并非所有女性都在同样程度上内化了压迫性结构。早在 1945 年出版的《他人的血》（The Blood of Others）中，波伏瓦就强调了被动顺从欲望与主动选择欲望之间的区别。同一位女性经历了这两种情况，这表明她相信女性有能力改变，也相信存在主义的选择的力量。海伦处在被未婚夫保罗引诱的边缘，而她对保罗抱着非常矛盾的心态，此时，波伏瓦使用了与《女宾》和《第二性》中完全相同的负面词汇，植物、昆虫、柔软、黑暗和黏糊糊。闭上眼睛，海伦觉得保罗的爱抚把她变成了一棵植物或一棵树：

> 她感到自己的骨骼和肌肉都在融化，她的肉体变成了潮湿绵软的苔藓，充满了未知的生命；无数嗡嗡响的昆虫用它们涂了蜜汁的刺蜇痛了她。……她几乎喘不过气来，她沉入了黑夜的中心，她失去了知觉；她闭上了眼睛，被那张燃烧的丝网麻痹，她似乎再也不会浮出这世界的水面，她将永远封闭在那片黏稠的黑暗中，永远像一只躺在一堆荨麻上的模糊的、软绵绵的水母。（BO79—80；SA105—106；TA）

而当海伦决定与她所爱的让上床时，让被她的自由体验所征服：　　193

> 在我怀中，你不是一具顺从的（abandonné）躯体，而是一个

活生生的女人。你坦率地对我微笑，让我知道你就在那里，自由自在，你并没有迷失在血液的汹涌涨落之中。你并不觉得自己是可耻命运的牺牲品；在你最热烈的冲动中，你的声音、你的微笑都在说："这是因为我同意这么做。"你对自由的坚持，给了我内心的平静。（BO106；SA139）

无论海伦为了强调她的自由把眼睛睁得多大，她和她的情人都仍旧分享着波伏瓦根本上的对放弃的恐惧：最首要的是人永远不能对自己放手。陷入实是性是一种无时不在的威胁：在每一种真正的自由行为之下，都潜藏着内在性的危险。

因此，波伏瓦对女性欲望的表述比表面看起来的要复杂得多。一方面，她令人不寒而栗地展示了受压迫女性生活中最私密、最个人化的方面是如何受到父权压迫摧残的。从这个意义上说，她的作品首先是对父权意识形态如何被受害者内化的分析。然而，另一方面，波伏瓦也往往彻底地陷入她想要描述的父权制的范畴，这首先是因为她自己对超越的理解具有明显的斐勒斯中心主义。最后，毋庸置疑，波伏瓦对女性性器官的本能反感所揭示的不仅仅是对父权制的无意识的恐惧：在这里，肯定潜藏着母亲的威胁性形象，这也是《女宾》的情节剧式想象的核心。

哲学话语总是被无意识的幽灵纠缠：如果说萨特一想到女人，逻辑就丧失了严谨，那么波伏瓦一处理（无论多么间接地处理）女性性欲的话题，论证就有可能出错。[42]然而，仔细观察之后，我倾向于认为这种明确的表述未能捕捉到波伏瓦论证谬误的辩证动态。因为，如果要说失误，波伏瓦就阴茎所做的逻辑分析比就女性身体所做的逻辑分析要更明显地不成立：最荒谬的一点就在于，她明确声称男人（和绝经后的女人）实际上与自身相一致，因为按照萨特和波伏瓦自己的逻辑，没有一个主体能够与自己相一致：我们注定是自由的，我们都被卷入对存在的完全徒劳（inutile）的追求中。

因此，波伏瓦的身体麻烦并非只与女性有关。相反，《第二性》中的逻辑似乎与《女宾》中的相同。她悬在母亲和父亲之间，通过贬低母亲、理想化父亲，努力与无时不在的母亲的身体分离，《第二性》的作者与《女宾》的女主人公一样，在不稳定、模糊的"歇斯底里阶段/舞台"徘徊。但这还不是全部：正如我接下来要说明的，波伏瓦还给我们留了一个惊喜。

体现人性

在《第二性》中，父权制下女性的处境被理论化为处于三个不同层面的一系列冲突。在本体论层面，女性和男性同样分裂：我们都陷在对存在的渴望与存在的虚无之间的紧张关系当中；没有人能够与自己相一致。在这个层面上，我们都有可能陷入"内在心"和"自欺"；在异性恋人类伴侣当中，双方原则上同样地热衷于将自己的自欺投射到对方身上。波伏瓦在《第二性》的结尾写道："每个人非但不经受自身状况（de leur condition）的模糊性，反而竭力通过使对方承受屈辱，给自己保留荣誉。"（SS737；DSb658）

然而，人类也生活在社会中。在社会层面，存在父权压迫包括对女性自由的一系列不公限制。针对这种压迫，波伏瓦主张女性有权平等参与经济和政治生活，享有平等的机会和选择自由。此外，如果没有免费的避孕措施、完全的堕胎权和可供利用的儿童照管服务，这种平等就无法实现。[43]然而，社会压迫也包括神话和意识形态的制造。波伏瓦认为，女性的社会表征将实是性强加于她们：女性被置于在自由与异化、超越性与内在性之间撕扯的境地。其结果是产生一种特殊的性心理主体性，这种主体性的首要特征是异化，这可以被理解为女性的自由与其对被客体化的他者这个异化的女性形象的认同之间存在的参差裂缝。这种特殊的分裂并不影响男性。尽管父权制也制造了束缚男性的男性气质形象，但这些形象并没有将男性塑造成相对其他社会群体的他者：无论多么令人不快，这些形象都不会产生主体的彻底客体化，也就是波伏瓦所说的异化。当然，这并不意味着男性从未被异化，只是说如果他们被异化了，这也不是父权制强加给他们的。

因此，在社会和性心理层面，对女性的压迫在于重复和强化整体上的超越性与实是性之间的本体论分裂。女性受压迫的第三个也是最后一个层面是身体层面。波伏瓦汲取存在主义的整体意义理论，认为解剖学上的性差异——首先是阴茎的缺失，但也包括女性身体生殖的生理过程——可被视为女性整体存在的一个有意义的部分。因此，女性对自身身体的体验必然会影响她们的主体性和对世界的感知。

在波伏瓦看来，本体论、社会和生物因素都在人类的性活动中交汇在一起；因此，在父权制下，性成为女性生活中一般性的冲突获得最强烈感受的领域。"情色体验，"波伏瓦写道，"是人类最深刻的揭示自身状况模糊性的一种体验；在这种体验中，她们意识到自己既是肉体又是精神，既是他者又是主体。"（SS423；DSb190）在波伏瓦看来，性经验揭示了我们存在的本体论戏剧。由于父权制施加于女性的物化，女性的生存冲突变得尤为尖锐：

> 对女人来说，这种冲突最具戏剧性，因为她首先把握自己是客体，她没有马上在快感中找到确定的独立；她必须在承受自己的肉体状况的同时，恢复她超越和自由的主体之尊严，这是一件困难和充满危险的事；她往往失败。（SS423；DSb190）*

波伏瓦声称，正是因为她们的处境艰难，所以女性才不会被男性所接受的神秘化所蒙蔽，男人"易于受到他的攻击性角色和性欲高潮单独满足所带来的空幻特权的愚弄"（SS423；DSb191）。但是，假如人类的境况以模糊性和冲突为特征，假如出于解剖学、生物学和社会处

---

* 本段译文引用自《第二性》，上海译文出版社，2014 年版，译者郑克鲁。译文有改动。

境的原因，女性比男性更容易受到模糊性和冲突的影响，那么可以推断，在父权制下，女性比男性更充分地体现了人类的境况。事实上，这正是波伏瓦的观点。"女人，"她写道，"自身有更本真的体验。"（SS423；DSb191；TA）[44]

面对男人在与女人的性关系中表现出的虚伪和懦弱，女人往往会自动地"发现所有原则、所有价值以及一切存在的模糊性"，波伏瓦写道（SS624；DSb503）。去面对存在的根本模糊性就是去本真地生活：在波伏瓦的分析当中，女性的生活为存在的本真性提供了更大的空间——也为存在的失败制造了更大的风险。就存在的层面而言，在父权制下，女性比男性面临更大的风险，可能坠得更深，也可能升得更高；虽然在追求本真性的斗争中失败的女性不会被宽恕，但她必定会被理解。

在波伏瓦的论述中，性成为女性洞察力的强大源泉。与真正的男人相比，女性勇于迎接挑战、克服困难，并在自身的性当中、通过它意识到自己是一个真正的人类的女人，将不得不以更深刻、更复杂的方式面对人类境况的真相。女人牺牲了自己的性，也就牺牲了自己人性中更好的那一部分：《第二性》一经出版就引起轩然大波，首先是因为它要求女性将自由与性结合在一起，这在当时是如丑闻般的言论。[45]

在《境遇的力量》中，波伏瓦似乎仍对自己的结论多少有些疑惑：

> 如果在我三十岁的时候，有人告诉我，我将关注女性问题，我最重要的受众将是女性，我会非常吃惊，甚至恼火。但事情如此发展我并不感到遗憾。分裂、撕裂、处于不利地位：这些对女性来说，风险更大；对她们来说，胜利和失败都比男人多。（FC203；FCa268；TA）

她的惊讶是可以理解的。作为法国哲学教育成功的产物，波伏瓦在其职业生涯的早期阶段，显然期望通过以研究古典哲学问题而产生

196

影响力。西方哲学家总是视男性为代表，将女性当成特殊的存在：在写作《第二性》之前，波伏瓦也不例外。然而，在《第二性》中，她对女性境况的分析的突出之处恰恰在于，虽面临相当的阻碍，她还是在自己的论述中打破了男性与普遍性之间通常在哲学上的联合等同：波伏瓦认为，最终，人类的普遍境况在女性身上得到了更充分的体现。此外，她的分析并没有简单地反转传统的父权范式：波伏瓦毕竟没有声称女性是普遍的，而男性是特殊的。她的论证的说服力恰恰在于其平等的基本假设：波伏瓦认为男人和女人一样都是人，在西方哲学传统中，这一点很不寻常。

　　然而，此时波伏瓦对男性的描述当中的巨大矛盾就显现出来了。正如我们所看到的，《第二性》的作者也美化和理想化了斐勒斯，坚信男人"与自身相一致"，认为男人的自由幸运地不受社会和历史环境的束缚。此外，男人就算没有在与女人的交往中，至少也在与其他男人的交往中，他们更容易表现出超越性的自由，本真地行事。甚至连女人的身体与"她自身"之间的具体冲突，男人也从不了解："女人和男人一样，是她的身体：但她的身体又是她自身之外的东西。"仿佛是波伏瓦真的认为，男人的身体在某种程度上不及女人的身体具有生物性。将理想化的男性气质与波伏瓦对女性性器官的厌恶并置，只能变成对女性的贬低。然而，波伏瓦正是通过对女性的性的分析得出结论：女性终究比男性更充分地体现了人类的境况。男人在轻松的性高潮中无意识地达到高潮，他们仍然是认识论上的受愚弄者：在这一特殊的观察中，更多的是一种居高临下的意味。

　　在《第二性》中，个人与哲学之间的张力最强烈的时候莫过于波伏瓦对男性气质的描述。正如我们所看到的，《第二性》的悖论就是《女宾》的悖论。如果说波伏瓦认为父权制下的女性受着冲突和内心斗争的煎熬，那么她著作的质地本身就揭示了这一点，她自己在这一点上也不亚于其他女性。《第二性》正体现了波伏瓦所描述的那种矛盾；她的文本既证实了她的分析，也否定了她的分析。最深刻的悖论在于，这部 20 世纪最有力量的反父权制文本，读起来就像是一个迫切想要取悦父亲的规矩的女儿写的。

我们先不要试图解决这个悖论，不要试图将《第二性》简单归为对女性的反女性主义攻击，也不要试图将其转化为无懈可击的政治正确的纪念碑。鉴于本章只关注波伏瓦对主体性和性的论述，这些主题的重要性似乎已经被过分凸显了。我的研究方法也稍显过时：有人可能会说，从波伏瓦的书中阅读女性的性，就好比诉诸埃莱娜·西苏的分析去了解法国工人阶级女性。或者换句话说：为了女性主体性理论而阅读波伏瓦，就等于根据 20 世纪 70 年代女性主义理论家的前提来阅读她，这些女性主义理论家出于种种已具备的历史条件，认为当前正是向世人宣告女性与男性差异的时候。[46] 然而，从现有的证据来看，20 世纪五六十年代在《第二性》中获得启发、慰藉和战斗意志的成千上万女性并没有太多地关注波伏瓦对性的描述：她们发现的是对资产阶级婚姻的尖锐批判，对有关避孕和堕胎的压制性法律的猛烈抨击，以及到那个时代为止对家务劳动的最佳分析。她们还发现了一种令人惊叹的自由愿景，这种愿景支撑着她们度过了往往艰辛的人生。我现在要谈的就是这一愿景。

注释

1. 萨特提出了自由与个人处境之间的关系问题，他写道："所有这些问题都要求我们进行纯粹而非装饰性的思考，只有在伦理层面上才能找到答案。我们将在今后的著作中专门讨论这些问题。"（BN798；EN692）他在这一时期的笔记和草稿于 1983 年以《伦理学笔记》（"Cahiers pour une morale"）为题出版。

2. 波伏瓦认为，在冷战席卷欧洲的年代，法国所处的特殊历史环境使得对道德的关注几乎不可避免："战争迫使我们重新审视自己的所有观念，在战争结束后不久，我们自然而然地试图重塑规则和常理。法国被挤压在两个集团之间，我们的命运在我们不在场的情况下被决定；这种被动状态使我们无法依据我们的法律采取实践；我的道德主义并不让我感到惊讶。"（FC76；FCa100；TA）萨特在整个 20 世纪 40 年代也一直致力于伦理学的研究。他在 1946 年发表的演讲《存在主义是一种人道主义》比《存在与虚无》具有更明确的"道德"倾向，而他在战后创作的所有剧本也都在很大程度上涉及道德问题。早在《皮洛士与齐纳斯》（1944）一书中，波伏瓦就提出了自由的伦理用途问题。1945 年和 1946 年，她为《摩登时代》杂志撰写了几篇关于具体伦理问题（对合作者的惩罚、文学介入的作用等）的论文。这些文章于 1948 年以《存在主义与国民智慧》为题重新出版。1946 年 6 月，波伏瓦在一篇题为"模糊性的道德导论"（Introduction à une morale de l'ambiguïté）的论文中发表了《模糊性的道德》的一些引入部分的初稿，该文发表在《迷宫》（Labyrinthe）第 20 期（1946 年 6 月 1 日）上。该文本可见弗朗西斯和贡捷合著的《西蒙娜·德·波伏瓦批评》（Les Écrits de Simone de Beauvoir）的第 337—343 页。

3. 在这里以及本章中，我遇到了语言和意识形态方面的难题。萨特和波伏瓦通常把

"人"写成"man"（l'homme），而波伏瓦经常把"女人"写成"woman"，而我更倾向于用"women"。在许多情况下，我无法采用他们的用法。在另一些情况下，论证的语境和句法结构使我无法不模仿他们。不过，总的来说，我既不试图改变自己的风格，也不试图修正他们的风格。

4. 波伏瓦认为，当我完全接受这种张力，接受我在世界上存在方式的根本模糊性时，我的行为才是道德的，或者"本真的"。这种对失败的积极接受就是波伏瓦所说的转化：我们的失败一下子转化成了我们存在的积极源泉。我认为，她的观点强调的是，我们必须将活着（being）的消极性与存在（existence）的积极性之间的矛盾完全地作为一种矛盾来看待，作为一种无时不在的冲突来看待，这种冲突制造了我们生活中自相矛盾的模糊性。

5. 波伏瓦在《模糊性的道德》中已经提出了类似的主张："18世纪的黑奴、深闺中的穆斯林女性，无论是在思想上，还是情感的惊讶或愤怒，都没有任何工具让她们得以攻击压迫她们的文明。"（EA38；MA56）她认为，既然她们的处境使她们意识不到她们在世界上原有的自由，那么她们就没有自欺。

6. 波伏瓦对主体的社会处境的关注始终高于萨特。许多女性主义者对波伏瓦作品的这一方面进行了出色的解读。尤其是玛格丽特·西蒙斯的《波伏瓦与萨特》以及埃娃·隆格伦-约特林。

7. 我将隐喻定义为依据相似或类似原则做出的比喻。

8. 我将转喻定义为一种基于连续或邻近原则做出的比喻。提喻［又称"整体的一部分"（pars pro toto）］是一种特殊的转喻，以部分代整体。

9. 我想强调的是，波伏瓦并不是西方传统中唯一一个陷入此种特殊比喻陷阱的哲学家。说到将意识误认为人的整体，萨特和波伏瓦都深受笛卡尔的影响。在这两种情况下，比喻的效果都是将意识塑造成彻底的非实体。

10. 我的论点与莫伊拉·加藤斯（Moira Gatens）在《女性主义与哲学》（*Feminism and Philosophy*）一书中的论点大相径庭，她认为，将现有理论用于女性主义的行为本身必然预设"这些理论本质上是性别中立的工具，但到了卢梭或弗洛伊德手中就变成了性别歧视的工具……"（p.2）。我并不这样认为：在我看来，每一种理论都是它的语言，没有一种语言可以说是社会"中立"的。通过分析旧的隐喻并提出新的隐喻，我是在改造——而不是完全否定——理论。如果我提出的隐喻相对来说没有性别差异，那是因为这些隐喻是为了推进特定的女性主义项目：它们在政治上并不比萨特或波伏瓦的隐喻更"中立"。在我看来，加藤斯对哲学中的性别主义的研究失去了很多趣味，这正是因为她没有考虑到哲学的语言。她还低估了个人和制度因素对写作行为的影响：如我在本书中试图说明的，作者的个人和社会无意识往往会在每一个文本上留下痕迹，即使是哲学文本。

11. 这一信息来自隆格伦-约特林的著作的第 324 页。关于《第二性》中超越性与内在性的对立，详见隆格伦-约特林的著作的第 322—340 页。隆格伦-约特林还指出，在《第二性》中，波伏瓦倾向于用"内在性"代替"自欺"。

12. 我将在本书第八章回归这一主题。

13. 在这一关键语句中，Folio 的版本是 "s'assumer contre l'Autre"（假定自己与他者对立）（DSa31）。这个误印采用了一个完全错误的对立概念，可能会引起许多误解。所幸 Blanche 原版是正确的，"s'assumer comme l'Autre"（假定自己是他者）。

14. 由于我没有继续详细讨论《第二性》中的主客体划分，我想强调，波伏瓦——就像萨特——有时会把客体化的概念混淆为一种价值中立的状态，是主体的他者（在这种相当黑格尔式的意义上，我们彼此都是客体，这并没有什么特别令人痛苦的）；客体化又是一种道德和政治上堕落的再统一和异化状态。同样，事实滑向价值是显而易见的。

15. 在这一点上，有人很可能会问，为什么不是反过来呢——难道我们不能说，本体论的模糊性反映了存在的社会条件吗？以本体论——人类自由的一般理论——为分析起点，波伏瓦本人显然不会容忍这种颠倒。鉴于我所说的她的论证的隐喻结构——她从未阐明论证的两个层次之间的确切关系——也就没有什么能阻止读者偏向于这种解读，而不是波伏瓦本人的解读。

16. 波伏瓦在《第二性》的第一部分明确反对弗洛伊德的精神分析，但这并不妨碍她对女性的性心理发展做出相对精神分析的论述。在我看来，她拒绝精神分析是基于萨特式的理由：无意识并不存在，以及声称人类的梦和行为具有性意涵就是假设本质意义的存在。然而，在对女性的幻想或行为进行现象学描述时，波伏瓦却完全乐于接受精神分析式的证据。

17. 波伏瓦是在占领期间，在毕加索、加缪和莱里斯等人组织的一系列相当狂放的聚会上认识拉康的。戴尔德丽·贝尔说波伏瓦在写作《第二性》时"偶尔去听雅克·拉康讲课"（*Simone de Beauvoir：A Biography*, p.390），但这不太可能。根据伊丽莎白·鲁迪纳斯科的说法，拉康最早的研讨会是 1951 年至 1953 年期间在西尔维亚·巴塔伊（Sylvia Bataille）的公寓举行的（见 *La Bataille de cent ans*, p.306）。拉康本人在《关于我们的来路》（"De nos antécédents"）一文中声称，他的教学始于 1951 年："在我们于 1951 年以纯粹的私人身份开始自己的教学之前，除了例行提供的教学之外，没有其他真正的教学。"（*Ecrits*, p.71）根据戴维·马塞（David Macey）的说法，第一次研讨会的主题是弗洛伊德的《朵拉》（见 *Lacan in Context*, p.223）。如果波伏瓦曾参加过拉康的研讨会，那一定是在 1949 年完成《第二性》之后。

18. 我并不是说拉康的异化概念有根本的原创性，也不是说拉康是波伏瓦发展这一概念的唯一来源。埃娃·隆格伦-约特林认为科耶夫对波伏瓦的影响是有道理的（见 *Kön och existens*，pp.89—94）。波伏瓦本人也讲述了她在 1945 年一个醉酒的下午与格诺（Queneau）讨论科耶夫的经历（FC43；FCa56—57）。鉴于拉康的"镜像阶段"概念也有科耶夫解读黑格尔的痕迹，波伏瓦本人对黑格尔的解读很可能使她对拉康理论的这一方面产生了特殊的亲近感。我们也不应忘记，拉康本人和战后法国的其他知识分子一样，都受到了萨特的影响。在对波伏瓦的异化概念的研究中，埃娃·隆格伦-约特林不仅关注波伏瓦对黑格尔的解读，而且第一个将波伏瓦对异化概念的使用视为一种原创的思想发展，从而使研究别开生面。

19. 我不认为如有些人所认为的，这是译者有意识的性别歧视造成的。相反，这表明他完全不熟悉存在主义哲学词汇。帕什利翻译《第二性》的总体效果是使该书失去了法语中哲学的严密性。例如，当波伏瓦一直使用"s'affirmer comme sujet"这一短语时，帕什利却模糊地翻译成"采取主观态度"或"肯定他的主观存在"（见 SS19，SS21）。对波伏瓦来说，"处境"（situation）一词带有浓厚的哲学意味，但帕什利却完全没有感受到它的哲学意味，他将"境况"（condition）译为"处境"（situation），将"处境"（situation）交替译为"处境"或"境遇"（circumstances），等等。在波伏瓦回忆录的英译本中，尤其是在《岁月的力量》和《境遇的力量》中，也可以发现译者有将波伏瓦的哲理散文变成日常用语的倾向。其效果显然是使之失去了哲学性，从而削弱了她作为知识分子的地位。这一过程中涉及的性别歧视与其说是译者个人的性别歧视，不如说是英语出版商将波伏瓦视为通俗女作家并进行营销的结果。

20. 此处波伏瓦在脚注中引用了拉康的《家庭情结》（*Complexes familiaux*）。有趣的是，拉康在这篇文章中采取了"他者异化"（alienation in the other）的概念，但并非相对于母亲，而是在讨论作为基本社会结构的"嫉妒"的语境之下。波伏瓦的实际引文稍有些不准确：她引用的是"自我保留了景观的模糊方面（形象）"（SS297；DSb15），而拉康实际上指的是"景观的模糊结构"（*Les Complexes familiaux*，p.45）。

21. 波伏瓦也使用"phallus"一词。一般来说，她倾向于将"penis"和"phallus"互换使用，主要是在"阴茎"的意义上。

22. 萨特也是如此。当我说他们关于超越性的隐喻是斐勒斯式的，他们会说斐勒斯才是超越的，而不是反过来。然而，就我的论点而言，把前者跟后者相比或把后者跟前者相比，顺序并不重要：我的观点是，在他们的文本中，投射和勃起参与了广泛的隐喻性替换。

23. 波伏瓦的论述在许多方面与弗洛伊德对女性特质的分析相似，但不同之处在于她明确否认缺乏，强调触觉而非视觉。在弗洛伊德看来，女孩因为看到了阴茎而认为自己低人一等，并得出结论认为她们自己是缺乏的；而在波伏瓦看来，她们是不同的

（未必低人一等），之所以如此是因为她们没有任何东西可以触摸。

24. 波伏瓦非同寻常地宣称，勃起至少在某种意义上是自发自愿的，这与其说是生物学的事实，不如说是她自己的隐喻。

25. 维格迪斯·松格-默勒（Vigdis Songe-Møller）帮助我领会了波伏瓦使用黑格尔的喜剧性。

26. 从这一分析以及本章的其余部分来看，我不能同意莫伊拉·加滕斯的说法，即对西蒙娜·德·波伏瓦而言，"女性的身体和女性特质对于人类主体而言是绝对的他者，无论该主体的性别如何"（*Feminism and Philosophy*，p.58）。我还认为，像加滕斯那样简单地断言《第二性》中的不一致和问题只是暴露了波伏瓦"智识上的不诚实"（p.59）未免太简单了。

27. 波伏瓦本人肯定不会同意我在这里的价值判断。正如我接下来要说明的，她将男性结构理想化，也许正是因为她认为这种结构更"规整地"符合哲学意味。

28. 有趣的是，她同样相信任何形式的运动都具有超越的特质，因此她推荐运动和其他形式的体能训练，认为这是帮助女孩培养主体意识的绝佳方式。

29. 波伏瓦在这里的论证有些循环论证的意味。因为如果"斐勒斯的等同物"是成为真正主体的必要条件，那么无论如何我们都很难理解，为什么女性在成功成为主体之后还会想要这些等同物。

30. 我在第五章讨论弗朗索瓦丝的性计划时，从另一个角度提出了其中的一些问题。在那一章中，我关注的是波伏瓦对意识的理解；在这里，我将等式颠倒过来，以审视她的身体理论。

31. 正如查伦·哈多克·塞格弗里德（Charlene Haddock Seigfried）在对《第二性》一书中的生物学部分的启发性分析所言，毫无疑问，"波伏瓦对生物数据的描述包含了价值判断"（"*Second Sex*：Second Thoughts"，p.308）。不过，也很难想象人能对任何事物进行完全"无价值"的描述。

32. 波伏瓦接着说，从这个意义上讲，老年妇女既不是男性，也不是女性，而是第三性。总的来说，她对绝经后女性的描述是非常矛盾的。一方面，她认为她们终于摆脱了身体的奴役；另一方面，她又将她们塑造成异常神经质和异化的形象（参见第一卷中关于生物学的章节与第二卷中题为"从成熟到老年"的章节之间的对比）。

33. 帕什利对这段话的翻译尤其容易引起误解。他将法语 aliénée 译为"不能自已"，他的版本的译文是："因为她的整个身体都被欲望和兴奋所牵动，所以她比男人更深地不能自已，她只有通过与伴侣的结合才能保持自己的主体性。"（SS417）和其他地方一样，帕什利版本总体有一种遗漏波伏瓦论证的哲学层面的倾向。

34. 在我的论述中，我紧随波伏瓦的"性的启蒙"一章。在这一章中，她只论述了异性恋关系。我将在第七章回到她对女同性恋的论述，并在第八章讨论她自己的女同性恋关系。

35. 我不打算在此细谈这个问题。关于《女宾》中与母亲意象的矛盾关系的详细讨论，见本书第四章；关于波伏瓦与其他女性的关系的讨论，见第八章。

36. 我很少修改黑兹尔·巴恩斯对《存在与虚无》的出色翻译。但在这里，我选择了修改。萨特在描述中强调一般——他认为是"哲学的"——他自信地在这段话中写"chacun"和"on"："每个人都可以反观自己的经验：我们知道意识被所谓性欲阻塞了，"（"Il n'est pour chacun que de consulter son expérience；on sait que dans le désir sexuel la conscience est comme empâtée"）他如是声称（EN438）。黑兹尔·巴恩斯敏感地意识到这一说法的荒谬性，她的翻译是："Let any man consult his own experience；he knows how consciousness is clogged, so to speak，by sexual desire."（BN504）（我认为她的"man"指的是男性，而不是人类。）由于我认为没有理由把萨特从他自己的风格中救出来，所以我选择恢复萨特原来的"chacun"和"on"。

37. 波伏瓦与梅洛-庞蒂的关系比这段简短的叙述所暗示的更加有意思。波伏瓦在索邦大学学习哲学时结识了梅洛-庞蒂，梅洛-庞蒂通过她认识了波伏瓦最好的朋友扎扎。在《一个规矩女孩的回忆》中，梅洛-庞蒂以"普拉代勒"的名字出现，他是扎扎热烈爱上的年轻人。由于家人坚决反对这桩婚事，扎扎病逝，年仅 21 岁。1991 年，她的家人终于出版她的动人书信（Elisabeth Lacoin, *Zaza：Correspondance et carnets d'Elisabeth Lacoin 1914—1929*）。作为《摩登时代》杂志的编辑，梅洛-庞蒂在 1945 年至 1952 年期间是萨特和波伏瓦最亲密的合作者。此时，存在主义者在政治上处于困境，她不太可能公开表达任何跟他的分歧。20 世纪 50 年代，情况发生了变化。1952 年夏，萨特决定与共产党结盟，这疏远了梅洛-庞蒂，后者悄然退出《摩登时代》。1955 年，梅洛-庞蒂出版《辩证法的历险》（*Les Aventures de la dialectique*）一书，是西蒙娜·德·波伏瓦，而非萨特，在《摩登时代》上发表了一篇尖刻的回应［在题为《特权》（*Privilèges*）或《要焚毁萨德吗？》（*Faut-il brûler Sade*?）的论文集中重新发表］。1952 年，萨特让弗朗西斯·让松去攻击加缪的《反抗者》；这一次，西蒙娜·德·波伏瓦毫不犹豫地替他干了脏活：《梅洛-庞蒂与伪萨特主义》（"Merleau-Ponty et le pseudo-sartrisme"）。无论从哪个角度看，这都是波伏瓦最令人遗憾的写作。在《境遇的力量》（1963）中，波伏瓦强调了她与梅洛-庞蒂的昔日友谊，指出了他们之间的个人分歧，并以略带批评的语气结束："我非常尊重他的著作和文章，但在我看来，他并不十分理解萨特的思想。"（FC70；FCa91）。从她自己在 1955 年对他的抨击来看，这句话可谓轻描淡写。她的和解语气无疑是由于梅洛-庞蒂于 1961 年早逝的影响。

38. 克里斯蒂娜·豪厄尔斯（Christina Howells）说得好，她说对萨特而言，"肉体与能动性是不相容的"（"Sartre：Desiring the Impossible"，p.7）。

39. 20 世纪 50 年代和 60 年代初，各类医生和心理学家对女性性冷淡问题进行了大量讨论，大多数的讨论把它当成男性的问题。值得注意的是，萨特、波伏瓦和梅洛-庞蒂在他们的重要哲学论文中都引用了西格蒙德·弗洛伊德的前学生、维也纳精神分析界的反叛者威廉·施特克尔（Wilhelm Stekel）名声不佳的《女性性冷淡》（*Frigidity in Woman*）一文。尽管标题如此，施特克尔的这篇文章像是一本关于女性性高潮的半色情故事集，松散地围绕着两性斗争的主题编排。将《女性性冷淡》与施特克尔的自传放在一起看，我们不可能不怀疑他将自己向第二任妻子求爱的故事伪装成了案例史。毫不令人意外的是，在这个故事中，善解人意的分析师在真正意义上为"性冷淡"的女人带来了撼天动地的性高潮（见 Stekel，*The Autobiography of Wilhelm Stekel*）。存在主义当中的"施特克尔渊源"值得我们更深入地探讨。

40. 波伏瓦在其《特权》（该书后来以"要焚毁萨德吗"为题再版）一书中关于萨德侯爵的文章中毫不含糊地肯定，唤起（le trouble）会产生"与他人的直接交流"（p.35）。无论是否存在父权制，突如其来的性欲都会突然产生亲密关系和交流。看来，她对"正常的"欲望做出如此简单明了的解释，是为了与她所认为的萨德的彻底的情感"孤立主义"形成更有效的对比。

41. 在这一点上，她忠实于萨特的《存在与虚无》，萨特认为存在、拥有和作为这三个范畴都可以归结为"拥有"（见其论文第四部分，题为"拥有、作为和存在"）。

42. 当然，我并不是要论证哲学是唯一一带有无意识特征的话语，也不是要证明哲学文本比文学或历史著作更深受未言明之物的困扰。

43. 我将在本书第七章回到这些问题。

44. 这句妙语的译文异常具有误导性。"La femmea d'elle-même une expérience plus authentique，"波伏瓦写道（DSb191）。帕什利翻译为："女人以更真实的方式经历爱。"（Woman lives her love in a more genuine fashion.）（SS423）

45. 我将在第七章简要讨论《第二性》收到的评价。波伏瓦本人在《境遇的力量》（FC195—203；FCa258—268）一书中对法国的读者反应做了很好的阐述。

46. 在政治上，大规模的、激进的女性运动的存在使其在 20 世纪 70 年代初成为一种可行的选择。在思想上，精神分析日益严峻的挑战为探讨性和性别差异问题提供了动力。

第七章　波伏瓦的乌托邦：《第二性》的政治

自由的女人才刚刚开始诞生。 198

《第二性》

今天的女人要成就了不起的事业，最需要的是忘记自己；但要忘记自己，首先必须坚信从此时起她已经找到自我。

《第二性》

它改变了我的生活：女性主义者对《第二性》的反应

《第二性》自发表起，在女性当中激起了一系列反应，这些反应意外地充满矛盾。不过也有充分的证据证明波伏瓦这一开创性的文本所产生的解放效果。"它改变了我的生活"，这是人们从不同年龄、不同国籍的女性口中听到的同一句话。[1]凯特·米利特（Kate Millett）传达了该书出版后最初十多年间围绕着它的危险和兴奋感：

> 这是一本非常令人不安的书。事实上，早期版本的封面上经常有裸女，几乎有一种恶作剧的味道。显然这本书太有颠覆性了，因此也被误以为有些性感。如果你读了那本书，你就是一个真正

的煽动者……。人们总是为这本书争论不休。……对很多人来说，这本书是个诱惑，它也是一本非常危险的书。它不仅能让你想成为上大学的好女孩，还能让你想要破窗而入。（*Daughter of de Beauvoir*，pp.20—22）

《第二性》出版后，法国权威的愤怒和恼火完全证实了米利特的说法。1948 年到 1949 年，第一篇书摘甫一在《摩登时代》杂志上出现，波伏瓦就遭到了前所未有的恶毒的、性别主义的攻击。"简直是脏话连篇！"她在《境遇的力量》中感叹。"所求不满、冰冷、渴男、女色情狂、女同性恋、堕了一百次胎，什么都往我身上招呼，我甚至成了一个未婚母亲。还有人提出为我治疗性冷淡或满足我恐怖的欲望。"（FC197；FCa260；TA）[2] 加缪指责她让法国男性显得可笑，而天主教资产阶级则声称被她的语言所震惊：弗朗索瓦·莫里亚克（François Mauriac）忍不住评论说，此后，波伏瓦的阴道对他来说再没有任何秘密。

新女性运动出现后过了很久，年轻女性才读到波伏瓦的文字，她们也证实了这对她们的影响。在 20 世纪 70 年代末，孤独抑郁的英国家庭主妇安吉·佩格（Angie Pegg）读了《第二性》，她的生活发生了真正意义上的变化：

> 有一天，我在书店看到西蒙娜·德·波伏瓦的书，就买了下来，因为书名叫《第二性》，很吸引人。我读了关于家务劳动的部分。我是在 1979 年的一天买了这本书，大约八点钟开始读，直到四点才上床睡觉，它彻底改变了我。就好像第一次有人走进房间，和我说话，对我说："你可以去感受自己的感受。没关系。"……读完德·波伏瓦的文章几个月后，我意识到我必须为自己做点什么。……我在丈夫的强烈反对下申请上了大学。（*Daughter of de Beauvoir*，pp.55—57）

安吉·佩格在那一天所做的决定使她拿到了一个大学哲学学位，但也使她走向离婚，再婚，迎来又一个孩子。她的经历证明，即使在女性运动为女人提供了大量其他女性主义书籍后，女人仍然会被波伏瓦的文字所打动。另一方面，在 20 世纪 50 年代和 60 年代初，《第二性》是女性唯一可以参考的关于自身处境的非传统分析的书。矛盾的是，《第二性》问世之初的压抑社会环境在使它成为千万女性希望的象征上起了促进作用。在 20 世纪 50 年代以家庭为导向的意识形态的摧压之下，许多女性发现波伏瓦对婚姻和母职有着压迫性影响的观点极具解放性。父权制坚持认为，如果她们没有获得极大的满足，是她们应当受到责备，而波伏瓦传达的信息是，在父权制意识形态的虚伪和社会对女性自由的限制之下感到痛苦，是很自然的事情。[3]

对有些人来说，要直面这一点显然非常痛苦。"我第一次读到《第二性》时，是在 50 年代初，"贝蒂·弗里丹（Betty Friedan）写道，"我当时在人口普查空白栏上写的是'家庭主妇'，仍欣然接受女性的奥秘 * 。这本书让我感觉特别压抑，给孩子做完早餐以后，我就想回床上去，拉起被子把头蒙住。"（*It Changed My Life*，pp.304—305）大约在同一时期，伊丽莎白·哈德威克（Elizabeth Hardwick）这样一位成功的美国知识分子显然既没有受到《第二性》的启发，也没有受到它的困扰。哈德威克指责波伏瓦没有意识到父权制的现状是不可避免的，她所表现出的保守主义与她自身的最大利益背道而驰：

200

> 家务、养育子女、清洁、饲养、喂养、照料……必须有人来做，或者更糟糕的是，必须由数百万人日复一日地来做。至少在家庭中，"习惯"似乎并不那么突发奇想，而是敏锐地观察到女性

---

* 贝蒂·弗里丹的一部重要作品题为"女性的奥秘"（The Feminine Mystique）。弗里丹用这个词来描述来自社会的神奇假设，即女性不必参与工作、接受教育或有强烈政治主张，而将从家务、婚姻、性生活和孩子中得到满足。

相当适应这种必要的日常工作。无论她们喜欢与否，都必须坚持下去。（"The Subjection of Women"，p.53）

波伏瓦对家务劳动的分析让安吉·佩格感受到解放，却让伊丽莎白·哈德威克恼火：也许这种差异与每位女性实际承担的家务劳动量有关。

《第二性》出版之后，经过一代人，西方世界女性的处境发生了相当大的变化。许多人都不再有贝蒂·弗里丹或安吉·佩格的痛苦体验。新一代女性把近几十年赢得的种种机会当作理所当然，并常常认为"既有的"女性主义言论乏味且无关要旨。在这种情况下，年轻的苏格兰学生珍妮·特纳（Jenny Turner）试图从波伏瓦那里寻求一些新鲜感。特纳抱怨说，现代女性主义者缺乏波伏瓦那样的勇气，对历史和周围的世界缺乏真正的兴趣。但是"要写出《第二性》则需要极大的勇气。女性需要重新找到这种勇气，重新审视一切。我们不能认为任何事情都是理所当然的，一切都有待取得"（*Daughter of de Beauvoir*，p.42）。

矛盾的是，自 20 世纪 60 年代以来，对波伏瓦做出最严厉批评的似乎都是女性主义知识分子——就女性主义问题进行写作、教学和出版的女性。这些女性成了知识分子，这一行为使她们成为波伏瓦真正的女儿：难怪许多人认为有必要将自己与这般强大的母亲形象划清界限。这些女性主义者谴责她们的先驱憎恨女性身体，美化男性，对传统女性的追求（包括婚姻和母职）缺乏同情和理解，恨她没有以更积极的方式描述女性。例如，英国社会学家玛丽·埃文斯（Mary Evans）认为波伏瓦"在她对什么才构成美德的评价中反映了男性的标准和假设"（*Simone de Beauvoir：A Feminist Mandarin*，p.98）。埃文斯认为，波伏瓦的自由概念不仅是"男性的"，而且代表了整个西方资本主义的性别主义伦理。此外，埃文斯认为，波伏瓦对萨特个人主义意志论（individualist voluntarism）的信徒式的依赖使她无法认识到社会对自由的限制。最后，就连波伏瓦呼吁女性独立自主也是值得怀疑的，因

201

为这些是"源自资本主义个人责任伦理的价值观"（p.128）。埃文斯补充说，这就解释了为什么波伏瓦"成为美国许多女性主义者心目中的'自由'女性：她为经济自立、同情自由主义的异性恋女性提供了一种解释和支持，而这种解释和认可完全符合北美自由主义的价值观"（p.128）。

然而，当我们真正去看美国女性主义时，却很少看到夸张的资本主义对西蒙娜·德·波伏瓦的崇拜。与埃文斯一样，绝大多数美国女性主义者批评波伏瓦有着这样或那样的男性认同，而且不懂得欣赏女性的美德。琼·莱顿（Jean Leighton）抱怨说，"在西蒙娜·德·波伏瓦的描绘中，女性的境况本质上就是劣等的。"（*Simone de Beauvoir on Woman*，p.34）这位评论家坚持认为，《第二性》不仅是"对女性悲哀处境的冗长悲叹，也是对女性性别的抨击"（p.118）。"波伏瓦过强的实用主义、理性和反性世界观，"另一位评论家写道，"导致她忽视或低估了与女性相关的许多特征的积极一面。"（"Sartre，Sexuality，and *The Second Sex*"，p.206）

也许最大的悖论在于，受 20 世纪 70 年代发展起来的所谓法国女性主义理论启发的女性主义者往往要么忽视波伏瓦，要么将她的理论视为过时的东西并避而远之。例如，埃莱娜·西苏在其划时代的关于女性写作（écriture féminine）的文章《美杜莎的笑声》中，丝毫没有提及《第二性》的作者波伏瓦。由于她的文章最初发表于 1975 年《弧线》（*L'Arc*）杂志专为西蒙娜·德·波伏瓦而筹划的特刊上，因此西苏在文中没有提及波伏瓦就更加显得令人震惊。[4] 1986 年波伏瓦去世之时，"精神分析与政治"组织的领导者、"女性"（des femmes）出版社的创始人安托瓦妮特·富克（埃莱娜·西苏曾与该出版社有合作关系）趁机宣布了自己对《第二性》作者的强烈反对。富克自认为具有多元化和开放性的美德，歌颂"性差异"认为"众所周知，性差异将引出丰饶的差异，成为后者的营养与根源"，继而认为波伏瓦是"不宽容、同化、净化的普遍性主张（universalism）的代表，充满仇恨和对他者的贬低"（*Libération*，p.5）。

　　露西·伊利格瑞在其关于哲学与女性气质的开创性研究著作《他者女人的窥镜》（*Speculum of the Other Woman*，1974）中，从未提及这位法国女性主义哲学的奠基人物。当她终于在1990年宣布自己也曾是《第二性》的读者时，她只是把波伏瓦描述成一个令人失望、灰心丧气的人物，一个莫名其妙的"姐姐"，所以伊利格瑞始终与她保持着遥远的距离："世人怎么能理解本可以——事实上本应该——一起工作的两位女性之间的这种距离呢？"伊利格瑞抱怨说（*Je*，*tu*，*nous*，pp.10—11）。或许正是这种灰心丧气驱使她对每一个像西蒙娜·德·波伏瓦一样认为两性社会平等是女性主义值得拥有的目标的女性发起猛烈的抨击。伊利格瑞认为，这些女性主义者试图消除性差异。显然随之可以得出，她们反对生育，因此正在积极地发起一场新的大屠杀。"想要消除性差异，"伊利格瑞写道，"就是要求进行比历史上所有发生过的屠杀都更彻底的种族灭绝。"（p.13）。换句话说，波伏瓦不仅是艾希曼，而且比艾希曼更坏。

　　在1990年出版小说《武士们》（*Les Samouraïs*）之前，在朱莉娅·克里斯蒂娃的著作中很难找到西蒙娜·德·波伏瓦的名字。[5]克里斯蒂娃小说的标题有意套用里波伏瓦《名士风流》（*The Mandarins*）的形式 * ，但这一标题表明她终于愿意承认这位被玛丽·麦卡锡称为"法国最杰出女性"（"Mlle，Gulliver en Amérique"，p.44）的作家。在接受《世界报》的采访时，克里斯蒂娃承认自己对波伏瓦有某些程度的认同，"尽管与波伏瓦相似这样的姿态相当的虚荣"（p.19）。克里斯蒂娃在另外一个背景下比较了《武士们》和《名士风流》所收到的评价，强调的恰恰是知识女性的作品在法国所遭受的一贯的敌意。波伏瓦——在此，克里斯蒂娃也意指她自己——总是被呈现为"一个遭遇

---

　　* The Mandarins 的标题指的是古代中国的士大夫官僚们。而 Les Samouraïs 是古代日本的武士们。

双重挫败的女性，这既是因为她的性别，也是因为她属于'士大夫'的阶级"（*Lettre ouverte à Harlem Désir*，p.84）。显然，克里斯蒂娃只有从理论转向虚构时，才可以自由地表达对她了不起的思想先驱的钦佩之情。

不过，这并不是所有法国女性主义者的典型反应。1977 年，围绕女性主义期刊《女性问题》（*Questions féministes*）的团体邀请西蒙娜·德·波伏瓦担任其指导者，这是一个有强烈象征意义的姿态。这个团体的女性成员包括克里斯蒂娜·德尔菲（Christine Delphy）、莫妮克·普拉扎（Monique Plaza）、科莱特·吉约曼（Colette Guillaumin）和莫妮克·维蒂格，她们认为如"精神分析与政治"这样的团体是一种差异崇拜，她们拒绝这样的立场，并主张唯物女性主义，这与波伏瓦本人志同道合。[6]在法国女性主义哲学领域中，米谢勒·勒德夫对波伏瓦作为哲学家的立场进行了细致的分析，特别是她的《希帕嘉的选择》一书，有力地反驳了露西·伊利格瑞的反波伏瓦立场。

即使从这样一个简短的概述中，我们也应该能清楚地看到，尽管在其他问题上存在相当大的分歧，但绝大多数女性主义知识分子——无论是法国人还是美国人——首先都认为波伏瓦没能重视女性的差异。如我们在第六章中所看到的，这种批评并非毫无根据。如果说许多女性主义者对波伏瓦的批评在我看来有着根本性的缺陷，那么这与其说是因为她们误读了波伏瓦关于差异的立场（尽管有些人确实误读了），不如说是因为她们完全没有理解，波伏瓦的政治计划与她们的政治计划截然不同。这些批评家想当然地认为，有效的女性主义政治是以女性身份理论为前提的，因此没有考虑其他的立场。因此，以这样一种方枘圆凿的标准来衡量，《第二性》必然会被认为不足；这种辩论的前提几乎必然导致了对波伏瓦计划的错误认识。

因此，为了避免某些基本的误解，我希望本章的读者记得，《第二性》的基本理念是意识是自由的，而非被性所区分或定义，或应该被性所区分或定义。对波伏瓦而言，自由的对立面是压迫：她的问题是权力问题，而不是身份认同和/或差异问题。如果说她坚持认为女性必须享有平等的社会、政治和经济权利，那是因为这些权利的缺失给了男性暴政无条件的权力（carte blanche）。对她来说，人类历史的耻辱就是，一群自由的主体被强迫将自己定义为客体，定义为相对于另一群自由主体的他者。她始终无法容忍，也绝不宽恕这种对他人自由的支配。对波伏瓦和萨特来说，"存在先于本质"；因此，身份问题成为排在行动和选择问题之后的次要问题。对她来说，女性通过她们在世界上的行动来塑造自己不同的身份。此外，从女性的存在性选择中产生的身份始终是可以改变的：只有死亡才能终结我们对存在进行重新建构的可能性。[7]

但是，如果她的批评者未能完全把握波伏瓦关切的本质，他们也往往会错失她解放理论的复杂性。例如，玛丽·埃文斯声称，《第二性》令人吃惊的一点是它完全没有"提及对男女关系中回报和价值的模糊性"（*Simone de Beauvoir: A Feminist Mandarin*，p.73）。然而，正如我们在第六章中所看到的，《第二性》是一种极其强调模糊性的理论。若的确有绝对清晰之处，那就是在波伏瓦的文字中，她明确将男性的性表述为经久不衰的斐勒斯，将男性表述为绝对的自由。但是，尽管波伏瓦确实将男性理想化了，但这并不意味着这种理想化是她的女性解放理论的本质。不用说，如果不考虑波伏瓦的自由观，就不可能理解她的女性主义。

因此，在本章中，我将讨论《第二性》的政治问题。鉴于该文本所产生的误解之多，我的大部分分析可能不过是试图澄清事实而已，因此相当寡淡。此外，我对波伏瓦政治观点的论述，只有在第六章讨论波伏瓦话语的修辞、哲学和情感意涵的脉络之下才有意义。在由身份政治主导的思想领域，《第二性》是对既定教条的真正挑战：如果我们要摆脱当前的政治和理论死胡同，20世纪90年代的女性主义就不能忽略波伏瓦的开拓性的观点。

乌托邦与历史：第二性的时刻

西蒙娜·德·波伏瓦经常说，写《第二性》让她成了一名女性主义者。[8]在关于她人生的电影中，萨特也坚持同一中心思想："写这本书，你成了一个女性主义者，你认识到了谁是你的敌人，你攻击了他们，然后你明确了作为一名女性的意义。"（Dayan, *Simone de Beauvoir*，p.67）在这里，萨特精准地假定，仅仅讨论女性的社会处境、她们的性或身份本身并不是一项女性主义事业。要成为一名女性主义者，就必须采取一种政治立场：它需要有能力提出某些目标，确定自己的敌人，并有意愿和能力去攻击他们。可以说，女性主义要求我们不仅要描述现状，还要指出它的不公正之处与压迫性。它还需要一种替代性的愿景：一种乌托邦式的展望，这种展望激励并指导我们与当前的压迫做斗争。[9]

在《第二性》中，有一种异常贯穿始终的自由观。在每一章中，波伏瓦对父权制下女性命运的鞭辟入里的剖析都充满能量、风格十足，因为她相信奴役和压迫可以终结；在对女性苦难的每一次描述之后，波伏瓦都坚持自由的可能性。《第二性》自始至终都是一部论战式的作品，首先是对父权结构的猛烈抨击。波伏瓦书中的政治既是争辩的也是对抗的，完全可以理解为对权力的反抗。"哪里有权力，哪里就有反抗，"福柯在《性史》（*The History of Sexuality*）中写道，"然而，或必然地，反抗对于权力来说从来不是外在的。"（p.95）福柯没有说的是，每一种反抗行为都是出于对更好的事物的愿景。然而，这一愿景完全不是外在于所反对的现状。乌托邦愿景以对自身历史时刻的批判为前提，缘起于当下的消极方面。可以说，乌托邦是对现状的否定之否定。每一种政治策略，无论多么"消极"，都来自对理想生活的梦想：《第二性》之所以是女性主义理论史上独一无二的文献，首先是因为它将乌托邦与批判之间的关系阐释得异常清晰。

波伏瓦的解放愿景源于她对压迫的批判，与其他乌托邦计划一样，她的解放愿景也受到自身历史时刻的局限。西蒙娜·德·波伏瓦于1946年6月开始写作《第二性》，整整三年后，即1949年6月，她才完成了这部作品。[10]在此期间，她还第一次去了美国（1947年1月至5月），并暂停写下了长篇游记《美国日复一日》（1948）。在这一时期，哪些政治问题主导了法国的话题中心？波伏瓦本人想要参与哪些问题的讨论？她在法国知识界的地位如何？法国女性的总体状况如何？光是对这些问题进行全面论述就能很容易地独立成书；我只能寄希望于简要介绍总比只字不提好。

波伏瓦的《境遇的力量》第一卷是其中许多问题的最佳资料来源，它涵盖了从1944年8月法国解放到1952年夏天的战后岁月。在这一时期，波伏瓦的公众形象发生了转变：她从一个相对不知名的作家，在战争结束时作为萨特的伴侣和存在主义的主要女性人物一夕成名。到1945年，存在主义已经成为一种时尚现象，从电影、夜总会到发型和时装（长发和黑色毛衣），无不受到它的启发。萨特和波伏瓦不仅在法国，而且在整个西方世界都迅速成为家喻户晓的名字。1945年，他们创办了思想刊物《摩登时代》，该刊物立即成为左岸文学和政治关注的焦点。这一时期的波伏瓦接连快速地发表文章［《皮洛士与齐纳斯》（1944）；《模糊性的道德》（1947）；《存在主义与国民智慧》（1948）］，小说［《他人的血》（1945）；《人都是要死的》（1946）］，甚至戏剧［《谁该死？》（*Who Shall Die*?，1945）］*，惊人地高产。《第二性》引发的"丑闻"几乎没有减弱其影响力——梵蒂冈甚至将其列入禁书目录。1950年1月，西蒙娜·德·波伏瓦年满42岁之时，她已经牢固确立自己——极具争议的——法国最重要的知识女性的声誉。在当时的法国，一位女性能在知识界取得显赫成就是极为罕见的，她

---

* 《谁该死？》（*Who Shall Die*?）是英译本译名，法语版本为 *Les Bouches inutiles*，"没用的家伙"。

的成功引发的怨恨从法国评论界日益强烈的敌意反应中可见一斑。因此，波伏瓦显然是布尔迪厄所说的 miraculée——统计规律中的一个奇迹般的例外。[11]

波伏瓦成了一个非常成功的作家，这样的地位使她免受法国父权制的许多不公正待遇。这并不是说她没有意识到这些不公正：如果是这样，她就不可能写出《第二性》。1944 年，法国女性获得了选举权，这是她们参加抵抗运动的回报。根据波伏瓦自己的说法，到 1949 年，她还没有行使她的新特权。维希政权厌女至残酷的地步：在贝当执政期间，除了从事传统的女性职业，女性没有工作的权利；堕胎成为危害国家的罪行；避孕仍属非法。其结果是，1940 年至 1944 年期间，女性失业率持续上升；1943 年 7 月 30 日，玛丽-让娜·拉图尔（Marie-Jeanne Latour）因实施堕胎而被送上断头台；男男女女仅仅因为提供避孕建议就被判处长期监禁。[12]

虽然第四共和国废除了这些令人发指的父权法律，但许多堂而皇之的不公正现象依然存在。1970 年以前，法国的已婚女性对子女没有正式的家长权利：只有作为家庭户主（chef de famille）的父亲才有权签署有关子女的必要医疗和司法表格。已婚女性等到 1965 年才获得开设个人银行账户、或在未经丈夫允许的情况下从事一项职业的权利。此外，在 1965 年之前，只有丈夫有权决定夫妻二人的居住地。已婚女性和单身女性在避孕和堕胎方面都受到严格的法律限制：避孕直到 1967 年才在法国合法化，对堕胎的禁止到 1974 年之后才取消。[13]

20 世纪 40 年代末，共产主义者以及右翼分子都仍然坚持促进生育和以家庭为导向的政策。其结果是形成对女性性自由极其不利的氛围，但同时，有强力法律保障的产假、免费的公立育儿机构和具备优秀水准的公立学校、对多子女家庭的经济奖励等政策也开始出现。出于这些原因，与大多数其他国家相比，今天的法国为各个社会阶层的女性提供了相对便利的条件，使她们能够兼顾母职和外出工作。然而，1949 年时，法国福利国家的发展在很大程度上仍有待实现；波伏瓦在《第二性》一书中认为，大多数女性无法指望兼顾照顾孩子与繁重的工作日程。

　　在另一政治层面上，1944 年至 1952 年期间，解放的喜悦希望化成了灰烬：1944 年，绝大多数法国知识分子都梦想建立一个崭新的、统一的、社会主义的法国，不受战前阶级政治的影响，但到 1947 年，这个梦想就破灭了。法国的政治生活非但没有形成广泛的统一阵线，反而迅速分裂成三个交战集团，从右翼的戴高乐主义者，到各种基督教民主党、自由派或自诩的"激进"党派，再到左翼的社会主义者和共产主义者。到 1948 年，法国社会主义者和共产主义者也出现了不可救药的分裂：直到 20 世纪 70 年代，法国才有左翼联盟。在外交政策方面，法国希望在两个超级大国面前保持民族独立或至少是欧洲独立的愿望破灭了，随着冷战的爆发，法国被迫选择阵营。作为马歇尔援助的主要受援国之一，法国实际上别无选择：1949 年，法国与西方联盟结盟，允许艾森豪威尔将军在巴黎设立北约总部。

　　在这一政治背景下，波伏瓦发出了一个左翼知识分子的声音，她尖锐批判自己国家的资产阶级，并坚定地致力于实现一个没有剥削、压迫、暴力和饥饿的，公正、无阶级社会的社会主义理想。然而，她并不是共产主义者，在 20 世纪 40 年代，她与法国共产党（PCF）保持着坚定的距离。无论在法国还是在其他地方，她对共产主义政策的反对，主要是因为斯大林主义所表现出的威权主义和对人权的漠视。她对共产主义极权主义的厌恶与她对西方世界剥削殖民主义的严厉谴责谈不上孰多孰少。因为在整个这一时期，有了美国越来越多的物质援助，法国军队都在为维护法国在越南的殖民统治而作战。早在 1945 年 5 月，阿尔及利亚塞提夫镇发生民族主义暴乱，29 名欧洲人丧生，之后法国军队屠杀了 6000 至 8000 名阿尔及利亚穆斯林。1947 年，马达加斯加发生起义，550 名欧洲人和 1900 名当地人因此死亡。1948 年 4 月，一支法国远征军进行了残酷的报复：根据官方数字，89000 名马达加斯加人被杀。[14]事实上，在当时的法国，《摩登时代》是唯一一家持续发表有关殖民冲突的批判性报道的期刊。波伏瓦本人在《名士风流》（1954）中多次明确提到马达加斯加的大屠杀及其后果。而塞提夫的暴动在事件发生后多年一直被秘而不宣。在阿尔及利亚独立战争（1954—1962）最终使殖民问题成为法国政治议题的当务之急前，身陷超级大国之间的宣传战中的法国其他媒体很少或根本没有关注殖民问题。

从波伏瓦的角度说，战后的政治悲剧是法国失去独立，这迫使像她和萨特这样不结盟的左翼人士在苏联和美国之间做出选择。20 世纪40 年代，萨特的政治参与（必须指出，此时波伏瓦乐于将政治倡议留给他来发起）从战后的当即选择相信社会主义统一战线，转变为一度试图建立自己的中立、非共产主义社会主义政党（1948—1949）。朝鲜战争爆发后（1950—1952），萨特发觉自己无法全心全意地为任何一方辩护，于是暂时从政治中抽身。他越来越走向政治孤立，最能表明这一点的是波伏瓦在《境遇的力量》中对他们 1950 年春的法属西非之行的记录，她称其为"滑稽而不愉快的"旅行，在那里，萨特对共产主义者的疏远使他成为殖民抵抗运动中不受欢迎的人（FC230；FCa303）。萨特的无力感和孤立感最终将他推向了与法共的结盟。1952 年夏，他发表了洋洋洒洒的关于共产主义者与和平的文章，与加缪决裂，换了新立场，成为共产党的半官方同路人。

在物质层面，1944 年后的许多年里，法国都在受战争和占领的摧残。根据法国历史学家让-皮埃尔·里乌（Jean-Pierre Rioux）的说法，法国经济在 1947 年到了危机的程度。许多必要食品仍是配给制，1947 年，当面包配给减少到每人 200 克（略高于 7 盎司）——比纳粹占领时期还要低——时，法国许多城镇发生了暴动。粮食匮乏导致物价极度上涨，工资低，罢工在全国各地普遍发生。工业产量低于 1929 年的水平，法国政府既没有用外汇进口粮食，也没有用其采买重建工业所需的设备。住房危机到达法国历史之最。1947 年底，显然只有大量流入的美元才能将法国从暗流涌动的革命性政治局势中拖出来；1948 年到 1952 年，法国从美国获得了 26.29 亿美元，其中 21.22 亿美元是无偿赠款。写作《第二性》的这位女士衣着寒碜，营养不良，住在左岸肮脏的旅馆房间里，1948 年 10 月才搬到圣母院附近一栋破旧楼房的一间漏雨的房间里。但与此同时，她和萨特的名气越来越大，这保证了他们的收入远远超过了当时普通的知识分子：尽管生活条件艰苦，波伏瓦确实享有特权。

在感情生活上，波伏瓦的处境也很艰难。1945 年 1 月，萨特在纽约遇到了多洛雷斯·瓦内蒂，随即开始了他一生中最富激情的情爱关系。尽管波伏瓦竭力维持，她还是感受到了萨特对瓦内蒂的激情给她带来的威胁和破坏。1947 年，波伏瓦在芝加哥遇到了纳尔逊·阿尔格伦，并全身心地投入到这段持续到 1951 年的恋情中；《第二性》的大部分内容就是在波伏瓦与这位美国小说家交往期间写成的。

从这段对波伏瓦 1946 年至 1949 年生活境况的简短叙述中，我们可以总结出一些要点。首先，《第二性》有着惊人的独创性。虽然当时法国女性的实际处境已经恶劣到一定地步，足以解释波伏瓦的愤怒，但实际上，在 1949 年的法国，女性问题并没有成为任何主要政党或派别政治议程的核心，也没有一个独立于既有政党之外的妇女运动；在此历史情境下，《第二性》不啻是独一无二的创举。1947 年后，波伏瓦在政治上日益幻灭，在此种背景下，她的独创性似乎是她极其努力地为自己开辟一个新的介入领域的结果，在这个领域中，她对变革的热切渴望不会立即被卷入冷战日益僵化的截然对立中。

当然，波伏瓦提出女性问题这一事实本身，立即使她置于萨特所不曾主导的思想领域。波伏瓦详尽论述了在当前父权条件下爱情与自由难以兼得的问题，或多或少在无意中表达了她从与纳尔逊·阿尔格伦的亲密关系中获得的许多观察。这是她在政治论述中注入了个人关切：虽然我更希望她能更公开地这样做，但在我看来，毫无疑问，她对阿尔格伦的性激情的力量帮助波伏瓦将性牢牢地置于她的议程的中心。其结果是在女性主义分析方面的根本性突破：波伏瓦是法国第一位明确将性政治化的思想家。

由于被主流政治话语所忽视，在法国，女性受压迫问题甚至比殖民主义和种族主义问题更加边缘。波伏瓦在文章中经常将女性的处境与犹太人和黑人的处境相提并论，这并非巧合。正如我们将看到的，将她的政治分析与弗朗茨·法农（Frantz Fanon）的分析联系起来将会有很多收获，后者的《黑皮肤，白面具》（*Black Skin，White Masks*）于1952年在巴黎出版，只比《第二性》晚了三年。

父权女性气质

在《第二性》第一卷中，波伏瓦开始抨击和拆毁父权制的女性气质神话。从《境遇的力量》一书来看，当她发现父权神话对她的影响有多深时，写作《第二性》的明确冲动产生了："这个世界是一个男性的世界，我的童年是由男性编造的神话滋养的，如果我是个男孩，我的反应应该不同。……我去国家图书馆读了些书，研究的是女性的神话。"（FC103；FCa136）波伏瓦在1949年所说的"神话"与列维-斯特劳斯在《亲属关系的基本结构》（*Les Structures élémentaires de la parenté*）一书中使用的"神话"概念相近，她在完成自己的论文之前研读了该书的手稿。[15]她对父权神话的批判性、讽刺性且经常非常诙谐的剖析也指向了1954年开始陆续发表的罗兰·巴特的《神话修辞术》（*Mythologies*）一书中收录的文章。

在波伏瓦看来，神话根本上是对现实的虚假呈现，这并不是因为神话总是弄错事实，而是因为神话宣称存在永恒、不可改变、绝非偶然的本质。如果我们内化并认同这些神话，用波伏瓦的话来说，我们就会"神秘化"，也就是说，我们会成为虚假意识的受害者。因此，神 210
话对人们的生活有着实际的影响：神话是父权军械库中的重要武器。与更复杂的意识形态和语言理论相比，波伏瓦对神话和神秘化的理解还有很多不足之处。[16]但这并不妨碍她对支撑父权制权力结构的虚假和谎言做出摧枯拉朽的分析。

在《第二性》中最重要的段落之一，她精炼地总结了父权神话的影响：

因此，神话思维以独一无二的、固定的永恒的女性气质去对抗女人分散的、偶然的和多样性的存在；如果对女性神话所做的界定与有血有肉的女人的行为相悖，那么这些行为就是错的，人们并非宣称女性气质是个虚假的实体，而是宣称这些女人不是女性。经验得出的相反结论丝毫不能（ne peuvent rien）否定神话。（SS283；DSa395）*

波伏瓦将神话中女性气质的固定本质与女性实际生活的多样性进行对比，试图揭露父权思想的虚构本质。这一论战计划也为《第二性》提供了整体结构，她有意地、挑衅性地让第一卷中的父权神话与第二卷中描述的女性"生活经验"形成对比。虽然波伏瓦本人常常用"女人"（woman）这个词，但《第二性》实际上非常仔细地区分了三类女人：传统上受压迫的女人、独立女性和未来的自由女性。在她的描述中，这些女性群体在社会或意识形态上均不相同。她的文章绝大部分篇幅都在论述第一类女性，或波伏瓦所说的"女性的传统命运"（SS31；DSb9）。作为一个社会问题，父权神话显然只涉及前两类人。

父权制的建构，神话式的女性气质以两种不同的模式存在：它通过异化的过程强加给女性，成为女性主体性结构的一个方面；"女性气质"被视为父权制意识形态的一部分，成为一套关于如何着装、行为等的外部规则。"正因为女性气质的概念是由习俗和时尚人为确立的，"波伏瓦写道，"所以它是从外部强加的。……个体不能自由地随心所欲地塑造女性气质的概念。"（SS692；DSb601）无论如何，这种"女性气质"都是奴役的结果：对波伏瓦而言，它是自由的对立面。现在应该清楚了，波伏瓦所讨论的"女性气质"与20世纪70年代以来女性主义理论中流行的其他更为积极的女性气质概念截然不同。为了避免混淆，我从现在起把波伏瓦的概念称为父权女性气质。

211

---

* 本段译文引用自《第二性》，上海译文出版社，2014年版，译者郑克鲁。译文有改动。

波伏瓦认为，既然我们不可能支持奴隶制，那么也就不可能继续给它的后果赋予价值：按照这一逻辑，父权女性气质成了压迫的象征本身。她写道，两性之间的斗争将持续到女性获得自由为止，而为了女性获得自由，父权女性气质就必须消失："只要男人和女人不承认彼此平等（semblables），争吵就会持续下去；也就是说，只要女性气质永远如此。"（SS727—728；DSb646—647）因此，波伏瓦反对的是任何定义或固化女性的行为，或者换句话说，反对将既定的、先前存在的女性气质标准强加于彼此有别、有着不同经验的真实女性。

《第二性》的作者憎恶父权女性气质的一切表现形式，但她对父权制下女性的困境深感同情。她写道，女人在这个世界上没有家；她们永远生活在流放之中，她们是这个世界的异类，而这个世界本应属于她们，就像它属于男人一样："她被过于沉重的负担所淹没，成了自己的陌生人，因为她已是世界其余部分的陌生人。"（SS353；DSb91）波伏瓦认为，女性处境的悖论在于"她们既属于男性世界，又属于挑战男性世界的领域；她们被封闭在自己的世界里，被他人包围着，无处安身"（SS608—609；DSb484）。

波伏瓦处处显露出对女性所遭受的伤害的愤慨和愤怒。小女孩所接受的教育使她异化和分裂自己；青春期的女孩被迫接受父权制所塑造的破坏性和侮辱性的身体形象，并认同只能伤害她的女性气质：在通往成人生活的门槛前，年轻女性已经被父权的压迫所损毁、撕裂和残害，"由于所有道路都对她关闭，由于她仅能够存在而不能行动，她生活在一道诅咒之下，"波伏瓦写道（SS381；DSb130；TA）；"所以她带着伤、带着羞愧、焦虑与罪恶感走向未来"（SS351；DSb88；TA）。[17]

波伏瓦写道，当少女意识到等待着自己的命运时，她当然会对命运发起反抗。但父权制意识形态已经在发挥作用：她往往不再有能力进行真正的反抗。"她不接受自然和社会赋予她的命运；但她也没有完全否定这种命运；她与自我太过割裂，无法与世界抗争；她只能逃离现实，或与现实进行象征层面的斗争。她的每一种欲望都有相应的焦

虑。"（SS375；DSb122）在努力调和父权神话的矛盾要求的过程中，波

伏瓦写道，女性往往发展出最优秀的本真性和超越性品质。比如说，
处在男人的双重道德标准之下，女性比男性更能发展出道德想象力
（见 SS557；DSb411）。女孩通常也比男孩更细腻：

> 少女保守自己的秘密，骚动不安，忍受着难以排解的冲突。
> 这种复杂性使她情感丰富，她的内心生活比她的兄弟们更加深入
> 地发展起来；她更关注心灵的活动，这些活动变得更细腻、更复
> 杂；她比转向外界目标的男孩子有更多的心理感受。她能够重视
> 与世界的对抗。她避免过于严肃和循规蹈矩造成的陷阱。她周围
> 的人异口同声的谎言受到她的讥笑，她洞若观火。她每天都感受
> 到自己处境的模糊性，她超越无力的抗议，有勇气对既存的乐观
> 主义、现成的价值观、虚伪的和安定人心的道德观重新提出质疑。
> （SS382—383；DSb133；TA）[18] *

　　波伏瓦充满激情、清晰明了地分析了父权制下女性的矛盾处境，
其中一个极好的例子就是她对妓女所受的虚伪待遇的描述。波伏瓦写
道，20 世纪末，法国警方突袭了一家妓院，发现了两个小女孩，她们
的年龄分别是 12 岁和 13 岁。在随后的庭审中，这两个女孩出庭作证，
并提到了她们有多少重要的客人。波伏瓦写道，一个小女孩开口说出
了其中一个人的名字：

> 检察官急忙阻止她："不要玷污一位体面先生的名字！"一位获
> 得荣誉军团勋章的先生在破坏一个小姑娘的处女膜时，仍然是一位
> 体面的先生；他有弱点，但谁没有弱点呢？而进入不了普遍性的道
> 德领域（ethical realm of the universal）的小姑娘[19]——她既不是法

---

* 　本段译文引用自《第二性》，上海译文出版社，2014 年版，译者郑克鲁。译文有改动。

官、将军，也不是法国的大人物，而只是一个小姑娘——是在性的偶然性领域完成她的道德价值，这是一个淫乱的女子，一个堕落的女子，一个宜进教养院的邪恶女子（SS625；DSb504—505；TA）。*

这个男人从女人的"不道德"行为中获利，保住了自己的尊严和公众地位。如果女人威胁要揭穿他的小把戏，她将会承担所有责任：

> 女人扮演这类间谍的角色，如果被抓住，就会被枪决，如果成功了，就会得到充分的奖赏；男性的一切不良行为都由她承担，不仅妓女，所有女人都被用作体面人所居住的窗明几净的宫殿的阴沟。随后，当人们向她们谈到尊严、荣誉、光明磊落和所有崇高的男性品德时，她们拒绝"同意"，人们不应该感到惊讶。（SS625—626；DSb505；TA）**

在波伏瓦看来，性别主义就是拒绝女人和小女孩接触普遍性。她认为，只要女性继续被定义为特殊的，男性和女性就会趋向于形成不同的价值观和态度，甚至在智力和哲学选择上也是如此。

因此，波伏瓦并不打算否认女性有时会在父权压迫下发展出宝贵的品质。道德想象力、心理洞察力、本真性、清晰性、对存在模糊性的认识：在父权制下，这些价值在女性身上比在男性身上更容易找到。然而，在波伏瓦看来，自由的价值——丰富性、清晰性、现实主义、相互性、本真性和自主性——既不是男性的，也不是女性的，而仅仅是人类的；将它们抛给父权制的对立面，就是在支持普遍化男性气质的神话。在这一点上，《第二性》让人想起玛丽·沃斯通克拉夫特（Mary Wollstonecraft）对"赋予性别美德的偏见"（*Vindication*，

213

---

* 本段译文引用自《第二性》，上海译文出版社，2014 年版，译者郑克鲁。
** 本段译文引用自《第二性》，上海译文出版社，2014 年版，译者郑克鲁。译文有改动。

p.83）的强烈反感。

　　如果认为波伏瓦打算消灭通常与父权制女性气质相关的所有具体行动或活动，这也是错误的：这恰恰是在给个体行为赋予内在意义。对波伏瓦来说，任何行为都可以发自自由，也可以是出于压迫性结构的强制。生育、清扫、结婚或与自然亲近本身并不能说是"真诚"或"自欺的"活动。[20] 任何行为都可能是真诚的，也可能是自欺的：只有对行为发生的情境进行更整体性的解释，才能告诉我们这种行为在个人语境中具有什么样的意义。如果说《第二性》中存在一个不断重复的观点，那就是，在压迫性的社会条件下，女性永远没有真正的选择自由：波伏瓦的乌托邦是对一个社会的憧憬，在这个社会中，任何选择都不会受到社会条件的不公平限制。因此，波伏瓦所反对的，与其说是任何特定的活动，不如说是制造本质的冲动，是将内在的意义和价值赋予活动或个人：对她而言，父权意识形态最令人憎恶的方面，仍是其对"永恒的女性气质"这一主题的反复的唠叨。

没有伟大的女作家

　　波伏瓦的反父权论战的一个有启发性的例子可以在她对所谓的女性创造力低下的讨论中找到。她作为哲学教师资格考试通过者和已确立声望的作家，显然对父权制下关于女性在文化方面能力不足的陈词滥调感到尤其恼火。她对这种神话的反驳首先是拒绝比较。在父权制下，女性和男性所处的地位如此不同，任何比较都是徒劳的。"所有旨在表明女性优于、劣于或与男性不分高下的比较都是无谓的，"她写道，"因为他们的处境有着深刻的不同。"（SS638；DSb521）按照这一逻辑，比较《第二性》和《存在与虚无》也是毫无意义的，至少在"纯粹"的哲学价值上是如此。因此，波伏瓦将女性在父权制下有着迥异处境这一事实作为她讨论的出发点。

214

波伏瓦认为，在女性的地位与男性平等之前，女性创造力的具体产物通常都不如男性。这种差距完全是由于父权制下男性的优势造成的。"他有更多的机会在世界上行使自由。结果必然是男性的成就远远高于女性，因为女性实际上被禁止做任何事情。"（SS638；DSb521）[21]波伏瓦在这里的论点是统计性的：考虑到男性有机会接触文化表达的人数远远高于女性，发现男性创作的优秀作品的可能性显然高于女性。[22]

波伏瓦承认，伟大的女哲学家、女画家、女雕塑家和女作曲家确实不多。但她坚持认为几乎也不存在伟大的女作家，就让人特别郁闷了。乔治·艾略特呢？弗吉尼亚·伍尔夫呢？紫式部 * 呢？斯塔尔夫人呢？拉法耶特夫人 ** 呢？从《第二性》来看，波伏瓦显然没有想过要挑战在她的知识领域占主导地位的"伟大"标准。在波伏瓦的观念当中，父权制下的女性写作仍然不如男性写作具有"普遍性"。在这一点上，她不加批判地使用康德式的"普遍性"一词，不可思议地与她对抽象的启蒙普遍概念整体上的政治批判大相径庭；其结果是完全无视价值判断的历史性。《第二性》整体上详尽地列举了父权制对女性犯下的罪行，却没有一处提到这样一个事实，即人们对女性作品的评价往往都是残酷的性别主义和不公的蔑视。讽刺的是，事实证明，这在《第二性》本身的遭遇上也应验了，程度相比其他女性的著作丝毫不减。波伏瓦的审美与其整体上的政治分析完全相悖，她的审美仍然是抽象的、普遍主义的。就好像《第二性》的作者在努力将主体性和性政治化之后，此时对于必须将美学也政治化而感到踌躇不前。

然而，如果把波伏瓦在审美上的保守视作她个人的缺点并大加指责，就有些时代错置了：在这一点上，她的盲目是当时整个法国知识界的典型特征。除了斯大林社会主义现实主义的拥护者之外，我怀疑

---

* 紫式部是日本平安时代的小说家、歌人，《源氏物语》的作者。《源氏物语》被学界普遍认可为世界首部长篇小说。

** 拉法耶特夫人（Madame de Lafayette），法国小说家，其作品《克莱芙王妃》被奉为法国首部历史小说。

在 1949 年根本没人批评过法国文学的传统正典。萨特在《什么是文学》(1948) 中对法国文学史进行的总结，在文本和作者的选择上仍然是完全传统的。根据我的经验，试图挑战法国主流审美和哲学正典的知识分子少之又少。尽管法国人近年在推广女性作家和法语作家的作品方面做出了大量努力，但在 20 世纪 90 年代，绝大多数人坚持着集中化和普遍的美学正典的雅各宾派观念。[23]20 世纪七八十年代，法国三大女性主义理论家（西苏、克里斯蒂娃、伊利格瑞）在选择文学和哲学文本时也从未偏离过这一正典，这绝非巧合，正如 20 世纪 60 年代以来法国的每一次重大理论思潮［泰凯尔（Tel Quel）、解构主义、后现代主义］都完全满足于停留在公认的文学传统范围内，这也非完全偶然。

因此，波伏瓦并不是要为女性伟人另立典范。她的观点并不是说事实上已经出现了许多女莫扎特或女米开朗基罗，而是说此后会出现："如果女性被剥夺了完成天才作品——或者仅仅是作品——的所有可能性，她们当中怎么会产生天才呢？"她问道（SS723；DSb641）。在当时的社会条件下，女性的具体自由受到极大的限制，她们唯一可以采取的本真行为就是反抗（见 SS639；DSb522）。波伏瓦认为，在获得必要的自由的社会环境之前，女性无法全身心地投入创造性活动之中。波伏瓦认为，如果没有出现过伟大的女诗人，这并不能证明女性不会写作，而只能证明她们的历史境遇与法国无产阶级的境遇、18 世纪 90 年代美国作为一个国家的境遇或 20 世纪 40 年代黑人的境遇类似：

> 自由的女人仅仅正在产生，当她自我确立时，她也许会证实兰波的预言："诗人会出现！当对女人的无限奴役被粉碎时，当她为自身和通过自身生活时，男人——至今是可恶的——把她打发走，她也就会成为诗人！女人会找到未知的东西！"（SS723；DSb641）*

波伏瓦写道，女性的"思想世界"是否会与男性的"思想世界"截然不同，我们无法下结论，因为女性只有变得更像男性，也就是凭借自身成为一个自由的主体，才能获得自由。现在，每一位读者肯定都能意识到波伏瓦一贯倾向于在此类论述中将男性理想化。对波伏瓦来说，"表现得像个男人"通常意味着"表现得自由而本真"。我在上一章中讨论了这一立场存在的问题。然而，这并不意味着她的意图是贬低女性。相反，她对女性能力抱有的无限信心在她的每一页论述中都显而易见："可以肯定的是，迄今为止，女性的可能性一直受到压制，并被人类所遗忘，现在是允许她为了自己和所有人的利益放手尝试的时候了。"（SS724；DSb641）因此，在谈到未来的自由女性时，波伏瓦没有任何预设：当前的一些性别差异可能会保留，其他的可能会消失，新的可能会出现；唯一不言自明的一点是，我们不可能预知哪些差异会保留，哪些差异（如果有的话）会具有社会意义。

波伏瓦对未来新颖乐观的设想令人有些惊讶。然而，按照她的观点，她自己应当算是一个被卡在新世界的门槛上写作的人：如果自由的女性在 1949 年才刚刚诞生，那么西蒙娜·德·波伏瓦并不是自由女性。按照她自己的判断，她充其量只是一个"独立女性"：一个陷在新与旧、父权制女性气质与女性自由之间的痛苦冲突的女性："今天的女性在过去与未来之间挣扎。她最常以伪装成男人的'真正的女人'的形象出现，她觉得自己的肉体和男装一样不自在。她必须褪去旧皮，剪裁自己的新衣。"（SS734；DSb655）

独立女性

在西蒙娜·德·波伏瓦看来，经济独立是女性解放的必要条件。只要女性不被允许自食其力，她们就永远要依赖他人。然而，实际寻找有偿工作的女性却处处面临着阶级剥削和性别压迫。她们在家中受到压迫，在工作中又发现自己被剥削、被少付薪水、被异化。波伏瓦

216

写道，在资本主义制度之下，工厂工作没有任何解放之处：特别是因为她们通常还是得做家务，难怪许多工人阶级女性有条件的话宁愿做家庭主妇。[24]在这种情况下，女性陷入了犹如地狱的双重困境：没有带薪工作，他们只能任由男性剥削；有了带薪工作，他们却发现自己要上两班倒的班，一周干到头拿到手的钱却少得可怜。虽然有些女性通过积极参加工会或各种社会主义党派的政治活动，为改变自己的处境而勇敢斗争，但大多数女性——相当可以理解——没有多余的精力。

　　一个惨痛的悖论因此出现：只有工作才能解放女性，但没有什么能比工作更彻底地奴役她们。要想获得真正的自由，就必须彻底改变女性生活的社会条件。波伏瓦写道，我们所需要的正是布尔什维克革命所承诺的但从未兑现的东西：

> 　　和男人一样得到培养和教育的女人，会同工同酬；性爱自由会得到风俗的承认，而性行为不再被看做要付酬的"服务"；女人有义务采取别的谋生手段；结婚会建立在配偶可以随意解除婚约的基础上；怀孕会是自由的，就是说允许节育和人工流产，反过来，所有母亲和孩子将被给予同样的权利，不管婚生还是非婚生；休产假时由集体（la collectivité）支付工资，并由集体承担养育孩子的责任，这并不是说让孩子脱离父母，而是不把孩子丢给父母。（SS733—734；DS653—654）[25] *

　　在这种乌托邦式的环境成为主流之前——因为这是《第二性》中能找到的对波伏瓦社会乌托邦的最完整的描述——女性在经济和职业上仍将处于不利地位。[26]虽然经济独立仍是解放的基本出发点，但波伏瓦的意思远远不是仅靠金钱就能保证幸福和自由。这一点在她对"独立女性"地位的讨论中尤为明显，也就是说，"相当多的享受到特权的

------

　　*　本段译文引用自《第二性》，上海译文出版社，2014年版，译者郑克鲁。译文有改动。

女性在其职业中找到了社会和经济自主"（SS691；DSb600）。当然，波伏瓦本人就是此类女性的突出代表。

独立女性并不自由。"她们还只走到半路，"波伏瓦写道，"在经济上从男人那里解放出来的女人，在道德、社会和心理上并没能完全与男人达到一样的处境。……身为一个女人这一事实，在今天给一个独立的人提出了特殊的问题。"（SS691；DSb600；TA）她们现在置身的处境，就如此前一样，特别矛盾，她们试图在客观条件尚未成熟的情况下活在未来。因此，这样的女性相比那些更传统的姐妹往往更容易在冲突和矛盾当中左右为难，这并不令人意外。

"今天的独立女性在职业兴趣和性生活问题之间纠结不已。"波伏瓦说（SS705；DSb618）。整体上说，自主的人类都是性存在。"男人是有性的人，女人是完整的个体，与男性平等，但前提是她也是有性的人，"她写道，"摒弃她的女性特质，就是摒弃她人性的一部分。"（SS691—692；DSb601）女性在社会习俗的压力下牺牲自己的性需求和性欲望，是在损害自身，因为自由包括了性表达的权利。然而，对于1949年的法国独立女性来说，这种自由是很难找到的。正如我们所看到的，避孕和堕胎都是非法的。婚外生育通常等同于职业自杀，而结婚则很可能意味着女性真正独立的终结。即使假定女性通过某种方式解决了避孕问题，性病和暴力的忧虑也让她不能简单地在街上搭讪男人。在较小的外省城镇，这种行为无论如何都是不可能的。考虑到父权神话的盛行，一个真正成功的女性可能会使潜在的性伴侣疏远她，他们可能想要寻找父权女性气质的更传统的化身。另一方面，处在一段稳定关系中的独立女性可能会或多或少无意识地希望避免在职业上取得太大的成功，以免在伴侣面前显得太过强势。"她在坚持自我的欲望和自我克制的欲望之间挣扎、分裂。"波伏瓦写道。（SS703；DSb616；TA）

这种冲突是非常痛苦的，它源于女性不希望压抑自己的性需求。但是，它们也昭示着斗争意志的存在，并可能催生极大的清醒：与埋葬自己的计划和欲望但处境却要好得多的女人相比，独立女性可能更能够意识到自己的困难。[27]正因为独立女性对压迫的模糊性有着切身体会，所以她比大多数男性更本真——但不是更自由。在这一点上，波伏瓦的政治分析与她对女性状况的哲学理解不谋而合：只要有意识地体验和接受，女性的矛盾和冲突就会使她们比男性更强烈地具备人性。

波伏瓦认为，女同性恋构成了独立女性的一个重要类别。她写道，女同性恋"是女性解决她的整体处境，特别是其情欲状况所带来的问题的其中一种方式"（SS444；DSb218）。[28]按照《第二性》中的观点来说，女同性恋跟其他行为一样可以被理解为一种存在意义上的选择。我们可以补充说一句，异性恋也是一种选择。[29]波伏瓦怀疑女同性恋比异性恋更"自然"，而不是更不"自然"。"如果要谈自然，我们可以说所有女人天然都是同性恋"，她写道（SS427；DSb195）。女同性恋可以真实地也可以不真实地经验她们的性：就其本身来说，她们既不比其他女性低劣，也不比其他女性优越。"像所有人类行为一样，同性恋会导致虚假、不安定、挫折、谎言，或者相反，它会成为有益经验的源泉，这取决于它是如何被经验的——是在自欺、懒惰和虚假中，还是在清醒、慷慨和自由中。"（SS444；DSb218；TA）虽然波伏瓦并不绝对排除父权制话语经常主张的观点，即荷尔蒙或解剖学因素在某些情况下可能对女同性恋的目标选择有影响，但她坚决反对仅凭解剖学便可决定性取向的观点："但解剖学和荷尔蒙只是设定了一种情况，并没有设定要超越这种情况所需达成的目标。"（SS425；DSb193；TA）

一些女同性恋女性主义者对波伏瓦未能提供女同性恋身份理论而感到失望。例如，克劳迪娅·卡德（Claudia Card）抱怨波伏瓦"将女同性恋关系仅仅评价为人的关系，而不是具体特定的女同性恋"（"Lesbian attitudes and *The Second Sex*"，p.213），安·弗格森（Ann Ferguson）也对波伏瓦未能"在女同性恋实践和女同性恋身份之间做出史实性的区分"（"Lesbian Identity：Beauvoir and History"，p.207）表示不满。这里不讨论是否应当有一个强有力的女同性恋身份理论的问题。然而，考虑到波伏瓦将"存在先于本质"这一格言普遍应用于各种形式的性与身份认同，她将女同性恋理解为一种存在主义行为，表现为对特定目的的选择，这与她的总体理论框架是一致的。在波伏瓦看来，身份不是先于我们在世界中的行为，而是在行为之后产生的。用波伏瓦的说法来说，鉴于不同的女性有不同的理由选择"使自己成为女同性恋"，因此她们对女同性恋的理解也不尽相同。正如《第二性》所暗示的那样，不存在所有女性共有的"女性本质"，也不可能存在共同的"女同性恋本质"。

波伏瓦对女同性恋生活的论述显示了我在第六章中分析的所有修辞和哲学矛盾。执着于女性在性上的被动（在这一点上，波伏瓦对异性恋女性和同性恋女性没做区分），将男性视为普遍的倾向，这些都是相同的，尽管她自己明确警告大家不要犯这种谬误。事实上，她关于女同性恋的相对简短的一章，无论在结构上还是在主题上都异常混乱。波伏瓦从女性的长裤（波伏瓦提到它现在在海滩上很常见）写到奥地利一位贵族双性恋异装癖者的离奇故事（摘自臭名昭著的、没有可信度的威廉·施特克尔关于女性性冷淡的"研究"），还不时提到拉德克利夫·霍尔（Radclyffe Hall）、萨拉·庞森比（Sarah Ponsonby）、嫉妒的狂怒，以及"男性化"（butch）和"女性化"（femme）行为；最后，波伏瓦将女同性恋的对象选择归结为她们需要放松，她们偏爱柔软的肌肤（波伏瓦认为这是所有女性的天性），渴望避免沦为男性的对象，或渴望在男性的领地上与男性竞争。

这一章在理论和修辞上的混乱表明了更深层次的困难：似乎女同性恋这一主题本身就使波伏瓦无法组织她的思想。她身后出版的《给萨特的信》（1990）披露了波伏瓦本人的同性恋行为，为研究波伏瓦对这一主题混乱的回应打开了新视角。然而，在这一脉络下，重要的是要记住，她从不认为自己是女同性恋：《第二性》中对女同性恋的定义也适用于她自己的情况。波伏瓦认为，女同性恋者不仅仅是喜欢与女性发生性关系的女性；决定性的一点是，这就是她们所享受的一切。

"（女同性恋者）的与众不同之处不在于她对女性的喜好，而在于这种喜好的排他性，"她坚持说（SS427；DSb196）。或者换句话说：女同性恋是那些从不把男人当作潜在快感对象的女性。根据这一定义，包括她自己在内的其他人都是异性恋。

这其中可能不乏自欺的成分：波伏瓦的女同性恋或双性恋时期主要是在 20 世纪 30 年代末和 40 年代初，而这种定义毕竟是在这之后做出的。或许将女同性恋定义为她自己以外的人更合她的心意。也许无论她自己的性行为如何，她只是无法面对自己有异性恋以外的称法。也许——在《给萨特的信》中有很多证据证明了这一点——她认为自己的女同性恋行为纯粹是对异性性行为的"补充"。不管她有什么原因，事实是，《第二性》的作者在她的余生中对有关她与女性的性关系的每一次询问都给出了否定的回答。例如，1982 年，爱丽丝·施瓦策（Alice Schwartzer）问她是否与女性有过性关系，波伏瓦回答说："没有。当然，我与女性有过一些非常重要的友谊，一些非常亲密的关系，有时是肉体意义上的亲密关系。但她们从未激起我的情欲。"（*Simone de Beauvoir Today：Conversations 1972—1982*，pp.112—113)[30]

波伏瓦此处的回答带着一丝闪烁其词的诡辩。不过，她可能也从未想过，一个与男人也保持着关系的女人可能会被认为是女同性恋。《给萨特的信》当中一个耐人寻味的片段确认了这一点，她否认娜塔莉·索罗金（Nathalie Sorokine）是女同性恋，但她自己却在 1939 年和 1940 年与同一位索罗金发生了一段异常激烈的情爱关系。在维希政权的道德压制下，1943 年她与索罗金的恋情甚至让波伏瓦丢掉了工作。[31]这是波伏瓦 1950 年 8 月 28 日写给萨特的信：

> 索罗金离开后，阿尔格伦告诉我，他的朋友都被她女同性恋的一面迷住了。不得不说，她在人前爱抚和亲吻我的方式看起来一定很奇怪。但克里斯蒂娜单从在电话里听到她的声音就认为她是个女同性恋，阿尔格伦说她一下出租车就给他留下了同样的印

象。但她并不是——她曾有过一次与老道的女同性恋的可笑的失败经历，仅此而已——她在性方面说到底还稚气未脱。（LS475；LSb392）

　　1944年后，如果根据目前公开的资料，波伏瓦本人生活中的女同性恋行为的证据并不多。西尔维·勒邦·德·波伏瓦——波伏瓦的养女和《给萨特的信》的编辑——并没有劝阻读者认为她与波伏瓦的终身关系也是一种性关系。"（这是）我和海狸（波伏瓦）之间的爱"，她坚持说。"让事情复杂起来的是，我们都没有准备好去爱一个女人，尤其是我。但这就是爱，仅此而已。"（*Simone de Beauvoir：A Biography*，p.509）当被明确问及她们是否真的有性关系时，勒邦·德·波伏瓦只221说，在公开场合，波伏瓦总是坚持"我们是好朋友，因为我不想让她多说什么，出于很多原因，很多不好的原因"（*Simone de Beauvoir：A Biography*，p.510）[32]。

　　那么，波伏瓦对女同性恋的性有什么看法呢？在父权的世界里，女性被物化，而女同性恋的性是否真的可以摆脱这种物化？在许多方面，答案似乎是肯定的。正是在对女同性恋的讨论中，波伏瓦对性关系做出了《第二性》当中最积极的描述："女人之间的爱是严肃深沉的；爱抚的目的与其说是为了占有对方，不如说是为了通过她逐渐重新创造自我；分离被取消了，没有斗争，没有胜利，也没有败北；在完全的相互性中，每个人既是主体又是客体，既是君主又是奴隶，二元性变成了合作关系。"（SS436；DSb208）这样来看，女同性恋实际上实现了存在主义的相互性理想。这与弗朗索瓦丝以相互的模式引诱热尔贝时的拼尽全力形成鲜明对比。弗朗索瓦丝发现自己陷入了社会等级制度之网；而在这里，主奴辩证关系被打破，两性之间的斗争不复存在：这是一种真正的平等关系。但这并不妨碍波伏瓦在理想的异性性爱中发现更令人兴奋的价值：

如果女性在男性身上同时发现了欲望和尊重；如果男性在承认她的自由的同时对她的肉体产生欲望，那么在她将自己作为客体的那一刻，她就会觉得自己是最重要的；在她同意的服从中，她仍然是自由的。……在具体的肉体形式下，存在一种他者与自我的相互承认。……他者性（Alterity）不再具有敌对的含义；正是这种真正独立的身体结合的感觉使性行为如此动人；由于两个人一起热烈地否认和坚持自己的界限，他们既相像（相似），但又不同，因此这种感觉越发强烈。（SS422；DSb189；TA）

正如我们在第六章中所看到的，波伏瓦对男性身体在哲学上的理想化导致她发现，即使在最完美的异性性交中，女性也会"失败"。在这段话中，仿佛两个身体之间的差异本身就增加了性接触的激烈程度。波伏瓦暗示，真正的相互性是以差异为前提的：太多的相似性会使性互动沦为自恋的镜像效应；她正是在女同性恋性爱的语境中谈到"镜像的奇迹"的（SS436；DSb207），这并非巧合。因此，总体而言，波伏瓦显然认为同性恋关系比父权制下女性可以选择的绝大多数异性恋关系更可取。但与此同时，她也危险地近乎将女同性恋等同于自恋。最终，波伏瓦似乎将她在性方面的希望寄托在与男性的真正具有相互性的性爱上；从波伏瓦对理想异性性爱的热烈赞美中，我们很难不感受到纳尔逊·阿尔格伦的痕迹。

对波伏瓦来说，她持此理论立场的好处是它可以解释她自己在20世纪三四十年代的性实践。[33]这一立场的坏处在于它非常不合逻辑。因为，如果同性恋真的代表了存在方式的一种选择，如果这种关系有可能像波伏瓦显然认为的那样，可以以完全本真的方式被体验，那么就没有理由将女同性恋关系定义为极度的自恋。因为，正如我们在第六章中所看到的，自恋在波伏瓦看来是女性异化的一种特定模式，而这种模式总是会导致自欺；她用了整整一章的篇幅来论述自恋是父权制下女性困境的一种假的解决方案，这并非巧合。我们也不应忘记，对于存在主义者来说，每个主体都是一个他者：如果主奴辩证法可以在两个男人之间的遭逢中上演（萨特和黑格尔都认为这是理所当然的），那么我们就没有理由认为两个女人之间不存在他者性的张力。如波伏瓦所怀疑的，在父权制下，真正的相互性事实上在女人与女人之间可能比在男女之间更容易实现。我们没有理由假定，女性莫名有如此突出的同一性，使她们不去尊重——或对抗——彼此的差异，而是直接与他者和谐、合作地结合在一起。

尽管混乱，但是波伏瓦关于女同性恋的章节确实提出了一些有价值的政治观点。在 1949 年的法国，单是提出这个话题都是需要勇气的。毫无疑问，波伏瓦实际上将女同性恋视为一种完全正当的存在意义上的选择；她显然从根本上反对歧视选择女同性恋生活的女性。这一章的一大亮点是她不吝笔墨地描绘了成为女同性恋的许多种不同方式；她的行文之所以混乱，部分原因是大量特例在她的字里行间争夺空间。正如波伏瓦明确拒绝对女性身份做出一般化的归纳一样，她原则上也拒绝对女同性恋身份做出一般化归纳。波伏瓦敏锐地觉察到女同性恋和其他独立女性在父权制下试图保护自己的自主权所遇到的困难，以同情和洞察力描述了她们的困境——这也是她自己的困境。阻碍通向真正自由的障碍仍然令人生畏，但波伏瓦拒绝放弃斗争。在她看来，一切仍保持着可能性：女性的潜力是无限的，未来依然是敞开的。

解放的叙事

那么，波伏瓦是如何设想未来的？对于《第二性》的作者来说，怎样才算解放？要回答这些问题，我们可以将《第二性》与萨特的《黑色俄耳甫斯》（*Black Orpheus*，1948）和弗朗茨·法农的《黑皮肤，白面具》（1952）放在同一脉络下考虑。毫无疑问，波伏瓦读过萨特那篇著名的关于"黑人精神"（négritude）的文章，这篇文章的发表时间只比《第二性》早一年。说《黑皮肤，白面具》有助于解释《第二性》

可能更令人吃惊，但这两个文本之间有非常惊人的相似之处。与《第二性》一样，法农对种族主义和殖民主义的划时代研究明确援引了拉康的镜像阶段异化理论。波伏瓦借鉴拉康和萨特的理论，构建了具有高度复杂性的父权制下女性异化的理论，而法农也调用了同样的思想资源，对种族主义社会中黑人的异化进行了理论分析。这两位理论家都以被压迫者的主体性问题为关切中心，求助于一系列精神分析作家，以发展自己的观点。此外，正如我们将看到的，作者个人的受压迫和边缘化经历使得风格问题对他们来说尤为重要，也尤为棘手。

法农本人完全没有提及《第二性》。他似乎对女性解放问题也毫无兴趣。法农是在里昂读医科时写下这一文本的，他受到存在主义的影响，而且——从脚注来看——显然是《摩登时代》杂志的忠实读者。1948年和1949年，这份存在主义刊物发表了《第二性》的许多节选，但法农没有提到其中的任何一篇。他也没有提到其成书，尽管他不可能不注意到这本书的出版以及它在1949年和1950年在法国引起的强烈反响。[34]法农对萨特的明确引用和对波伏瓦的完全忽视，不幸体现了男性知识分子对存在主义的惯常反应。尽管法农与波伏瓦之间存在着明显的历史性联系，但当今的殖民和后殖民批评家似乎对于改变这种不愉快的状况无动于衷。[35]

波伏瓦在《第二性》中经常将女性解放与黑人解放斗争并置讨论。她对《黑皮肤，白面具》的反应我们无从得知。据我所知，她从未评论过这位马提尼克理论家对自己作品的忽视。在《境遇的力量》一书中，她对自己在1961年法农死前不久与他的会面做了热情描述。[36]20世纪50年代末和60年代初，波伏瓦旅行各国，时常与全世界最有影响力的政治家和知识分子见面：菲德尔·卡斯特罗（Fidel Castro）、尼基塔·赫鲁晓夫（Nikita Khrushchev）、阿尔贝·加缪、阿尔贝托·莫拉维亚（Alberto Moravia）、若热·亚马多（Jorge Amado）、尼古拉斯·纪廉（Nicolas Guillén）等人都曾在她的著作中出现。然而，在这些闪闪发光的人物中，唯一真正突出的是法农，20世纪50年代末，他已成为阿尔及利亚革命的重要人物。波伏瓦见到他时，他正身患疾病，但她发现他"充满活力"。波伏瓦称赞法农"知识渊博，善于描述，思维敏捷而大胆"，以此证明他在知识界的地位（FC611；FCb427）。"他是一个非凡的人，"她写道，"与他在一起时，生活似乎就是一场悲剧性的冒险，常常糟得可怕，却有无限的价值。"（FC611；FCb427）

由于法农的文章与萨特的立场有直接的关系，我们有必要先考察"黑色俄耳甫斯"。[37]萨特认为，为了解放自身，工人阶级必须形成作为一个阶级的自我意识，然后去反对其资本主义压迫者。然而，达成必要的无产阶级阶级意识的过程是纯粹客观的：这只是认识到无产阶级的历史处境，在任何意义上都不涉及工人个人的主体性。另一方面，种族主义迫使黑人每天都要面对自己的肤色，认识到通向解放的第一步是肯定自己的黑人身份并证明其正当性："在殖民地，将所有被压迫者聚集到同一场斗争中的最终联合，必须先有我称之为分离或否定的时刻：这种反种族主义的种族主义（antiracist racism）是通向废除种族差异的唯一道路。"（*Situations III*，p.237）在萨特看来，反种族主义斗争的最终目标是"建立一个没有特权的社会，在这个社会中，皮肤色素将被视作纯粹的偶然"（*Situations III*，p.236）。这样的"反种族主义的种族主义"必然会产生一种种族本质论的语言，与其自身的终极目标相违背。如果说种族主义使黑人异化自己，那么解放则要求他们重新找回自己的黑人性，可以说是自己重新掌管自己的黑人性。尽管被恢复的黑人性在某种意义上并不是"纯粹的"或"本质的"黑人性，而是种族主义和殖民主义的矛盾产物，但这一点却是正确的。在萨特看来，"反种族主义的种族主义"的"黑人精神"是将抽象的普遍人性概念最终转化为具体现实的过程中绝对必要的组成部分。或者换一种说法：在真正的非种族主义环境下，种族将不再具有政治意义。也许有人会说，萨特的黑人解放模式代表了身份认同最终去政治化的乌托邦愿景；然而，他的观点是，通往这一目标的必经之路是种族身份认同的激进政治化，无论后者多么矛盾和冲突。

现在我们翻开《黑皮肤，白面具》，首先，也是最引人注目的，是它的风格。毫无疑问，部分由于法农在法国知识界和文化界的边缘地位，他的文字带有浓厚的个人特质。他的文字在诗意散文、讽刺、各种掌故与相对专业的精神病学和哲学分析之间转换，文本声音的多重性使整体的行文趋于离散，只是在叙述和体验"我"的集中布景——场景的设置——下才有所收敛。法农话语的多元性体现了他与自身经历和政治形势的复杂关系。这也使他能够在多重层面上展开他的观点：在《黑皮肤，白面具》中，他通过叙事、文学批评、论战、个人经历和诗意沉思等方式，探讨了种族主义社会中黑人异化和身份认同的矛盾。因此，读者不仅能把握殖民主义下黑人主体性的矛盾，还能体会此中的痛苦、困惑和幻灭，这是此类环境下黑人性的经验的一部分。这样，法农与萨特辩论中的主体性就在一种漂亮的修辞中呈现出来，并被放在文本的中心。

法农通过他极为独特——在我看来相当令人钦佩——的写作手法（écriture），既表明了他与萨特立场的距离，也表明了他对萨特立场的认可。他的修辞反映并折射了他在理论上的投入，代表了他与当时法国流行的哲学政治散文形式的彻底割席。如果说 20 世纪 40 年代末的萨特是法国"哲学"的化身，那么法农在文体上对"黑人精神"的诗意——他显然对此抱着非常矛盾的心情——的突袭，就是对这位法国思想大师的声音的微妙反对。法农深刻地意识到萨特突出的话语地位所拥有的社会和政治意涵，他既视萨特为一个黑人精神运动的非常有价值的政治盟友，也视其为一个极度居高临下的理论家。法农反对萨特高高在上地将自己的经历归结为不过是解放辩证法中的一个时刻，他指出这位存在主义思想家完全没有理解黑人话语中的情感和经验意涵：

> 《黑色俄耳甫斯》是黑人经验知识化的一个重要时间节点。……让-保罗·萨特在这部作品中毁掉了黑人的激情。与历史形成（his-

torical becoming）相对的一直都是不可预见。我需要在黑人精神中彻底迷失自己。或许有一天，在那不幸的浪漫主义深处……（……）将必要性注入我的自由根基的辩证法驱使我走出自身。它动摇我未经反思的立场。（*Black Skin，White Mask*，pp.134—135）

因此，法农的观点并不是说黑人精神（"那不幸的浪漫主义"）是一种完美无缺的理论立场，而是说它符合一种情感和政治需要。萨特在宣布支持黑人精神时，没有理解主体性与身体是不可分割的。其结果是，黑人经验的具身性完全被他遗漏了。"我还不是白人，也不再是完全的黑人，我被诅咒了，"法农写道，"让-保罗·萨特忘记了黑人在身体上遭受的痛苦与白人大为不同。"（p.138）

因此，对"黑人精神"的需要不仅仅是辩证法中的一个抽象时刻，也是黑人主体性编织过程中一个不可回避的方面，它深深地根植于法农的身体之中，就像他需要具有普遍人性一样，而肤色只是其中的一个变量。"我的黑皮肤不是某些特定价值的包装，"法农在其文章最后写道，"我没有义务成为这样或那样的人。"（p.227，p.229）与存在主义的基本主题相呼应，法农继而说，"不能试图将人套（fixer）起来，因为他的命运就是获得自由（lâché）"（p.230），并坚持他希望将自己从过去的负担中解放出来，"我没有权利让自己陷在过去所决定的泥潭。……黑人将不会如此。和白人一样"（pp.230—231）。因此，法农并不反对身份的最终去政治化；更确切地说，他的观点是，萨特的最终乌托邦似乎根本没有黑人身份的空间。虽然在法农对萨特的批判中，他几乎要却没有明确拒绝辩证法，但他的写作手法本身却倾向于非辩证法。他似乎在努力找寻一种将主体性理论化的方式，在这种方式中，萨特所勾勒的辩证时刻都将不断流动，因此，每个元素都将以新的、不可预测的组合与其他元素的轨迹不断交叉。我想说的是，虽然法农的理论没有对这一问题进行后现代的阐述，但他的论述却几乎是对这一问题的演绎。

那么，波伏瓦在这一版图中处于什么位置呢？波伏瓦认为，对女性的压迫在某种程度上类似于对其他社会群体的压迫，比如犹太人或黑人。这些群体的成员也被统治种姓或种族的成员视为物品。然而女性的处境又仍有根本上的不同，因为女性毕竟被分散于各个社会群体。"将女性与其压迫者联系在一起的纽带与其他关系是无法类比的，"波伏瓦在《第二性》的序言中如此写道（SS19；DSa19）。[38]其结果是，女性往往与自己社会群体中的男性团结，而不是与一般的女性团结。在父权制下，没有女性隔都，没有可以组织集体起义的女性大院 * 。"女性不说'我们'，"波伏瓦在 1949 年写道，"……她们不会确实地将自己定位为主体。"（SS19；DSa19）黑人将自己与白人对立起来，可以将黑人性作为革命性反对的辩证时刻，而女人在与男人的关系中却做不到这一点，因为男人不是她们的丈夫或情人，就是她们的儿子、兄弟和父亲。"女性缺乏将自己组织成一个单位的具体手段，而这个单位将在反对行动中确认自己的位置。"波伏瓦写道（SS19；DSa19；TA）。[39]

正因为绝大多数女性从未生活在属于自己的社区中，与男性隔离开来，女性的异化比其他受压迫群体更加矛盾暧昧。女性的主体性是父权社会化复杂而矛盾的结果，超越与自由的模糊混合。除她们以外，没有其他受压迫群体体验过同一种介于自由与异化之间的矛盾。[40]事实上，《第二性》认为女性的主体和客体（社会）地位之间存在一种完全平行的关系。在这两种情况下，她们的处境的特点都是前两个辩证时刻之间缺乏明显的对立。因此，女性解放不能被塞进萨特提供的黑格尔式的经典自由叙事中。

那么波伏瓦对于萨特的黑格尔叙事采取了何种替代性方案呢？在这一点上，《第二性》变得有些模糊。就我对波伏瓦的解读，父权制下女性主体性的模糊性似乎既是一种政治优势，也是一种弱点。它是一

---

* 　隔都（ghettoes）是指第二次世界大战期间德国人将犹太人集中隔离的区域。大院（compounds）是 19 世纪后期南非移民矿工居住的封闭式住所。

种优势，因为与其他群体相比，它使女性有可能以较少的暴力斗争获得自由：在这种情况下，变革就变成抓住父权制意识形态的多重矛盾并利用它们从内部破坏这一制度的问题。但这也是一个弱点，因为它阻碍了女性发起革命运动，使她们无法在其中明确而坚定地将自己与男性对立起来。[41]按照这种逻辑，女性的模糊性使得革命选择——这正是萨特为黑人和工人阶级所设想的发展——变得不可能。相反，女性将不得不与父权意识形态的矛盾表现形式，以及毫无疑问的暴力和冷酷的剥削进行持续的斗争。在这样的对《第二性》的解读中，女性争取解放的斗争是一个缓慢而矛盾的过程，是历史上真正的非暴力革命。

那么，这个过程的目的是什么呢？波伏瓦的乌托邦以我们在前文（本书第 277 页）所提及的物质条件的实现为前提，极为清晰和连贯。《第二性》的最后一句话将自由与兄弟情谊牢牢地联系在一起，女性主义者们往往认为这句话很有问题："人必须在既定的世界中建立自由的领域。为了取得最高的胜利，必要的也是最先要做的，是借由男女的自然分化明确确认他们的兄弟情谊。"（SS741；DSb663；TA）尽管字面上读起来是如此，但是这句话并不能被简单归结为对姐妹情谊价值的背叛。[42]从修辞和主题上看，《第二性》的最后一个词代表了波伏瓦最后的乌托邦姿态。她写道："一切压迫都会造成战争状态。"（All oppression creates a state of war.）（SS726；DSb645）只有停止压迫，男女之间才有可能实现真正的团结：波伏瓦最终的"兄弟情谊"（fraternité）一词必须被想象为处于父权制已不复统治的空间，因为只有到那时，这个词才能被赋予其本应具有的真正的普遍意义。在这样一个政治空间中，姐妹情谊一词最终将被视为与兄弟情谊一样具有普遍性。[43]

波伏瓦在这里当然是有意暗指法国大革命：她所说的乌托邦将包括一个将自由、平等和兄弟情谊的理想最终转化为现实的世界。这里的平等并不意味着性别上的相同：她的理论并不是任何意义上的无性别社会。波伏瓦认为，政治平等的前提是社会和经济平等。这三个要素共同构成了性别伦理平等的必要条件。伦理上的平等意味着相互承

228

认对方是自由的、行动的主体，在《第二性》中，这大多数时候被称为相互性，而不是兄弟情谊。[44]或许有必要补充一点，波伏瓦心中所想的平等是具体的平等，而不是传统资产阶级人文主义所援引的纯粹抽象的平等。具体的平等包含差异：例如，产假表明社会承认女性在繁衍中的特定角色，但同时也表明社会有意愿确保这种差异不会转化为职业和经济上的不利条件。或者换句话说：要实现具体的平等，就必须承认差异。[45]

与马克思一样，波伏瓦也梦想着一个社会，在这个社会中，启蒙传统中公开的普世价值最终将为所有人所用。她写道，今天，"男人……代表着积极和中性——也就是说男性和人类，而女人只是消极的、女性"（SS428；DSb197）。只要女性被剥夺获得普遍性的机会，性别差异就会被用来针对她们。在波伏瓦的乌托邦中，女性将不再时刻被提醒自己的差异，不再感到自己偏离父权规范：

> 最后，只有当每个人都能将荣誉置于两性差别之外，置于自由存在的艰难荣耀之中的时候，女人才能将自身的历史、自身的问题、自身的怀疑、自身的希望与人类的历史、问题、怀疑和希望融汇在一起；只有这时她才能寻求在自身的生活和作品中揭示出全部现实，而不仅仅是她个人。只要她仍然需要为成为人而斗争，她就不会成为一个创造者。（SS722—723；DSb640；TA）*

父权制下的女性在作为女性的存在和作为人的存在之间撕裂，她们要么被迫否认自己的特殊性，要么执着地关注自己的特殊性。对波伏瓦来说，这两种选择都不可接受。然而，渴望获得普遍性并不是否认差异性。波伏瓦希望摆脱的是父权女性气质，而不是身为女性的事实："今天的女人要成就了不起的事业，最需要的是忘记自己；但要忘

---

* 本段译文引用自《第二性》，上海译文出版社，2014 年版，译者郑克鲁。译文有改动。

记自己，首先必须坚信从此时起她已经找到自我。"（SS711；DSb626）
《第二性》认识到，除非女性建立起作为女性和人类的意识，否则她们
永远不会获得自由。波伏瓦坚持认为女性应有充分的性表达的权利，
这也指向了同样的方向。

　　萨特、波伏瓦和法农都认为，压迫势必意味着被排斥在普遍性之
外，但在赋予被压迫者主体性的价值观方面，他们却有着明显的不同。
受利奥波德·塞达尔·桑戈尔（Léopold Sédar Senghor）的《黑人与
马达加斯加人新诗选集》（*Anthologie de la nouvelle poésie nègre et
malgache*）的启发，萨特坚持认为必须出于政治目的探索"黑人主体
性"（*Situations III*，p.238），但却将其视为"反种族主义的种族主义"
的一个纯粹消极的时刻。法农认为，萨特在拥抱"黑人精神"的同时，
却将其禁锢在消极之中。法农则强调了身体与主体性之间深刻的内在
联系，他警告说，黑色不会在辩证法势不可挡的活动中简单地消失
（"我还不是白人，也不再是完全的黑人，我被诅咒了"）。因此，对法
农来说，解放就在于作为一个黑人获得普遍性。

　　那么，在从父权制向自由过渡的过程中，女性主体性应该被分配
什么样的政治角色呢？萨特和法农殊途同归地认为，身份最终理想地
去政治化的途径是经由激进的政治化。他们为被压迫者将主体性用作
政治用途做了强有力的辩护，与他们相比，波伏瓦的立场仍有些蹊跷
地犹豫不决。在《第二性》中，她没有提到"反性别主义的性别主义"
这一纯粹消极的需要。她没有在任何地方明确提出有必要重申父权制
下女性矛盾的价值，也没有把赞美"女性性"（féminitude）作为通往
解放的必要的一步。然而，这并不妨碍她提出有史以来最有野心的女
性——而非"普遍"——主体性理论。这也不妨碍她认识到，女性要
获得自由，就必须能够坚持自己作为女性的身份。然而，她最终还是
避免了从这种见解中推导出任何政治理念。一方面，她开拓性地认可
了父权制下女性主体性的政治重要性，另一方面，她同样明显地不愿
将这种主体性作为女性争取自由的政治斗争的必要因素，她仿佛不安

地悬停于这两者之间。为了避免面对自己思想中缺失的这一块，波伏瓦在马克思主义中寻求庇护：1949 年，她将所有希望寄托在社会主义革命上，简单地认为资本主义消亡之后，父权制也将随之终结。

归根结底，《第二性》最深的政治缺陷在于波伏瓦未能把握"女性气质"作为一种政治话语的进步潜力。在她发表她划时代的作品的四十多年后，我们不难看出，她大大低估了独立女性运动的潜在政治影响，正如她未能对女性的性做出充分的分析一样。法农可能没有提出一个完全成熟的方案来替代萨特的黑格尔辩证法，但他的修辞至少表明了一种替代性叙事的姿态。波伏瓦无法明确面对这个问题，无论是在风格还是在理论层面，她发现自己陷入了比法农更严峻的理论僵局。我们不禁要得出这样的结论：在 1950 年法国的历史时刻，还不可能完全超越经典马克思主义或传统资产阶级解放叙事的局限，波伏瓦和法农的成就在于，他们证明了用这些范式来理论化性别主义和种族主义是不可能的。

波伏瓦没有明确反对萨特的黑格尔式解放叙事可能并不令人惊讶。从纯粹的个人角度来看，她同样没有明确赞同萨特的解放叙事其实更令人吃惊。然而，波伏瓦在这一问题上的沉默是多重因素决定的。从某种程度上说，她在女性主体性的政治价值问题上的犹豫不决，反映了她作为一个独立女性的立场，一个被困在新世界门槛上的过渡人物的立场。波伏瓦体会过父权制女性气质的堕落，可以理解，她不愿意宣扬其世界历史的必然性。她未能将女性气质视为一种潜在的积极变革力量，也源于她对女性的性过于消极的分析。这与她一贯高估男性自由、低估传统女性力量的倾向有关。然而，一个更为重要的因素是 20 世纪 40 年代法国女性的历史状况。在整个十年中，反对殖民主义的斗争声势高涨，但却没有任何表明女性运动将要爆发的迹象。1949 年，设想自治运动的必要性，在黑人身上比在女性身上要容易得多。如果要指责波伏瓦没有充分思考别人甚至没能提出的问题，就太过苛刻了。

1971 年 11 月波伏瓦加入妇女运动时，她自己也很快认识到了自己之前的一些错误：

> 在《第二性》的结尾，我说我不是女性主义者，因为我相信女性问题会在社会主义发展的背景下自动解决。我当时所说的女性主义者，是指独立于阶级斗争之外，专为女性问题而战斗的人。今天，我仍然持有同样的观点。在我的定义中，女性主义者是指那些联系阶级斗争，但也独立于阶级斗争之外，为改变女性状况而斗争的女人——甚至也包括男人——她们所争取的变革绝不会完全脱离改变社会这个整体。从这个意义上说，我会说今天的我是一名女性主义者，因为我意识到，在我们的社会主义梦想成真之前，我们必须在此时此地为女性的处境而奋斗。除此之外，我还意识到，即使在社会主义国家，男女之间的平等也尚未实现。因此，女性掌握自己的命运是绝对必要的。这就是我现在加入女性解放运动的原因（*Simone de Beauvoir Today*：*Conversations 1972—1982*，p.32）。

因此，在 20 世纪 70 年代，波伏瓦开始意识到独立的女性主义必 231
须动员作为女性的女性，既要与她认为自己身属其中的整体的社会主义运动相携同一致，也要与之相抗衡。然而，对她来说，这种分离主张完全是战略性的：她对解放的总体看法从未改变。

在 1976 年的一次访谈中，波伏瓦强调了某些"女性"特质的积极品质，如不自负、不虚荣、不傲慢、有幽默感、藐视等级制度等：

> 这些"女性"特质是我们受压迫的产物，但在我们获得解放之后，这些特质应该被保留下来。男人应当习得这些特质。但我们不应该走向另一个极端，说女人与地球有一种特殊的亲近感，说她能感受到月亮的节奏、潮汐的起伏……或者说她有更多灵

魂，或者说她天生更不具有破坏性，等等。不是这样！如果这里面有一点道理，那也不是因为我们的天性，而是我们的生存条件造成的。……人不应该相信女性的身体会给人带来新的世界观。（*Simone de Beauvoir Today*：*Conversations*，1972—1982，pp.78—79）

《第二性》的作者对理想化"女性文化"或"女性传统"的具体形象的倾向持怀疑态度，她将这些现象理解为父权制的矛盾产物。[46]在波伏瓦看来，女性的性并不像后来几代女性主义者所宣称的那样具有广泛的文化影响。例如，"女性写作"的支持者认为，来源于女性性别的许多特质（开放、慷慨、自发性、流动性），波伏瓦根本不认为是属于特定性别的。[47]因此，直至20世纪70年代，她的立场仍然与那些选择关注女性差异的女性主义者完全对立，她们往往不考虑其他社会运动，当然，她也对她自己所体现的"老式"平等理想明显反感。[48]

波伏瓦质疑女性主义身份政治的历史和理论价值是正确的，但我认为她严重低估了差异政治的战略价值。不过，这并不是说我不同意她对解放的最终看法。在20世纪90年代的政治和理论空间中，真正的冲突仍然是这样两类人的冲突：一类人接受为了实现一个新的、真正平等的社会战略性地利用思想和政治上的分离主义；另一种人则坚信，在每一个社会和文化领域建立持久的性差异制度最符合女性的利益。换句话说，当前女性主义辩论的关键在于对解放的不同愿景。

以这样的方式提出问题，已经是在向波伏瓦致敬了。在我看来，232 《第二性》最大的遗产是，它的所有分析和论战都被置于一个强有力的解放叙事之中。波伏瓦以历史和社会转型的叙事为出发点，或者换句话说：通过赋予女性主义一个终结点，通过想象一个不再需要任何人做女性主义者的社会，为全世界的女性提供了一个变革的愿景。[49]这就是她的文字具有如此强大的力量和激励读者行动的能力的原因，也是《第二性》在20世纪仍是唯物主义女性主义奠基文本的原因。[50]

从历史上看，自由的叙事在促成社会变革方面一直发挥着效果：放弃自由的叙事将使我们自己承担后果。然而，在后现代知识领域提出解放的问题，马上就会面临目的论和其他形而上学罪名的指控：难怪许多女性主义者正迅速对女性主义的未来失去信心。但是，削去女性主义的乌托邦，也就等于一举令女性主义去政治化：没有政治愿景的支撑，女性主义理论将走入死胡同。[51]其结果将是目标的丧失、无意义的完美感，并使女性主义转变为与其他任何理论一样的自我永续的学术机构。失去解放的叙事，女性主义理论会变得苍白无力、理论主义，与大多数女性无关。叙事的最大优点在于它们会终结：《第二性》让我记住，女性主义的目标是废除自身。

注释

1. 例如，朱迪丝·奥凯利引用了中东和印度妇女对《第二性》的积极回应（Okely, *Simone de Beauvoir*, pp.3—4）。"我很幸运，"奥凯利写道，"收到了一些来自第三世界而不仅仅是西方女性的证词。"（p.ix）她的作品表明，对《第二性》的阅读体验进行认真的人类学和理论研究，将对文本影响读者和读者建构文本的方式产生有趣的洞见。

2. 这里的英译相当具有误导性。波伏瓦写道："On m'offrait［...］d'assouvir mes appétits de goule."（FCa260）理查德·霍华德翻译为"人们提议……我节制嘴唇的欲望"（FC197）。但在法语中，"goule"不仅是"嘴"的老式俚语，还是东方血统的女性吸血鬼。

3. 杰奎琳·罗斯（Jacqueline Rose）的《西尔维娅·普拉斯的困扰》（*The Haunting of Sylvia Plath*）和黛安·伍德·米德尔布鲁克（Diane Wood Middle-brook）的《安妮·塞克斯顿》（*Anne Sexton*）都记录了极富创造力的年轻女性试图接受 20 世纪 50 年代和 60 年代初父权意识形态赋予她们的角色时所经历的创伤性痛苦。

4. 关于《美杜莎的笑声》中没有波伏瓦名字的意义的详细讨论，请见我的《挪用布迪厄》，第 1040—1043 页。

5. 在《圣母颂》（"Stabat mater"）一文中，克里斯蒂娃明确表示不同意波伏瓦对伦敦国家美术馆中皮耶罗·德拉·弗朗切斯卡（Piero della Francesca）的《耶稣诞生》（nativity）的解读（见"Stabat mater"，p.171）。当我选择这幅画作为《克里斯蒂娃读本》（*The Kristeva Reader*，1986）的封面时，在很大程度上是因为它暗示了两位知识女性先驱之间难得一见的相遇。

6. 克莱尔·杜琴（Claire Duchen）的《法国的女性主义》（*Feminism in France*）以及杜琴版本的来自法国妇女运动的文本《法国脉络》（*French Connections*）中包含了关于 20 世纪 70 年代和 80 年代法国女性主义领域的社会和政治群体的宝贵信息。《女权问题》（*Questions féministes*）创刊号的社论被翻译出来，以"共同主题的变奏"为题刊登于《马克斯与库蒂夫龙》（Marks and Courtivron），第 212—230 页。克里斯蒂娜·德尔菲的一些重要文本，包括她 1975 年发表的开创性文章《在唯物主义女性主义看来》（*For a Materialist Feminism*），收录在《说到点上》（*Close to Home*）一书中。《法国脉络》收录了科莱特·吉约曼题为"差异问题"（"The Question of Difference"）的文章。莫妮克·普拉扎对伊利格瑞的《他者女人的窥镜》的评论于 1978 年被翻译并收录于《意识形态与意识》（*Ideology & Consciousness*）一书。莫妮克·维蒂格的理论文章现已收录在《直率的心灵》（*The Straight Mind*）一书中。法国妇女运动中这一唯物主义分支的其他文章可在托里尔·莫伊编的《法国女性主义思想》（*French Feminist Thought*）中找到。在 1990 年的一篇文章中，罗丝-玛丽·拉格拉夫（Rose-Marie Lagrave）描绘了法国女性主义者当时思想潮流的迷人全景。

7. 朱迪斯·巴特勒在《西蒙娜·德·波伏瓦的〈第二性〉中的性与性别》一文中认为，对波伏瓦而言，身体本身就是一种选择的结果，这篇极具启发性和原创性的文章将波伏瓦激进的反本质主义带向了意想不到的新方向。

8. 确切地说，在《第二性》中，波伏瓦从未使用过"女性主义者"一词来表述自己的立场。那要等到她于 1971 年 11 月加入法国妇女运动之后。

9. 也许我应该强调，对我和整个社会主义思想家的传统而言，"乌托邦"一词并无贬义。每一场革命或改良运动都有乌托邦理想的特征，无论它是多么含蓄或表达得多么糟糕。

10. 第一卷于 1949 年 6 月在巴黎出版，第二卷于同年 11 月出版。第一卷的书摘于 1948 年 5 月、6 月和 7 月以及 1949 年 2 月在《摩登时代》杂志上发表，第二卷的书摘出现于 1949 年 5 月、6 月和 7 月的杂志上。

11. 在本书第二章，我对在我看来波伏瓦的正统又边缘的发言位置提供了详细的分析。

12. 本段中的信息来自盖特·布沙尔多（Huguette Bouchardeau）的《没有历史，女人》（*Pas d'histoire, les femmes ...*）和埃娃·隆格伦-约特林的《性与存在》。克劳德·夏布洛尔的电影《女人韵事》讲述了玛丽-让娜·拉图尔（影片中为伊莎贝尔·于佩尔）的故事。

13. 本段中的信息基于阿尔维斯图尔（Albistur）和阿莫加特（Armogathe）对法国女性主义的研究。

14. 这些数据来自让-皮埃尔·里乌关于第四共和国的权威研究。

15. 事实上，波伏瓦曾在 1949 年 11 月的《摩登时代》杂志上评论过列维-斯特劳斯的研究。波伏瓦在评论中强调了两性的不同角色。她写道，在列维-斯特劳斯关于亲属关系的论述中，男女之间不存在交流和相互性，这种关系是"借由女人在男人之间建立起来的"（p.945）。波伏瓦将其与《第二性》紧密联系在一起，她还在列维-斯特劳斯的书中发现了黑格尔、马克思主义和存在主义的影响（见 p.949）。

16. 关于意识形态理论的概述，见伊格尔顿，《意识形态》（*Ideology*）。关于波伏瓦对意识形态和语理理解的局限性的进一步评论，见本书第五章和第六章。

17. 这里引用的第一句话的已出版版本译文与原文没有什么关系。"Du fait que tous les chemins lui sont barrés, qu'elle ne peut pas faire, qu'elle a à être, une malédiction pèse sur sa tête." 波伏瓦写道（DSb130）；帕什利的翻译是（SS381）"在她的处境当中追问她本性的真相意义不大，因为她只能存在，不能行动"。这句话所属的整段译文与其说是译文，不如说是对波伏瓦原文的粗略概括。

18. 波伏瓦的例子是《弗洛斯河上的磨坊》中的玛吉·塔利弗，罗莎蒙德·莱曼（Rosamond Lehmann）的《华尔兹的邀请》（*Invitation to the Waltz*）中的奥利维亚，罗莎蒙德·莱曼的《蒙尘的答案》（*Dusty Answer*）中的朱迪，玛格丽特·肯尼迪（Margaret Kennedy）的《永恒的少女》（*The Constant Nymph*）中的特莎。

19. 此处已出版的译本有些误导性。小女孩 "n'accède pas à [...] l'universel"，波伏瓦写道（DSb504—505）；帕什利翻译的是（SS625），她"对……普遍性没有期盼"。但波伏瓦的观点是，这些小女孩之所以受到剥削和虐待，正是因为她们被评判她们的父权制权威视为不具有普遍性。波伏瓦暗示，如果当权者能够认识到这些女孩的普遍人性，他们就不会以如此冷酷无情的方式对待她们，并不必面对自己道德上的两面性。在这种情况下，女孩们自己是否"期盼"普遍性并不重要。

20. 波伏瓦在《第二性》中对自然的乐趣进行了消极和积极两方面的描述。"所有在种种奴役之中保持着一份独立的女性都会热爱自己在大自然中的自由，"波伏瓦写道（SS631；DSb512）。正如我们在第六章中所见，波伏瓦自身的情感投入在文本中留下了印记：例如，她与母亲角色之间问题重重的关系一直显而易见。但这并不妨碍她对"本真的"母亲角色给予高度肯定的评价。在这一点上，隆格伦-约特林对《第二性》中的母亲角色和本真性的讨论尤为敏锐（见 *Kön och existens*，pp.308—322）。总体而言，波伏瓦几乎每一页都坚持父权制下女性态度的"模糊性"和"矛盾性"：这种模糊性可能导向本真性，也可能导致自欺：对波伏瓦而言，结果从来都不是既定的。

21. 波伏瓦 1966 年在日本发表题为"女性与创造力"的演讲时，仍然坚持认为没有真正伟大的女作家。甚至紫式部的《源氏物语》也被贬为不够有真正的"普遍性"。

22. "有一条统计规律表明，群体越大，其中个别成员越有可能出类拔萃。"波伏瓦在其日本演讲中写道（ "Women and Creativity", p.19）。

23. 在此背景下，我们可以注意到皮埃尔·布迪厄到 1979 年才感到有必要出版他的反康德主义抨击文《区分》。

24. 克莱尔·埃切雷利（Claire Etcherelli）的小说《埃莉斯或现实生活》（*Élise ou la vraie vie*, 1967）动人地描述了阿尔及利亚战争期间在雪铁龙工厂工作的女工和北非移民工人的境况。由于对埃切莱利小说的欣赏，波伏瓦邀请她加入《摩登时代》的编辑委员会。

25. 有趣的是，这段话完全是用过去式写的，就像弗朗索瓦丝最后"直接"向热尔贝做出的提议一样。似乎波伏瓦的写作风格本身就表明了一个事实，即至少在 20 世纪 40 年代，对她而言，直接、明确地表达女性的欲望，无论是社会性欲求还是性欲望，仍然是不可能的。

26. 1949 年，波伏瓦认为自己是社会主义者。在《第二性》的英译本中，她对马克思主义和社会主义思想的依赖程度并不总是显而易见。正如玛格丽特·西蒙斯所指出的，几乎所有提及社会主义女性主义的内容都被从英文文本中删除了（见 "Silencing", p.562）。

27. 波伏瓦对独立女性的性的论述存在本书第六章所讨论的所有问题。例如，在她关于女性性困境的论述中，处处可见关于女性在性交中必然处于被动地位的暗示。尽管我对她对性的总体分析存有疑虑，但波伏瓦对 1949 年法国女性在性方面的具体困境的论述仍然让我觉得是可靠的。

28. 波伏瓦还写道："女人的同性恋是调和其自主性与肉体被动性的一种尝试。"（SS426—427；DSb195）不幸的是，这句话再次表明了波伏瓦相信，女性的性在根本上是被动的，还将女同性恋写成了不愿牺牲自主性以换取性爱的女性的一条潜在出路。

29. 我不同意克劳迪娅·卡德的观点，她认为"波伏瓦似乎没有看到，如果'同性恋'是一种选择，那么异性恋也同样是一种选择"（p.209）。卡德忘记了，在波伏瓦的存在主义框架内，包括性取向在内的一切都可以选择。我们可以说，选择是我们对自由的使用。例如，萨特对让·热内（Jean Genet）的研究强调了他对同性恋的选择，而他对福楼拜的研究则强调了后者对异性恋单身汉的选择。考虑到波伏瓦自身的存在主义前提，她不太可能认为异性恋是被赋予的，而不是被选择的。

30. 然而，《女宾》的眼目敏锐的女同性恋读者却怀疑真相更为复杂。让·卡洛穆斯托（Jean Carlomusto）的视频 "L Is For The Way You Look"（"L 代表你的样子"）关注女同性恋对榜样的需求，其中有一组镜头，一位女性描述了她对弗朗索瓦丝和格扎维埃尔之间关系的反应。"我不知道那是什么，"她说，"但它太吸引人了。"正如《给萨特的信》中所透露的，波伏瓦与奥尔加·科萨凯维奇（格扎维埃尔的原型）在与萨特的"三人行"（1935—1937 年）中确实有过性关系。

31. 吉尔伯特·约瑟夫（Gilbert Joseph）的著作《如此甜蜜的事业》（*Une si douce Oc-cupation ...*, pp.197—222）引用了一些相关的官僚档案，但这本著作追求耸人听闻的效果，历史事实不准确，又充满恶意。

32. 玛格丽特·西蒙斯于 1992 年撰写的文章《女同性恋的联系：西蒙娜·德·波伏瓦与女权主义》（"Lesbian Connections：Simone de Beauvoir and Feminism"）一文对有关波伏瓦女同性恋关系的现有资料进行了有益的总结。

33. 我想不出《第二性》中还有哪一章是如此清晰地将政治和哲学与个人联系在一起的——我也想不出还有哪一章是波伏瓦对其论述中的个人方面进行了如此大量的审查的。

34. 艾琳·L. 根齐耶（Irene L. Gendzier）在她对法农的研究中强调了《摩登时代》杂志在 1947 年至 1952 年期间对法农的重要性："《摩登时代》刊登的文章涉及法农日后关注的主题：共产主义与恐怖、被压迫者的政治、黑白关系、第三世界和欧洲左派。"（*Frantz Fanon：A Critical Study*, pp.20—21）

35. 我的这一说法是基于以下来源的信息：Bhaba, Caute, Feuchtwang, Gates, Gendzier, Mudimbe 和 Taylor。我感谢 Faith Smith 和 José Munñoz 在这方面提供的文献帮助。虽然我在这里的讨论将集中于利用法农阅读波伏瓦的效果，但我认为现在是时候最终将《第二性》确立为《黑皮肤，白面具》的主要互文了，或者换句话说，继续利用波伏瓦阅读法农。亨利·路易斯·盖茨（Henry Louis Gates）建议，现在是时候开始"在承认法农自身的历史特殊性的前提下阅读法农了"（"Critical Fanonism"，p.470），这么做也是一种顺着这一建议去做的方法。

36. 她对法农的坚定的积极评价显然是多重决定的。尽管波伏瓦个人对法农的钦佩毋庸置疑，但她是在法农去世后立即写作的这一事实显然影响了她的基调。我们也不应忘记，波伏瓦和萨特支持阿尔及利亚人的立场迫使他们在法国处于被围攻的少数派地位：波伏瓦不可能在文字上贬损像法农这样的政治盟友。（1963 年出版的《境遇的力量》完成于 1962 年夏天，埃维昂协议签订后仅几个月时间之内）。

37. 大约在写作《黑色俄耳甫斯》的同时（1947—1948），萨特还起草了另一篇关于黑人解放，特别是美国奴隶制背景下的黑人解放的文章。这篇论文以《革命的暴力》（*La Violence révolutionnaire*）为题发表于 1983 年，现在是萨特《伦理学笔记》的第二篇附录。

38. 有些人如伊丽莎白·斯佩尔曼（Elisabeth Spelman）在她的《非本质的女人》（*In-essential Woman*）一书中那样认为，波伏瓦将女性与黑人和犹太人相提并论是性别歧视的，因为这意味着波伏瓦将黑人和犹太女性排除在她的范畴之外。这种观点错在将关于压迫的表述（也就是说关于权力关系的陈述）当成关于身份的表述。波伏瓦的意思是，男人与女人的关系在某些方面（并非全部）可以被视为与白人跟黑人、反犹主义者与犹太人、资产阶级与工人阶级类似的关系。在这样的表述中，完全没有暗示这些其他群体不包含女性，也没有暗示所有女性都是白人和非犹太人：我们可以毫无障碍地论证，譬如说一个黑人犹太女性所处的位置，会形成一个特别复杂的矛盾的权力关系的交叉点。在关于波伏瓦的章节中，斯佩尔曼还混淆了"他者"和"物化"的概念。斯佩尔曼的书从总体上极好地说明了，把身份一词当作一个简单的逻辑单位来对待，以及把包容与排斥的对立误认为是权力关系理论，将产生什么样的后果。这种策略往往会适得其反：在批评波伏瓦的"排除"的同时，斯佩尔曼自己也将非美国公民的女性排除在她的分类之外。因此，旨在说明不同类别人群的描述都带有"美国人"的后缀（"非裔美国人""欧裔美国人""西班牙裔美国人""亚裔美国人"等；见 *Inessential Woman*，pp.144—146）。

39. 在这句话中，帕什利的译文完全没有抓住波伏瓦所传达的黑格尔的味道。"Elles n'ont pas les moyens concrets de se rassembler en une unité qui se poserait en s'opposant."波伏瓦写道（DSa19）。帕什利的翻译是："女性缺乏将自己组织成一个单位的具体手段，它将能够与相关单位面对面。"（SS19）

40. 波伏瓦对制造压迫的竞争性等级秩序并不感兴趣。她的观点并不是说女性受到的压迫一定比其他群体更多或更痛苦，而只是说对女性的压迫是一种非常特定类别的压迫。

41. 从这个意义上说，莫妮克·维蒂的乌托邦小说《女游击队》是对《第二性》极好的——也是高度辩证的——评论：通过想象一个女性社会和一个男性社会之间发生直接的战争，以庆祝男女之间新的团结——兄弟情义——为结局，维蒂机敏地为波伏瓦的困境提出了一个真正乌托邦式的解决方案。最终，维蒂似乎在说，这是摆脱父权制泥潭的捷径。

42. 英语读者应该注意到，在法语中，"sororité"一词从来没有像英语中的"sisterhood"（姐妹情谊）那样在 20 世纪 60 年代末和 70 年代初具有政治和女性主义的含义。认为波伏瓦应该在 1949 年就写下"sororité"的观点很荒谬：既然波伏瓦真正梦想的是一个以男女团结而非斗争为标志的社会，她就不可能在书的结尾使用一个在 1949 年被认为只与女性有关的词。

43. 我要补充的是，只有在这样的乌托邦条件下，"他"这个词才是真正的普遍性。在当前的社会条件下，"他"仍然是一个虚假的通用词。只要当前的父权制条件还存在，我自己的用法就是使用"她"作为性别中性代词，以表达我（乌托邦式的）愿望：构建一个女性最终与男性一样普遍的社会。

44. 事实上，对波伏瓦来说，相互性是人类最高价值的体现。"真正的爱情，"她写道，"应该建立在两个自由的人相互（réciproque）承认之上；这样，恋人们就会体验到自己既是自我又是他者：谁也不会放弃超越性，谁也不会受到损害；他们将共同揭示世界的价值和目标。"（SS677；DSb579；TA）

45. 波伏瓦本人的立场受到了社会主义传统的影响，但人们几乎不需要成为马克思主义者就能接受产假的主张。大多数欧洲人会震惊地发现，美国人普遍将平等等同于抽象的平等。当我第一次发现美国妇女没有自动合法地享受产假的权利时——更不用说享受全薪产假了——我的反应是觉得这极其难以置信。只有最抽象的平等观念才会允许对女性的这般歧视。极端保守的女性主义者伊丽莎白·福克斯-吉诺维斯（Elizabeth Fox-Genovese）将平等理解为抽象的平等，她兴致勃勃地指责绝大多数其他美国女性主义者愤世嫉俗、只为一己之利地操纵逻辑，因为她们拒绝将产假和社会平等视为相互排斥的概念（见 *Feminism Without Illusions*，pp.56—57）。福克斯-吉诺维斯这样的立场显然与波伏瓦的观点——或者说与我自己的观点——毫无关系。

46. 可以补充一下，如果说父权制下的女性发展应被视为自由女性的常规和标准，那也是从特殊情况中概括出来的，把一个女性群体的经验变成其他女性群体的常规。

47. 关于说明女性写作基本原则的有用的论文集，见威尔科克斯（Wilcox）等人，莫拉格·希亚奇（Morag Shiach）对西苏本人的立场进行的出色的阐述。

48. 从20世纪90年代一位年轻法国女性的视角，对70年代和80年代法国妇女运动的精辟分析（包括对西蒙娜·德·波伏瓦的着重论述），请见桑德里娜·加西亚（Sandrine Garcia）的《妇女运动，一场象征的革命?》(*Le Féminisme, une révolution symbolique?*)。加西亚特别强调了"性差异"派所引发的思想激荡，甚至在那些不赞同该派别政治分析的女性中也是如此。

49. 因此，对波伏瓦而言，后女性主义的前提是后父权制。在我的论文《女性主义、后现代主义与风格》("Feminism, Postmodernism and Style")中，我针对某些形式的后现代女性主义提出了非常相似的论点。在1980年的一次访谈中，"精神分析与政治"和"女性出版"（Editions des femmes）的引领者安托瓦妮特·富克提出了截然相反的观点。"（在20世纪70年代），强调我们不是女性主义者对我们来说很重要，"她对凯瑟琳·克莱芒（Catherine Clément）说，"这在过去的意思是——现在也是：女性主义不是我们革命的最终目标。我们既不是前女性主义，也不是反女性主义，而是'后女性主义'：我们为异性恋而努力，为他者的到来而努力，就像桑戈尔为'黑人精神'而努力一样，他并没有反对白人。"（"Notre ennemi n'est pas l'homme, mais l'impérialisme du phallus'"，p.13）富克引用"黑人精神"来捍卫她自己的去政治化立场，在理论上意义重大，但在政治上却非常虚伪。例如，暗示波伏瓦将女性主义视为女性主义的目标很荒谬。

50. 对于后现代主义拒绝每一种伟大叙事当中的"知识的去政治化"，爱德华·萨义德

（Edward Said）的态度都是难以忍受的，我对女性主义现状的分析与之相近（"Re-presenting the Colonized"，p.222）。

51. 尽管我主张创造女性主义乌托邦，但我并不觉得有义务认可所有这样的乌托邦。譬如说，玛格丽特·惠特福德（Margaret Whitford）强调了露西·伊利格瑞思想中乌托邦的一面（见 *Luce Irigaray：Philosophy in the Feminine*，pp.9—25），对此我并无异议。我也认为伊利格瑞是一位真正的乌托邦思想家，为当代女性主义提供了充满力量的政治愿景。然而，不幸的是，我不敢想象生活在完全"性别化"（sexuate）的文化中会是什么样子，而这种文化正是伊利格瑞的梦想（见 *Je*，*tu*，*nous*，pp.101—115）。我这样想是对是错，还有待观察。我的观点很简单，除非我们愿意公开、有力地讨论乌托邦和解放的问题，否则女性主义理论就会失去政治性。

第三部分

第八章 孤独与分离的丑闻：对抑郁的书写

当我不爱你的时候，世界也要复归于混沌了。

——莎士比亚《奥赛罗》*

我的悲伤是我的哲学身后隐蔽的脸。

——朱莉娅·克里斯蒂娃《黑太阳》

波伏瓦的死亡的头

"但凡恋爱的女人，都认为自己是安徒生笔下的小美人鱼，出于爱情把自己的鱼尾换成女人的腿，行走在针和炙热的煤上。"波伏瓦在《第二性》中如是说。（SS664；DSb561-2；TA）但凡恋爱的女人？连西蒙娜·德·波伏瓦也是？波伏瓦有几分犹豫地得出结论，"被爱的男人不是绝对必不可少的"，这一段继续说，"对他来说，她也不是必不可少的；他不能为崇拜他的女人证明其合理性，他不允许自己被她占有"（SS664；DSb562；TA）。** 尽管她努力拉开《第二性》的冷静叙述者和

---

* 译文引用自《奥赛罗》，译林出版社，2018年版，译者朱生豪。

** 本段译文引用自《第二性》，上海译文出版社，2014年版，译者郑克鲁。

恋爱（amoureuse）的距离，一不留神写下的"但凡恋爱的女人"产生的效果仍挥之不去。读者可能记得，小美人鱼为了对王子的爱忍受痛苦的煎熬，最终为他献出了自己的灵魂。这个典型的恋爱中的女人，无法说话的小美人鱼绝对依赖对心爱男人的感情。[1]丹麦小美人鱼是否如波伏瓦所暗示的那样，只是可被忽略的虚假意识的例证，还是说她在《第二性》中的偶然出现预示着更根本性的困扰？

波伏瓦爽快地承认，恋爱的幽灵在她自己的小说中徘徊不去：在《岁月的力量》兴之所至的段落中，她提到了《女宾》中的伊丽莎白，《他人的血》中的德尼索，以及《名士风流》中的波尔，这些都是与此特别相关的例子。她写道，这些人物都是她个人"死亡的头"（tête de mort）的代表；她们是"为爱牺牲独立的女人"的化身（PL80；FA94）。她的小说和短篇痴迷于反复回到特定的悲惨描写：压抑的消极被动和多少带有自杀倾向的发疯。例如《人都是要死的》当中极度自恋的雷吉娜，《被毁掉的女人》中嫉妒、抑郁的莫妮克，《独白》中偏执的米里耶勒，《美丽的形象》中患厌食症的劳伦斯，或者《名士风流》中豪奢的波尔。爱情中古怪离奇的女人是迷人的，可怕的，且最终是致命的；在波伏瓦的小说中，小美人鱼不仅是女巫，还是母亲和美杜莎。

在我看来，波伏瓦的写作——《第二性》以及小说和回忆录——代表了她为抵抗致命美人鱼所做的不断努力。波伏瓦试图通过塑造一个自主、稳定、平衡的女性形象——弗朗索瓦丝、安妮、《第二性》中的"独立女性"——来消除美杜莎的伤害，确保这个蛇发怪物与任何与自己相像的人物保持安全距离。但这样的抗争并不成功。尽管波伏瓦做出了种种努力，但在她的小说中，受神经麻痹和消极状态之苦的不仅仅是"附属"人物。比如在《女宾》中，她在活跃但创造力受阻的弗朗索瓦丝身上精彩地刻画了令人窒息的焦虑和抑郁的情感现实，在《名士风流》的最后，因绝望而自杀的是头脑冷静、具备专业能力的安妮，而不是波尔，她走向卧室，拿起了从波尔手提包中没收的一小瓶毒药。

在波伏瓦的自传中，自主女性的理想始终存在：《一个规矩女孩的回忆》读起来就像是作者努力想写一部独立女性的成长小说（Bildungsroman）；年幼的西蒙娜的故事显然是为了对抗《弗洛斯河上的磨坊》中玛吉·塔利弗的故事＊，然而，即使在这里，致命的美杜莎也露出了丑陋的面目：全书的结尾并不是西蒙娜在教师资格考试中的胜利，也不是她与萨特的会面，而是她对扎扎之死的叙述，扎扎因爱而死，死在一个自私、心胸狭隘的母亲手中。在波伏瓦笔下，扎扎成了终极的小美人鱼，而她的母亲则是美杜莎的化身。西蒙娜的独立是由扎扎的依赖和最终的死亡换来的；西蒙娜的辉煌事业是在扎扎的尸体上搭建的：《一个规矩女孩的回忆》是在失望、依赖与死亡的阴影中编织成功与幸福的故事。 237

一方面，她需要主张自己独立女性的身份，另一方面，她又罪恶地希望屈服于依赖他人的诱惑，当她选择戏剧化这两者之间的冲突时，她几乎等于承认她自己的心灵当中也隐藏着致命的美杜莎。在她的自传中，对于她所经历的"放弃"的诱惑，她往往既坦诚得令人震惊，又多少有些虚伪地把它形容得不值一提。比如在《岁月的力量》的第一章中，她欣然告诉我们，在与萨特在一起的头两年里，她经历了依赖于人的诱惑。然而，在该章的最后几行，当她拒绝萨特的求婚，并准备离开巴黎到马赛任教，以显示她的自主性时，她却完全否认了这曾是一种危险。"今天，"她写道（1960年），"我问自己，事实上，这种危险曾经在多大程度上存在过。"（PL80；FA94）毕竟，她继续说道："唯一能让我愿意交出自主权的人，恰恰是竭尽全力阻止这种事情发生的人。"（PL80；FA94）她声称，萨特并不想以任何方式支配她，她也不可能爱上一个传统的父权男性："如果有哪个足够以自我为中心、足够平凡的男人试图征服我，我肯定会评判他，发现他不够格，然后离开他。"（PL80；FA94）她的分析从"依赖"一词的一种含义悄

＊ 《弗洛斯河上的磨坊》（*The Mill on the Floss*）是乔治·艾略特的代表作品。

然转向另一种含义，从疏远他人转向被他人支配。波伏瓦肯定萨特不喜欢支配他人，实际上是希望消除人们始终存在的怀疑，让人不要认为她自己想要疏远、结合和依赖。

在波伏瓦的笔下，爱情中的女人，也就是 amoureuse，是一个多重因素决定的形象，是一个交织着多种情感和立场的交汇点：她同时代表着为爱牺牲个体性的诱惑、与心爱的他者结合的需要、对强烈情感的迫切渴望，以及同样强烈的对被抛弃感到的痛苦恐惧。此外，在恋爱中的女人对爱的经验中，既有欣喜若狂的时刻，也有因失去心爱之人（无论是真实的还是想象的）而万念俱灰的时刻：恋爱中的女人在抑郁和欣喜之间徘徊，没有中间地带。

萨特的自由之约，波伏瓦的合一神话

在《岁月的力量》的第一章，波伏瓦描述了她从 1929 年 9 月到 1931 年夏天在巴黎的生活。她成功通过教师资格考试，在巴黎做兼职教师以维持一种贫寒的生活，终于可以搬出父母的公寓。这是她有生以来第一次拥有自己的房间，也就是说，她有了一扇可以抵挡随时闯入的扫视的门："有一扇可以关上的门对我来说仍是最幸福的事。"（PL12；FA16）除此之外，她还恋爱了：当萨特结束长假回到巴黎时，波伏瓦说："我的新生活真正开始了。"（PL13；FA17）波伏瓦和萨特的余生都将 10 月 14 日作为他们的"结婚纪念日"。[2]

根据波伏瓦的回忆，萨特没花几个星期就提出了两个"契约"，这两个契约将约束他们接下来五十年的生活。首先，他坚持认为，他们不应该是一夫一妻制。波伏瓦在这段令人难忘的文字中阐述了他们的第一个约定，值得全文引用：

> 萨特不适合一夫一妻制；[3]他享受有女人的陪伴……；他无意在 23 岁（原文如此！）时放弃诱人的对多种类型的尝试。[4]"我们

所拥有的，"他用他最喜欢的术语向我解释，"是一种本质的（essential）爱；但我们也应了解偶然的（contingent）爱。"我们两人是同类（d'une même espèce）；我们的理解会一直持续下去；但它无法弥补与不同的人相遇所带来的转瞬即逝的丰富。我们怎么能故意放弃我们也能感受到的各种情感——惊讶、遗憾、愉悦、怀念——呢？（PL22；FA28；TA）

波伏瓦并没有立即被萨特的"性开放"（disponibilité）这一纪德式主题所打动。然而有一天，他果断地进一步提出，他们应该签订一份为期两年的"租约"（un bail）。这两年他们将在"最亲密的关系中度过"（PL23；FA29），在此期间，他们不会利用彼此给予的性自由。两年期满后，他将去日本教书，他们将有两三年见不到对方。不过，这并没有什么可怕的，因为他们永远不会真正分开："我们永远不会彼此陌生，也不会徒劳地寻求他人的帮助；没有什么能阻挡我们的结合。但我们不能让它沦为单纯的责任或习惯；我们必须不惜一切代价维护它，使其不致沦落到这种地步。"（PL23；FA29）直到这时，波伏瓦才默许了他的计划：著名的"自由之约"成了现实。

萨特实际上是用两年的单偶制来换取一生的不忠，而波伏瓦似乎愿意付出任何代价来换取两年即刻生效的亲密关系和绝对的单偶关系。尽管分离的念头让她焦虑不安，但未来只能等待："萨特所展望的分离确实让我害怕，但这是未来的事……；只要我还感到一丝恐惧，我就把它看成单纯的软弱，逼自己战胜它。"（PL23；FA29；TA）她补充说，萨特绝对的可靠给了她很大的帮助：如果他许下诺言，总是能够守住的。

但这还不是全部："更一般地来说，我知道他不会对我造成任何伤害——除非他死在我前面。"（PL23；FA29）这句话与她在《一个规矩女孩的回忆》结尾处坚定地表示，在 1929 年 8 月与萨特共度一周之后，她就知道萨特永远不会从她的生活中消失（"当我在八月初离开他时，我就知道他永远不会再走出我的生活。"——MDD345；MJF482）有着强烈的呼应。只有后视之明——也就是说，在读者和作者的心目中，存在着一个关于萨特-波伏瓦这对男女的强大神话——才能使这样的陈述看起来像是简单的事实描述。此外，显而易见的是，在这样的句子中，成熟的波伏瓦和年轻的她之间没有任何的差距：我们在此同时见证了原始的波伏瓦式的对她和萨特之间的合一神话的演绎和构建。[5]

再往下一页，波伏瓦坚持说"我们两人眉心上有的相同印记（ces signes jumeaux）"（PL25；FA31-32），以此来进一步巩固"合一"这一主题，这使得诸如生活在同一屋檐下等更平凡的承诺显得多此一举。波伏瓦在论述中试图解释他们非同寻常的合一性，这样的论述超出了理解的极限："一个单一计划激发了我们：拥抱一切，见证一切；……因此，在我们分开的那一刻，我们的意志合二为一。将我们绑在一起的东西解放了我们（nous déliai）；在这种自由（déliement）中，我们发现自己被绑在最深的自我之中。"（PL25-6；FA32；TA）

波伏瓦正是在描述自己一想到要与萨特分离就焦虑不安的时候，幻想出一种坚不可摧的结合，这绝非巧合：只有她自己对这种合一是现实的（无论多么超越）深信不疑，萨特的自由契约对她来说才可以承受。合一的神话对她的身份认同感至关重要，它使她能够解决一系列的冲突。首先，它弥合了她自己的害怕分离与萨特的渴望无限情感和性自由之间的鸿沟。它坚定地否定了平凡和日常，将两人关系的本质定位在一个超越的层面上，而这个层面，顾名思义，是不会因世间的任何特定行为而受损的。波伏瓦的神话允许她不管萨特实际做了什么或说了什么，都能继续将萨特理想化。然而，通过将萨特置于一个现实无法触及的位置，她也使自己无法认识到萨特是一个有着普通人需求和欲望的人。如果说萨特的作用是为她提供绝对的保护，使她不至于陷入迷茫困惑，那么她认为自己为萨特提供了什么，则仍不清楚。她将萨特塑造成一个神一样的人物，同时也免除了自己认识和回应萨

240

特需求的任务：在波伏瓦对他们两人的最初幻想中，萨特是一个提供一切的好母亲，这绝对是这个幻想中的一个关键要素。可以说，对萨特来说，波伏瓦的理想化的代价是某种程度的非人化。[6]

就波伏瓦本人而言，她的浪漫主义理想主义显然是对孤独和分离所引发的焦虑的一种防御，但她所付出的代价过于高昂了。她将两人的合一性视为公理，这就造成她永远无法将自己与萨特对立起来，否则就会让自己面对绝对的分离和丧失的威胁。如果她的需求与萨特的需求冲突，她只会压抑自己的欲望。这种自我克制不同于在情感上对他人的需求做出更加自立的回应：前者不允许受害者有任何自由和选择，而后者则包含了拒绝或与他人协商的可能性。波伏瓦一开始默许了萨特的自由之约，这说明了我提过的：由于萨特希望如此，她无法表达自己的痛苦；她没有反对萨特的意思，而是通过制造一种超越性存在的幻想来补偿自己的挫败感。因它的存在正是由于女性在情感上的从属地位，这个著名的契约很难成为存在自由的典范。[7]

顺便提一下，在萨特决定从波伏瓦身边诱走她的学生和密友、年轻的奥尔加·科萨凯维奇时，在三人之间的情节中也可以看到同样的结构。尽管波伏瓦既嫉妒又愤怒，但她只能默许："我不能为了她和他争吵，因为我不能容忍我们之间有任何分歧。"（PL255；FA293）换句话说，完美的交融意味着他坚持时，她让步。就像《女宾》中的弗朗索瓦丝和皮埃尔一样，两人可以合二为一，但他是那个一。

开放之约

自由之约后，紧接着是另一个约定："我们之间订立了另一个约定：我们不仅永远不对彼此撒谎，而且谁也不对谁隐瞒任何事。"（PL23；FA29）波伏瓦在《女宾》中生动地描述了这种约定的乐趣和恐怖。然而，在《岁月的力量》中，她刻意强调了其积极的一面：

我不再需要为自己担心：我的所有行为都会受到足够善意的审视，但其公正性远远超过我自己所能做到的。我把这样得到的视野看作是客观的；这种控制系统保护了我，使我不至于在孤独的环境中轻易地滋生出那些恐惧、虚假的希望、无端的顾虑、空想和各种小头脑风暴。缺少独处并没有困扰我，相反，我很高兴能远离孤独。我看萨特就像我看自己一样透明：多么平静的心灵啊！（PL24；FA30；TA）

在《岁月的力量》中，这种契约被描述为只是对自由契约的一种补充：波伏瓦在谈到过于开放的潜在弊端时，猜测这种契约可能只适合于像她和萨特那样深度合一的夫妇。然而，对波伏瓦本人来说，开放或透明的契约并不是有的选的。第二个契约保证了她可以最大限度地接触对方的思想，因此可以最大限度地缩小第一个契约所建立的距离；如果没有透明性的保证，萨特的自由是无法忍受的。如果萨特与其他女人有情爱关系，至少她可以在某种程度上从内部见证他的情感。在试图融合他们两种意识的过程中，完全真诚的承诺成了她所幻想的合一的基石，这种幻想构建了波伏瓦与萨特的关系。

波伏瓦只专注于她自己在第二个契约中的体验，它对她的伴侣的重要性我们只能猜测。"我对自己完全没有兴趣，"萨特在谈到 1925 年至 1940 年这段时期时写道，"我感兴趣的是思想、世界和他人的内心。……我无法忍受写日记，我曾经认为人来到世上不是为了审视自己的。……战争结束后，我不会再写日记……。我不想直到生命的尽头都被自我纠缠。"（*Carnets*，pp.174—175）如果萨特真的不像波伏瓦那样强烈地希望自己的形象在对方那里产生回应和共鸣，那么保持真诚的约定对他的情感分量就会比对波伏瓦的情感分量轻得多。奥利维尔·托德（Olivier Todd）在他的回忆录中讲述了他与这个"小家庭"的生活，他说他曾问过萨特，他是如何同时应付这么多女人的：

——你是怎么做到的?

——不跟她们说真话,萨特说。这样更容易,也更体面。

——你对所有的人都撒谎吗?

他笑了。

——所有人。

——连跟海狸也是?

——尤其是跟海狸!(*Un fils rebelle*,p.116)[8]

如果托德没说错,那么萨特自始至终是将这个著名的"契约"视为对另一个恋爱中的女人的临时让步,再没有更多:在漫不经心的旁观中,他给了波伏瓦致命一击。[9]在波伏瓦这里则相反,他们的约定有着巨大的影响。彼此透明的约定是拉康镜像阶段的异化理论的教科书式的诠释,将她的自我变成了他人主体性的效应。虽然镜像让婴儿感觉到自己精神上的统一,拉康写道,但婴儿在镜中看到的并不是自己,而是"分身的理想意象"(*Les Complexes familiaux*,p.44):"这个阶段特有的世界是自恋。……这是一个……不包含他人的世界。"(pp.44—45)由于无法区分爱与认同,自恋的自我只能爱自己的分身,但这个分身并不是他者:在异化的那一刻,自恋的主体仍然深感孤独。波伏瓦接受了彼此透明的契约,以她的身份认同感换取了对抗孤独的脆弱堡垒。

绝对幸福,绝对绝望

波伏瓦明确地将她与萨特的"基本理解"(PL26;FA32;TA)与她与扎扎的关系,以及在此之前与"父亲对我微笑时的酸楚快乐"(PL26;FA33)相比较,她坚持认为与萨特的密切交谈产生了完全的幸福。事实上,她告诉我们,在萨特身上,她不仅找到了扎扎提供的陪伴,还找到了童年时代所有的情感安全感;萨特取代了上帝的位置:

"我对他的信任是如此彻底，他给了我父母或上帝曾经给过我的那种绝对可靠的安全感。"（PL27；FA33）她说，在他们交往的早期，她一直处于一种"心满意足的幸福"状态（PL27；FA33），其强烈程度几乎可以扫去扎扎于 1929 年 11 月不幸去世造成的痛苦。

波伏瓦正是在叙述的这个时刻，选择展开解释自己独特的幸福的能力。"在我的一生中，我从未见过一个人像我一样，"她写道，"如此具备获得幸福的能力，也从未见过一个人像我一样如此不屈地努力追求幸福。一旦我眼见过幸福，我的眼中便再无其他，只能专注于它。"（PL28；FA34）她的幸福感如此之强烈，显然是由于她体验到了与一个主导的他人不可思议的合一的感觉：萨特是扎扎，是上帝，是她的父母，是三者合成一体，他一个人就能保证她是安全的。但是，如果她的幸福建立在与一个占主导地位的他人合二为一的幻想之上，那么这种令人深感满足和振奋的合一感所受到的最轻微的威胁，都可能产生同样剧烈的寂寞与被抛弃的体验。

而事实也正是如此。波伏瓦写道，在她的一生中，深刻的痛苦穿透了她的幸福之盾。在《一个规矩女孩的回忆》中，波伏瓦描绘了一幅田园诗般的幼年生活的画面，但她自己的暴怒让她感到困惑。在《岁月的力量》中，她让我们注意到一个与之相似的现象：

243   内疚和恐惧非但没有相互抵消，反而同时向我袭来。我遭受它们的攻击，按照一种有节奏的模式行事，这种模式几乎支配了我的整个生命历程。我会连续几个星期处于亢奋状态，然后在几个小时内被一种龙卷风摧残一空。为了进一步证明我的绝望状态，我会耽溺于一种由死亡、虚无和无限组成的深渊当中。当天空再次放晴，我永远无法确定自己是从噩梦中醒来，还是重新陷入了某种漫长的天蓝色幻想，一个永恒的梦幻世界。（PL65-66；FA76）

在波伏瓦的作品中，这种空虚、死亡和吞噬的意象反复出现，总是预示着一种深刻的情感痛苦体验。[10]同样的形象在《女宾》当中被与格扎维埃尔联系在一起，传达了对充满敌意、侵入性和压倒性的母亲意象的恐惧。波伏瓦在小说中选择用存在主义哲学来装饰弗朗索瓦丝的孤独体验。而在《岁月的力量》中，她却小心地避免做出任何评论：在这一点上，波伏瓦的叙述重复并强化了年轻时的自己的立场，那个她尽管渴望探索一切，却拒绝将这些特殊经历视为可能是有意义的现象。"我并不常因这样的危机崩溃，"波伏瓦写道，"我反思，但我通常很少反思自己的行为，因为我太专注于整个世界了。然而，"她突兀地总结道，"我的许多经验都蒙上了这种抑郁不安的色彩。"（PL66；FA78）

1931年春，事情明确起来，波伏瓦将于这一年10月前往距离巴黎五百多英里之外的马赛任教。根据戴尔德丽·贝尔的说法，这个消息给她带来了几个月的焦虑发作，朋友和熟人经常目睹这一切。一般来说，焦虑症的发作有固定的模式，波伏瓦在谈到她1934年和1935年在鲁昂的岁月时这样描述：

> 有时，我也会从奥林匹斯山上滑落。如果某天晚上我喝得有点多，泪水就很可能会泛滥成灾，我过去对绝对的渴望又会被唤醒。我会再次意识到人类努力的虚无和死亡的迫近；我会不齿萨特让自己被"生命"这种可恶的神秘化所欺骗。翌日，我仍会受到这种发现的影响。（PL207；FA239）[11]

戴尔德丽·贝尔在采访了波伏瓦和她的许多朋友后，对典型的"危机"做了如下描述：

> 这种情况通常发生在公共场所，一般是咖啡馆。她会默默地、持续地喝酒，喝下大量的酒，但这似乎对她的清醒程度没有什么影响，一直到她开始哭，起初是无声地掉泪，然后是发出声音的啜泣，越来越强烈，声音越来越大，一直到她的身体承受不住。

244

突然间，仿佛某种内在的安全阀警告她，已经发泄得够多了，一切就会停下来。她会擦干眼泪，在脸上扑粉，整理好衣服，重新加入对话，仿佛无事发生。（*Simone de Beauvoir：A Biography*，p.169）

波伏瓦坚决拒绝在超过最浅层之外讨论她的"抑郁症"发作，这使她失去了一种语言来分析自己的经历，也使她对有可能吞噬她的主体性感受的空虚无力招架。年轻的波伏瓦在与扎扎或萨特的彻底融合和一种绝对的空虚感之间摇摆不定，似乎无法建立牢固的认同感。事实上，这正是她自己得出的结论：

> 或许所有人都难以学会与他人共处：当然，我从来没有这样的能力。我要么高高在上，要么坠入深渊。在我从属于扎扎时，我陷入了黑暗的谦卑的最深处；同样的故事（在萨特身上）重演，只不过我从更高的地方摔下来，我的自信心受到了更原始的撼动。在这两种情形下，我都保持了心灵的平静；我被对方迷住，忘记了自己，以至于没有人可以对自己说：我什么也不是。（PL61；FA72-73；TA）

与弗朗索瓦丝的"多年来，她已不再是一个独立的个体；她甚至不再具有面目……她从未说过'我'"（SC173；I216）相呼应，波伏瓦与她的主人公一样，对"放弃自我"（abdication）的经验的反应是自责，"这是我的错，"弗朗索瓦丝这样坚持（SC173；I216）。"我责备自己……对待生活过于随意（la trop grande facilité），"波伏瓦写道（PL60；FA72），"我觉得自己有错。"（PL62；FA73）[12]波伏瓦的义务感和责任感、她所受教育灌输给她的知识分子的使命感、她自己作为一个前途无量的年轻女性的社会形象、她父亲对她成为作家的期望——可以说，她身上的每一个超我结构（super-egoic structure）——都与她渴望与爱人和谐融合的热望发生着激烈的冲突。在这场冲突中，对她来说意义重大的一切都岌岌可危：如果她放任自己沉湎于自我陶醉的热望之中，她的超我就会对她的"放弃自我"进行残酷的惩罚，波伏瓦就会产生罪恶感，失去自尊，陷入自我厌弃和抑郁之中。同时，情爱的幸福也是不可靠的：只要与萨特稍有分离，她就会被空虚、焦虑和抑郁所侵袭。她在情绪上能否过得去似乎取决于她是否有能力满足超我的要求——将自己塑造成一个坚强、自立、富有创造力的女性——同时又不至于让自己陷入无法忍受的分离和孤独。在这种情况下，她坚信自己与萨特的根本合一性就成了她精心策划的防御策略的基石，而这一策略也非常有效。

245

精神分裂与现实

萨特对波伏瓦的情绪危机感到不安，他提议结婚，首先是因为结婚就意味着一定能在同一个城市获得教职。波伏瓦拒绝了。在她看来，她对萨特的依赖是幼稚的，这让她很苦恼，于是她决心去马赛，克服自己的"弱点"，重新找回身份认同感。考虑到她显然已经万分绝望，这一定是波伏瓦做出的最艰难的决定之一。她自己的文字也证明了这一点：

> 在我的一生中，我没有经历过可被称为"决定性"的特殊时刻；但某些时刻我现在回想起来却是如此重要，以至于它们从我的过去中浮现出来的时候，焕发着伟大的事件一般的光彩。我记得，我到达马赛仿佛标志着我的人生走到了一个绝对的转折点。（PL88；FA103；TA）

为了排遣在马赛的孤独，波伏瓦成了一个狂热的徒步旅行者。她系统地探索了这座地中海城市周围的每一个村庄、山丘和山脉，她感到自己肩负着一项使命："我的好奇心让我没有片刻的休息。……我以顽强的毅力重新发现了自己的使命，那就是把将被遗忘的事物打捞回来。"（PL90；FA106）此时，波伏瓦对登山的狂热是一种动力满满的、甚至痴迷的状态。她的妹妹来探望她时，她甚至都没有考虑改变她的徒步旅行计划。埃莱娜勇敢地陪着她，虽然脚上磨出了水泡，筋疲力尽，但一句都没有抱怨。有一天，在一次长途徒步中，她发烧了："我让她在住宿地休息，喝点热棕榈酒，等几小时后回马赛的汽车。然后我一个人完成了徒步。"（PL91；FA107；TA）那天晚上，埃莱娜因流感卧床不起。波伏瓦对自己的行为感到困惑，她问自己怎么会如此无情地对待妹妹：

> 萨特经常对我说，我是一个精神分裂症患者，我不是根据现实来调整我的计划，而是不顾一切地继续这些计划，把现实仅仅看作微不足道的细节。……我准备否认我妹妹的存在，而不是偏离我的计划。……在我看来，这种"精神分裂症"是我特有的乐观主义的极端和畸形的表现形式。正如我二十岁时那样，我拒绝承认生活中除了我自己的意志之外还有其他意志。（PL91；FA107；TA）

有很长一段时间，萨特都在嘲笑波伏瓦"精神分裂"。可以肯定的是，她拒绝让现实干扰她的计划；她精心制作时间表、计划徒步；她认为自己的幸福有赖于严格遵守自己的规则，这些都有相当疯狂的成分。从她对自己严格的日程表的执迷中，我们很难不窥见她对空虚的恐惧，更确切地说，如果她偏离了自己的计划，哪怕一寸，她的情绪就会陷入混乱。她将自己的意志与现实对立起来，在成人生活中上演了弗洛伊德称之为"思想全能"（omnipotence of thought）的自恋童年幻想：可以说，波伏瓦很难与现实原则和解。[13]

在《岁月的力量》中，波伏瓦反复提及她的"精神分裂症"。"我对幸福的精神分裂症式的痴迷蒙蔽了我的双眼，让我看不到政治现实，"她在慕尼黑危机爆发时这样说（PL363；FA415；TA）。[14]她花了一整场世界战争的时间才从这样畸态的自我中心中脱离。"萨特曾称之为我的'精神分裂症'终于屈服于现实的无情对立，"她在 1941 年夏天说（FA555；PL484；TA)。[15]1944 年 8 月法国解放时，她声称，她的"精神分裂谵妄症"终于彻底好了：

> 我再也不会陷入精神分裂的谵妄之中，多年来，我一直试图让宇宙为我的意志服务。……我的生活不再是一场游戏，我知道自己的根在哪里，我不再假装可以逃避自己的处境。相反，我努力去承担它。从那时起，我对现实有了正确的认识和评价。（PL600；FA686；TA)[16]

如果说《一个规矩女孩的回忆》的一部独立女性的成长小说，那么《岁月的力量》就是一部摆脱幻想的叙事：它讲述了西蒙娜·德·波伏瓦如何摆脱"精神分裂症"并最终面对现实的故事。存在主义关于政治和存在的承诺（political and existential commitment）的学说显然使她免于继续对空虚进行狂躁的防御。[17]在这一脉络下，有意思的是，我们可以注意到，英国精神分析学家唐纳德·温尼科特（Donald Winnicott）明确地将存在主义与他称之为寻求个人不存在（non-existence）的防御策略联系在一起：

> 在宗教中，这种思想（不存在的愿望）可以表现为与上帝或宇宙合为一体的概念。在存在主义的著作和学说中，我们可以看到这种防御被否定（原文如此！），在这些著作和学说中，"存在"成了一种狂热崇拜，试图对抗个人的不存在倾向，而这种倾向原是一种有组织的防御的一部分。（"Fear of Breakdown"，p.95）

温尼科特的这番话精辟地揭示了波伏瓦的冲突的本质：一方面是

她青少年时期与大自然心醉神迷的交融的经历，这种经历后来被置换为与萨特合一的体验；另一方面是对失去爱情的恐惧和对严格时间表的痴迷（她的"精神分裂症"），这种痴迷慢慢让位于对存在范畴的投入。从哲学和心理学角度看，波伏瓦似乎在"不存在"的诱惑与"存在"的令人振奋的挑战之间摇摆，就像波伏瓦自己在《境遇的力量》中承认的那样，"存在（being）［存在（existence）］与虚无的基本对峙，是我在二十岁时就在私人日记中勾画过的，也是我在所有的著作中追寻的，但它从未解决。"（FC283；FCa370）她的其他各种冲突——依赖与独立、孤独与共处、惆怅与幸福——在很多方面都是这一基本主题的变体和转移。

然而，不仅仅是波伏瓦对历史现实的经历消解了她的"精神分裂症"：显然，三个人状况频出的这一时期也迫使她面对现实——萨特对奥尔加的欲望——最令人不快的一面。1935 年，萨特年满 30 岁，他发现自己不过是个没有重要发表成果的外省哲学教师。他的挫败感导致了真正的倦怠和抑郁危机，最终使他产生了被龙虾迫害的幻觉。"萨特无法听任自己进入'不惑之年'，"波伏瓦语带讽刺地评论道（PL211；FA243）。为了拼命留住青春，萨特投身到激情的体验中。"我把（奥尔加）看得如此之高"，他在战时日记中写道，"这是我有生以来第一次在另一个人面前感到卑微和毫无抵抗之力。"（Carnets，p.102）波伏瓦忧虑地写道，萨特与奥尔加在一起时经历了"惊恐、狂热和狂喜的感觉，这是他与我在一起时从未有过的"（PL261；FA299）。

波伏瓦极力维护她与萨特的基本结合，尽责地进入了一段三角关系。她被迫面对两人之间存在的真正的情感上的不统一，她经历了一种"远超嫉妒"的痛苦，她写道："有时我问自己，我的全部幸福是否建立在一个巨大的谎言之上。"（PL261；FA299）与萨特对另一个女人的激情迎头相对之时，波伏瓦不得不面对自己的幻灭。"当我说我们是一体的时候，"她写道，"我并不诚实。两个人之间的和谐从来都不是必然的，它必须通过不断的努力才能达成。"（PL260；FA299；TA）然而，这种唯意志论的思考并没有缓解她的紧张情绪，最终她因肺部炎症而病倒了。当她发现自己被担架抬出旅馆时，神思昏沉的西蒙娜·德·波伏瓦突然意识到，灾难真的降临到了她的身上：这一次，她的"精神分裂症"在自己身体的无可改变的现实面前破灭了。但有一点是肯定的：只有在"精神分裂症"开始崩溃时，波伏瓦才真正开始了写作："从现在起，我始终有话要说。"（PL 606；FA694）

填补虚空

在《岁月的力量》中，第二次世界大战代表一个痛苦的对现实觉醒过程的完成，这个过程的起始是三人关系的实验。三人关系标志着波伏瓦与萨特之间简单的幸福生活的结束。这也标志着她回忆录中某种程度的坦率的结束：从这时起，她的文本比之前更倾向于隐藏性生活的真相。波伏瓦的书信和战时日记（1990 年出版）证实了，三人关系开启了波伏瓦与萨特关系的新阶段。1937 年之前，萨特和波伏瓦都只是偶尔各有露水情事。但在那之后，他们似乎一直与他人保持着复杂周折、有时甚至是相当不体面的关系。正如我们在第五章中所看到的，波伏瓦本人于 1938 年 7 月与奥尔加的情人博斯特开始了性关系。这标志着他们两人之间长期恋情的开始（无疑一直持续到 20 世纪 40 年代末）。萨特则从奥尔加身边来到她的妹妹旺达身边，并且余生都与之保持着关系。在假战期间 *，他甚至向旺达求婚，这使波伏瓦警铃大作。除此之外，他还让自己牵扯进了似乎数不清的与其他女人的情事当中，这些情事或多或少都带着些丑闻性质，这些都在他写给"海狸"的信中有详细记录。波伏瓦本人也与许多年轻女性往来，一些人（但不是全部）同时是萨特的交往对象。[18]为什么波伏瓦会想要如此生活？她快乐吗？她有选择其他方式的自由吗？

---

* 假战（phoney war），指 1939 年 9 月开始到 1940 年 4 月这段时间。

1939 年 9 月，萨特和博斯特被征召入伍。只留下波伏瓦自己，她只能尽她所能地面对没有他们的生活。这是她在 1939 年 11 月 10 日写给萨特的信：

最亲爱的小人儿

今早我收到了您（votre）的来信。我不会把这封信放在学校的黄色大文件夹里，我要把它放在我包里的一个秘密口袋里，我想我会每天都读。我爱您。我爱您，我感受着您的爱，就像我感受到的自己的爱一样强烈：我们是一体的（on ne fait qu'un）。您无法想象这让我多么平静和坚强。我很幸福。我从未感到如此完全地与您融为一体，在世上与您独处，从未，从未。

昨天给您写信之后，我们去了阿涅斯·卡普里（Agnès Capri）的家。我已经委托比嫩费尔德把这件事全告诉您了——非常有趣。然后我们回到旅馆，她睡在我的房间（瞒着科斯姐妹）。我们度过了一个激情的夜晚——那个女孩强烈的激情令人难以置信。在感官方面，我比往常更加投入，抱着一种恍惚而野蛮的想法（我想），我至少应该从她的身体中"得到点什么"。有一丝堕落的感觉，我也说不上来，但我认为这只是没有感情的缘故。我意识到这是一种没有感情的感官快感——这在我身上基本上从未有过。……现在，比嫩费尔德控制了我，压制着我，科斯就像禁果一样吸引着我——我觉得她很诱人，很迷人。……我想和您快乐地重新开始一段生活，把巴黎、金钱，一切都一扫而光。除了您和一点自由，我什么都不需要。我爱您……我是如此幸福，因为关于我的爱，我再没有什么可告诉您的，没有什么是您不知道的，我亲爱的爱人，您和我一样清楚。

您迷人的海狸（LS154—156；LSa247—250；TA）

波伏瓦从前的学生比昂卡·比嫩费尔德（Bianca Bienenfeld）（在

这些信件的法文版中被称为"路易丝·韦德里纳")当时也是萨特的情人,波伏瓦的许多信件都在抱怨比嫩费尔德企图在三人关系中与波伏瓦平起平坐:"我愤怒地告诉她,我不明白她是如何看待我们之间的关系的;她似乎把三人行看成是精确的三等分,这让我大吃一惊。……一时间发生了动真格的激烈争吵。"(LS160;LSa253)但这并不妨碍她与冒犯她的比嫩费尔德上床,"一个可悲而激情的夜晚。我的激情令我恶心——就像鹅肝酱,而且是质量很差的那种",她在11月12日的信中对萨特说(LS161;LSa255)。

比昂卡·朗布兰(Bianca Lamblin,比嫩费尔德是她的婚前姓)在评价波伏瓦关于这些事件的说法时指责波伏瓦故意破坏她(比昂卡)和萨特的关系,其手段堪比梅尔特伊夫人*。整个1939年到1940年的秋冬季节,波伏瓦的信中满是对比昂卡的负面评价,她的罪行是企图在关系中占据跟萨特同等的位置。1940年2月底,她的努力有了结果。"月末,没有任何征兆的情况下,我突然收到了萨特的来信,他宣布他和我之间的一切都结束了,"比昂卡·朗布兰写道,"因为完全在我意料之外,所以打击也就更加惨痛:他此前的来信都热情、温柔、充满爱意。"(*Mémoires d'une jeune fille dérangée*,p.80)从波伏瓦通信当中的证据来看,朗布兰指责波伏瓦在这件事中不诚实是有道理的。而萨特也很难说是一个正直的榜样。在朗布兰的《一个不安分少女的回忆录》(*Mémoires d'une jeune fille dérangée*)当中,最骇人的段落之一就是她对自己如何失去贞操的令人不寒而栗的描述。这一意义重大的事件发生在米斯特拉尔旅馆,在返回旅馆的路上,34岁的萨特情不自禁地吹嘘起自己其他的丰功伟绩。"旅馆服务员肯定非常吃惊,"他漫不经心地告诉18岁的比昂卡,"你看,就在昨天,我还要走了另一个年轻女孩的贞操。"(pp.54—55)至于行为本身,萨特的表现却出乎意料地粗暴:"没有性爱的温情,没有真正自然而然的姿态,如果有,

---

* 梅尔特伊夫人是法国小说《危险关系》中的主人公。

一切倒能轻松自在。在我印象里，这个男人是在按照一套熟记于心的指令行事。犹如进行外科手术的准备工作。"（p.57）与萨特不同，朗布兰写道，波伏瓦能够享受真正的肉体愉悦，"我们的肉体关系让我着迷，给了我很多快感"（p.59）[19]。

在写给萨特的信中，波伏瓦却声称自己并不十分享受与女性的性关系。当她最终"屈服于"娜塔莉·索罗金时，是带着一种不情愿的感觉："我们开始接吻，我没有任何欲望——而是出于一种顾忌——问她是否希望我们有'完整的关系'。"（LS243；LSb18）然而，索罗金显然缺乏经验（"她绝对是处女"——LS243；LSb19），波伏瓦为此心动，有时甚至承认想和她上床（如她在1940年1月11日的信中所写）。不过这并不妨碍她声称，在给女人带来性快感上，男人还是胜过女人。1939年12月，她在日记（也是写给萨特看的）中抱怨比嫩费尔德在床上的做法：

> （这是）经济的、理性的、理智的……机械的反应。只要我们还在床上，我就能感受到这种机械的一面，我恨透了比嫩费尔德，当她在我的温柔中如醉如狂时，我却以恨她为乐。……在她那双令人不适的手下，我开始思考起女人的笨拙，而恰是在这方面，男人是如此灵巧。（JG208）

在写给萨特的信中，波伏瓦重又感叹："我问我自己，在特定位置的爱抚中笨手笨脚的为什么是女人而不是男人（科斯、R.和比嫩费尔德都让我经历了同样的折磨）。……这多少像个未解之谜。"（LS2289；LSa377）当然，真正的未解之谜应该是，她为何频频在女性的爱抚下就范，却声称这几乎没什么快感。《给萨特的信》既是写给萨特的也是为萨特而写的，波伏瓦在其中安慰性地暗示，女人之间的性关系不算数：如每个父权家长所知，真正的性爱在别处。

但还不止这些。在这些段落中，波伏瓦还透露了她对这些女人的感情有多么强烈：她憎恨比嫩费尔德，她被奥尔加折磨，她甚至与索罗金大打出手。"索罗金七点钟来了，我想着怎样才能和她共度四个小时，于是我开始恨她，"她在 1940 年 7 月法国沦陷后写道（LS325；LSb170）。索罗金拒绝在宵禁时间离开，波伏瓦勃然大怒，索罗金试图殴打她，波伏瓦把她赶了出去。索罗金揿门铃，波伏瓦怒不可遏："我去开门，气得浑身发抖——我想一个人待着，静一静，睡一觉。坦白说我恨她。"（LS330；LSb175）第二天晚上，他们发生了肢体暴力："在喊叫、互殴、扭打和威胁中，我最终把她赶了出去。"（LS331；LSb177；TA）随后，双方和解，直到下一次危机爆发。在波伏瓦与男性的关系中，从未出现过这种充斥愤怒和厌恶的场面：她对男性通情达理、友好友善；对女性则锱铢必较、易怒、高傲、略带施虐倾向且极度矛盾。"我理解……那些巨大的、可被指摘的，但又无法抵挡的愤怒，有时会在你面对弱小的、毫无自卫能力的个体时掌控你，"她对萨特这样感叹道（LS180；LSa293）。

251

从她的书信中可以看出，波伏瓦对待她的女性情人愤怒、激情、激烈，就像弗朗索瓦丝在《女宾》中对格扎维埃尔所表现的那样。在许多方面，波伏瓦都将她的女性情人写成她母亲的翻版。例如，在《安详辞世》中，她谴责母亲监视女儿："她无法忍受被冷落的感觉。"（VE34；UM54）她还坚持称母亲会"粗暴地入侵"，"时不时地自我膨胀"（VE35；UM55）[20]。她和她的女朋友们在一起时，对探听与入侵可谓抱有执念。她一直忧心应该在哪里藏个人文件，于是她把萨特的信锁在工作的地方，所有博斯特写来的信都是存局候领（虽然她与博斯特的性关系始于 1938 年，但直到 1941 年，奥尔加显然还没有听说或发现他们的事）。有时，一想到奥尔加会读到这些信件，她就会恐惧不已。还有一个问题是旺达，她不喜欢波伏瓦，而且她与波伏瓦和奥尔加住在同一家酒店。有时，波伏瓦甚至不介意把入侵者和被入侵者的角色颠倒过来，坦然地承认她曾偷偷溜进旺达的房间读她的日记（见LS361；LSb220）。

当她生命中的两个男人造访巴黎时，波伏瓦策划了一出复杂的场面，当中充斥着计谋和谎言。她假装去外省看望妹妹，萨特一到巴黎，她就溜到右岸，与萨特秘密相处了四天。萨特假装"正式"抵达巴黎后，与波伏瓦见了两天，与旺达见了四天，又与波伏瓦秘密地见了四天。萨特的母亲也在女人的混战中度过了几天。博斯特回来休假时也是同样的情况，只是波伏瓦根本没有"正式的"属于他俩的时间。每当比嫩费尔德来到巴黎，索罗金就会嫉妒得发狂。连奥尔加，她自己与波伏瓦和萨特的激情基本上结束了，但当波伏瓦与比嫩费尔德在一起的时间过长时，她还是会吃醋。与此同时，萨特给后者写的信更加诡计多端，波伏瓦很高兴萨特写了这些信，心满意足地说："总之，谎言和真相极好地相互纠正着，令人钦佩，你我都做得很好。"（LS184；LSa301）向奥尔加隐瞒博斯特的事，向比嫩费尔德隐瞒索罗金和萨特的事，向索罗金隐瞒比嫩费尔德的事，向旺达隐瞒萨特的事，这一切都有萨特的共谋和理解：在这些卑鄙的交易中，波伏瓦很难说留下了什么很正面的形象。

无论波伏瓦如何抱怨她那些"迷人的害人虫"（LS231；LSa383），她从未采取过明白的解决办法：她甚至没有想过干脆断绝与周围各种女人的关系。读她的信，我们不难发现其中的原因：尽管她抱怨不断，尽管她戏剧性地坚持自己需要独处和工作时间，但她实际上是在女性关系的强烈情感中获得乐趣与力量的。也许她真的不喜欢性爱；但她无疑非常享受那些流泪的场面、戏剧性的争吵和肉体扭打的戏剧化场面所产生的惊心动魄的存在感。她对其他女性阅读她的信件的焦虑从未让她烧掉这些信件，也从未让她放弃写日记：其他人可能需要戒断一下，而波伏瓦需要保证她每天一定量的焦虑。如果没有她的"害人虫"，隐藏在她捉迷藏游戏下的空虚感就更难以控制。

然而这种情感补充的代价就是她的朋友也要求她提供时间与情感。在信中，她似乎总是感觉到自己的女性情人对她的侵扰，甚至污染。"我很高兴比嫩费尔德没能来，"她在 1939 年圣诞节于默热沃滑雪度假时写信给萨特说,"独自一人,不受任何人的影响,只想自己的事,是多么悠闲。"(LSa382)21。一月初回到巴黎后,她又开始抱怨:"我那迷人的害人虫又开始吞噬我了,我觉得有点受不了——我太想工作了,你无法想象。"(LS241;LSb15)然而,就在下一句话中,她承认"午餐时看到索罗金,我不禁心旌摇曳——以至于我把晚上的时间给了她(给你写这封信时我正在等她)"(LS241;LSb15)。在波伏瓦的巴黎生活中,时间成了她的谈判筹码:30分钟与索罗金(她在学哲学)讨论笛卡尔,30分钟在床上缠绵。她的日记和书信中充满精确的时间表,仔细计算着工作、吃饭和睡觉的时间。无论是在马赛的登山活动还是在巴黎外出用餐,波伏瓦对自己的计划都表现出同样的执着。"你就是冰箱里的计时器!"索罗金哭着说(PL476;FA546)。

某种意义上说,波伏瓦非常需要她的女性情人:她们充实了她的生活,帮她掩盖了始终纠缠着她的可怕的空虚;她鼓励着她们的爱慕,需要着她们的欣赏,她喜欢被这些年轻女性崇拜和自己高于她们的感觉,这些年轻女性与在职业上取得成功的波伏瓦不同,她们在巴黎贫穷落魄的边缘过着不稳定的生活。波伏瓦把自己和萨特的薪水分给许多这样的女孩,她从未抱怨过自己相当微薄的收入以这样的方式流走。22由于她们都很年轻,在社会上处于边缘地位,或者在职业发展上不如波伏瓦,因此尽管她还没有发表过作品,她也很容易感到自己掌握着自主权,并且相当成功。(我们将会看到,当她成为一名有出版著作的作家后,她就不再那么依赖此类与女性的关系了。)波伏瓦身边围绕着一群依赖她的女性,这平衡了她岌岌可危的情感等式:她以这种方式让自己感受到自主和被爱;爱不再排斥独立。

然而,要打破这种岌岌可危的表面和谐费不了吹灰之力。1940年2月,萨特在巴黎休假。在萨特与旺达在一起的日子里,波伏瓦陷入了最黑暗的抑郁之中。"不是因为萨特和旺达在一起才让我不堪重负,"她在日记中写道,"他和家人在一起对我也是一样的,这是一种见不到他的痛苦。"(JG275)无论事实如何,显然当萨特和其他女人在一起

253

时，波伏瓦的世界被抽干了情感。"他的意识对我来说是如此绝对，而今天早上，世界似乎完全空了，就像我被扔进了石头做的孤独当中，"她继续说道，"一想到那些替代品，科斯、比嫩费尔德，我就感到恶心。23现在我宁愿认为自己是彻底的独自一人；今天看到他们真是一种负担。"（JG276）

然而，当萨特或博斯特在她身边时，幸福、自由和快乐再次出现："萨特来了，博斯特也快到了，我今年的工作非常出色，巴黎很美。这是一个回荡着幸福的强烈、充实和自由的时刻。"（JG272）一周后，萨特离开后的一段时间里，她仍然感到"被（他的）爱所包围和支撑"（LS274；LSb82）：这跟他与旺达在一起时她所经历的"他不在造成的绝对纯粹的痛苦"（JG276）形成鲜明对比。萨特在前线时——也就是说，远离其他女人——相比他在巴黎与旺达、比昂卡或其他情妇在一起时，没有让她感到那么寂寞，她的抑郁也轻得多。波伏瓦所惧怕的，似乎不是孤独，而是失去萨特的爱。24

在她1939年和1940年的信件和日记中，有很多证据表明她对博斯特的爱是认真的。她花了很多时间试图向自己证明，博斯特与她的关系是"必不可少的"（essential）［而非"偶然的"（accidental）］，因此优于他与奥尔加的关系。这与萨特对"必然"和"偶然"之爱的区分相似，肯定不是巧合。他们战前在马赛的最后一次会面（1939年7月）曾留给她这样一种印象：对于博斯特来说，她不过是"许多次情事中的一次，非常愉快，但时不时有点麻烦，而且有点偶然——这就是我在朱安雷宾（Juan-les-Pins）哭得那么伤心的原因，这就是让我在假期中一直打不起精神、如此失望的原因"（JG287），而她在努力去除这样的印象，这一点相当令人感慨。博斯特离开她去见奥尔加时，波伏瓦记录下了一种空虚的感觉："我想见博斯特，这是一种简单的欲望，并不算痛苦，但它确实让我被空虚围绕。"（JG290）

无论是朋友还是情人，女性都很少能取代博斯特带来的性和情感满足，他们只能徒劳地挣扎，以填补萨特的绝对存在留下的空白。波伏瓦狂躁地抵御抑郁和孤独，她发了疯地制定时间表，努力不漏掉任何一段时间，到了狂热的地步，她对情感的巨大需求使她转而向小家庭（petite famille）寻求慰藉，这个小家庭里的人把萨特和波伏瓦当作导师和养家之人。小家族成员与这对父母—老师夫妇之间的移情式（transferential）联系十分紧密，他们总是受到鼓励，从未中断过。战争期间是旺达、奥尔加、博斯特、索罗金、比嫩费尔德；后来一些人退出了，又有一些人加入［米谢勒·维安（Michèle Vian）、克劳德·朗兹曼、阿莱特·埃尔坎（Arlette Elkaïm）、西尔维·勒邦］：这一小撮人吵过、打过、闹翻过，又和好如初；他们的生活也许并不令人敬佩，他们的本真性和道德责任感也许并不像存在主义哲学所主张的那样，但这些都不重要。对西蒙娜·德·波伏瓦来说，真正重要的是他们在她身边：他们填补了她的空虚，是属于她的抗抑郁药。

衰老、死亡和抑郁

许多评论家都注意到波伏瓦对死亡的痴迷。伊莱恩·马克斯对这一主题做出了颇具洞察力的研究，她指出，对波伏瓦而言："自我（正在）进行一场注定失败的战斗，以保护自身免于毁灭和被他人入侵。对西蒙娜·德·波伏瓦来说，死亡就是虚无，就是不存在。"（*Simone de Beauvoir*, p.7）。对存在主义者来说，死亡既是荒谬的，又赋予生命以意义。为了公正地对待这一悖论，波伏瓦一方面强调死亡的丑恶："不存在自然地死亡"，她在《安详辞世》的结尾写道，"所有人都是要死的：但对每个人来说，他的死亡都是意外，即使他知道并同意死亡，也是一种毫无道理的侵犯"（VE92；UM152；TA）。但另一方面，她也试图说服自己和读者，死亡的确是赋予生命价值的东西。因此她写了一整部小说，《人都是要死的》，就为写不死的福斯卡伯爵的困境。福斯卡形容自己是"一个幽灵，（没有）活的心"（AMM249；TH385），他为自己生命中感情的缺失而感慨。即便是他想起18世纪死去的爱人玛丽亚纳时，他也毫无感觉。"在我的心里，在那冰冷的地窖深处，她也如在坟墓中一样死得那么彻底，"他叹息道（AMM320；TH491）。在二月革命的街垒上战斗时，他仍然觉得自己与当下脱离："我的心被埋在冰冷的岩浆之下。"（AMM322；TH494）有人鼓励他活在当下，他回答说："但言语在我的喉咙里干涸。……欲望在我心中消失，我的指尖也涌现不出手势。"（AMM329；TH505）波伏瓦以惊人的转喻手法，通过赋予福斯卡各种抑郁的症状来描述他的活死人状态：福斯卡感到空虚和孤独；他的言语似乎毫无意义；他无法将自己的情感投入到人或事业中；所有的活动似乎都是同样徒劳的；他唯一的愿望就是死去。

　　对波伏瓦来说，死亡唤起了不存在的幽灵，而衰老则首先与性吸引力的丧失联系在一起，因此——她确信——也就是爱的丧失。[25]在波伏瓦本人四十一岁时出版的《第二性》中，她断言女性在三十五岁时达到性欲的最高峰，而这正是她们不得不面对自己不可避免地走下坡路的时刻。虽然她可能会"蒙骗镜子"一段时间，但随着更年期的临近，女人不得不与死亡迎面相对。"但是，当第一个征兆出现，表明那个注定的、不可逆转的过程即将来临，摧毁青春期里建立起来的整个复杂组织，她就会感觉到死亡本身的致命抚触。"（SS588；DSb457）

　　戴尔德丽·贝尔提到，"作为一个老年女性"，波伏瓦"仍然认为四十多岁的人太老了，不该做爱了"（*Simone de Beauvoir：A Biography*，p.625，note 16）。波伏瓦在《清算已毕》中也提到了这一点："即使在我三十五岁的时候，当我听到老年人提到他们婚姻生活中的性爱时，我也会感到震惊：我想，一个人应该在某个时候体面地放弃这种事情。"（ASD43；TCF52）然而，在《境遇的力量》中，她提到自己以前的观点时却颇具讽刺意味：

　　　　三十岁时，我也下了同样的决心："爱情的某些方面，过了四十岁，就得放弃。"我厌恶所谓的"丑老太婆"（les vieilles peaux），并向自己保证，当我到了那个阶段，我一定会老实退出情场。[26]这一切并没有阻止我在三十九岁时开始一段爱情。现在，四十四岁的我被推到了阴暗之地；然而，正如我说过的，虽然我的身体对此并无异议，但我的想象力却不那么情愿。当有机会重获新生时，我欣然抓住了它。（FC291；FCb9）

她急切抓住的是与克劳德·朗兹曼开始交往的机会，朗兹曼是《摩登时代》杂志编辑委员会的成员，比她小十七岁（朗兹曼后来因导演《浩劫》而成名）。

但是，如果"衰老"的女人最终还是想要——并且得到了——性，波伏瓦仍然难以接受这个事实。在《名士风流》（1954 年出版，当时波伏瓦四十六岁）中，四十岁的女主人公安娜应邀参加了一个上流社会的聚会，她立即拒绝了跳舞的邀请，因为她觉得自己"太老了"，随后她大肆抒发了一番对"年长"女性身体的厌恶：

> 玻璃镜子待人太宽容了。真正可以借鉴的镜子是这些与我同龄的女人的面孔，是这松弛的皮肤、混乱的线条、下垂的嘴巴和绷着腹带但仍然奇怪地往外凸显的躯体。"这些女人全都已经人老珠黄，"我心里想，"我也和她们同样年纪。"（M666—667；LMb371）*

明显的自我厌恶、排斥，甚至是羞辱：安娜对 40 岁以上女性的身 256体和欲望的描写极度消极。在《第二性》中，在描述"衰老的"女性的性潜规则的一段文字中，也出现了同样的残酷色彩：

> 她们都宣称从来没有感到过自己这样年轻。[27] 她们想说服他人，时间流逝没有真正触动过她们；她们开始"穿得年轻"，故作天真。……她夸大自己的女性特点，她打扮，喷香水，让自己

---

* 本段译文引用自《名士风流》，上海译文出版社，2023 年版，译者许钧。

变得迷人、妩媚，变成纯粹的内在性；她带着天真的目光和孩子的声调欣赏男性对话者，滔滔不绝地提起小姑娘时的回忆；她不在说话，而是在唧唧喳喳，拍着手，放声大笑。（SS589—590；DSb459—460）*

按照《第二性》中的观点，这些女性唯一能做的就是接受自己的命运，即放弃一切关于性欲或性快感的想法："从女性同意变老的那一天起，她的处境就发生了变化。……她变成了另一种人，没有性别，但很完整：一个老妇人。"（SS595；DSb466—467）[28]

在波伏瓦的回忆录中，她对衰老的痴迷在她非常年轻的时候就已显现出来：这在她作为鲁昂的一名年轻教师所经历的危机中已经很明显。"如果有一天晚上我喝得有点多，我就会泪流满面，"她写道，"……我会再一次意识到人类努力的虚无和死亡的迫近。"（PL207；FA239）在将自己的危机归咎于普遍的存在性痛苦之后，她补充道，她还有另一个担忧的原因：

> 除此之外，我还有另一个烦恼：我老了。我的总体健康状况和容貌都没有恶化，但我不时抱怨周围的一切都变得灰暗、失去颜色。"我再也感觉不到任何东西了，"我哀叹道。我仍然能够进入我的"忘我状态"，但我还是有一种无法挽回的失落感。……尽管如此，这种消沉的情绪（cette mélancolie）并没有严重干扰我的生活。（PL208；FA239—240；TA）

当生活显得重复、失去颜色、失去生气和意义时，当时二十七岁的波伏瓦立即得出结论：这一切都是因为她在变老。她清楚地认识到自己的情绪是一种"忧郁症"，关于她为何会有这种"无法挽回的失落

---

* 本段译文引用自《第二性》，上海译文出版社，2014年版，译者郑克鲁。译文有改动。

感"，她拒绝考虑其他原因。然而，并非巧合的是，鲁昂的焦虑危机恰恰发生在萨特四处寻找新体验的时候，他最终在一个名叫奥尔加的年轻女孩身上找到了。抑郁、性欲丧失、爱的流失、对死亡的恐惧、对不存在的空虚的痛苦：所有这些因素都集中在这段波伏瓦对"危机"的极其多重决定的描述中。[29]

在她感到失去爱情的威胁或实际遭受着失去爱情的情况下，出现类似的反应并不算意外：萨特与多洛雷斯·瓦内蒂的认真交往；与纳尔逊·阿尔格伦恋情的破裂；她与克劳德·朗兹曼关系的结束。根据她的回忆录所说，萨特与瓦内蒂的恋情始于1945年1月，1947年夏天到达了不可收拾的程度。波伏瓦从美国回到巴黎后，发现瓦内蒂还在巴黎，她拒绝退场，给回来的情敌让位。波伏瓦逃到郊区，两个月来几乎没有踏入过巴黎。她被困在一家小旅馆里，失去了朋友的陪伴，还挂念着阿尔格伦，为萨特对瓦内蒂的痴迷感到痛苦和不安，她经历了两个月可怕的焦虑、抑郁和听起来像是完全精神崩溃的日子：

> （我经历了）一场近乎精神失常的焦虑。为了让自己平静下来，我开始服用苯丙胺。它暂时让我恢复了平衡；但我想，这种权宜之计与我当时的焦虑发作不无关系。……事实上，它们伴随着一种身体上的恐慌，这种恐慌是在我最绝望的时候，即使在酒精的作用下也从未产生过的。……或许，这些危机也是我在向年龄和随之而来的结局屈服之前的最后一次反抗；我仍然想把阴影和光明分开。突然间，我变成了一块石头，而钢铁正在劈开它：这就是地狱。（FC137；FCa181）

萨特终于把瓦内蒂送上了去纽约的船，但值得称赞的是，瓦内蒂拒绝在萨特的引诱计划中扮演顺从的受害者，她一直抱怨"萨特在对她施暴"。[30]萨特无法忍受女性的任何责备，他感到异常地起伏难安。在一次斯堪的纳维亚之旅中，萨特和波伏瓦因抑郁和怀疑而心神不宁。

"我惶恐地想，我们是否已是彼此的陌生人，"波伏瓦写道（FC142；FCa188）。

至于她自己与阿尔格伦的恋情，1948 年又恢复了，但当局面清楚地表明她仍会心无旁骛地与萨特在巴黎生活时，阿尔格伦理所当然地感到受伤，感到被拒绝。[31] 这段关系逐渐破裂，在 1951 年最后那个悲伤而挫败的夏天之后，波伏瓦（此时四十三岁）再一次告诉她自己，她的性生活结束了："'我再也不会在另一个身体的温暖下入睡了。'再也不会：多么沉重的丧钟！意识到这些事实，这刺穿了我，我感觉自己正在走向死亡。……这就像是一种残酷但又莫名其妙的截肢。"（FC266；FCa349）当克劳德·朗兹曼第一次约波伏瓦出去时，她流下了喜悦的泪水："在两年的时间里，我的整个世界笼罩在消沉抑郁之中，与此同时经历了爱情的破裂和身体机能衰退的最初警告，而今我又沉浸在幸福之中。"（FC297；FCb17）于是，朗兹曼成了她抵御衰老恐惧的堡垒。他还使她免受自己情绪的影响：

> 朗兹曼在我身边让我摆脱了衰老。首先，他在我身边让我不再焦虑不安。有两三次，我的焦虑症发作时他在场，他看到我如此瑟瑟发抖时惊慌失措，于是我给我身体的每一根骨头和神经都下了一道命令，决不向焦虑症屈服；我厌恶自己把他拖入衰老的恐怖之中（FC297；FCb17）。

不顾种种与之相悖的迹象——毕竟她从孩提时代起就有这种病症——波伏瓦在这里成功地说服自己，这些病症只能用对衰老的恐惧来解释。

1958 年，政治和个人困境在波伏瓦的叙述中交织在一起。就在这一年，第四共和国垮台，戴高乐取得政权，阿尔及利亚战争已经回不了头。当她得知超过 80% 的法国人在 9 月的全民公决中投票支持戴高乐时，她哭了出来："我从未相信这会对我产生如此大的影响，"她在日记中写道："今天早上我仍然想哭。……整个晚上都在做噩梦。我感觉自己就像被碾碎了一样。……这是一次不幸的失败。……80%的法国人民否定了我们对法国的信仰和期望。……这是一次巨大的集体自杀。"（FC460—461；FCb228—229）但1958年也是波伏瓦年满五十岁的一年，她与朗兹曼的关系也走到了尽头。更令她痛苦的是，与朗兹曼最终分手的同时，萨特的健康状况也严重恶化。1954年，萨特勉强从中风里逃过一劫，波伏瓦已经感受到了自己死亡的寒意："萨特康复了。但是，有些事不可挽回地发生了；死神的手向我围了过来。……它像一个亲密的存在，渗透到我的生活中，改变了事物的味道、光线的质量、我的记忆、我想做的事情：一切。"（FC319；FCb45）1958年，当他再次病倒时，她的整个未来仿佛都被抹去了："从那时起，（死亡）便占据了我。……基本上，除了我们自己的死亡或亲近的人的死亡，可期待的便没有什么别的东西了。"（FC465—466；FCb236）

由于对阿尔及利亚战争的立场，波伏瓦在政治上被孤立；由于她的名气，她在个人生活中也被孤立，波伏瓦又回到了日渐式微的"小家庭"当中。然而，20世纪50年代，这个圈子的关系越来越紧张，波伏瓦渴望得到的能够保护她的亲密不再那么容易找到。无论多么亲密，无论多么排他，最终，即使是"小家庭"的一小群人也无法保护她不被空虚所包围，她发现，万事万物的核心当中，都是这种虚空。20世纪50年代，就连与萨特旧有的一体感也变得越来越微茫。名声的果实是苦涩的：萨特和波伏瓦在街头被人认出，他们不得不改变自己的生活方式。老朋友消失了，想建立新友谊又难："（萨特）似乎比任何时候都离我更远。……我感觉他被人从我身边偷走了。"（FC267；FCa350）

随着年龄的增长，西蒙娜·德·波伏瓦的抑郁症也赶上了她。"我已经失去了昔日的力量，无法将黑暗与光明分开，用几场雷雨换光芒四射的天空，"她在《境遇的力量》的结尾处写道，"死亡不再是遥远的残酷事件；它纠缠我的睡梦；醒着的时候，我感觉到它的影子横在我和世界之间；它已经开始了。"（FC673；FCb507；TA）死亡和抑郁的黑暗造就了《境遇的力量》中这著名的最后几句话。波伏瓦回首年轻时候轻信的自己时显然是苦涩的："我恍惚地意识到自己被骗了多少。"（FC674；FCb508；TA）[32] 20 世纪 20 年代末，这个中产阶级少女踏上人生旅程时，曾被许诺拥有全世界：如今她拥有了，才发现它的苦楚难堪。

写完《境遇的力量》时，波伏瓦五十四岁。她的自传是法国的畅销书，她作为作家在国际上取得了巨大成功，她无疑是世界上最有名的女人之一。然而，她却不厌其烦地坚称自己的生命已经结束：

> 是的，到了该说这些话的时候了：不会再有了！不是我要告别那些我曾经享受过的东西，而是它们要离开我；山路蔑视我的脚步。我再也不会因疲惫而倒下，沉醉在干草的芬芳中。我再也不会滑入孤独的晨雪。再也不会有一个男人。现在，不仅是我的身体，我的想象力也接受了这一点。（FC673；FCb506）

1962 年关于五十多岁女性的社会规约可能与我们身处的 20 世纪 90 年代不同。与今天这一年龄段的女性相比，她们被期待行事更安分顺从，慢慢褪去性的痕迹。[33] 即便如此，波伏瓦对生命的放弃仍然令人费解：为什么她这么早就急于拥抱死亡和衰退？是什么驱使她一头扎进放弃生命和对死亡的迷恋中？在我看来，答案是显而易见的：每当她被抑郁症击垮时，她都会将自己的荒谬感、生命力的丧失和日益增强的孤独感归因于对衰老或死亡的恐惧。事实上，这种转移的策略使她能够承认抑郁的感受，但又不会将其归结为抑郁，也无须反思在她的悲伤情绪中同样表现出来的其他焦虑：她对孤独和分离的持续恐惧。在她的文本中，对衰老和死亡的大量而明确的讨论，阻碍了对空虚和失去爱的恐惧的仔细探究。

1962 年，波伏瓦似乎对自己的人生彻底失望了：在哲学、政治和个人方面皆是如此，她似乎注定要颓丧下去；衰老和死亡指日可待；

她的生命结束了。然而十年后，在《清算已毕》（1972）一书中，她又恢复了平静。"我对自己未来的轮廓判断有误……"，她明显如释重负地说，"我把近几年积累的厌恶情绪都投射到了未来之中。它远没有我预想的那么灰暗。"（ASD132；TCF165）[34] 这种心绪变化的原因不难发现，"1962 年我错了，当时我以为除了劫难，我再不会遇到什么大事；现在，我再次获得了一个大好的机会"（ASD69；TCF84；TA），波伏瓦在 1972 年写道，在此，她指的是她与小她三十三岁的西尔维·勒邦的相遇。[35] 这句话强调了重复的概念（"现在，我再次"），多少刻意呼应了她与萨特的相遇："我获得了一个大好的机会：我突然不必独自面对未来。"（MDD345；MJF481；TA）[36] 萨特在她年轻时让她免于孤独，西尔维·勒邦在她年老时承担了同样作用。

正如萨特在《一个规矩女孩的回忆》中被呈现为波伏瓦的分身和孪生子，勒邦在《清算已毕》中始终被呈现为波伏瓦的分身。她与母亲的关系也充满矛盾；她有同样的反抗意识，过去也曾被指控与女同性恋交往；[37] 她在对生活和幸福的热情歌颂与愤怒和抑郁的剧烈危机之间撕扯；她是一个知识分子；她甚至被任命到波伏瓦曾在 20 世纪 30 年代任教的同一所鲁昂中学教授哲学。"所有这一切给了我一种我自己转世投胎的感觉，"波伏瓦说（ASD75；TCF92）。他们的生活方式也与萨特和波伏瓦如出一辙：

> 我向她详细讲述了我的过去，每天都让她了解我的生活。……我们每天都能见面。她密切地参与我的生活，我也同样参与她的。我把她介绍给我的朋友们。我们读同样的书，一起看演出，一起开车长久地兜风。我们之间有一种相互性的关系，让我逐渐意识不到自己的年龄；她把我拽进她的未来，有时，当下又恢复了已经失去的某种层面（ASD75—76；TCF92；TA）。

"（我们）之间是爱，"西尔维·勒邦说（*Simone de Beauvoir：A*

Biography，p.509）。"你可以把我对西尔维的感情跟我与扎扎的友谊相比较，来解释我对西尔维的感情，"波伏瓦告诉戴尔德丽·贝尔，"扎扎死后，我常常渴望与女性的强烈的、日常的并且纯友谊的关系。……与奥尔加、与娜塔莎都没有成功，但现在我有了西尔维，这是一种绝对的关系，因为从一开始我们都准备以这种方式生活，完全为对方而活。"（*Simone de Beauvoir：A Biography*，p.509）。波伏瓦经常对我说，"我和你的关系几乎和我和萨特的关系一样重要"，勒邦这样告诉我们（*Simone de Beauvoir：A Biography*，p.510）。无论波伏瓦和勒邦的关系是否是性关系，两位女性肯定都认为这种关系是坚定的、持续终身的和充满爱的。[38]

勒邦为波伏瓦提供了情感上的稳定和亲密，使她能够重新投入到小说创作中：她在 20 世纪 60 年代出版的畅销书《美丽的形象》和《被毁掉的女人》给读者的感觉就好像她终于决定将自己的抑郁以及对过度干涉的邪恶母亲的愤怒写下来，将其从身体中彻底清除。最终，年龄也成了创作来源：《论老年》（1970）代表了波伏瓦以胜者之姿与宿敌的了结。此时她可以平静地面对自己的年龄："简而言之，我认为自己已经习惯了老年"，她在《清算已毕》（ASD40；TCF48）中这样说。直到 1986 年 4 月 14 日波伏瓦去世，西尔维·勒邦和西蒙娜·德·波伏瓦都一直保持着亲近的关系。

对抑郁的书写

那么，这些情感结构是如何影响作家波伏瓦的呢？在谈到人们对《境遇的力量》的评价时，她对该书引起的反应表示震惊。"甚至有一些精神病学家总结说我的书的结尾是抑郁症发作（une crise dépressive），"她感叹道（ASD133—134；TCF167）。她断然否认这一指控，这位《清算已毕》的作者坚持认为抑郁与写作无关："一个心理上支离破碎的人，一个崩溃绝望的人，根本不会写任何东西：他会退回到沉默之中。"（ASD134；TCF167）然而，这位在 1930 年为写第一部小说而苦苦挣扎的年轻女性坚信，幸福妨碍了她的写作："我的作品缺乏真正的信念。……但无论如何，我并不着急。我很幸福，目前这就足够了。"（PL60；FA71）写出《女宾》的她对此表示赞同："当生活中有某些东西走向偏移时，文学会诞生。……我严密的工作日常一直徒劳无功，直到有一天，（我的）幸福受到威胁，我在焦虑中重新发现了某种孤独。"（FA417；PL365；TA）在《岁月的力量》的结尾，波伏瓦再一次断言，她自己的写作源于某些不幸福的经验："不幸和苦难在世上爆发，文学对我来说就像我呼吸的空气一样不可或缺。我并不是说文学是对抗绝对绝望的解药；但我还没有沦落到如此极端的地步。"（PL606；FA694）写作仿佛可以在大多数情况下帮助和支撑作者，但是在最痛苦的时刻，文学也会失效。我认为这正是波伏瓦个人写作的功能。我用这个词来形容为个人目的而进行的写作，与为了发表而进行的写作相对。在波伏瓦的全部作品中，个人写作的主要部分是她的书信和日记，但我也将她在回忆录中使用的日记片段和节选（经过相当严格的编辑）归在这一类别。"在我生活艰难的时候，在纸上写下文字——即使没有人会读到我写的东西——带给我的安慰就像祈祷给信徒的安慰一样，"波伏瓦在《清算已毕》（ASD135；TCF168—169）中写道。1939 年 9 月与萨特分开后，她的反应是开始写日记，这绝非偶然："现在，在孤独的痛苦中，我开始写日记。"（PL378；FA433）当萨特不在她身边为她"处理"她的经历时，书信和日记帮助她塑造了一个连贯的自我形象。39

在《岁月的力量》中，她使用了 1939 年 9 月 1 日至 1940 年 7 月 14 日日记中两篇经过大量编辑的长摘录；在《境遇的力量》中有两份连续的日记（1946 年 4 月 30 日至 5 月下旬的某个时间段；1958 年 5 月 25 日至 10 月 28 日，这一时间段涵盖了第四共和国的政治失败以及各种个人危机）。除了这些大段节选外，还有许多较短的日记片段。例如，1947 年她与萨特一起去斯堪的纳维亚旅行，这次旅行阴云笼罩，

262

她做了噩梦并产生了自杀的念头。"我试着用文字化解这些危机，"接着，她引用了她当时写的几行文字："鸟儿在攻击我——必须把它们赶走；日日夜夜驱赶它们，真是一场令人精疲力竭的斗争：死亡、我们的死亡、孤独、虚空；夜晚，它们向我扑来；清晨，它们慢慢飞走。……啊！让我们结束这一切吧！我要拿起左轮手枪，我要开枪。"（FC143；FCa189）另一个例子发生在1944年6月的一个晚上。她在一次焦虑发作中写道："我想我当时有点醉了：在那个装饰成红色的房间里，死神突然出现在我面前。我扭绞双手，哭泣，用头撞墙，就像我十五岁时那样激烈。"（PL602—603；FA689）她的反应是写作，以"用文字驱赶死亡"（PL603；FA689）。她写的是，写作是死亡最好的解药："我将写一本书，它是我用来对抗死亡最终极的办法，我已经写好了开头。"（PL603；FA690）她补充说，这里的死亡不仅是不存在，而且是指"孤独和分离的耻辱"（PL695；FA695；TA）。在这些段落中，我们可以看到一贯的波伏瓦式的抑郁主题：死亡、焦虑、情感孤独、爱的丧失。在西蒙娜·德·波伏瓦的作品中，日记这种形式或体裁的出现本身就意味着情感的痛苦。

有的人批评她的书信和日记没有对文化、政治甚至哲学表现出更大的兴趣，这是误解了波伏瓦个人写作的性质和目的。[40]为了充满激情地书写自身以外的主题，波伏瓦必须做到将她的情感投入这个世界当中。但恰恰是在她最强烈地感受到生存的荒谬时，也就是说，在她焦虑、恐惧和抑郁时，她才会开始个人写作。当她感觉更容易接受外部世界时，她就会继续写其他的东西，把日记放在一边。这种情绪波动往往发生在很短的时间内：为发表而写作往往不得不在持续两个小时后，在同一个上午就被头痛、缺乏灵感和日记写作所取代。因此，在我看来，波伏瓦的书信和日记代表了她最脆弱的心理状态：认为这些揭示了这个女人整体的本质就错了。

考虑到这一点，我们就不难理解为什么她的回忆录中会包含1939年到1940年和1958年的日记，也不难理解为什么日记模式会在1947

年那场深刻的情感危机中短暂地出现。但是，为什么要重新使用这种体裁来讲述看似完全不重要的 1946 年 5 月呢？1945 年 12 月 12 日，萨特第二次前往纽约，主要是因为他想再见到多洛雷斯·瓦内蒂（他们初次见面是在 1945 年 1 月，萨特的美国之行）。1946 年 2 月，他写信给波伏瓦，说他要推迟动身：现在他将于 3 月 15 日搭飞机离开。除此之外，他还说"多洛雷斯……是个迷人而可怜的小东西，是继你之后最好的"（LCb334），并宣称自己"被激情和演讲弄得筋疲力尽（tué）"（LCb335）。回国后，萨特不停地谈到他生命中新出现的这个女人。根据萨特的说法，瓦内蒂"完全分享了他的所有反应、情感、恼怒和欲望。……也许这表明他们之间存在着一种深度的和谐——在生命的源头，在确立生命节奏的泉源——萨特和我并没有在那里相遇，也许这种和谐对他来说比我们之间的理解更重要"（FC77—78；FCa102）。如果瓦内蒂比波伏瓦更像萨特，那么她就是萨特真正的孪生子和分身：难怪波伏瓦将她视为自己与萨特关系的第一个严重威胁。波伏瓦有生以来第一次感到有必要提出一个经典问题："她还是我？"萨特给出了一个大师级的糊弄答复——其残酷也是大师级的。"（瓦内蒂）对我意义重大，"他说，"但我和你在一起。"（FCa102；FC78）波伏瓦惊呆了："在我的理解中，这句话意思是：'我尊重我们的约定，不要对我要求更多。'这样的回答让整个未来都成了问题。"（FC78；FCa102）根据她的说法，萨特当天就消除了"误会"，波伏瓦以一句简短的"我相信他"结束了讨论（FC78；FCa102）。[41]一个段落之后，她决定拿出这段时期的日记，显然只是因为她想与读者分享"我日常生活中的微尘（poussière）"（FC78；FCa102）。[42]

日记在文中的位置——紧跟在关键的"她还是我？"对话之后——表明了她低落的原因。[43]为了完成《模糊性的道德》，波伏瓦受到头痛、疲劳和噩梦的困扰。5 月 5 日，她觉得"自己就像那些耗尽精力繁殖（qui ont trop baisé）的黄盖蝶，被冲到岩石上，奄奄一息，精疲力竭"（FC84；FCa110）。她还抱怨自己不停地"莫名焦虑"和"心口发凉"

（FC84；FCa110）。5 月 18 日，她将与萨特一起前往瑞士，她显然决定振作起来："三个星期以来，我几乎没有离开过我的房间，除了萨特和博斯特，几乎没有见过任何人。休息得很好，很有成效。"（FC95；FCa125）然而，她的抑郁情绪并没有那么容易一扫而空：在瑞士，她仍然感到与萨特之间的隔膜，对官方午餐和会见感到不满，认为这又是对他们之间私人谈话的打扰："我发觉和萨特在一起时这种事情变得越发令人痛苦。我自己一个人时，比如在葡萄牙或突尼斯，就已经够糟心了，但当他在我身边时，我总是想着我们能够一起度过的时光，只有我俩，没有旁人。"（FC97—98；FCa129；TA）无论她怎样努力地说服自己她很愉快，在她的文字中，"休息得很好，很有成效"的迹象比"孤独和分离的耻辱"带来的令人焦躁的影响要少得多。然而，相比她说了什么，她说这些话的体裁——日记——更清楚地表明了她这一个月的生活里存在的焦虑与痛苦。

5 月 13 日，波伏瓦重读了她的日记：

> 我注意到，在我重读日记的某些片段时，它已经无法让我想起任何东西。为什么我们要希望这些文字与其他文字不同，希望它们有一种神奇的力量，能够保存生活，恢复过去呢？不，对我自己来说，过去的两周只是写下的句子，仅此而已。或者说，我真的需要注意如何讲述故事（à la façon de raconter）。但那将成为一部真正的作品（une œuvre），但我没有时间。（FC90；FCa119；TA）44

波伏瓦仿佛感到语言在辜负她，语言拒绝显示意义，要使其活过来，使经验重新显示意义，需要对文本进行不啻审美加工的编辑。那么，对波伏瓦来说，什么是"真正的作品"（une œuvre）呢？这个词定然是指虚构作品以及自传。45对她而言，散文的地位略有不同：她写道，散文试图通过知识（par le savoir）进行交流，但也有"风格、构成、文字品味。……因此，某些散文可能是文学作品"（"Mon expérience"， pp.441—442）。散文旨在尽可能准确、清晰地传达作者的信念或见解，而小说和自传则通过"非知识"（par le nonsavoir）来传达；它们试图捕捉存在的瞬间，"在其模糊性和矛盾性中呈现生活经验"（"Mon expérience"，p.442）。尽管波伏瓦非常欣赏散文的形式，但作为一名作家，她最终还是更喜欢小说和自传的微妙和复杂性（见"Mon expérience"，p.455）。[46]基于波伏瓦自己对这些术语的理解，她最优秀的散文——《第二性》——无疑算得上是一部"作品"，这不仅是因为它带有波伏瓦自己风格的印记，而且还因为它实际上是要呈现父权制世界中女性状况的微妙和复杂性，不仅仅是通过清晰地传达一种"知识"，而是通过其对父权制世界中女性生活经验的模糊性和矛盾性的敏锐——而且往往是自传性的——意识。

然而，无论是写小说还是写自传，波伏瓦都是为爱而写作"作品"的。14 岁的西蒙娜·德·波伏瓦为玛吉·塔利弗的死哭了好几个小时，她一下子就认同了玛吉和乔治·艾略特："总有一天，另一个青春期少女会用她的泪水沐浴我写的小说，我将在这部小说里讲述我自己的故事。"（MDD140；MJF195；TA）到 30 岁时，她在这方面仍未改变：

> 我热切地希望公众喜欢我的作品；因此，就像乔治·艾略特一样，在我的心目中，她就是玛吉·塔利弗，我自己也将成为一个想象中的人物，被赋予必然性、美和一种闪闪发光的透明的可爱。我企图追求的正是这种蜕变。……我梦想分裂成两个自我，想成为一道影子，刺穿人的心，留在人的心里。（PL366；FA418；TA）

在幻想的层面上，写作将赋予作家一个可爱的他我；在所有后人那里固定这个异化的作家的形象，写作将使她永远被留在想象里。

但是写作对波伏瓦来说还有另一重稍微不同的功能。她一再坚持，写作帮助作家摆脱孤独，"超越他们的痛苦、焦虑和悲伤"（"Mon expérience", pp.456—457)。她宣称，文学的根本任务是"讲述我们最亲密的经历，比如孤独、痛苦、我们所爱的人的死亡、我们自己的死亡：这是……走近彼此、帮助彼此，让世界不那么黑暗的一种方式"（"Mon expérience", p.457）。20世纪四五十年代，《女宾》《他人的血》和《名士风流》的成功使波伏瓦对自己的作家、知识分子和女性身份有了更强烈的意识。在她生命的最后阶段，她的读者取代了"小家庭"曾经发挥的某些作用：他们赋予了她理想化的自我形象，在表达爱与欣赏的同时，也确认了她作为一个独立自主、极其成功的女性的地位：在与读者的交会中，西蒙娜·德·波伏瓦真正平衡了她的基本情感等式。

266 　　因此，对波伏瓦来说，语言似乎是作者最可靠的朋友；一匹忠实的役马，传达想要传达的信息，从不令人失望。[47]她对虚构作品的理解更为有趣，"有时我想，文字只有在谋杀了现实之后才能抓住它；文字让现实最重要的一面——它的存在——逃逸了"，她在《岁月的力量》中写道（PL40；FA48；TA）。[48]1966年在日本演讲时，她再次回到这个主题："写小说在某种程度上就是摧毁（pulvériser）现实世界，只保留再现想象世界时可以用到的元素：这样一切都会清晰得多，有效得多。"（"Mon expérience", p.443）小说破坏生活经验，试图传达一种我们的经验中从未出现过的意义。对波伏瓦和萨特来说，经验从来都不是"完满的"：即使是在我们生命中最狂喜的时刻，我们也总是在把自己投射向未来。对波伏瓦来说，小说是一种尝试，试图创造出我们总是无法获得的完满的体验："就我个人而言，我写作的原因之一就是现实生活经验的不充分：它游荡于我的视野，令我苦恼，我永远无法完全把握它"（"Mon expérience", p.443）。小说通过对经验的彻底摧毁，成功地将其重建为比以往任何时候都更加完整的经验：小说的诱惑力恰恰在于从无到有，从空无到完满。[49]或者——用更加精神分析的术语来说——填补存在的空白，代表充实和意义，小说成为掩盖匮乏之物：对波伏瓦来说，小说是一种恋物（fetish）。

恋物，弗洛伊德写道，"是战胜阉割威胁的象征，也是保护自身免于阉割的威胁"（"Fetishism"，p.155）。恋物的功能是掩盖母性斐勒斯的缺失——可以说是填补空白；恋物就是对现实的某种否定。[50]只要恋物者想维持他或她对斐勒斯母亲存在的信念，这就是一种高度自恋的幻想，但这种幻想只有在孩子开始怀疑母亲是否确实拥有斐勒斯时才会出现。[51]这种幻想有着惊人的矛盾性：孩子既看到母亲被阉割，又不想看到母亲被阉割；只要孩子感知到母亲的缺失，他就已经进入了象征秩序；只要孩子否认这种缺失的真实性，他就拒绝放弃与母亲的想象关系。恋物式的否认的结构与《女宾》中弗朗索瓦丝所处的矛盾的"歇斯底里阶段/舞台"一样，在与母性意象的关系中表现出同样的矛盾性：在波伏瓦与写作的关系中，充实与空虚之间始终存在着同样的摇摆，而这两极都受到斐勒斯母亲与夺动向的强烈影响，后者随心所欲地选择残酷收回或慷慨给予乳房。

在波伏瓦的自传体写作中，她的情感结构具有鲜明的二元性：充实（生命、存在、爱、沟通、统一）对立于空虚（死亡、不存在、衰老、孤独、分离、痛苦）；在幻想层面上，她显然是在为一个犹如镜面的"他者"写作，这个"他者"将自恋者的异化形象维系在一起：这是一种以"想象"（Imaginary）为标志的写作。但恋物恰恰是由其与符号的暧昧关系所决定的。因此，波伏瓦的书写只要以恋物式的拒绝为标志，就必然被投入象征秩序的乐趣：再现、超越、差异。无论写作主体如何沉溺于恋物的幻想，文本从来都不是简单的恋物：它也是意指（signification）、符号创造、社会行动。[52]

这种与意指的暧昧关系反映在波伏瓦显著的语调变化中。作为一名作家，她无法掩盖自己对语言表意能力的信念的细微波动：她的讽刺口吻、她遣词造句的方式、她在叙事结构中注入的活力、她的意象的强度——这些元素和其他元素在一个光谱上不停地波动，从哀伤而无意义的抑郁深渊到欣喜的——也许是宣泄式的——对战胜死亡的肯定。在最好的情况下，她的文字让她的情感——喜悦、焦虑、抑郁——通过语言自由流淌；在最差的情况下，她的文字就变成了毫无生气的对再现的模拟，传达给读者的唯一情感就是无聊。仿佛波伏瓦写作的质地本身就展示了《女宾》中被谋杀的女人身上所体现的所有情绪——以及所有引发阐释的东西：从这个意义上说，格扎维埃尔是波伏瓦自己的写作手法的再现。

现在，我想仔细检视一下这种写作与本章所研究的抑郁和焦虑的结构之间的联系。"想象无一不带着忧郁，要么外显，要么隐秘，"朱莉娅·克里斯蒂娃在《黑太阳：抑郁与忧郁》（*Black Sun*：*Depression and Melancholia*）中写道（p.6）。[53]如果说艺术的想象总是忧郁的，那是因为它产生于一种绝望的流亡和分离感，而这种流亡和分离感首先是由于古老的母亲未被哀悼的丧失。当我们屈服于母亲对我们想象力的控制时，语言就不再传达意义：它变得平淡单调，失去节奏和韵味，最终完全消失。但是，当我们成功地表达了对母亲缺失的抗议时，表达不仅成为可能，而且还具有疗愈作用：一旦我们承认母亲已经失去，母亲最终可以在语言中再现："'我失去了一件至为重要的东西而这恰好是……我的母亲，'这就是说话者似乎在说的话。'但不，我在符号中重新找到了她，或者说，既然我同意失去她，我就没有失去她……，我可以在语言中寻回她。'"（*Black Sun*，p.43）

但抑郁的主体并不始终闭锁于绝望的深渊中。"当我们能够承受住我们的忧郁，到对符号的生命萌生兴趣时，"克里斯蒂娃写道，"美可能也会抓住我们。"（pp.99—100）艺术的美蕴含着补偿、宽恕和治愈的希望。通过对美的渴求——可以说是为审美而写作——抑郁的想象力升华了它的丧失与痛苦；通过创造一个想象的对象，忧郁的想象使自己摆脱了对死亡母亲的依恋。如克里斯蒂娃所说，只要这种美刻下了最初产生它的丧失和分离的痕迹，它就成功地命名了抑郁的难以言说的体验，从而也开辟了一个"必然异质的主体性空间"（p.100）。通过连接——转喻的——能指的力量，写作主体摆脱了曾经的想象中的二元对立。

然而，如果作品最终否认或抹除了悲伤，它就失去了分量；对波伏瓦来说，这样的写作无法征服死亡。可以说，波伏瓦写作的力量直接取决于她采取的否认的程度。[54]她拒绝面对——说出——她痛苦的来源时，她的文字读起来就像洗衣单。当无法言说的痛苦阻碍了波伏瓦的创造力时，她的语言就会变得寡淡，语调毫无生气，句法也失去效力。[55]尽管她在信件与日记中描写了悲伤、令人压抑的单调乏味和在酒吧中的夸张崩溃，但她并没有探究自身冲突的深层原因。因此，这些信和日记读起来就像对其已经明确写出的痛苦的冗长否认：在每一页写给萨特的信中，她都在抱怨自己的孤独和情感需求，并且向萨特保证她非常幸福，对萨特对她的爱完全满意，眼前的生活再好不过。但这正是弗洛伊德所理解的"否认"：就像恋物癖者既看到又看不到母亲被阉割一样，波伏瓦既看到又看不到自己的悲伤。

在她已经出版的回忆录中，这样的"否认写作"在《清算已毕》中尤为明显。为了抵消《境遇的力量》给人留下的忧郁印象，她特意在自传第四卷的序言中不仅试图将自己的一生描绘成一个成功的故事——这当然是个成功的故事——而且特意否认了这个故事中存在的孤独和焦虑。这么多的否认让这一卷变成了毫无生气的幽灵，它不再是探索生活的经历，徒剩下对公务的记录。《告别的仪式》也是如此，在这本书中，波伏瓦暗淡而毫无生气的文字表明她没有办法让自己走出悲伤，也表明她下定决心绝口不提与萨特的冲突。因为令波伏瓦痛苦的不仅是萨特的死，还有萨特在他们最后的岁月里对她的不忠、对她所认为的共同理想的背叛，以及他在与其他女人交往时对她的感情的轻率漠视。她所付出的代价是让感情被阻塞在语言之外：《告别的仪式》中，她的语言干得犹如尘埃。这跟《安详辞世》形成了最鲜明的对比：当波伏瓦终于迫使自己面对长久以来埋在心里的对母亲的情感时，她写出了她写过的最有生机、最具能量和最动人的文字。

波伏瓦最令人不安和最具有挑战性的作品——《女宾》《第二性》《名士风流》《一个规矩女孩的回忆》和《安详辞世》——都证明了她

有能力在写作中表达悲伤并从中超越。[56]这些写作见证了她为对抗死亡而写作的了不起的不懈努力，表明她是一个具有敏锐原创性和深刻洞察力的作家与知识女性——这是她一直想要成为的。然而，从某些角度来说，我觉得《岁月的力量》和《境遇的力量》仍是她最有趣的作品，不仅因为这两本书中有最好的情节或最有活力的文字，而且因为它们在语调和风格上有着十分复杂的矛盾。这两本书是名副其实的自我洞察和否认的互搏战场，其中有些段落给人的乐趣跟官方法庭日历给人的乐趣相似，书中不乏这样的段落：说到无聊，记录这对存在主义夫妇正式访问巴西的87页无出其右。但同时，这几本书也异常真实地记录了一名知识女性在上世纪中期法国的成长历程。波伏瓦试图以外科医生的精准和勇气分析自身的状况，但有时她的意志使她力有不逮。但是，正是她风格的不稳定——单调、不满的段落，乏味阴沉的日记片段，对她的写作或与萨特或阿尔格伦的快乐时光的生动描述——道出了它们自己的故事：波伏瓦以她语调的摇摆向我们强烈地表达了成为一个因独立而被全世界敬仰的女性，要付出怎样的代价。

注释

1. 为了让鱼尾变成双腿，小美人鱼必须牺牲自己的舌头。在无私的奉献中，她接受了自己的彻底消亡：如果王子不娶她，她就会变成海面上的泡沫；她不再能拥有不朽的灵魂。和我们中的许多人一样，波伏瓦可能忘记了安徒生实际上是在奖励小美人鱼的爱心，他把她变成了"天空的女儿"，一个由精神赋予生命的无实体的存在，而这精神正是波伏瓦所痛恨的："可怜的小美人鱼，你全心全意地为我们也同样（天空的女儿）追求的东西而奋斗；你忍受痛苦，承担了重负，把自己提升到精灵的世界。现在，你可以通过自己的善行，在三百年后为自己创造一个不朽的灵魂。"（Andersen，*Fairy Tales*，p.35）

2. 例如，见波伏瓦 1939 年 10 月 10 日写给萨特的信："星期六正是我们的纪念日：10 月 14 日。"（LS109；LSa175），或 1939 年 10 月 10 日她在《战时日记》中的记录："我收到萨特的两封信，其中一封谈到了我们的周年纪念，我们的十周年纪念日，我们本打算好好庆祝这个纪念日。"（JG82）10 月 14 日的实际记录也提到了这个日子："我们贵庶通婚式婚姻的悲哀纪念日。"（JG92）

3. 法语是"Sartre n'avait pas la vocation de la monogamie"。彼得·格林将这句话翻译为"萨特天性不倾向于一夫一妻制"。这里的"天性"一词让一些心有怀疑的女性主义者认为波伏瓦到底相信本质。

4. 事实上，1929 年秋天萨特 24 岁。

5. 我在本书第一章中讨论了《一个规矩女孩的回忆》中这一神话的产生和作用，在第四章中讨论了《女宾》中对这一神话的虚构式阐述。

6. 我的主题不是萨特，因此我对他在此背景下的情感反应不敢妄加描测。不过，在他的《奇妙的战中日记》(*Carnets de la drôle de guerre*)中，有一处提到了这个著名的契约，但仍然极其引人入胜。"有一次，我被困在了自己的游戏里，"萨特在1939年12月1日写道，"海狸接受了我的自由，并将其保留下来。那是在1929年。我愚蠢地为此感到不安：我非但没有理解我所拥有的非凡运气，反而陷入了某种忧郁之中。"(*Carnets*，p.99)

7. 米谢勒·勒德夫于1990年在柏林发表了一篇后来未出版的演讲，指出了自由选择契约的想法与萨特宣称的"将波伏瓦置于自己羽翼之下"的意图之间的潜在矛盾。

8. 托德与保罗·尼赞的女儿结婚时，是萨特将新娘交给他的。他推测这一对话发生在萨特临终前不久。正如这段话所显示的，托德并不害怕伤害波伏瓦的感情。他一方面自称钦佩波伏瓦，另一方面又不失时机地对波伏瓦落井下石：波伏瓦"常常让人联想到老师、督学、考官"(*Un Fils rebelle*，p.115)；她是最传统的女性，"因为她知道自己会比他们待得更长久，所以在萨特面前的西蒙娜·德·波伏瓦让我想到了那个女人，想到了19世纪资产阶级夫妇中的完美妻子"(p.116)。

9. 波伏瓦对托德随意毁坏她最珍视的信仰的反应是可以预见的。在托德的《叛逆的儿子》(*Un fils rebelle*)出版几个月之内，波伏瓦出版了《告别的仪式》，她在书中驳斥了托德与萨特情同父子的说法，并补充道："萨特更不希望托德成为他的儿子，因为他根本不喜欢托德，与他的关系也很肤浅，这与托德在书中试图暗示的恰恰相反。"(AF30；CA48)

10. 尤其见我在第四章中对《女宾》中围绕格扎维埃尔的意象的讨论，在第一章中对《一个规矩女孩的回忆》中童年痛苦的意象的讨论，以及在第六章中对《第二性》中与女性性行为有关的意象的讨论。

11. 这段话指的是她1934年在鲁昂的生活，当时她26岁。在同一上下文中，波伏瓦将这些危机称为她的"抑郁情绪"(ma mélancolie)(PL208；FA240)。

12. 可以补充一句，这种身份认同丧失的经验，在波伏瓦的详细分析中得到了最终的阐释，她在《第二性》中对女性的异化，尤其是恋爱中女性的异化进行了深入的分析。

13. 波伏瓦认识到了她休闲爱好的疯狂层面，并欣然承认她"将（她的）快乐享受提升到了神圣义务的高度"(PL92；FA108)。

14. 彼得·格林的译本删除了关键的波伏瓦对"精神分裂症"的提及。波伏瓦写道，"Mon entêtement schizophrénique au bonheur"(FA415)，格林译为"我对幸福的情感矛盾的痴迷"(PL363)。

15. 波伏瓦写道，"Ce que Sartre appelait naguère ma 'schizophrénie'"(FA555)，彼得·格林译为"萨特曾称之为我的'分裂的心灵'"(PL484)。

16. 在这段引文中，我不得不对已出版的文本做出相当大的改动。波伏瓦写的是"Je ne

devai jamais retomber dans mon délire schizophrénique"（FA686）；格林译为"我再也不会陷入分裂心灵的幻想之中"（PL600）。格林还将波伏瓦的"situation"译为"人类状况"，并倾向于将存在主义术语"assumer"译为"承受"。

17. 在1944年之后，我能找到的唯一关于她的"精神分裂症"的记载与波伏瓦与阿尔格伦的恋情破裂有关。她曾任性地希望阿尔格伦能接受她每年与萨特共度九个月，谈到这一想法时，她诙谐地评论道："我一定是'精神分裂'了——在萨特和我对这个词的用法上——才会想象阿尔格伦会适应这种状况。"（FC171；FCa225；TA）

18. 波伏瓦在《岁月的力量》中没有讲述故事的这一面并不令人意外。1960年，几乎所有当事人都还在世。在前女性主义的法国，承认女同性恋关系不仅会给西蒙娜·德·波伏瓦带来痛苦和困难，也会给她的伴侣们带来痛苦和困难。

19. 无论人们如何评价比昂卡·比嫩费尔德本人参与那可恶的三人行的行为，毫无疑问，整个过程对她都是有害的。晚年的比昂卡·朗布兰深受焦虑症和抑郁症的折磨。萨特和波伏瓦似乎不可能单独造成比昂卡的所有心理问题——战争期间，她作为犹太女性生活在纳粹占领下的法国，因此遭受的极度焦虑也起到了重要作用——但他们无疑使她的情况更加严重。当比昂卡·朗布兰接受雅克·拉康的心理分析时，后者让她明白，她把萨特和波伏瓦当成了自己的父母。最终，她对这一情况做出了如下解释："我陷入了一种罕见的心理状态：我不仅像所有人一样，在幼年时无意识地希望与父母发生肉体关系，而且在这种情况下，我的愿望真正实现了。我爱上了萨特，并通常指向父亲的欲望转移到了他的身上。通常孩子只会在梦中如此，但在我们的关系中，我和他发生了真实的性关系。这是一种严重的越轨行为，与对'海狸'（波伏瓦）的强烈认同有关：与所有小女孩一样，我想取代她获得萨特/父亲的爱的愿望也是基于这种对母亲的认同。这是她隐约感受到的，也是她因萨特离开而产生嫉妒和激烈争吵的原因。与此同时，我对海狸的爱，就像对母亲的爱一样，也是有肉体事实的。这是很不寻常的，它使我回到了童年的最初阶段，回到了小孩子与母亲之间最原始的感官纽带。这种双重情感浸渍在我身上留下了深刻而持久的痕迹。这就是为什么当整个关系结构轰然倒塌时，我完全崩溃了。"（pp. 204—205）虽然比昂卡·朗布兰在波伏瓦去世前一直定期与她见面，但她对他们之间关系的最终评价并不好听。"最后，"她写道，"萨特和西蒙娜·德·波伏瓦给我留下的唯有伤害。"（p.207）

20. 具体例子见第一章和第四章。早在1972年，《清算已毕》当中，波伏瓦就在原本显得太过乐观豁达的导言部分称她的母亲"蠢笨""具有压迫性"（tyrannique）（ASD24；TCF29），并称"我的母亲是如此胆小，同时又是如此专制，她永远不知道如何为我们寻找消遣，她也不喜欢让我们在没有她的情况下自娱自乐"（ASD25；TCF29）。

21. 这段话在波伏瓦书信的英文选集中没有被翻译。

22. 波伏瓦在《第二性》中强烈主张女性经济独立，但她从未反思过让这么多女性在经济上依赖自己或萨特是否明智，这似乎多少有些矛盾。

23. 这里的"科斯"指的是奥尔加·科萨凯维奇。

24. 杰拉西（Gerassi）对萨特在情感关系上截然不同的投入做了一个有趣的补充："在我成年后的一生中，我从未为一个女人流过一滴眼泪。我希望我流过泪，我希望我还能流泪，"杰拉西引用了他在 1973 年说过的话（*Jean-Paul Sartre：Hated Conscience of His Century*，p.104）。

25. 波伏瓦倾向于认为，没有性吸引力的女人根本不会被爱。她没有讨论被没有那么父权的男人爱的可能性，也没有讨论异性"吸引"与爱之间的等式在女同性恋关系中不成立这一事实。

26. 法文文本中包含了一个相当难以翻译的双关语，peau（皮肤）：'Je détestais ce que j'appelais "les vieilles peaux" et je me promettais bien, quand la mienne aurait fait son temps, de la remiser'（FCb9）。字面意思是：我讨厌我所说的"老旧皮囊"，我向自己保证，等时候到了，我就会把它收起来。

27. 这正是波尔在上述场景中对安娜的回答："'太老了！'波尔生气地对我说，'什么念头！我从未觉得自己这么年轻过。'"（M666；LMb371）

28. 波伏瓦又一次只想到了异性恋的快感。波伏瓦暗示，正是因为老年妇女不再取悦男人，她才失去了性能力。这使得老年妇女之间的同性恋关系问题相对开放。她确实断言，更年期女性往往对生活做出巨大的改变——例如第一次选择女同性恋关系——只是为了在为时已晚之前赶上生活的乐趣（见 SS590—592；DSb460—462）。

29. 凯瑟琳·伍德沃德（Kathleen Woodward）在分析波伏瓦作品中的老年主题时提出了相关观点。"波伏瓦将老年与忧郁症、可怕的孤独和失落联系在一起，特别是与萨特的死亡——这对她来说是灾难性的——联系在一起，"她写道（"Simone de Beauvoir：Ageing and Its Discontents"，p.106）。伍德沃德还分析波伏瓦的"危机"应该是焦虑发作（见 pp.108—109）。

30. 法语"qu'il lui fit violence"（FCa187）。英语翻译是瓦内蒂"抱怨他给她带来的痛苦"（FC142）。

31. 戴尔德丽·贝尔出色地写明了波伏瓦与阿尔格伦的关系。不过，我不同意她对这段关系的品质上过于正面的评价。在与娜塔莉·杜瓦尔的访谈中，贝尔说阿尔格伦是"一个为她提供和谐的性生活和完美的智识生活的男人：他不强迫她做任何事，不要求她打扫他的房子或其他什么，他只希望她做她自己"（DEA dissertation，1990，p.38）。但是，根据阿尔格伦的传记作者贝蒂娜·德鲁（Bettina Drew）的说法，阿尔格伦与女性交往的记录丝毫无法让人放心。"阿尔格伦要毁掉这段爱情，这最终不得不被接受，这是他性格中悲剧性但不可否认的一部分，"德鲁写道（*Nelson*

Algren：A Life on the Wild Side，p.324）。他还嗜赌，酗酒，并且广为人知地喜怒无常，很难相处。他对波伏瓦的最后一次猛烈攻击（1964 年《境遇的力量》英文版出版后）中的性别主义，不能简单地解释为他是因为波伏瓦发表了他认为是他们之间的私人恋情而感到愤怒。见阿尔格伦的《我不是阿伯拉尔》（"I Ain't Abelard"）、《西蒙娜·德·波伏瓦的问题》（"The Question of Simone de Beauvoir"），以及《与纳尔逊·阿尔格伦的对话》（*Conversations with Nelson Algren*）中第七章（"巴黎与朋友"）和第十一章（"作家与写作"）。在后者中，他声称自己并不知道波伏瓦是"法国女权主义者、女券主义者、女权主义者？（feminist，femininist，feminist?）"也不知道他们的关系是"一种女性相对于男性处于次等地位的关系。……《第二性》这个书名的讽刺纯粹是文学上的讽刺。现实中并不存在讽刺。第二就是第二的归属"（*Conversations*，pp.266—267）。这些访谈和文章与 1963 年出版的《谁失去了一个美国人？》（*Who Lost an American?*）中波伏瓦给出的友好叙述形成了尖锐的对比（尤其是该书的 pp.94—101 与 p.118）。

32. 法语"jusqu'à quel point j'ai été flouée"（FCb508）。理查德·霍华德翻译为"我受了多少欺诈（gypped）"（FC674），而我——略微——偏向于用"cheated"（被骗）或"swindled"（被蒙骗）。

33. 然而，即使在《论老年》中，我也找不到任何波伏瓦将 60 岁以下的健康人称为社会或社会学意义上的"老人"的案例。

34. 在我看来，《清算已毕》开头对她一生的乐观评价，显然是为了消除《境遇的力量》结尾处明显的消沉情绪。"可以肯定的是，我对自己的命运感到满意，我不希望它有任何改变。"（ASD11；TCF13）"我二十一岁以后，从未感到孤独，"她坚持说（ASD39；TCF46）；"在我十岁或十二岁之前，我几乎没有任何问题"（ASD16；TCF19），等等。

35. 虽然波伏瓦和勒邦初次见面是在 1960 年，但他们直到 1963 年秋天才发展出更亲密的关系。

36. 在这两个案例中，法语文本都有"une grande chance m'a été donnée"（我获得了一个大好的机会）。

37. 我指的是娜塔莉·索罗金的母亲对波伏瓦的指控，这导致波伏瓦在 1943 年被解除教职。

38. 关于波伏瓦与伊丽莎白·拉库万和西尔维·勒邦关系的进一步讨论，请见玛格丽特·西蒙斯，《女同性恋的联系》。

39. 她写给萨特的信还有另一个目的：满足萨特对左岸最新八卦的强烈兴趣。

40. 保罗·韦伯斯特（Paul Webster）在英国《卫报》上说："有些人曾认为她是一位客观、知性、富有爱心和献身精神的女性主义者，这些书信将损害她在这群人那里的声誉。"（"Second Sex in Person"，p.3）在法国，1990 年出版的波伏瓦书信和战争日记引发了评论界的大分歧。玛丽安娜·阿尔方特（Marianne Alphant）在《解放报》（*Libération*）上对这两本书的出版表示遗憾，并指责波伏瓦思想狭隘："战争正在进行。人们几乎注意不到。……轻浮和丧失颜面的琐事所占的比例简直令人震惊。"阿尔方特总结说，此时的波伏瓦过得"就像一只车轮中的仓鼠"（"L'Album de la mère Castor"，p.21）。若斯雅涅·萨维涅奥（Josyane Savigneau）在《世界报》上发表了与此相反的观点，她认为这些信件提供了新的证据，表明萨特和波伏瓦实际上对彼此有着独特的承诺，波伏瓦"真的享受（傻瓜）们指责她缺乏的一切：身体、奇怪的爱情方式、谈论它们的自由、幽默感，以及每天为两个人创造精彩的生活"（"Cher petit vous autre"，p.26）。

41. 戴尔德丽·贝尔坚持认为，这次谈话发生在 1945 年 5 月中旬，而不是 1946 年 3 月或 4 月（见 *Simone de Beauvoir：A Biography*，p.304），但她除了指责波伏瓦在回忆录中没有提供"准确的时间顺序（和）文本统一性"（p.303）之外，没有为这一说法提供任何证据。在我看来，这种说法是建立在心理直觉之上的：贝尔莫名地认为，在萨特第一次去美国之后，他们一定以这种方式讨论过瓦内蒂。如果说萨特的第二次旅行使他更加迷恋瓦内蒂，波伏瓦在这之后才真正认为瓦内蒂是个危险人物，这显然在心理学上也是说得通的。波伏瓦日记节选的日期是 1946 年 5 月，其中提到了一次去瑞士的旅行，毫无疑问，这次旅行是在那个月的月底进行的。根据我的解读，正是因为波伏瓦对萨特与瓦内蒂的关系感到严重不安，她才在这个特定的时间写日记。在没有相反的具体证据的情况下，我将假定波伏瓦对这些事件的时间顺序的记录或多或少是正确的，主要是因为她的日期似乎已经足够可信，而贝尔却在这一时期的一些日期上略显混乱。正如我们所见，萨特于 1946 年 3 月 15 日结束第二次纽约之行返回巴黎。4 月，他患上了严重的腮腺炎。贝尔将腮腺炎的发病时间放在一次关于纽约之行的谈话之后，在波伏瓦的日记中这次谈话发生在 5 月 16 日。贝尔又一次没有为她的日期追溯提供证据，这迫使她将瑞士之行放在 6 月中旬，而事实上，萨特和波伏瓦当时在意大利。这里所说的谈话很可能发生在 4 月的某个时候：在萨特生病之前——波伏瓦说当时他们正准备去参加一个午餐聚会——但是在他有时间说了更多关于瓦内蒂的事情、足以让波伏瓦感到严重担忧之后。

42. 正如我在第五章中提到的，"Poussière"（灰尘）是波伏瓦最喜欢的小说之一——罗莎蒙德·莱曼的《蒙尘的答案》（*Dusty Answer*）——的法文书名，该书描写了失落和求而不得的爱情。

43. 在这些日记节选中，有一段非常令人困惑。5 月 7 日，波伏瓦写道："我还吓到了 M.，她给我带来了一些关于英国的无趣文章。"（FC87；FCa112；TA）在她的回忆录中，唯一一个被称为 M. 的人是瓦内蒂，而此时波伏瓦还从未见过她。她的回忆录中没有提到她来到巴黎，也没有提到她最终离开巴黎。没有传记作家暗示瓦内蒂在 1946 年的晚春出现在巴黎，尽管安妮·科恩-索拉尔确实说，萨特在 3 月回国后告诉大家"多洛雷斯是世上最奇妙的女人，她很快就会来和他团聚"（*Sartre 1905—1980*，p.366）。假设波伏瓦试图从回忆录中抹去她的情敌出现的信息，这也并非不像她的作风：根据戴尔德丽·贝尔的说法，波伏瓦告诉她，她最初根本不想提及瓦内蒂："萨特想让我写她，但我拒绝了。他说我不诚实。我说那是我的回忆录。"（*Simone de Beauvoir：A Biography*，p.302）。鉴于波伏瓦在出版自己的日记之前都会进行细致的编辑，人们可能会认为这一处对"M."的随意提及是疏忽所致：也许她只是忘了删掉这一行。但波伏瓦在人名和地名的拼写上也是出了名的马虎：据我所知，这里的"M."只是一个单纯的错误：也许应该是"N."或"P."之类的。（法语文本故意不区分性别，但《境遇的力量》的英译本理所当然地认为"M."是男性，并加上了代词"he"。）

44. 出于某种莫名的原因，理查德·霍华德的译本漏掉了"作品"这一关键提法。"Mais ça deviendrait une œuvre"，波伏瓦写道（FCa119）。

45. 她唯一的剧本，《没用的家伙》显然也是一部"作品"。

46. 玛莎·诺埃尔·埃文斯不仅认为波伏瓦把小说当作一种"不如散文有价值的写作体裁"，还认为她将散文性别化为"男性的"，而将小说性别化为"女性的"（"Murdering *L'Invitée*"，p.69）。我找不到任何证据来证明这种说法。埃文斯为支持她的观点而引用的一段话显然是指其他人对散文的偏爱，而不是波伏瓦自己的偏爱（见 Alice Jardine's 1979 interview with Beauvoir，p.234）。

47. 在大多数方面，波伏瓦对语言和交流的理解与萨特在《什么是文学》中相一致。

48. 这句话出自 1930 年与萨特的一次谈话，指的是他们早期对语言与情感之间关系的分歧。波伏瓦被圣克卢的景色深深打动："我责备萨特的冷漠……。他谈论森林和河流的口才比我好得多，但它们并没有让他产生任何感觉。"（PL39；FA47）萨特认为，作家需要充分地超脱出自己的情感，才能用文字捕捉到它；波伏瓦则认为，这种"事物与文字之间的差异"必然会扼杀作家产生狂喜体验的能力："我想写书，但又不想放弃我的'出神状态'：我很纠结……"（PL40；FA47）

49. 波伏瓦写道，年幼时，她相信自己有说不完的话；成了一名年轻作家后，她突然发现自己无话可说（见"Mon expérience"，p.440）。

50. 在这里，我使用弗洛伊德意义上的否定（disavowal），即"Verleugnung"。这是标准版所倾向的译法。为了统一起见，我将在提及朱莉娅·克里斯蒂娃的《黑太阳》时使用同一术语，在该书中的"Verleugnung"被译为否认（denial）。

51. 在弗洛伊德看来，所有恋物者都是男性。在《女性恋物癖》（"Female Fetishism"）当中，娜奥米·朔尔（Naomi Schor）提供了一份有力的论述，她分析女性恋物癖尤其具有双性别（sexual ambivalence）或双性恋的特征（尤其见 pp.367—369）。

52. 我借用了朱莉娅·克里斯蒂娃的观点。在《诗歌语言的革命》（*Revolution in Poetic Language*）一书中，她问道："简而言之，艺术不就是一种极致的恋物，一种极其掩盖其考古学的恋物吗？在其根基上，难道不是有一种最终的坚持？认为母亲是斐勒斯，从未被恰当地认同过的自我永远不会与母亲分离，没有任何符号足以切断这种依赖？"（p.65）虽然克里斯蒂娃发现写作主体可能"紧紧抓住恋物提供的帮助"（p.65），但她坚持认为文本绝不只是简单的恋物："文本完全不同于恋物，因为它能够指意；换句话说，它不是替代，而是记号……"（p.65）。

53. 克里斯蒂娃的著作还对抑郁症病例研究进行了广泛的讨论，其中许多都包含对理解西蒙娜·德·波伏瓦可能有启发性的见解：例如，抑郁女性往往在其男性伴侣身上看到一个具有干涉性的母亲："许多女性都知道，在她们的梦中，母亲代表着情人或丈夫，或者反过来……。这样的母亲被想象成不可或缺的、使人满足的、干涉性的，但也正因为如此，她才会带来死亡：她让女儿失去活力，让她无路可逃。"（*Black Sun*, pp.77—78）或者倾向于选择一个不忠诚的伴侣："她最喜欢的伴侣或她的丈夫是一个虽不忠实却使其满足的母亲。这样，绝望中的女人就会戏剧性地、痛苦地依恋她的唐璜。因为，唐璜给了她享受不忠母亲的可能性，也满足了她对其他女人的渴望。他自己的情妇就是她自己的情妇。"（*Black Sun*, p.84；TA）。我不打算在这里继续探讨这些主题。原因有二：首先，我在此处的主题是波伏瓦与写作和艺术的关系；其次，我并不特别希望将自己对波伏瓦回忆录的解读翻译成一种特定的精神分析叙事，无论是朱莉娅·克里斯蒂娃的叙事，还是——比如说——爱丽丝·米勒（Alice Miller）、梅拉妮·克莱因（Melanie Klein）或安德烈·格林（André Green）的叙事。

54. 我尽量避免纠缠于克里斯蒂娃论述中的一些术语问题。在她的文本中，她用否认（déni）一词来表示弗洛伊德的"Verleugnung"。既然我一开始就引用了弗洛伊德关于恋物的论述，我觉得自己有义务在全文中坚持同样的用法。因此，我将谈论波伏瓦的"否定"写作。这样措辞的好处在于，我在表明，我并不只是在"彻底否定"或"回避"这样更加日常的意义上讨论否定。

55. 在此，我想对伊莱恩·马克斯1973年对波伏瓦的研究表达钦佩：虽然我不同意马克斯的总体美学立场，也不同意她对波伏瓦的严厉的个人攻击，但我认为她对波伏瓦各种风格的评价相当出色。

56. 至于她的其他虚构作品——《他人的血》《人都是要死的》《美丽的形象》《被毁掉的女人》——都在波伏瓦的创作区间内——从最平淡无奇的文字到异常激烈的时刻——呈现出相当大的波动。就我个人而言，我在《被毁掉的女人》和《独白》中感受到了很多力量，而在《人都是要死的》中则少得多。

后　记

　　"西方世界每一个有思想的女人一定都曾在某个时刻向自己提出这样一个问题，"安吉拉·卡特（Angela Carter）曾写道，"为什么像西蒙娜这样的好女孩要浪费时间去逢迎 J.-P. 这样一个无聊的老东西？她的回忆录大部分都是关于他的，而他几乎不会提到她。"（"Colette"，p.135）有时，我确实和卡特一样，对这个存在主义登徒子感到恼怒，但我不知道她在这里如此坚决地无视他是否正确。首先，需要承认的是，重视思想的知识女性通常希望对方像爱她的乖巧个性或性感双腿一样爱她的思想力量。假定她是异性恋，那么知识男性对她总是有吸引力的：至少从理论上讲，他们有可能给她带来知识上的理解和支持。因此，难怪情色—理论动态学会在卢森堡花园的西蒙娜和让-保罗之间出现。

　　然而，解释波伏瓦为何爱上萨特，与解释她为何从未离开萨特是两码事。在最初的七年或十年之后，与萨特的关系对她有什么好处呢？难道波伏瓦在情感上一直屈从于她的伴侣就毫无可指摘的地方吗？一方面，波伏瓦试图与萨特结成一种新的联盟，这有许多令人钦佩之处。她对自由的坚持使她摒弃了传统资产阶级婚姻的限制。她这样做激励了无数其他女性在自己的生活中追求自由。此外，波伏瓦显然将她的

"必要之爱"视为贯穿一生的计划。一个人放弃了一项创始计划，就等于放弃了生活意义本身，她在《论老年》中常说：她不顾一切地、坚决地要让这一核心关系继续经营下去，是有些英勇的成分在的。

　　然而，波伏瓦为她对萨特的承诺付出了大量的情绪代价，这也同样显而易见。她的一生仿佛都在被迫重复着抑郁、焦虑和害怕被抛弃的循环。如此多的痛苦，如此多的嫉妒，而这一切都是为了一个男人？在本书中，我使用了歇斯底里和原发性自恋等术语来描述波伏瓦表现出的某些心理结构。朱莉娅·克里斯蒂娃在读过我的手稿后指出，波伏瓦的情绪反应是受虐。显然没有什么能让她突破从空虚到想象中的充盈再进入新的失落与痛苦的情绪恶性循环。也许痛苦的存在最终会比存在自由（existential freedom）的令人畏惧的空虚更让她感到安慰？然而，无论她遭受了多少痛苦，她从未放弃为实现这种自由而斗争：正是在这种紧张关系中，我发现了波伏瓦生活的根本悖论。

　　对我来说，波伏瓦的选择中最令人震惊的一点是，她始终拒绝像分析其他女性的情感策略那样，发挥自己的洞察力，对自己的情感策略进行审视。如果西蒙娜·德·波伏瓦从一开始就认真对待精神分析，她会怎样呢？但这显然是一个搞错了时代的问题。波伏瓦出生在一个前分析时代：在 20 世纪 20 年代、30 年代和 40 年代的法国，她或其他知识分子儿乎没有理由将精神分析作为他们的思想或个人生活的重大影响因素来考虑。

　　如今的一部分读者，满揣着后见之明，自信地推荐波伏瓦选择另外的生活：爽利地跟萨特分手，移民芝加哥，结婚生子（同萨特或同其他人），做公开的同性恋。但我们有什么资格说什么选择对西蒙娜·德·波伏瓦来说会"更好"呢？尽管存在种种冲突和困难，她所选择的生活确实实使她成了世界上最有影响力的女性之一。那么这种弥漫的失望是从何而来的？为什么在她的书信和日记出版后，有那么多评论家表达了对波伏瓦与萨特的关系的不赞同？波伏瓦本人对这种反应多少难辞其咎。尽管她从未明确地将自己与萨特的关系设定为他人效仿的理想，但她的写作实际上充满了对绝对感情幸福的自恋渴望。由于她写作的目的也是为了让读者认同她，因此对她来说，只有激发读者同样的渴望，她的回忆录才算成功。然而，与此同时，那些急于寻找完美（而非"够好"）榜样的读者却很容易掉进波伏瓦设置的心理陷阱。这些读者希望波伏瓦与萨特在一起能获得理想的幸福，他们将自己自恋的理想投射到波伏瓦身上：不得不放弃这一立场的痛苦正是近年涌现的失望、愤怒和拒绝的原因。发现波伏瓦的性生活和情感生活的"真相"后，人们就很难继续想象在这个世界上可以得到完美的幸福：也许不仅是西蒙娜·德·波伏瓦难以接受现实原则，她的读者也是如此。

　　无论我们赞同还是反对波伏瓦，我们对她爱情生活的浓厚兴趣并非偶然。她的一生比 20 世纪所有其他女性的一生都更能吸引我们思考爱情与知识女性的问题。自从玛丽·沃斯通克拉夫特第一次请读者不要不相信，去想象"有思想能力的女人的思想"（*Mary*，p.xxxi）的存在可以被写成虚构作品，有思想的女性就一直在担心她们唤起爱的能力。1788 年，沃斯通克拉夫特放纵自己做白日梦，让玛丽受当时最新哲学思想的启发，就灵魂和人类情感的本质展开长篇大论，只为享受被选中的亨利欣喜若狂地在她耳边的低语，"亲爱的热情的人，……你是如何潜入我的灵魂的"（*Mary*，p.40）。然而，他轻声的感叹并不是为了打断她，玛丽被允许继续就不朽的灵魂发表长达一页半的看法。对于沃斯通克拉夫特和波伏瓦来说，有思想的女性希望通过她的思想而非单纯的品行或美貌来吸引他人。

　　我们的女性前辈幻想在父权制下这样的事业能够成功，不啻是白日做梦。在这方面，没有什么白日梦能比斯塔尔夫人的白日梦更精彩了，她让令人无法抗拒的奈尔维尔勋爵爱上了科琳娜，时值她在罗马的国会大厦上加冕，也就是说，他在她的才华得到公众认可的那一刻爱上了她：至少，科琳娜此后再也不用假装自己是个愚蠢的金发女郎了。这当然行不通。亨利死于肺痨，科琳娜孤独地饱受煎熬，奈尔维尔勋爵则跟美丽的露西尔结了婚。玛吉·塔利弗因为深信总是有不幸的结局等着知识女性，所以不愿读完斯塔尔夫人的小说："我一读到金发碧眼的年轻女士在公园里读书，就把书合上，决定不再读了。我已经预想到那个皮肤白皙的女孩会夺走科琳娜所有的爱，让她痛苦。我已经决定不再读金发女郎夺走所有幸福的书了。"（*The Mill on the Floss*，p.312）。玛吉自身的命运给西蒙娜·德·波伏瓦留下了深刻的印象，也很好地诠释了知识女性在爱情中经历的冲突。玛吉在智识上与菲利普·韦克姆旗鼓相当，但她知道自己并不爱他。她沉浸在对斯蒂芬·格斯特的高度感官的激情中，无法接受自己的感情是那样强烈的肉体性质的，她宁愿完全放弃肉体。乔治·艾略特从未停止探索知识女性与爱情（尤其是性爱）的关系问题：她将自己最有成就的女知识分子罗莫拉困在与不可托付但又性感得令人不安的蒂托的灾难性婚姻中，之后她又让《米德尔马契》中的多萝西娅·布鲁克真的爱上卡索邦的思想，但她最终意识到，要满足一个知识女性，需要的不仅仅是纯粹的思想之爱。

父权意识形态试图用蓝袜子丑女和干瘪老处女这种恶毒的形象施加一种身体与思想的分裂，尤其是在知识女性的身上。她们比其他任何一类女性都更需要在思想与情感和性生活幸福的愿望之间做出选择。多萝西娅·布鲁克选择了卡索邦，这非常好地诠释了知识女性不为婚姻牺牲思想的愿望之强，以及将身体激情与智识激情分离的能力。只要女性被剥夺了接受正规教育的机会，她们就极难被当作知识分子认真对待：多萝西娅甚至从未考虑过自己的知识分子生涯。在这方面，她比乔治·艾略特本人更能代表 19 世纪的女性。

西蒙娜·德·波伏瓦的情况与此不同：像今天的许多女性一样，她意识到自己接受了与男性同等的教育，并在职业领域与男性竞争。因此，她在情欲和情感方面的选择充满了新的复杂性。卢森堡花园里那场具有象征意义的对话，既是波伏瓦哲学上的溃败，也是她对科琳娜在国会大厦加冕的演绎。正如奈尔维尔勋爵欣赏科琳娜的诗歌一样，萨特也欣赏波伏瓦的智慧：与她讨论了三个小时的思想，他赢得了成为她情人的权利。在这种情况下，他在辩论中赢了波伏瓦的事实并不重要：重要的是，他足够严肃地对待波伏瓦，把她当作一位哲学家，在与她对话时用上了一如往常的智识热情和技巧。与科琳娜或玛吉不同，黑发的西蒙娜有机会与爱人共度一生，而不必放弃自己的智慧：这就不难理解为什么我们如此热切地希望她从此幸福快乐。

　　西蒙娜·德·波伏瓦现在属于上一代人。她这个开拓性的榜样为女性将知识分子和女性身份合为一体、同时被严肃对待和被爱打开了可能性。在 21 世纪即将到来之际，她仍然使我们能够更轻松地过自己想要的生活，而不必顾及父权制的传统。我对西蒙娜·德·波伏瓦一生的复杂性和矛盾性的认识，使我对她的钦佩更加深刻。她坚持着，耐心付出努力，成为一名独立女性，为自己开创文学事业，并投身于孤独的写作，这些都证明了她的勇气、耐心和毅力。面对父权偏见，她绝对地坚持着自己在情感和性生活上幸福的不言自明的权利，这堪称楷模：我们不能指望她在做到这一切的同时不表现出丝毫的痛苦或心理冲突。和我们一样，她也曾被父权制社会的矛盾所撕扯，这一点 ₂₇₄我们不应该感到惊讶。读她的自传，我既被她的坚强、活力和生命力所打动，也为她的无助和脆弱所触动。当我意识到她获得自主和独立意识是多么艰难时，我觉得她的成就更加令人钦佩。然而，钦佩并不是崇拜。西蒙娜·德·波伏瓦教导我们，我们不需要完美，我们只需要永不放弃。对我来说，这既是一个令人安心的前景，也是一个令人生畏的前景。

参考文献

一、西蒙娜·德·波伏瓦的著作

作品按照法文原版出版日期的时间顺序排列。在正文中，我给出了所引用的版本。

（一）著作

1. 法语著作

L'Invitée. Coll. Folio. Paris：Gallimard，1943.

Pyrrhus et Cinéas. Paris：Gallimard，1944.

Le sang des autres. Coll. Folio. Paris：Gallimard，1945.

Les houches inutiles. Coll. Le manteau d'Arlequin. Paris：Gallimard，1945.

Tous les hommes sont mortels. Coll. Folio. Paris：Gallimard，1946.

Pour une morale de Vambiguité. Coll. Idées. Paris：Gallimard，1947.

L'existentialisme et la sagesse des nations. Paris：Nagel，1948.

L'Amérique au jour le jour. Paris：Morihien，1948；Paris：Gallimard，1954.

Le deuxième sexe. Coll. Folio. Paris: Gallimard, 1949.

Les mandarins. Coll. Folio. Paris: Gallimard, 1954.

Privilèges. Paris: Gallimard, 1955. (Also published in the Collection Idees under the title Faut-il bruler Sade?)

La longue marche. Paris: Gallimard, 1957.

Mémoires d'une jeunefile rangée. Coll. Folio. Paris: Gallimard, 1958.

La Force de l'âge. Coll. Folio. Paris: Gallimard, 1960.

Djamila Boupacha. With Gisele Halimi. Paris: Gallimard, 1962.

La Force des choses. Coll. Folio. Paris: Gallimard, 1963.

Une mort très douce. Coll. Folio. Paris: Gallimard, 1964.

Les Belles Images. Coll. Folio. Paris: Gallimard, 1966.

La Femme rompue. Coll. Folio. Paris: Gallimard, 1968.

La vieillesse. Coll. Folio. Paris: Gallimard, 1970.

Tout compte fait. Coll. Folio. Paris: Gallimard, 1972.

Quand prime le spirituel. Paris: Gallimard, 1979.

La Cérémonie des adieux. Followed by *Entretiens avec Jean-Paul Sartre*. Coll. Folio. Paris: Gallimard, 1981.

Lettres à Sartre. Vols 1 and 2. Paris: Gallimard, 1990.

Journal de guerre. Paris: Gallimard, 1990.

Lettres à Nelson Algren: Um amour transatlantique, 1947—1964. Ed. and trans. from English by Sylvie Le Bon de Beauvoir. Paris: Gallimard, 1997.

Correspondance croisée 1937—1940. With Jacques-Laurent Bost. Ed. Sylvie Le Bon de Beauvoir. Paris: Gallimard, 2004.

2. 英语译著

She Came to Stay. Trans. Yvonne Moyse and Roger Senhouse. London: Fontana, 1984.

The Blood of Others. Trans. Yvonne Moyse and Roger Senhouse. Harmondsworth: Penguin, 1986.

Who Shall Die?. Trans. Claude Francis and Femande Gontier. Florissant, Missouri: River Press, 1983.

All Men are Mortal. Trans. Leonard M. Friedman. Cleveland, Ohio: World Publishing, 1955.

The Ethics of Ambiguity. Trans. Bernard Frechtman. New York: Citadel Press, 1976.

America Day by Day. Trans. Patrick Dudley. London: Duckworth, 1952. (A new translation was published in 1999: *America Day by Day*. Frans: Carol Cosman, Berkeley: University of California Press, 1999.)

The Second Sex. Trans. H.M. Parshley. Harmondsworth: Penguin, 1984.

The Mandarins. Trans. Leonard M. Friedman. London: Fontana, 1986.

The Long March. Trans. Austryn Wainhouse. Cleveland: World, 1958.

Memoirs of a Dutiful Daughter. Trans. James Kirkup. Flarmondsworth: Penguin, 1987.

The Prime of Life. Trans. Peter Green. Harmondsworth: Penguin, 1988.

Force of Circumstance. Trans. Richard Howard. Harmondsworth: Penguin, 1987.

A Very Easy Death. Trans. Patrick O'Brian. Harmondsworth: Penguin, 1983.

Les Belles Images. Trans. Patrick O'Brian. London: Fontana, 1985.

The Woman Destroyed. Trans. Patrick O'Brian. London: Fontana, 1987.

Old Age. Trans. Patrick O'Brian. Harmondsworth: Penguin, 1986.

All Said and Done. Trans. Patrick O'Brian. Harmondsworth: Penguin, 1987.

When Things of the Spirit Come First. Trans. Patrick O'Brian. London: Fontana, 1986.

Adieux: A Farewell to Sartre. Trans. Patrick O'Brian. Harmondsworth: Penguin, 1986.

Letters to Sartre. Trans, and ed. Quintin Hoare. New York: Arcade, 1991.

A Transatlantic Love Affair: Letters to Nelson Algren. Ed. Sylvie Le Bon de Beauvoir. New York: New Press, 1998. (Published in Britain as *Beloved Chicago Man: Letters to Nelson Alren, 1947—64*. London: Gollancz, 1998.)

Philosophical Writings. Eds. Margaret A. Simons, Marybeth Timmermann and Mary Beth Mader. Urbana: University of Illinois Press, 2004.

Diary of a Philosophy Student. Vol. 1: 1926—27. Eds. Barbara Klaw, Sylvie Le Bon de Beauvoir and Margaret A. Simons. Urbana: University of Illinois Press, 2006.

（二）文中提及的论文、评论及访谈

'*La phénoménologie de la perception* de Maurice Merleau-Ponty.' *Les temps modernes* 1/2（November 1945）: 363—367.

'Œil pour œil.' 1946. *L'Existentialisme et la sagesse des nations* 125—164.

'Introduction à une morale de l'ambiguïté（1946）. Francis and Gonthier, *Écrits* 335—343.

'*Les structures élémentaires de la parenté* par Claude Levi-Strauss.' *Les Temps modernes* 5/40（November 1949）: 943—949.

'Merleau-Ponty et le pseudo-sartrisme'（1955）. *Faut-il brvller Sade?*, 183—250.

'Mon expérience d'écrivain'（1966）. Francis and Gonthier, *Écrits* 438—457.

'La femme et la création'（1966）. Francis and Gonthier, *Écrits* 458—474. Trans.

Roisin Mallaghan. 'Women and Creativity.' In Moi, *French Feminist Thought*, 17—32.

'I Am a Feminist'（1972）. With Alice Schwartzer. Schwartzer, 27—48.

'*The Second Sex*: thirty years on'（1976）. With Alice Schwartzer. In Schwartzer, 65—79.

'Interview with Simone de Beauvoir.' With Alice Jardine. *Signs*, 5/2（Winter 1979）: 224—236.

'Being a Woman Is Not Enough'（1982）. With Alice Schwartzer. In Schwartzer, 108—120.

'Simone de Beauvoir: Le Désaveu.' With Cathy Bemheim and Antoine Spire. *Le matin*, 5 Dec. 1985.

'Two Interviews with Simone de Beauvoir'（1982 and 1985）. With Margaret Simons. In Fraser and Bartky, 25—41.

二、其他所引文献

Alain-Foumier. *Le Grand Meaulnes*. 1913. Paris: Le livre de poche, 1967.

Albistur, Maïté and Daniel Armogathe. *Histoire du féminisme français du moyen age a nos jours*. Paris: des femmes, 1977.

Algren, Nelson. *Who Lost an American?* New York: Macmillan, 1963.

——*Conversations with Nelson Algren*. With H. E. F. Donohue. New York: Hill and Wang, 1964.

—— 'I Ain't Abelard.' *Newsweek* 29 Dec. 1964: 58—59.

—— 'The Question of Simone de Beauvoir.' *Harper's Magazine* (May 1965): 134—136.

al-Hibri, Azizab Y. and Margaret Simons, eds. *Hypatia Reborn: Essays in Feminist Philosophy*. Bloomington: Indiana University Press, 1990.

Alphant, Marianne. 'L'Album de la mère Castor.' Review of *Lettres à Sartre*. *Liberation* 22 Feb. 1990: 19—21.

Andersen, Hans Christian. *Fairy Tales*. Trans. Reginald Spinks. London: Dent, 1958.

Annuaire de l'Association amicale des anciens élèves de l'Ecole Normale Supérieure. Paris, 1986.

Appignanesi, Lisa. *Simone de Beauvoir*. Harmondsworth: Penguin, 1988.

Armogathe, Daniel. *Le Deuxième Sexe: Simone de Beauvoir*. Paris: Hatier, 1977.

Ascher, Carol. *Simone de Beauvoir: A Life of Freedom*. Brighton: Harvester, 1981.

Atack, Margaret and Phil Powrie, eds. *Contemporary French Fiction by Women: Feminist Perspectives*. Manchester: Manchester University Press, 1990.

Audet, Jean-Raymond. *Simone de Beauvoir face à la mort*. Lausanne: L'Âge d'homme, 1979.

Bair, Deirdre. *Simone de Beauvoir : A Biography*. New York: Summit Books, 1990.

Barnes, Hazel A. *The Literature of Possibility : A Study in Humanist Existentialism*. Lincoln: University of Nebraska Press, 1959.

Barthes, Roland. *Mythologies*. Paris: Seuil, 1957.

—— 'The Death of the Author.' 1969. *Image—Music—Text*. Trans. Stephen Heath. New York: Hill and Wang, 1983: 142—148.

Beauvoir, Hélène de. *Souvenirs*. Receuillis par Marcelle Routier. Paris: Seguier, 1987.

—— 'Entretien avec Hélène de Beauvoir à Trebiano, 22 juin 1986.' With Yolanda Astarita Patterson. *Simone de Beauvoir Studies*, 5 (1988): 12—31.

——Interview. *Daughters of de Beauvoir*. BBC 2. 22 Mar. 1989.

Benda, Julien. *La trahison des clercs*. 1927. Paris: Grasset, 1975.

Benstock, Shari, ed. *The Private Self : Theory and Practice of Women's Autobiographical Writings*. Chapel Hill: UNC Press, 1988.

Berghe, Chr. L van der. *Dictionnaire des idées dans l'œuvre de Simone de Beauvoir*. The Hague: Mouton, 1966.

Bergoffen, Debra B. *The Philosophy of Simone de Beauvoir : Gendered Phenomenologies, Erotic Generosities*. Albany: State University of New York Press, 1997.

Bernheimer, Charles and Claire Kahane, eds. *In Dora's Case : Freud Hysteria—Feminism*. Second Edition. New York: Columbia, 1990.

Bertheaume, Marthe. 'L'Activité féminine.' *Forces nouvelles*. Late 1920s.

Bhaba, Homi. 'What Does the Black Man Want?' *New Formations* 1 (Spring 1987): 118—24.

Bieber, Konrad. *Simone de Beauvoir*. Boston: Twayne, 1979.

Boisdeffre, Pierre de. *Une histoire vivante de la littérature d'aujourd'hui*, 1938—58. Paris: Le livre contemporain, 1958.

Bok, Sissela. *Alva: Ett kvinnoliv*. Stockholm: Bonniers, 1987.

Bonner, Thomas Neville. *To the Ends of the Earth: Women's Search for Education in Medicine*. Cambridge, Massachusetts: Harvard, 1992.

Bost, Jacques-Laurent, *Le Dernier des métiers*. Paris: Gallimard, 1946.

Boschetti, Anna. *Sartre et 'Les Temps modernes'*. Paris: Minuit, 1985.

Bouchardeau, Huguette. *Pas d'histoire, les femmes ... 50 ans d'histoire des femmes: 1918—1968*. Paris: Syros, 1977.

Bourdieu, Pierre. Distinction. *A Social Critique of the Judgement of Taste*. Trans. *Richard Nice*. London: RKP, 1984. Trans, of La distinction. Critique sociale du jugement. Paris: Minuit, 1979.

—— 'Le Mort saisit le vif.' *Actes de la recherche en sciences sociales* 32—33 (Apr.—June 1980): 3—14.

—— 'Sartre.' *London Review of Books* 2.22 (20 Nov. 1980): 11—12.

—— ' Épreuve scolaire et consécration sociale: Les Classes préparatories aux grandes écoles.' *Actes de la recherche en sciences sociales* 39 (1981): 3—70.

——*La Noblesse d'état*. Paris: Minuit, 1989.

——and Monique de Saint Martin. 'Les Catégories de l'entendement professoral.' *Actes de la recherche en sciences sociales* 3 (1975): 68—93.

Bourdoiseau, Yannick. 'Sous les couvertures.' *Minute* 25 Apr.

1986.

Breton, André. *Nadja*. 1928. Paris: Gallimard, 1964.

Brooks, Peter. *The Melodramatic Imagination: Balzac, Henry James, Melodrama, and the Mode of Excess*. 1976. New York: Columbia, 1985.

Brosman, Catherine Savage. *Simone de Beauvoir Revisited*. Twayne's World Authors Series 820. Boston: Twayne, 1991.

Butler, Judith. 'Sex and Gender in Simone de Beauvoir's *Second Sex*.' *Yale French Studies* 72 (1986): 35—49.

Campbell, James. 'Experiencing Egoism.' Review of *The Tongue Set Free*, by Elias Canetti. *Times Literary Supplement* 26 Aug. 1988: 926.

Card, Claudia. 'Lesbian attitudes and *The Second Sex*.' *Women's Studies International Forum* 8/3 (1985): 209—214. (Reprinted in al-Hibri and Simons.)

Carlomusso, Jean. *L Is For The Way You Look*. Videocassette. No date.

Caron, Jeanne. 'Les Débuts de Sainte-Marie.' In Mayeur and Godille 123—129.

Carrefour 24 Oct. 1957.

Carter, Angela. 'Colette.' In *London Review of Books Anthology One*. Ed. Michael Mason. London: Junction Books, 1981: 129—39.

Cau, Jean. *Croquis de mémoire*. Paris: Julliard, 1985.

Caute, David. *Fanon*. London: Fontana, 1970.

Cayron, Claire. *La nature chez Simone de Beauvoir*. Paris: Gallimard, 1973.

Celeux, Anne-Marie. Jean-Paul Sartre, *Simone de Beauvoir: Une expérience commune, deux écritures*. Paris: Nizet, 1986.

Chabrol, Claude. *Une affaire de femmes*. (English title: *A Story of Women*.) MK2 Productions, Films A2, Films du Camelia and La Sept, 1988.

Chaigne, Louis. 'Simone de Beauvoir: Prix Goncourt.' *Le Courrier Français* 11 Nov. 1954.

Chaperon, Sylvie, *Les Années Beauvoir (1945—1970)*, Paris: Fayard, 2000.

Charle, Christophe. *Naissance des ' intellectuels ' 1880—1900*. Paris: Minuit, 1990.

Charrier, Edmée. *L'Evolution intellectuelle féminine*. Paris: Mechelinck, 1931.

Chasseguet-Smirgel, Jamne. ' Feminine Guilt and the Oedipus Complex.' *Female Sexuality: New Psychoanalytic Views*. Ann Arbor: University of Michigan Press, 1970: 94—134.

Chevemy, Julien. 'Une bourgeoise modèle: Simone de Beauvoir.' *Figaro magazine* 17 Feb. 1979: 57.

Chrestien, Michel. Review of *La Force des choses*. *La nation française* 13 Nov. 1963. Julienne-Caffie 229—230.

Cixous, Hélène. 'The Laugh of the Medusa.' In Marks and Courtivron 245—264.

Cohen-Solal, Annie. *Sartre 1905—1980*. Paris: Gallimard, 1985.

Colette. *Claudine à l'école*. 1900. Paris: Laffont, 1989.

——*La vagabonde*. 1910. Paris: Le livre de poche, n.d.

Collette. *Chéri*. 1920. Paris: Le livre de poche, n.d.

——*Le Blé en herbe*. 1923. Paris: Gamier-Flammarion, 1964.

Collins, Margery and Christine Pierce, 'Holes and Slime: Sexism in Sartre's Psychoanalysis.' In Gould and Wartofsky 112—27.

Cordero, Anne D. 'Simone de Beauvoir Twice Removed.' *Simone de Beauvoir Studies* 1 (1990): 49—56.

Cordier, Marguerite. ' Le Difficile Accès des femmes à l'instruction et aux carrières ouvertes par l'enseignement supérieur.' *Bulletin de l'association amicale des anciennes élèves de l'ENS de Fontenay-aux-Roses* 102 (1977): 3—15.

Cottrell, Robert. *Simone de Beauvoir*. New York: Ungar, 1975.

Crosland, Margaret. *Simone de Beauvoir: The Woman and Her Work*. London: Heinemann, 1992.

Culler, Jonathan. *Flaubert: The Uses of Uncertainty*. London: Elek, 1974.

Dahl, Hans Fredrik, *et al*., eds. *Pax Leksikon*. Oslo: Pax, 1980.

David, Deirdre. *Intellectual Women and Victorian Patriarchy: Harriet Martineau. Elizabeth Barrett Browning. George Eliot*. London: Macmillan, 1987.

Dayan, Josée. *Simone de Beauvoir*. Transcript of soundtrack. Paris: Gallimard, 1979.

Delphy, Christine. *Close to Home: A Materialist Analysis of Women's Oppression*. Trans, and ed. Diana Leonard. London: Hutchinson, 1984.

DePalma, Anthony. 'Rare in Ivy League: Women Who Work as Full Professors.' *The New York Times*, 24 Jan. 1993: 1 and 11.

Descartes, René. *A Discourse on Method* (1637). Trans. J. Veitch. Buffalo, New York: Prometheus Books, 1989.

Descubes, Madeleine. *Connaître Simone de Beauvoir*. Paris: Resma, 1974.

'Deux morts sans importance.' *Minute* 18 Apr. 1986.

Domaize, Pierre. Review of La Force des choses. *La Nation* 30 Jan. 1964. In Julienne-Caffie 233.

Drew, Bettina. *Nelson Algren : A Life on the Wild Side*. London: Bloomsbury, 1990.

Duchen, Claire. *Feminism in France From May '68 to Mitterand*. London: Routledge, 1986.

——trans. and ed. *French Connections : Voices from the Women's Movement in France*. London: Hutchinson, 1987.

Duportal, Jeanne. 'Etude sur les livres à figures édités en France de 1601 à 1660.' Thesis. Sorbonne, 1914.

—— 'Contribution au catalogue général des livres a figures du XVIIe siècle (1601—1633).' Thesis. Sorbonne, 1914.

Duras, Marguerite. *Le ravissement de Lol V. Stein*. Paris: Gallimard, 1964.

Duval, Nathalie. 'Étude de la réception littéraire du *Deuxième Sexe* de Simone de Beauvoir au Québec francophone et au Canada anglophone.' Maîtrise. Université Paris X Nanterre, 1989.

—— 'Simone de Beauvoir: rejets, controverses et légitimation ou la réception de Simone de Beauvoir en Amérique du Nord francophone et anglophone (Québec, Canada et Etats-Unis).' DEA dissertation. Université Paris X Nanterre, 1990.

Eagleton, Terry. *Ideology: An Introduction*. London: Verso, 1991.

Eaubonne, Françoise d'. *Une femme nommée Castor. Mon amie Simone de Beauvoir*. Paris: Encre, 1986.

Eliot, George. *The Mill on the Floss*. 1860. London: Dent, 1976.

——*Romola*. 1863. Edinburgh: Blackwood, 1903.

——*Middlemarch*. 1872. New York: Bantam, 1992.

Ellmann, Mary. *Thinking About Women*. New York: Harcourt, 1968.

—— 'The Dutiful Simone de Beauvoir.' Marks, *Critical Essays* 94—101.

Engelstad, Irene, *et al.*, eds. *Norsk kvinnelitteraturhistorie*. Vol.3. Oslo: Pax, 1990.

Etcherelli, Claire. *Élise ou la vraie vie*. Paris: Denoel, 1967.

Evans, Martha Noel. 'Murdering *L'Invitée*: Gender and Fictional Narrative.' *Yale French Studies* 72 (1986): 67—86.

——*Masks of Tradition*: *Women and the Politics of Writing in Twentieth Century France*. Ithaca: Cornell, 1987.

Evans, Mary. *Simone de Beauvoir*: *A Feminist Mandarin*. London: Tavistock, 1985.

Fabiani, Jean-Louis. *Les philosophes de la république*. Paris: Minuit, 1988.

Fallaize, Elizabeth. *The Novels of Simone de Beauvoir*. London: Routledge, 1988.

—— 'Resisting Romance: Simone de Beauvoir, "The Woman Destroyed" and the Romance Script.' Atack and Powrie 15—25.

——, ed. *Simone de Beauvoir*: *A Critical Reader*. London: Routledge, 1998.

Faludi, Susan. *Backlash*: *The Undeclared War Against American Women*. New York: Doubleday, 1991.

Fanon, Frantz. *Black Skin*, *White Masks*. Trans. Charles Lam Markmann. New York: Grove Weidenfeld, 1967. Trans, of Peau noire, masques blancs. Paris: Seuil, 1952.

Ferguson, Ann. ' Lesbian Identity: Beauvoir and History.' *Women's Studies International Forum* 8/3 (1985): 203—208. (Reprinted in al-Hibri and Simons.)

Feuchtwang, Stephan. ' Fanonian Spaces.' *New Formations* 1

(Spring 1987): 124—30.

Fitch, Brian T. *Le sentiment d'étrangeté chez Malraux, Sartre, Camus et Simone de Beauvoir*. Paris: Minard, 1964.

Flotow, Luise von. 'Translation Effects: How Beauvoir Talks Sex in English'. *In Contingent Loves: Simone de Beauvoir and Sexuality*. Ed. Melanie C. Hawthorne. Charlottesville: University Press of Viginia, 2000, 13—33.

Forster, Penny and Imogen Sutton, eds. *Daughters of de Beauvoir*. London: The Women's Press, 1989.

Foucault, Michel. *The History of Sexuality. Vol.I: An Introduction*. Trans. Robert Hurley. New York: Vintage, 1980.

Fouque, Antoinette. 'Notre ennemi n'est pas l'homme, mais l'impérialisme du phallus.' Interview with Cathenne Clément. *Le matin* 16 July 1980: 13. Trans. 'Interview with Antoinette Fouque.' In Duchen, *Connections* 50—4.

——Interview. *Libération* 15 Apr. 1986: 5.

Fox-Genovese, Elisabeth. *Feminism Without Illusions: A Critique of Individualism*. Chapel Hill: UNC Press, 1991.

Francis, Claude and Fernande Gonthier. *Les Écrits de Simone de Beauvoir*. Paris: Gallimard, 1979.

——*Simone de Beauvoir*. Trans. Lisa Nesselson. London: Sidgwick, 1987. Trans, of *Simone de Beauvoir*. Paris: Perrin, 1985.

—— 'Simone de Beauvoir et ses biographes: Polémique.' *Le Matin* 16 Dec. 1985.

Francis, Claude and Janine Niepce. *Simone de Beauvoir et le corns du monde*. Paris: Klincksieck, 1978.

Fraser, Nancy and Sandra Lee Bartky, eds. *Revaluing French Feminism: Critical Essays on Difference, Agency, Culture*. Bloomington: Indiana University Press, 1992.

Freud, Sigmund. *The Interpretation of Dreams*. 1900. Standard Edition 4 and 5.

——*Fragment of an Analysis of a Case of Hysteria* ('Dora'). 1905. Standard Edition 7-3-122.

——*Jokes and their Relations to the Unconscious* (1905). *Standard Edition* 8.

—— 'Creative Writers and Day-dreaming' (1908). *Standard Edition* 9: 141—54.

—— 'Family Romances' (1909). *Standard Edition* 9: 235—241.

—— 'On Narcissism' (1914). *Standard Edition* 14: 69—102.

—— 'Fetishism' (1927). *Standard Edition* 21: 152—7.

Friedan, Betty. *It Changed My Life: Writings on the Women's Movement*. New York: Norton, 1985.

Fullbrook, Kate, and Edward Fullbrook. *Simone de Beauvoir and Jean-Paul Sartre: The Remaking of a Twentieth-Century Legend*. New York: Basic Books, 1994.

Gagnebin, Laurent. *Simone de Beauvoir ou le refus de l'indifférence*. Paris: Fischbacher, 1968.

Galey, Mathieu. 'Simone de Beauvoir: Le Temps vaincu.' *L'Express* 4 Sept. 1972: 87—88.

Galster, Ingrid, ed. *Le Deuxième Sexe de Simone de Beauvoir*. Paris: Presses de l'Université Paris-Sorbonne, 2004.

——, ed. *Simone de Beauvoir: Le Deuxième Sexe. Le Livre foundateur du féminisme moderne en situation*. Paris: Honoré Champion, 2004.

Garcia, Sandrine. 'Le feminisme, une révolution symboliquc? Étude des luttes symboliques autour de la condition féminine.' Thesis.

École des hautes études en sciences sociales, 1993.

Gatens, Moira. *Feminism and Philosophy: Perspectives on Difference and Equality*. Cambridge: Polity, 1991.

Gates, Henry Louis Jr. 'Critical Fanonism.' *Critical Inquiry* 17 (Spring 1991): 457—70.

Gelderman, Carol. *Mary McCarthy: A Life*. London: Sidgwick & Jackson, 1989.

Gendzier, Irene L. *Frantz Fanon: A Critical Study*. New York: Pantheon, 1973.

Gennari, Geneviève. *Simone de Beauvoir*. Paris: Ed. Universitaires, 1958.

——Review of *Mémoires d'une jeune fille rangée*. Arts 8 Oct. 1958.

Gerassi, John. *Jean-Paul Sartre: Hated Conscience of His Century*. Chicago: University of Chicago Press, 1989.

Gibon, Fénelon. *L'Enseignement secondaire féminin*. Paris: Société générate d'éducation et d'enseignement, 1920.

Girard, René. 'Memoirs of a Dutiful Existentialist.' In Marks, *Critical Essays* 84—88.

Giraudoux, Jean. 'Sur l'esprit normalien.' Preface to Reignup, *L'Esprit de Normale*.

Glazer, Sarah. 'A Second Sex: Interview with Constance Borde and Sheila Malovany-Chevalier.' *Bookforum*, 14/1 (Mar.—Apr. 2007), 34—36

Gledhill, Christine, ed. *Home is Where the Heart Is: Studies in Melodrama and Woman's Film*. London: BFI Publishing, 1987.

Gould, Carol C. and Marx W.Wartofsky, eds. *Women and Philosophy: Toward a Theory of Liberation*. New York: Putnam, 1976.

Greene, Naomi. 'Sartre, Sexuality, and *The Second Sex*.' Philosophy and Literature 4/1 (Fall 1980): 199—211.

Guillaumin, Colette. 'The Question of Difference.' Duchen, *Connections* 64—77.

Hardwick, Elizabeth. 'The Subjection of Women.' Marks, *Critical Essays* 49—58.

Hatcher, Donald L. *Understanding 'The Second Sex'*. New York: Peter Lang, 1984.

Hayman, Ronald. *Writing Against: A Biography of Sartre*. London: Weidenfeld and Nicolson, 1986.

Heath, Jane. *Simone de Beauvoir*. Brighton: Harvester, 1989.

Heinämaa, Sara. *Toward a Phenomenology of Sexual Difference: Husserl, Merleau-Ponty, Beauvoir*. Lanham, Md.: Rowman & Littlefield, 2003.

Henric, Jacques. 'Pourquoi ces biographies aseptisées?' *Art Press* 104 (June 1986): 3.

Henry, A. M., OP. *Simone de Beauvoir ou l'échec d'une chrétienté*. Paris: Fayard, 1961.

Hewitt, Leah D. *Autobiographical Tightropes*. Lincoln: University of Nebraska Press, 1990.

Hibbs, Françoise Arnaud. *L'Espace dans les romans de Simone de Beauvoir: son expression et sa fonction*. Stanford French and Italian Studies 59. Saratoga, California: Anma Libri, 1989.

Hourdin, Georges. *Simone de Beauvoir et la liberté*. Paris: Cerf, 1962.

Howells, Christina. 'Sartre: Desiring the Impossible.' Unpublished manuscript.

Huvos, Kornel. *Cinq mirages américains*. Paris: Didier, 1972.

Idt, Geneviève. 'Modèles scolaires dans l'écriture sartrienne: La

nausée ou la "narration" impossible.' *Revue des sciences humaines* 174
(1979): 83—103.

Irigaray, Luce. *Spéculum de l'autre femme*. Paris: Minuit, 1974.

——*Je, tu, nous: pour une culture de la différence*. Paris: Grasset, 1990.

Jaccard, Annie-Claire. *Simone de Beauvoir*. Zurich: Juris Druck, 1968.

Jannoud, Claude. 'L'Œuvre: Une vulgarisation plus qu'une création.'
Le monde 15 Apr.1986.

Jardine, Alice. 'Death Sentences: Writing Couples and Ideology.'
In Marks, *Critical Essays* 207—218.

Jeannin, Pierre. École Normale Supérieure: livre d'or. Paris: Office française de diffusion artistique et littéraire, 1963.

Jeanson, Francis. *Simone de Beauvoir ou l'entreprise de vivre*. Paris: Seuil, 1966.

Joseph, Gilbert. *Une si douce Occupation …: Simone de Beauvoir
et Jean-Paul Sartre 1940—1944*. Paris: Albin Michel, 1991.

Julienne-Caffié, Serge. *Simone de Beauvoir*. Paris: Gallimard, 1966.

Karady, Victor. 'Normaliens et autres enseignants à la Belle
époque. Notes sur l'origine sociale et la reussite dans une profession intellectuelle.' *Revue française de sociologie* 13/1 (Jan.—Mar. 1972):
35—58.

Keefe, Terry. *Simone de Beauvoir: A Study of her Writings*. London: Harrap, 1983.

Kennedy, Margaret. *The Constant Nymph*. 1924. London: Virago, 1986.

Kohon, Gregorio. 'Reflections on Dora: The Case of Hysteria.'

In The *British School of Psychoanalysis: The Independent Tradition*. Ed. Gregorio Kohon. London: Free Association Books, 1986: 362—80.

Kristeva, Julia. *Revolution in Poetic Language*. Trans. Margaret Waller. New York: Columbia, 1984.

—— 'Stabat mater.' 1976. In *The Kristeva Reader*. Ed. Toril Moi. Oxford: Blackwell, 1986: 160—86.

——*Black Sun: Depression and Melancholia*. Trans. Leon S. Roudiez. New York: Columbia, 1989.

——*Lettre ouverte à Harlem Desir*. Paris: Rivages, 1990.

—— 'Quand les Samouraïs répondent aux Mandarins.' Interview with Josyane Savigneau. *Le monde* 9 Mar. 1990: 19—20.

——*Les Samouraïs*. Paris: Fayard, 1990.

Kruks, Sonia. 'Simone de Beauvoir: Between Sartre and Merleah-Ponty.' *Simone de Beauvoir Studies* 5 (1988): 74—80.

——*Situation and Human Existence: Freedom, Subjectivity and Society*. London: Unwin Hyman, 1990.

——*Retrieving Experience: Subjectivity and Recognition in Feminist Politics*. Ithaca, NY: Cornell University Press, 2001.

Lacan, Jacques. *Les complexes familiaux dans la formation de l'individu: essai d'analyse d'une fonction en psychologie*. 1938. Paris: Navarin, 1984.

——Écrits. Paris: Seuil, 1966.

LaCapra, Dominick. *A Preface to Sartre*. 1978. Ithaca: Cornell, 1987.

Laclos, Choderlos de. *Les liaisons dangereuses*. 1782. Paris: Classiques Gamier, 1961.

Lacoin, Elisabeth. *Zaza: correspondance et carnets d'Elisabeth La-*

coin 1914—1929. Paris: Seuil, 1991.

Lagrave, Rose Marie. 'Recherches féministes ou recherches sur les femmes?' *Actes de la recherche en sciences sociales* 83 (June 1990): 27—39.

Lalou, Etienne. 'La raison n'a pas toujours raison.' *L'Express* 12 Dec. 1966: 107—108.

Lamblin, Bianca. *Mémoires d'une jeune file dérangée*. Paris: Balland, 1993.

Langlois, Claude. 'Aux origines de l'enseignement secondaire catholique des jeunes filles. Jalons pour une enquête 1896—1914.' Mayeur and Godille 81—94.

Lasocki, Anne-Marie. *Simone de Beauvoir ou Ventreprise d'écrire: essai de commentaire par les textes*. The Hague: Nijhoff, 1970.

Leak, Andrew N. *The Perverted Consciousness: Sexuality and Sartre*. London: Macmillan, 1989.

Le Dœuff, Michèle. 'Long Hair, Short Ideas.' *The Philosophical Imaginary*. Trans. Colin Gordon. London: Athlone, 1989: 100—128. Trans, of L'imaginaire philosophique. Paris: Payot, 1980.

—— 'Sartre: l'Unique Sujet parlant.' *Esprit* (May 1984): 181—91.

—— 'Operative Philosophy: Simone de Beauvoir and Existentialism.' In Marks, *Critical Essays* 144—154.

——*Hipparchia's Choice: An Essay Concerning Women, Philosophy, etc*. Trans. Trista Selous. Oxford: Blackwell, 1991, Trans, of *L'etude et le rouet: des femmes, de la philosophic, etc*. Paris: Seuil, 1989.

Lehmann, Rosamond. *Dusty Answer*. 1927. Harmondsworth: Penguin, 1991.

———*Invitation to the Waltz*. 1932. London: Virago, 1982.

Leighton, Jean. *Simone de Beauvoir on Woman*. Rutherford: Fairleigh Dickinson, 1975.

Leiris, Michel. *L'Âge d'homme*. Paris: Gallimard, 1939.

Levaux, Michèle. 'Simone de Beauvoir, une féministe exceptionnelle.' *Etudes* (Apr. 1984): 493—8.

Lévi-Strauss, Claude. *Les structures élémentaires de la parenté*. Paris: PUF, 1949.

———*Tristes tropiques*. Paris: Plon, 1955.

Lilar, Suzanne. *Le malentendu du Deuxième sexe*. Paris: PUF, 1969. Lundgren-Gothlin, Eva. *Kön och existens: studier i Simone de Beauvoirs Le Deuxième Sexe*. Gothenburg: Daidalos, 1991.

Lydon, Mary. 'Hats and Cocktails: Simone de Beauvoir's Heady Texts.' In Marks, *Critical Essays* 234—46.

Macey, David. *Lacan in Contexts*. London: Verso, 1988.

Madsen, Axel. *Hearts and Minds: The Common Journey of Simone de Beauvoir and Jean-Paul Sartre*. New York: Morrow, 1977.

Malraux, Clara. *Nos vingt ans*. Paris: Le livre de poche, 1966.

Margadant, Jo Burr. *Madame le Professeur: Women Educators in the Third Republic*. Princeton, New Jersey: Princeton University Press, 1990.

Marks, Elaine. *Simone de Beauvoir: Encounters with Death*. New Brunswick, New Jersey: Rutgers, 1973.

——— 'Transgressing the (In)cont(in)ent Boundaries: The Body in Decline.' *Yale French Studies* 72 (1986): 181—200.

———, ed. *Critical Essays on Simone de Beauvoir*. Boston: Hall, 1987.

———and Isabelle de Courtivron, eds. *New French Feminisms*.

Brighton: Harvester, 1980.

Marso, Lori Jo, and Patricia Moynagh, eds. *Simone de Beauvoir's Political Thinking*. Urbana and Chicago: University of Illinois Press, 2006.

Martin, Biddy. *Woman and Modernity: The (Life) styles of Lou Andreas Salome*. Ithaca: Cornell, 1991.

May, Derwent. *Hannah Arendt*. Harmondsworth: Penguin, 1986.

Mayeur, Françoise. *L'Enseignement secondaire des jeunes files sous la Troisième Rèpublique*. Paris: Presses de la fondation nationale des sciences politiques, 1977.

——and Jacques Godille, eds. *Education et images de lafemme chrétienne en France au début du XXème siècle*. Lyon: L'Hermes, 1980.

McCarthy, Mary. 'Mile. Gulliver en Amérique.' In Marks, *Critical Essays* 44—49.

McPherson, Karen. 'Criminal Passions in Simone de Beauvoir's *L'Invitée*.' *Simone de Beauvoir Studies* 5 (1988): 32—9.

Merleau-Ponty, Maurice. *Phénoménologie de la perception*. Paris: Gallimard, 1945.

—— 'Metaphysics and the Novel.' In Marks, *Critical Essays* 31—44.

Middlebrook, Diane Wood. *Anne Sexton: A Biography*. Boston: Houghton Mifflin, 1991.

Miller, Nancy K., ed. *The Poetics of Gender*. New York: Columbia, 1987.

Moi, Toril. 'Representation of Patriarchy: Sexuality and Epistemology in Freud's *Dora*.' 1981. In Bernheimer and Kahane 181—199.

——, ed. *The Kristeva Reader*. Oxford: Blackwell, 1986.

——, ed. *French Feminist Thought*. Oxford: Blackwell, 1987.

—— 'Feminism, Postmodernism, and Style: Recent Feminist

Criticism in *the United States' Cultural Critique* 9 (Spring 1988): 3—22.

——*Feminist Theory and Simone de Beauvoir*. The Bucknell Lectures. Ed. Michael Payne. Oxford: Blackwell, 1990.

—— 'Appropriating Bourdieu: Feminist Theory and Pierre Bourdieu's Sociology of Culture.' *New Literary History* 22 (1991): 1017—1049. (Reprinted in uoi, *What Is a Woman?*)

——*What Is Woman? And Other Essays*. Oxford: Oxford University Press, 1999.

—— 'Intentions and Effects: Rhetoric and Identification in Simone de Beauvoir's "The Woman Destroyed" ' . In Moi, *What Is a Woman?*, 451—475

—— 'While We Wait: The English Translation of *The Second Sex*'. *Signs: Journal of Women in Culture and Society*, 27/4 (2002), 1005—1035

—— 'Meaning What We Say: The "Politics of Theory" and the Responsibility of Intellectuals'. In The Philosophical Legacy of Simone de Beauvoir. Ed. Emily R. Grosholz. Oxford: Clarendon Press, 2004, 139—160.

——*Sex, Gender and Body: The Student Edition of ' What Is a Woman?*. Oxford: Oxford University Press, 2005.

——*Henrik Ibsen and the Birth of Modernism : Art , Theater , Philosophy*. Oxford and New York: Oxford University Press, 2006.

—— 'Portrait of the Artist as a Young Woman'. Review of Simone de Beauvoir, *Diary of a Philosophy Student*. Volume 1: 1926—27. *Bookforum* , 14/1 (Mar.—Apr.2007), 37—38

Moubachir, Chantal. *Simone de Beauvoir*. Paris: Seghers, 1971.

Mudimbe, V. Y. *The Invention of Africa : Gnosis, Philosophy, and the Order of Knowledge*. Bloomington: Indiana University Press, 1988.

Nahas, Hélène. *La Femme dans la littérature existentielle*. Paris: PUF, 1957.

Neuhoff, Eric. 'Jean-Paul, Tintin et Milou.' *Le Quotidien de Paris* 14 Dec. 1981.

Nizan, Paul. *Aden-Arabie*. 1932. Paris: Maspero, 1971.

——*Les chiens de garde*. 1932. Paris: Maspero, 1960.

Okely, Judith. *Simone de Beauvoir*. London: Virago, 1986.

Ophir, Anne. *Regards féminins: Beauvoir/Etcherelli/Rochefort. Condition féminine et création littéraire*. Paris: Denoel/Gonthier, 1976.

Oulhiou, Yvonne. *L'ENS de Fontenay-aux-Roses à travers le temps 1880—1980*. Fontenay: ENS, 1981.

Pacaly, Josette. *Sartre au miroir. Une lecture psychanalytique de ses' écrits biographiques*. Paris: Klincksieck, 1980.

Patterson, Yolanda Astarita. *Simone de Beauvoir and the Demystification of Motherhood*. Ann Arbor & London: UMI Research Press, 1989.

Peyrefitte, Alain, ed. *Rue d'Ulm: chroniques de la vie normalienne*. Paris: Vigneau, 1950; 3rd ed. Paris: Flammarion, 1977.

Peyrefitte, René. 'L'École et les Sévriennes.' Alain Peyrefitte, 3rd ed. 334—339.

Pivot, Bernard. 'Simone de Beauvoir: une vraie femme de lettres (pour le courrier du cœur).' Le *Figaro littéraire* 30 Oct. 1967: 29.

Plaza, Monique. ' "Phallomorphic Power" and the Psychology of "Woman".' *Ideology & Consciousness* 4 (Autumn 1978): 4—36.

Poulet, Robert. *La lanterne magique*. Paris: Debresse, 1956.

Questions féministes. Editorial. Marks and Courtivron 212—30.

Rachilde. *Monsieur Vénus*. 1887. Paris: Flammarion, 1977.

Radway, Janice. *Reading the Romance: Women, Patriarchy, and Popular Literature*. 1984. London: Verso, 1987.

Reignup, J. *L'Esprit de Normale*. Paris: SPES, 1935.

Reuillard, Gabriel. 'Simone de Beauvoir—"papesse" de l'existentialisme.' *Paris Normandie* 17 Feb. 1954.

Rimmon-Kenan, Shlomith, ed. *Discourse in Psychoanalysis and Literature*. London: Methuen, 1987.

Rioux, Jean-Pierre. *The Fourth Republic 1944—1958*. Trans. Godfrey Rogers. Cambridge: CUP, 1987.

Robert, Marthe. *Origins of the Novel*. Trans. Sacha Rabinovitch. Bloomington: Indiana University Press, 1980.

Rocheblave, Samuel. 'Mile Zanta soutient sa thèse de philosophic en Sorbonne.' *Le Temps* 27 May 1914: 6.

Rose, Jacqueline. *The Haunting of Sylvia Plath*. London: Virago, 1991.

Roudinesco, Elisabeth. *La bataille de cent ans. Histoire de la psychanalyse en France. 2: 1925—1985*. Paris: Seuil, 1986.

Rowley, Hazel. *Tête-à-Tête: Simone de Beauvoir and Jean-Paul Sartre*. New York: HarperCollins, 2005.

—— 'Beauvoir, Brazil and "Christina T." ' *Bookforum*, 14/1 (Mar.—Apr.2007), 32—36 and 55.

Sage, Lorna. *Women in the House of Fiction: Post-War Women Novelists*. London: Macmillan, 1992.

Said, Edward. 'Representing the Colonized: Anthropology's In-terlocutors.' *Critical Inquiry* 15 (Winter 1989): 205—225.

Saint Martin, Monique de. 'Les "femmes écrivains" et le champ littéraire.' *Actes de la recherche en sciences sociales* 83 (June 1990): 52—56.

Sankovitch, Tilde A. *French Women Writers and the Book*: *Myths of Access and Desire*. Syracuse, New York: Syracuse University Press, 1988.

Sarraute, Claude. 'Féminisme = humanisme.' *Le Monde* 6—7 Apr. 1975: 11.

Sartre, Jean-Paul. *La Nausée*. Paris: Gallimard, 1938.

——*Les Mouches*. Paris: Gallimard, 1943.

——*L'Être et le néant*: *Essai d'ontologie phénoménologique*. Paris: Gallimard, 1943. as *Being and Nothingness*. Trans. Hazel E. Barnes. New York: Washington Square Press, 1966.

——*L'Âge de raison*. Paris: Gallimard, 1945.

——*L'Existentialisme est un humanisme*. Paris: Nagel, 1946.

——*Morts sans sépulture*. 1946. In La putain respectueuse. Paris: Folio, 1988.

——*What Is Literature?* *and Other Essays*. 1948. Ed. Steven Ungar. Cambridge, Massachusetts: Harvard, 1988.

——*Les mains sales*. 1948. Paris: Folio, 1981.

—— 'Orphée noir.' *Situations III*. Paris: Gallimard, 1949. 'Black Orpheus.' Trans. John MacCombie. *What Is Literature?* 289—330.

—— 'Avant-propos.' *Aden-Arabie*. By Paul Nizan. 1960. Paris: Maspero, 1971.

——*Les Mots*. Paris: Gallimard, 1964.

——*Cahiers pour une morale*. Paris: Gallimard, 1983.

——*Les carnets de la drôle de guerre*. Paris: Gallimard, 1983.

——*Lettres au Castor et à quelques autres*. Ed. Simone de Beauvoir. Paris: Gallimard, 1983.

——*Vérité et existence*. Ed. Arlette Elkai'm-Sartre. Paris: Gallimard, 1989.

Savigneau, Josyane. 'Cher petit vous autre.' Review of *Lettres à Sartre*. *Le Monde* 28 Feb. 1990: 21 and 26.

Scholz, Sally J. and Shannon M. Mussett. *The Contradictions of Freedom: Philosophical Essays on Simone de Beauvoir's 'The Mandarins'*. Albany, NY: State University of New York Press, 2005.

Schor, Naomi. 'Female Fetishism: The Case of George Sand.' Suleiman, Female Body 363—372.

Schwartzer, Alice. *Simone de Beauvoir Today: Conversations 1972—1982*. London: Chatto, 1984.

Seigffied, Charlene Haddock. '*Second Sex*: Second Thoughts'. al-Hibri and Simons 305—322.

Senart, Philippe. Review of *La Force des choses*. *La table ronde* Dec. 1963. Julienne-Caffie 231—232.

Senghor, Léopold Senghar, ed. *Anthologie de la nouvelle poésie nègre et malgache de langue française*. Paris: Presses universitaires de France, 1948.

Shiach, Morag. *Hélène Cixous: A Politics of Writing*. London: Routledge, 1991.

Simons, Margaret A. 'The Silencing of Simone de Beauvoir: Guess What's Missing from *The Second Sex*.' *Women's Studies International Forum* 6/5 (1983): 559—564.

—— 'Beauvoir and Sartre: The Philosophical Relationship.' *Yale French Studies* 72 (1986): 165—179.

—— 'Lesbian Connections: Simone de Beauvoir and Feminism.' *Signs* 18.1 (Autumn 1992): 136—161.

——*Beauvoir and 'The Second Sex': Feminism, Race, and the Origins of Existentialism*. Lanham, Md.: Rowman & Littlefield, 1999.

—— 'Sartre est-il vraiment à l'origine de la philosophie du Deuxième Sexe ?' *Cinquantenaire du Deuxième Sexe*. Eds. Christine Delphy, Sylvie Chaperon et avec la collaboration de Kate et Edward Fullbrook. Paris: Editions Syllepse, 2002, 105—112

——, ed. *The Philosophy of Simone de Beauvoir: Critical Essays*. Bloomington: Indiana University Press, 2006.

Sirinelli, Jean-François. *Génération intellectuelle. Khâgneux et normaliens dans l'entredeux guerres*. Paris: Fayard 1988.

Spelman, Elisabeth V. *Inessential Woman: Problems of Exclusion in Feminist Thought*. Boston: Beacon, 1988.

Staël, Madame de. *Corinne ou l'Italie*. 1807. Paris: Folio, 1985.

Stekel, Wilhelm. *Frigidity in Woman in Relation to her Love Life*. 2 vols. Trans. James S. Van Teslaar. New York: Liveright, 1946.

——*The Autobiography of Wilhelm Stekel: The Life Story of a Pioneer Psychoanalyst*. Ed. Emil A. Gutheil, M.D. New York: Liveright, 1950.

Suleiman, Susan Rubin, ed. *The Female Body in Western Culture: Contemporary Perspectives*. Cambridge, Massachusetts: Harvard, 1986.

—— 'Nadja, Dora, Lol V. Stein: Women, Madness and Narrative.' Rimmon-Kenan 124—151.

Taylor, Patrick. *The Narrative of Liberation: Perspectives on Afro-Caribbean Literature, Popular Culture, and Politics*. Ithaca: Cornell, 1989.

Thibaudet, Albert. *La République des professeurs*. 1927. Paris: Ressources, 1979.

Todd, Olivier. *Un fils rebelle*. Paris: Grasset, 1981.

Viner, Katherine. 'In the Finals Analysis.' *The Guardian* 8 July

1992: 19.

Vintages, Karen. Philosophy as Passion: The Thinking of Simone de Beauvoir. Trans. Anne Lavelle. Bloomington: Indiana University Press, 1996.

Webster, Paul. 'Second Sex in Person.' Review of *Lettres à Sartre*. Guardian 24 Feb. 1990: 3.

Whitford, Margaret. *Luce Irigaray: Philosophy in the Feminine*. London: Routledge, 1991.

Whitmarsh, Anne. *Simone de Beauvoir and the Limits of Commitment*. Cambridge: CUP, 1981.

Wilcox, Helen, *et al*., eds. *The Body and the Text*. Helene Cixous, *Reading and Teaching*. Hemel Hempstead: Harvester, 1990.

Winegarten, Renée. *Simone de Beauvoir: A Critical View*. Oxford: Berg, 1988.

Winnicott, D. W. 'Fear of Breakdown.' *Psycho-analytic Explorations*. Ed. Clare Winnicott, Ray Shepherd and Madeleine Davis. Cambridge, Massachusetts: Harvard, 1989: 87—95.

Winston, Jane. 'Forever Feminine: MargueriteDuras and her French Critics.' *New Literary History* 24.2 (May 1993): 467—82.

Wittig, Monique. *Les Guérillères*. Paris: Minuit, 1969.

—— 'The Mark of Gender.' Miller 63—73.

——*The Straight Mind and Other Essays*. Boston: Beacon, 1992.

Wollstonecraft, Mary. (1788). *Mary and The Wrongs of Woman*. Oxford: Oxford University Press, 1988.

——*A Vindication of the Rights of Woman*. (1792). Ed. Carol H. Poston. Second edition. New York: Norton, 1988.

Woodward, Kathleen. 'Simone de Beauvoir: Ageing and Its Discontents.' Benstock 90—113.

Zanta, Léontine. La renaissance du stoïcisme au XVIe siècle. Thesis. Sorbonne, 1914.

—— 'La traduction française du Manuel d'Epictète d'André de Rivaudeau au XVIe siècle, publiée avec une introduction.' Thesis. Sorbonne, 1914.

——La Science et l'amour : journal d'une étudiante. Paris: Plon, 1921.

——Psychologie du féminisme. Préface de Paul Bourget. Paris: Plon, 1922.

——La part du feu. Paris: Plon, 1927.

——Interview. La Française 29 Oct. 1927.

—— 'Les États-Généraux du féminisme. Discours de Mile Zanta.' La Française 23 Feb. 1929.

——Sainte Monique et son fils. Préface du R. P. Sertillanges. Paris: Plon, 1941.

Zéphir, Jacques J. Le Néo-féminisme de Simone de Beauvoir : Trente ans après Le deuxième sexe : un post-scriptum. Paris: Denoel/ Gonthier, 1982.

Zola, Emile. 'Tous des pions.' Alain Peyrefitte, 3rd ed. 368— 369.

索引

（索引页码为英文版页码，即本书页边码）

418

428

intellectual men 知识男性

  assumed not to learn from female lovers 被认为不会从女性情人身上学到东西 146

  and existentialism 与存在主义 223

  powers of seduction of 吸引力 45

intellectual women 知识女性 1，23—25

  in the 1990s 在 20 世纪 90 年代 4—5，24—25，200

  and distinction 与高雅 91—92

  as false intellectuals 作为假知识分子 111—112

  feminist 女权主义者 200—203

  and love 与爱 31，32，41，272—274

  and metaphors of virility 与男子气的隐喻 79—80

  and the mind-body split 与身心分离 45，273

  as miraculées（miraculous exceptions）作为奇迹般的例外 24，205

  not taken seriously 不被严肃对待 91，94，95，98

  as schoolgirls 作为女学生 109—110

  as unbalanced 作为无法平衡的 280n12

  before World War II 二战前 23—24，59，第二章注释 2

intellectual women's work 知识女性的工作 203

  judged in relation to their lovers 被跟她的情人连在一起评判 146

  as phallic 斐勒斯的 141

  as seductive 引诱的 44，272

也见 work

intensity 强度，见 emotional intensity

L'Invitée 《女宾》 3，4，28，31，42，56，98，105，115—144，146，154—162，192—194，197，261，265，269

  Elisabeth in 伊丽莎白 158—159，236，第四章注释 10

  end of 结尾 115—117，138

  flirtation in 调情 157—158

  imagery in 意象 131—138

  interpretation in 阐释 120，123，133，142—143

  melodramatic language in 情节剧式的语言 117，138，第四章注释 3

  mother figures in 母亲形象 137—144

  personal experience in 个人经验 154—155，157—158

  seduction in 引诱 11，26，31，120—121，127—128，136，147，154—162，221

  tone and style in 调子与风格 117—118，160—162

也见 imagery

Irigaray, Luce 露西·伊利格瑞 97，201—202，215，第七章注释 6，第七章注释 51

irony, and reception of SDB's works 反讽与波伏瓦作品的接受/读者反应 94，110—111

Jaccard, Annie-Claire 安妮-克莱尔·雅卡尔 第三章注释 8

Jardine, Alice 爱丽丝·贾丁 第四章注

441

narcissism, secondary, of Xavière (*L'Invitée*) 次发自恋,《女宾》中的格扎维埃尔的 132—133, 第四章注释 27

Nausea (Sartre) 《恶心》(萨特) 105, 131, 第二章注释 41

négritude 黑人精神 224—226, 229, 第七章注释 49

neo-biography 新型传记 2—3

Neuhoff, Eric 埃里克·纳奥夫 98

neutrality 中立, 见 gender-neutral terms

Niepce, Janine 雅尼娜·涅普斯 第三章注释 8

Nietzsche, Friedrich 弗里德里希·尼采 9

Nizan, Paul 保罗·尼赞 41, 74, 75, 76, 77, 78, 79, 82, 第二章注释 31, 第八章注释 8

objectification, of women 对女性的物化 175, 187, 226, 第六章注释 14

Okely, Judith 朱迪丝·奥凯利 88, 97, 第三章注释 8, 第七章注释 1

Old Age 《论老年》 28, 261, 270, 第八章注释 33

old age, SDB's fear of 波伏瓦对老年的恐惧 255—261

  and sex 以及性 255—256, 257, 260—261, 第八章注释 28

omnipotence of thought (Freud) "思想全能"(弗洛伊德) 125, 246

On ne fait qu'un ('We are one') 我们是一体的 51, 78, 126—130, 247, 248

也见 unity

Ophir, Anne 阿内·奥菲尔 第三章注释 8

Other 他者 117, 130, 134—135, 141, 144, 237

  in SDB's works 在波伏瓦的作品中 125—126, 128

  women as 女性作为他者 175—176, 203, 222

  Xavière as (*L'Invitée*) 《女宾》中的格扎维埃尔作为他者 130, 134

  也见 alienation; consciousness

Oulhiou, Yvonne 伊冯娜·乌利乌 第二章注释 9

overdetermination 多重决定 29—30, 59, 119, 230, 237, 256, 第七章注释 36

Pacaly, Josette 乔塞特·帕卡利 第四章注释 11

pacts, between Sartre and SDB 萨特与波伏瓦之间的契约 6, 16, 32, 238—242, 263

Parshley, H M H. M.帕什利 5, 177, 第六章注释 19, 第六章注释 33, 第六章注释 44, 第七章注释 17, 第七章注释 19, 第七章注释 39

passivity, and female sexuality 被动, 与女性的性 187—188, 192—193, 第五章注释 24, 第七章注释 27, 第七章注释 28

patriarchal femininity 父权女性气质 44, 45, 143, 218, 230

  and alienation 与异化 176—184

图书在版编目(CIP)数据

西蒙娜·德·波伏瓦：一名知识女性的造就 ／（美）
托里尔·莫伊（Toril Moi）著 ；杨晓琼译. -- 上海 ：
上海人民出版社，2025. -- ISBN 978-7-208-19483-0

Ⅰ. K835.655.6

中国国家版本馆 CIP 数据核字第 2025FR5249 号

责任编辑 　金　铃
封扉设计 　人马艺术设计·储　平

西蒙娜·德·波伏瓦:一名知识女性的造就
［美］托里尔·莫伊 著
杨晓琼 译

出　　　版　上海人民出版社
　　　　　　（201101　上海市闵行区号景路 159 弄 C 座）
发　　　行　上海人民出版社发行中心
印　　　刷　浙江新华数码印务有限公司
开　　　本　890×1240　1/32
印　　　张　15
插　　　页　2
字　　　数　393,000
版　　　次　2025 年 7 月第 1 版
印　　　次　2025 年 7 月第 1 次印刷
ISBN 978 - 7 - 208 - 19483 - 0/K·3480
定　　　价　78.00 元